The Analysis of Hispanic Texts: Current Trends In Methodology

Bilingual Press/Editorial Bilingüe

Studies in the Literary Analysis of Hispanic Texts

Address:

Editorial
Bilingual Press
Department of Foreign Languages
York College, CUNY
Jamaica, New York 11451
212-969-4047/4035

Business
Bilingual Press
552 Riverside Drive Suite 1-B
New York, New York 10027
212-866-4595

The Analysis of Hispanic Texts: Current Trends In Methodology

Second York College Colloquium

Edited by

Lisa E. Davis and Isabel C. Tarán

ISBN: 0-916950-03-4

Library of Congress Catalog Card Number: 76-45294

Printed in the United States of America

Oral versions of the papers contained in this volume were presented at York College on April 23, 1976 during: Contemporary Methods of Literary Analysis: Second Colloquium on Hispanic Texts.

Table of Contents

I. General

LITERARY ANALYSIS: TODAY'S MANDARINS

Germaine Brée

The invitation York College extended to me to speak here today is not only an honor but an occasion to organize my own thinking on a matter of importance for us all, and to discuss it with an able and vigorous group interested in the same topic, both theoretically as scholars and practically as critics and teachers of literature. I wish to thank you and the college administration for having organized this colloquium.

In the last quarter of a century we have been engaged in a reexamination of the methodological foundations of literary criticism. Theories, methods and terminologies have proliferated, presenting diverse approaches to the literary text. It has become evident that underlying the divergences are ideological assumptions concerning what constitutes a literary text as such, and that however deviously, however self-defined as "scientific," Western criticism is waging, though often covertly, a metaphysical war for which literature is now furnishing the battlefield. It has been an exciting experience, in some ways revitalizing, in some ways disconcerting. One of its characteristics has been the mustering of terminologies originating in other disciplines: metaphysics, hermeneutics, the human sciences, linguistics, semiotics; and the investigation of the variety of complex acts or "objects" to which they may refer: reading, writing, interpretation, communication, language, text, production, process. Yet at this date, although our perspectives as literary critics have been modified and with them the kind of question our profession as literary scholars and teachers of literature puts to us daily, we are still without a coherent view of the function of literature in our culture, our society, and in our personal lives.

Beyond doubt the theoretical and methodological debate passionately engages a select group of scholars in new modes of research, often speculative, which call for the coining of new vocabularies. But the results, from the point of view of the reader, have not always been satisfactory: the dialogue between text and reader has become a dialogue between the theoretician—all too often wielding an authoritarian methodology—and the terrorized reader. Ionesco's play, *The Lesson*, comes to mind; one more reader is buried, while we all seem to agree on the axiom that "the reader"—that beautiful abstraction—is in fact he whom the text is in need of to give it meaning. We have become what an article in the review *Diacritics* underscored in its title, "readers reading readers reading readers reading," an infinite regression leading us ever further from that by now mystic entity, the "text." And form what Norman Holland, with gentle irony called the "literent," i.e. "one who responds to literature,"[1] this new academic path often leads, as it all too often has done in the past, to boredom. Those who "respond to literature" are frequently alienated by the heavy load of academic jargon that effectually screens off the original text from their view and deflects their attention to itself, a self-serving result and a sleight of hand that "occult" rather than "deconstruct" the text, putting in its place an abstract schema easier to talk about pertinently.

There is, it seems to me, something inadequate in the array of our present assumptions concerning the critical act. Who among us could escape noticing the contrast between the massive accumulation of theoretic disquisition, the often transitory character of the critical vocabulary proposed, and the inscrutability of the text. A few fundamental terms and notions have been acquired, but even the ubiquitous and deceptively simple word "text" is problematic and used in differing ways.

In this "keynote" address, I shall not try to assess and confront the diverse critical configurations. They are in constant debate and would require not only a "meta-theory" to approach them, but a "meta-meta-theory" and a range of erudition which few scholars can draw upon. And indeed how can a medley of references to Hegel, Marx, Freud, Saussure, an array of references to linguists pre- and post-Chomsky, to semioticians pre- and post-Kristeva, or the by now frowned upon structuralists, or the "new" post-Lacanian psychoanalysts really propose to us a reliable critical tool. Certainly literary studies have benefitted from jettisoning some of their complacent and somnolent ways. But, referring mostly to the critical developments in my own field—French literature and criticism—I wish to point to the task I consider it most urgent for us to perform; it is certainly not to appropriate new hypothetical "models" or theories concerning texts. It is rather to take a careful look at the perfunctory and almost mechanical activity criticism is tending to become, docile to signals whose validity is not questioned. To approach a text, any text, often a fragment of a text, through a ready-made "model" or grid is not an act of *reading*. If it is true, as it obviously is, that a literary work—granting we know what we are designating by the term—is a never-completed dialogue between text and reader, we academics are in danger today of losing both text and reader. The initial response to the text is still the ground upon which the further work of the *critic* rests. The pressures of an undiscerning publish-or-perish policy have perhaps induced what amounts to a kind of critical circus.

We have rushed uncritically to all the theories that present themselves as "new," often using them aggressively. We should now halt and confront the confusion, fragmentation and contradictions in our terminologies. We need to disentangle what, in the various systems proposed is self-serving, critically evaluate their underlying ideological fictions and their claims to "scientific" precision. The successive waves of "new critics" cannot present themselves to us any longer as revolutionaries. We now see them in historical perspective and as established academicians whose postulates are open to question. The fact is that in France, whether in literary theory or critical methodology, an ever-increasing corpus of texts has now accrued, texts that are imbricated with each other in a kind of "intertextuality," responding to one another, transcending, building one upon the other. If a French critic who died in 1950 were to return he would hardly understand a word of the current critical language, except perhaps in the solidly traditional *Revue d'histoire littéraire*.

With variations in emphasis they draw their initial vocabulary essentially from Saussure: syntagma-paradigm; langue-parole; diachrony-synchrony; binary opposition; signifier-signified; from Roman Jakobson the couple metaphor-metonymy as the two constitutive "figures" of language; from Greimas the notion of "l'actant". From Freud they draw condensation, displacement, overdetermination, concealment, the Other. They rely in varying degree upon a "sacred" set of texts "structurally" and/or psychoanalytically read and interpreted: Lacan's interpretations of Freud; Barthes' interpretations of sociology and his theories of literary criticism; Lévi-Strauss' interpretations of anthropology; Althusser's of Marx; Derrida's of the history of philosophy; Foucault's of the history of ideas. And they share a fondness for certain specific texts: Mallarmé's prose writing, which some of them imitate; Borges' stories and the inevitable Lacanian analysis of Poe's *Purloined Letter*; this is a rather awesome corpus of reading and interpretation for a literary critic to absorb and evaluate. But this is being done. The gains have been real and the topography of criticism has changed. The questioning is going on. Our won theoreticians have given a more sympathetic attention to the French scene and begun to appraise the various tendencies in a less parochial frame. An effort to bring into focus the assumptions of traditional historical, stylistic and formalistic literary methods, of newer sociological and historical ones, of the more recent preoccupations with the nature of language is present everywhere in our scholarly publications. *Diacritics*, for instance, from the start answered this need, its title defining its purpose. But it has remained the review of a very small group. The year 1975-1976 may be a watershed in this development: the Winter issue of *New Literary History* presenting a thoughtful, sophisticated, yet thoroughly readable appraisal of "some methodological problems," while *Salmagundi* in its tenth anniversary issue included two brilliant articles—George Steinner's "Text and Context" and Fredric Jameson's "Ideology of the Text"—that defined some of the areas of confusion that have caused a general uneasiness in regard to the theories and terminologies so often uncritically adopted by our graduate students. They remind us that there is such a thing as a sense of intellectual responsibility which exegesis, however brilliant, does not replace.

It is that particular quality in criticism that has sometimes been in short order as intellectuals play their literary games. What I am referring to is not the "play" of insight, theory and method. But the curious combination of speculative "play" and intolerance which has characterized the critical developments in France, instituting successive or parallel orthodoxies and intolerances that rule out the questioning of the basic assumptions upon which theories and analyses rest. The discarding of once so-called "correct" models and "rigorous methodologies" goes fast as small "in-groups" build upon each other's already all-too-abstract theories leaving in its wake a host of minor critical analyses that, ungrounded, seem arbitrary. Criticism turns into a gratuitous activity, not even rooted in a subjective relation with the text. The result is visible in the quantity of micro-analyses that clutter our reviews.

I am not taking on the brilliant system-makers whose works are most certainly crucial to our time: Lévi-Strauss, Lacan, Foucault, Derrida, Umberto Eco, whose work I admire or to such powerful and very different manipulators of ideas and vocabularies as Cixous and Kristeva. I am drawing attention to the rapid deterioration of the terminologies they coin: within a few weeks after a given work has appeared a battery of new terms falls into our midst. Let us leave aside signifier/signified, which seems to have run its course; "binary opposition" now in question except when used as a general descriptive term, i.e., as characteristic of certain rhetorical patterns used by writers on certain occasions. "Code" and "decoding" are also moving into the shadow; now comes Derrida's "deconstruction," "différance" and "trace" and changes on the ubiquitous "absence" are being rung, a word whose re-birth—within a linguistic, not a metaphysical frame—goes back to one of the fundamental books of the time, Umberto Eco's *La Struttura assente* (1968) [*Absent Structure, Introduction to semiotic research*]. This is a major, serious 450-page work whose fundamental arguments are as it were forgotten as the term "absent structure" proliferates irresponsibly. From the point of view of the irresponsible yet dogmatic use of criticism as a no doubt unconscious self-serving device I shall take a look at the work of that most influential of critics, Roland Barthes, whose thought Margaret Eberbach of York College did much to clarify. I might quite disrespectfully compare him to the allegorical figure on the cover of the *Petit Larousse*: he is a "sower" of successful critical fashions. But as the writer Jacques Lacarriere recently noted in his book *Chemin Faisant* (1974) [*On the Way*], no one sows a field that way any longer, and there are many societies in which they never did. Our critical "hubris" today and the fashions sown may well be as parochial as that image. In any case, recently in Paris, Barthes concluded a seminar by stating that it was now his intent to give up the use of metalanguage in criticism, that is, the use of systematic terminological grids applied to the analysis of a literary text. Over the years Roland Barthes had been not so much an initiator perhaps as an indication of the diverse new paths French avant-garde critics were, with good reason, exploring. In his article in *Salmagundi* to which I have alluded, Fredric Jameson calls Barthes the most exemplary of the "foxes" of literary criticism. He was, of course, alluding to Isaiah Berlin's essay on Tolstoy: "The Hedgehog and the Fox," which refers us to an old aphorism, "The fox knows many things, but the hedgehog knows one big thing." He speaks of Barthes' work as "constituting a veritable fever-chart of all the significant intellectual and critical tendencies since World War II: Bachelardian phenomenology (in his book on Michelet), Sartrean marxism (in *Writing Degree Zero*), Hjelmslevian linguistics, but also Brechtian *Verfremdung* in *Mythologies*, orthodox Freudianism (in *On Racine*), hard-core semiotics (in *Système à la mode*), *Tel Quel* productivity, as well as Lacanian psychoanalysis (in *S/Z*), post-structuralism in *Le Plaisir du Texte*." Finally we reach that entertaining little book, *Roland Barthes par lui-même*, perhaps an ironic "auto-caricature," and an open admission that what had motivated him was a pseudo-scientific intoxication with terminology. "What a wonderful self-parody" one of my colleagues wrote me,[2] recapitulating the gamut of Barthes' recent terminology, "lisible, scriptible, illisible, inscriptible, recevable, impubliable and to top it all off 'structuraliste qui l'est encore?' " A highly entertaining text. But how significant then are trends that can be jettisoned so easily?

Barthes par lui-même has a therapeutic value. It calls us back to our critical senses. But is Barthes once again playing with his reader? Certainly it is his right. But how significant then is his so-called research and methodological rigor? Barthes' verbal brilliance and irony were first turned against so-called "traditional criticism;" it has now turned against the "new, new criticism" whose goals have also changed along the way. We should, I think, learn to laugh at some of the claims critics are making for their activity and some of its excesses.[3]

Once again critical terminology is changing in France, and critical attitudes. Nietzsche and Freud conjoined, rather than Marx and Freud, are inspiring a vocabulary of desire and gratification, excess, energy, and flow. The Barthian assumption that one can no longer say anything *about* a text is widely proclaimed as incontrovertible. According to the later Barthes, the only possible response of the reader to the "jouissance" or gratified desire triggered by a truly "creative" text is the recourse to the production of another text in emulation of the one that started the process. Will the obsession with techniques of analysis, with laws of text production, of narratology, of descriptive rhetorical taxonomies be swept aside, contemptuously dismissed? The dialectical process subsumes a preliminary negation, yes, but also a constructive movement of integration. What I have wished to stress is the "fever-chart" aspect of the critical field. It is one thing perhaps to be a "fox" when one is a Barthes who knows his literary texts pretty thoroughly (the hedgehog aspect perhaps!). It is quite another thing to appropriate and apply a terminology indiscriminately without the hedgehog's knowledge. I am often struck by the gaps in actual reading that are glossed over by the intricacies of micro-analysis.

A terminology, need I say, is a function of a theoretical system itself linked to a paradigm or hypothesis concerning the nature of the phenomenon under study. Let us look for example at the hypothesis—fast becoming an axiom—that the characteristics of "modernism" in France can be defined in terms of Mallarmé's theory and practice of poetry. "Modernist" texts, we are told, do not aim at transmitting meaning. Rather they call forth interpretation from the reader who naively or with acquired sophistication applies a system of norms to what is an "open," autonomous piece of writing, with no referent beyond itself. But what happens then when the characteristics of the "modernist" text are discerned in any and every piece of writing a critic happens to be involved with? A pre-requisite of their formulation had been that they signified a break with a traditional—in this case, the realist—paradigm. The general application of the method of analysis annuls the theory, while the original analysis appears to be nothing more than the appropriation of a text by a theory. There has been no clarification, except perhaps in the reiteration that literature yields to and simultaneously withstands all theories concerning it. A banal but salutory conclusion.

Our critical language is charged with a host of terms that have no currency outside small academic in-groups. Thence my title. The Mandarins, we know, were the highly-educated public officials of Imperial China. The term disappeared with the old order. But the words "mandarin language" remained and changed meaning. Whereas, the dictionary tells us, it used to designate the Chinese language as spoken in China as a whole, with some variations, it now designates the "dialect" used by the official classes under the Empire—a dead language. We are, it seems to me, evolving just such a dialect within an institutional frame; what is more, it is tending to become an incoherent dialect, as we shift from "strategy" to "strategy."

In the process we have acquired a new sense of the complexities of our critical relation to the text. But having, along with a couple of generations of French critics, beginning roughly with Sartre, "demystified" literature, it is perhaps time to lay bare the "fictions" of the critics. Let me give one trivial example—a Barthes aphorism chosen as epigraph by Michael Wood in a forthright review of Barthes' work

("Rules of the game," *New York Review of Books*, March 4, 1976). "The writer is someone for whom language is problematic"—who would disagree? But, Barthes goes on—"who experiences its depth, not its usefulness or its beauty." The word depth to begin with is a useful working metaphor corresponding to a linguistic model that distinguishes linguistic "layers" for the purposes of research and which reappears when we speak of "levels" of meaning. Language is considered, like the "subconscious," to be a deep ocean: a highly charged metaphor. There is no "depth" as such in language. Furthermore, there are indubitably writers who have experienced language as beauty; and surely Sartre built a whole literary theory on his feeling for the instrumental value of language. We need to consider the kind of response Susan Sontag gave to a reviewer whose remarks were framed within the context of "modernistic" postulates. "I think you'd agree," the interviewer said, "that a great many contemporary liberationists, radicals of various kinds, have demanded that works of art be new, that they cut loose from the inherited props and furnishings of the familiar world." The remark also applies to the premium put upon literary works by critics who use them as "signifiers" bracketing off their referential dimension. "Cutting oneself loose from the inherited props and furniture of the world as you put it," Susan Sontag answered, "wouldn't that be like peeling off one's own skin? And doesn't demanding that artists throw away their toys—that is, the world—mean wanting them not to be artists any more? Such a talent for jettisoning everything has to be extremy rare and its benefits have yet to be demonstrated."[4] This also applies to the bracketing off of all mention of meaning and to the substitution of the "implied reader" for the actual flesh and blood person reading.

I am not suggesting that as critics and teachers we "go back" to a cozy, unquestioning attitude toward literary texts, although this may well be the reaction of the next generation of readers, however reduced—beleaguered by the technicalities that cut them off from that object, the book they hold in their hands. I am suggesting that a good deal of critical activity today consists in *reading patterns into* "literary texts;" not in reading books. Certainly our understanding of a poem, a play, a novel, an essay can be greatly enhanced by the great diversity of critical approaches and methods of analysis open to us. We can also, in the interest of clarity, as a "strategy," draw a line between syntactic analysis, for example, and the jump into interpretation. But this does not entail a decision concerning the non-referential value of what we are reading, or its degree of relevancy in regard to our experience. A poem is an autonomous linguistic structure. But it is most certainly more than that. As linguistic analysis suggests, the manifest surface of language may control the manner in which a text "works" upon us. It should control too, to a certain degree, the weight of exegesis the total work may elicit, and might suggest the appropriate tools for interpretation, and its direction. We have stressed the occult and "cultural" aspects of language, its "mystifications" and "inadequacies" to a point of no return, the term "culture" itself being devoid of boundaries. Surely the work being done today on language and perception, for instance, should turn our attention once again to that dimension of language that depends upon the rich orchestration of its referential power, one of the sources perhaps of the "intense pleasure," to quote Susan Sontag, it gives writer and reader.

We have played long enough with abstractions. "What the perspectives gave us," writes Michael Wood of the various Barthian critical postures, "was a sense of a system where we thought there was only a reign of chance, a glimpse of rules where we hadn't even seen that there was a game, and if in our eagerness for symmetry we fell in love with the system and the rules, that was hardly the fault of the perspective. Conversely if in our distrust of triviality and pattern-making we stayed away from the perspective altogether, we have not saved our souls or the culture. We have simply refused a view." Perspective, view: upon what? Precisely upon that which in literature escapes our more or less ingenious analytic nets, the light, the variety of lights literature throws upon the rich experience of "humans living" and present in a concrete world. Criticism has put itself on a par with literature, then above it, then has substituted its own texts for the texts studied. The time of this kind of "hubris" is past. Scholars and critics of literature should perhaps turn once again to a consideration of the adequacies and rewards of the literary experience, if we wish by our research and teaching specifically to serve our discipline, that is to say, *literary studies* rather than social studies, semiotics and so on. The starting point of a valid, coherent approach, after an orgy of ideological forays, might well be a scrupulous examination of the impact of literature in our personal lives, informed, not "armed" by new perspectives. And a constant search for the manner of presentation and analysis which, taking into account the frame of reference of those readers, our students, will help them to enter into a real dialogue with the texts they read.

WAKE FOREST UNIVERSITY

Notes

[1]"The New Paradigm: Subjective or Transactive?," *New Literary History*, VII, 2 (Winter 1976), 336.

[2]Freeman, Henry (University of Georgia), in private correspondence.

[3]A healthy tendency in that direction has produced some amusing parodies, one in the *French Review*, another more unexpectedly, in *New York*, VIII, nos. 13 and 17 (March 31 and April 28, 1975).

[4]In *Salmagundi*, 31-32 (Fall 1975-Winter 1976), 25-48.

II. Archetypal Criticism

CLARIN'S ANDROCRATIC ETHIC AND THE ANTIAPOCALYPTIC STRUCTURE OF "¡ADIOS, CORDERA!"

Pierre L. Ullman

Clarín's attitude toward the liberation of women has recently become a topic of scholarly investigation, particularly in his essays and his play, *Teresa.*[1] It would be unfortunate if research of this nature did not probe deeper, if we failed to look for the presence of this attitude in his other works of fiction, no matter how hidden Alas's beliefs might lie within the symbolic structure of any given work. Such research should be fruitful, for Leopoldo Alas was a confirmed male supremacist who lost no opportunity to attack the feminist movement, or at least its most advanced faction, as represented by Emilia Pardo Bazán.[2]

Skeptics may possibly object that Clarín's hostility to the feminist movement was primarily motivated by professional antagonism toward Doña Emilia, and besides, that he was merely giving voice to the majority opinion current in Spain, if not in Europe. To be sure, this antagonism toward Pardo Bazán did contribute greatly to Alas's political antifeminism. He was a liberal republican of modest means; a feminist doctrine embraced by a wealthy Catholic monarchist like the Countess of Pardo Bazán would doubtless arouse his suspicion. Concepción Arenal, on the other hand, was never criticized by Alas for her feminist activity. But then her type of feminism was romantic and she was a fellow-liberal.[3] While advocating the ordination of women to the clergy, Concepción Arenal did not insist on political rights, whereas Emilia Pardo Bazán demanded political rights but, as a faithful Catholic, could not share Arenal's belief in women priests.

All things considered, it is my opinion that Alas's androcratic stance was deep-rooted. Yet, far from being a misogynist, he showed great affection for his mother, his sister, his wife. I would even venture to say that Clarín's androcratic beliefs were partly a result of his profound love for his mother. Her understanding, maternal guidance, and affection prevented a feeling of inferiority which a tiny, diminutive creature like Leopoldo Alas might well have developed otherwise. She taught him to strive for manhood, and this he certainly did. But Clarín's mother was also a pious woman who respected Church and clergy and sought to instill the same views in her son. Since one of the most important aspects of Alas's intellectual development was his break with these religious ideas, we can surmise that it produced in him an emotional conflict beginning in adolescence. An intellectually inclined youth like Leopoldo could understandably have reacted adversely to the teachings of the local clergy. Moreover, it is quite possible that he felt such an attainment of ideological independence to be an expression of virility, thus linking indistinguishably the process of what he considered intellectual maturation to his physical maturation. On the other hand, he was quite worried lest his mother's religiousness be offended. The resulting psychic tension remained with him, as we can perceive from the following account by Adolfo Posada:

> Jamás olvidaré la emoción con que Alas en una discusión apasionada sobre el *Origen del Lenguaje* en el Ateneo viejo de Madrid, evocaba tembloroso el recuerdo de la honda y callada tristeza de su madre cuando ésta se pudo dar cuenta del rompimiento de su hijo con los sentires que ella suscitara cariñosa y cuidadosamente en los felices días de la infancia. La emoción de Alas, que turbó su voz y humedeció sus ojos, nos dominó a todos cuantos le escuchábamos.[4]

Here, then, we can witness the sentimental Alas weeping over the loss of his bonds to what seemed to him a feminine ethos. Yet we must also watch for the satirical, caustic Clarín who laughs at his own sentimentality because he knows that, as a politically progressive male he must cast off his mother's ideological influence. Unfortunately, Clarín projected his personal struggle on his Weltanschauung, thus identifying the feminine ethos with conservatism. It followed that, because he was a liberal, he likewise had to be an androcrat.

As we saw above, it seems that during his adolescence Leopoldo sensed in himself a simultaneousness in his physical and what he must have considered his spiritual development—in other words, his moral estrangement from his mother's ideas. It appears to me that this feeling of simultaneousness in his physical and spiritual change seemed to him quite natural and was precisely what facilitated his notion of the interchangeability of the material and spiritual realms, implicit in his writings. Laura Núñez de Villavicencio speaks of the "fenómeno reversible de interpenetración del mundo físico y del mundo moral" and of "una concepción unitaria de la vida y el cosmos, manifestada en un empeño constante de interpenetración de las esferas abstractas y concretas en todos los niveles de su procedimiento expresivo."[5] Likewise, John Rutherford, commenting on *La Regenta,* mentions "a constant interpenetration of the physical and the immaterial."[6] In discussing "¡Adiós, Cordera!," I shall attempt to relate this aspect of Alas's thought with the interchangeability of equivalences between the modes and phases of Northrop Frye's theory as applied to Clarín's work. As for the ambivalence of Alas's feelings toward his mother, infinite gratitude coupled with ideological alienation, it could well be related to the sentimentality latent in his works.

But let us return to the ideological side of Clarín's androcratic bent. As I sought to demonstrate in a previous article,[7] Alas's attitude led him to a systematic belief in the likelihood of perilous social disequilibrium should women enter politics. First of all, as a liberal, he tended to associate conservatism with selfishness and liberalism with selflessness. Secondly, in formulating the philosophical and biological bases of his androcratic ethic, he viewed women as less altruistic than men. Consequently, their participation in politics would pose a threat to the cohesiveness of the state:

> La mujer es rémora para el altruismo en las esferas de la abnegación abstracta, ideológica, donde este altruismo es más necesario. . . Harto egoísta viene siendo el mundo, harto perezoso para sacrificarse por lo desconocido, por lo futuro ideal; para perfeccionar el arte de la vida, merced a ensayos desinteresados, a tentativas que no son negocios, y no es bien que ahora vengan las mujeres a gobernar la sociedad, y hacer que el *home* sea más egoísta, el pueblo, el municipio más *localista,* el patriotismo más ciego, más cerrado al amor humano, la religión más exclusivista, la educación más rutinaria e interesada, la ciencia más preocupada y utilitaria, el arte más cobarde y flojo y sentimental y limitado.
>
> No, no hagamos de la mujer lo que no puede ser, porque haremos un *reformista* que no tenga el espíritu que la reforma necesita; no reformará, tenderá a la reacción. El elemento idolátrico persiste más en las religiones que parecían llamadas a perderlo pronto por la gran influencia de la mujer en la vida religiosa moderna. Ciertos cultos se afeminan y se estancan.[8]

These views, Alas claimed, had always been held by him, which is important because the publication of "¡Adiós, Cordera!" precedes that of "Psicología del sexo."

In relating Alas's androcratic beliefs with the symbolic structure of "¡Adiós, Cordera!," I shall rely on the critical approach developed by Northrop Frye. In the *Anatomy of Criticism*, Frye seeks to establish a certain parallelism between the five modes of historical criticism and the five phases of ethical criticism.[9] Although these modes and phases are perceived by him mainly as a diachronic process, he does suggest at one point that a single work of literature may be examined with these categories, thus employing them synchronically.[10] Such a method, I believe, can be used with profit in analyzing "¡Adiós, Cordera!," a tale so rich in both irony and apocalyptic motifs, as well as sociopolitical themes, that it behooves us to make full use of the critical tools at our disposal.

Owing to the parallelism between the categories of historical and ethical criticism, we should allow ourselves to look upon the highest level as both anagogic and mythical. Next comes the archetypal (there seems to be no romance mode in the tale). Below this level are the high mimetic and the formal. Since the tale is about poor peasants, the descriptive and low mimetic are quite strongly linked. Finally, we need not go too far in reading Clarín to perceive that the literal level is ironic. Frye gives his own illustrations for these levels, but "¡Adiós, Cordera!" also provides an excellent example in the insulators that the young boy, Pinín, dares not touch when he climbs up the telegraph pole. The insulators are awesome because they carry the "misterio sagrado" of the telegraph, but they also remind Pinín of the chocolate cups high in the cupboard at the priest's house. At the literal phase they are *jícaras*; and if we limit our appreciation of the story to musing on the resemblance between these two objects, the mode is ironic, the more so because the author puts the word in italics. At the descriptive phase, they are insulators, for this is what is described; and if we read the tale at this level, then we find ourselves at the low mimetic mode of nineteenth-century realism. The words "misterio sagrado" would best suit the abstract connotation of the formal phase as well as the high mimetic mode that can be perceived at the elevated level of national politics to glorify national unity by means of improved communications. At the archetypal phase, the chocolate cups are chalices, which, at the anagogical phase, become in turn God Himself, for they contain the blood of Christ; these phases correspond respectively to the romance and the mythic modes. Later, we shall see how Clarín uses these phases and modes.

The present analysis will be mainly ethical (in Frye's sense of the word, of course) though it also makes use of historical modes and archetypal aspects of criticism. It must be pointed out that an exhaustive rhetorical analysis of "¡Adiós, Cordera!" has already been made by F.M. Lorda Alaiz.[11] Rhetorical analysis, however, can take us no farther than the formal phase and the high mimetic mode of national politics. It cannot reveal the symbolic structure that manifests Clarín's androcratic beliefs.

Let us begin by examining the story's first two paragraphs, which are unusually dense in symbols—as is frequently the case with Clarín's works—and contain almost all the archetypes found in it:

> ¡Eran tres: siempre los tres! Rosa, Pinín y la *Cordera.*
>
> El *prao* Somonte era un recorte triangular de terciopelo verde, tendido, como una colgadura, cuesta abajo por la loma. Uno de sus ángulos, el inferior, lo despuntaba el camino de hierro de Oviedo a Gijón. Un palo del telégrafo, plantado allí como pendón de conquista, con sus *jícaras* blancas y sus alambres paralelos a derecha e izquierda, representaba para Rosa y Pinín el ancho mundo desconocido, misterioso, temible, eternamente ignorado. Pinín, después de pensarlo mucho, cuando a fuerza de ver días y días el poste tranquilo, inofensivo, campechano, con ganas, sin duda, de aclimatarse en la aldea y parecerse todo lo posible a un árbol seco, fue atreviéndose con él, llevó la confianza al extremo de abrazarse al leño y trepar hasta cerca de los alambres. Pero nunca llegaba a tocar la porcelana de arriba, que le recordaba las jícaras que había visto en la rectoral de Puao. Al verse tan cerca del misterio sagrado, le acometía un pánico de respeto y se dejaba resbalar de prisa hasta tropezar con los pies en el césped.[12]

In our interpretation, let us begin with what Frye calls the descriptive level. There are three characters, who, as we at first guess and later learn, turn out to be twin brother and sister and a cow. The scene of the events is a triangular pasture on a hillside, whose lower tip is truncated by the railway line between the capital of Asturias and its main seacoast city. Beside the tracks is a telegraph pole which the boy has climbed almost up to the wires, not daring to touch the insulators.

Tracing the descriptive level to the end of the tale is tantamount to learning the rest of the plot. The cow, we are told, was acquired two years before the death of the twins' mother, Chinta (Jacinta) and, as they were very young at the time of their bereavement, this cow became for them an object of affection that replaced the maternal warmth that the father, Antón, could not give them. Before Antón owned the *prao* Somonte, the children cared for the cow by lovingly guiding her along the roads and leading her to common pasture grounds. They also on occasion surreptitiously unchained her suckling calves to allow them to get a little more milk than the father felt was necessary. Now, they play with, around, and on her in the *prao* Somonte. But the day comes when the father owes the landlord too much back rent. Sensing the affection his children have for the cow, Antón takes her to market one July Saturday morning before his children awaken and without their knowledge. Once there, however, he persists in asking too high a price, either through pride or a repressed wish not to deprive his children of their grandmother-substitute. Returning home with the unsold cow, he even refuses to sell her to a neighbor for slightly less than the asking price, and the two men part at a crossroad. Now Rosa and Pinín foresee the impending calamity. In fact, four days later, the landlord's administrator comes to demand the rent, and Antón is obliged to take the cow to market again the next Saturday. There she is sold to a Castilian meat dealer's agent, branded, and brought back home, whence she is taken away the next Friday in exchange for money. The following morning, the children, standing on the pasture ground, watch the train go by; they think they recognize their cow in a cattle car, among many others bound for slaughter. "¡Adiós, Cordera!," they cry. And the boy says: "La llevan al Matadero. . .Carne de vaca para comer los señores, los curas. . .los indianos" (p. 64).

Many years pass. Pinín has grown into a strong youth. The Carlist War is in progress. Since the landlord is a Carlist, no amount of influence can exempt Pinín from the draft. One gloomy October afternoon, Rosa, alone, stands by the tracks, where the train carrying recruits comes by at full speed. She is able to see Pinín among many other youths and hears him shouting, inspired by the remembrance of a long-past sorrow, "¡Adiós, Rosa!. . . .¡Adiós, Cordera!"; and the author adds in quotation marks what Rosa thought but did not formulate: "Allá iba, como la otra, como la vaca abuela. Se lo llevaba el mundo. Carne de vace para los glotones, para los indianos; carne de su alma, carne de cañón para las locuras del mundo, para las ambiciones ajenas" (p. 66).

Now, fixing our attention on the archetypal level, let us go back to the first two paragraphs in order to examine the symbols and how they are individually developed throughout the work. It is most striking that the first paragraph, consisting of only ten words, should succintly enumerate a trinity. And it is the more so because a description of the three characters who are mentioned does not immediately follow their enumeration. We are not told that *Cordera* is a cow until the middle of the third paragraph, and only toward the end of the ninth do we learn that Rosa and Pinín are twin children. This withholding of information in the descriptive phase seems to be done purposely in order to place the archetypal and anagogic phases into greater relief. Seen descriptively, the first paragraph appears cut short, but not if seen archetypally, because the second, beginning with the description of the pasture, repeats the motif of the Trinity by mentioning its triangular shape. It is as if the symbolism were what mattered most.

It is also as though Clarín were calling our attention to the symbol but leaving its significance mysteriously pending. The motifs of the Trinity and the Lamb (latent in the name Cordera) are to be kept in the back of the reader's mind while his attention is held by other aspects of the narrative. But at times symbols do catch the eye. At the seventeenth paragraph, the metaphorical use of another Christian theme, purgatory, reinforces the import of the Lamb symbol. It is found in the relation of Antón's futile struggle to rise from poverty: "Llegó, gracias a mil ahorros, que eran mares de sudor y purgatorios de privaciones, llegó a la primera vaca, la *Cordera*, y no pasó de ahí. . ." (p. 56). Of course, most souls that reach Christ will have to pass through Purgatory; the status of *Cordera* as a Christ figure has thus been casually corroborated. But the symbolism was already firmly established in the fourteenth paragraph when the twins allow the calf to be suckled: ". . .en cuanto había ocasión, a escondidas, soltaban el recental, que, ciego, y como loco, a testaradas contra todo, corría a buscar el amparo de la madre que le albergaba bajo su vientre, volviendo la cabeza agradecida y solícita, diciendo, a su manera: —Dejad a los niños y a los recentales que vengan a mí" (p. 55).

The adaptation of Christ's words in Mark X, 13, leaves little doubt that the cow is equivalent to the Son in this trinity. If read in low mimetic mode only, such an adaptation merely constitutes a sentimental ornament. At a higher level, however, a Christian cannot take it seriously; that is, no Christian can accept into the ethics of the *imitatio Christi* the use of a cow as a Christ figure. He is forced to classify it within the grotesque mood.[13]

Now then, the author has already written, three paragraphs previously: "La *Cordera* recordaría a un poeta la *zavala* del Ramayana, la vaca santa; tenía en la amplitud de sus formas, en la solemne serenidad de sus pausados y nobles movimientos, aires y contornos de ídolo destronado, caído, contento con su suerte, más satisfecha con ser vaca verdadera que dios falso" (p. 53). As we can see, the pagan comparison is explicit and not grotesque, unlike the Christian one which is implicit and grotesque. We can already perceive what direction Clarín is taking. In order to persuade the Christian intellectual symbolically of the danger of feminism, he equates a grotesque feminization of the Son, of God on Earth, with an element of archaic and idolatrous paganism. We shall see below some further implications of this symbolic equation.

Now what of the other two persons of the trinity? In seeking an answer, we can interpret the feminization of *cordero* as an indication that we have before us a feminine analogue of the Trinity and can therefore look for a divine Mother figure as the equivalent of the Father. The author has, of course, taken considerable pains to impede the establishment of any mother symbolism with respect to the cow, first by not identifying her as a cow until the fourth paragraph, then by calling her *abuela*, and, as we have seen, by attributing to her the Son symbolism at the very moment her motherhood is physically expressed by the act of suckling. So we go to Rosa. The rose is the symbol of—indeed, is—the Virgin Mary, the Mother of God. Consequently, Rosa is analogous to the first person of the Trinity, the Father. Now the third person, the Holy Ghost, unlike the Father and the Son, is sexless, so that its analogue in this tale should likewise remain sexless. The problem is that Pinín, though a mere boy, is nevertheless male. I would suggest that Clarín has resolved the problem onomastically. The masculine José gives the feminine Josefina, which in turn gives the hypocoristic form Pina, from which can be derived the masculine Pinín. Or, if we wish to take another road, from Josefina the masculine Josefino can be derived. In any case, after two morphemic sex change operations, the boy seems sufficiently neuter, spiritually at least, to be an analogue of the Holy Spirit. And if such an argument is not persuasive, we should recall that Joseph's maleness need not be considered a significant factor in the creation of the Holy Family.[14]

Another symbol of the trinity is the triangular shape of the pasture. In addition, the words *terciopelo* and *colgadura*, used to describe it, carry the imagination to the high mimetic level of ecclesiastical or palatial decoration. On the other hand, *recorte*, *tendido*, and *loma abajo*, which belong to the literal phase, bring us back down through the descriptive phase to the low mimetic mode, and eventually to the ironic mode where they may allude to laundry put out to dry on a river bank, in which case the telegraph wire perhaps suggests clothesline, an item of progress usually not available to poor washerwomen who work at the river's edge.[15]

The railroad's archetype is the royal way, the more so because Oviedo is the capital of the kingdom of Asturias. At the anagogic level, the royal way is the path to the King of Heaven, to the Celestial City. Nevertheless, here too there is irony, because iron is the brutal metal, of infernal origin, and symbolizes a diabolical force. It was forbidden in the construction of the Temple of Solomon, and, for similar reasons, many peoples prefer stone knives for their circumcision rites. The railway's cutting the tip of the triangle can therefore be interpreted as profanation. We should also note that the downward pointing triangle is symbolic of femaleness or passivity, as opposed to the masculine upward pointing triangle (Solomon's seal or star of David can be interpreted as the harmonious whole of male and female principles symbolized by the superposition of the two triangles). Moreover, Alas does not say "el ferrocarril de Oviedo," which would denote a royal way less ambiguously, but "el camino de hierro de Oviedo a Gijón," going away from the capital and consequently suggesting the opposite. It leads to the sea, a symbol of the world, especially in Spanish culture, where Fray Luis de León's first ode, "Vida retirada," is so well known. And in this sense, the world is a member of the infernal trinity. Thus the *locus amoenus*, the obvious archetype for the *prao* Somonte, anagogically connoting Paradise, has been profaned.

Also at the anagogic phase, the telegraph pole, by means of the archetype of the tree, could be interpreted as the Cross and even Christ the King, an image placed in relief by the phase, "plantado allí como pendón de conquista," as we picture the conquering Cross and the process of vital growth alluded to by the verb *plantar*. Moreover, the insulators remind Pinín of the porcelain chocolate cups in the priest's house, probably high up in a cupboard and forbidden to the touch of little boys. The chocolate cups and the military simile ("como pendón de conquista") give to the telegraph pole a high mimetic connotation, which, in the next paragraph, is amplified at the descriptive level by the mention of verbal communication over great distances. Yet the high mimetic mode becomes repulsive when the carnivorous habits of "los señores, los curas. . ., los indianos" (p. 64) and "las ambiciones ajenas" (p. 66) are brought to the fore. This is the mode pertinent to sociopolitical criticism, corresponding to what Lorda Alaiz calls "estructura semántica semiprofunda."[16] Be that as it may, the chocolate cups belong to the priest. They are, in a sense, priestly vessels, which places them under the archetype of the chalice, anagogically the blood of Christ, while their whiteness symbolizes purity. The words, "misterio sagrado" should establish the allusion beyond a doubt. As for the telegraph wires, the fact that they are parallel (and, of course, endless, from the children's viewpoint) can symbolize infinity, reminding us of the Alpha and the Omega, and anagogically of God himself. The wires could also come under the archetype of the thread, which symbolizes the unifying element of existence. To some extent, this connotation is reinforced in the next paragraph, where we learn how the humming sound heard by placing the ear against the pole worked on Rosa's imagination: ". . .eran para Rosa los *papeles* que pasaban, las *cartas* que se escribían por los *hilos*, el lenguaje incomprensible que lo ignorado hablaba con lo ignorado; . . .su misterio" (pp. 48-49). We thus find ourselves in the realm of the divine and the ineffable.

It goes without saying that all this symbolism also possesses great density at the ironic level. Some sort of oxymoron is generated by the participle "plantado," with its connotation of vegetable life, used with the phrase "árbol seco," remindful of death; and also by "pendón de conquista" and the cow's ultimate opinion about it: "cosa muerta, inútil, que no le servía ni siquiera para rascarse" (p. 49). And then where is the *pendón*, the banner? Perhaps it is the prone "colgadura" of the pasture. Nothing flies from the pole. Moreover, the porcelain insulators may look like chocolate cups, but only if we think of them as being upside down and always empty. Finally, "alambres paralelos a derecha e izquierda" may well express the children's awe, but a sophisticated observer would try to overlook the horizontal wires and use "a derecha e izquierda" to describe a more grandiose aspect of the panorama.[17]

Let us now return to the first paragraph for some further observations concerning the trinity. The use of the imperfect tense with "siempre" ("¡Eran tres: siempre los tres!") creates an oxymoron that implicitly negates the eternal nature of this trinity. Only at the anagogical phase, to be sure, does an oxymoron fully exist; but then only in the mythic mode can *siempre* acquire its full connotation of eternity.

Another pertinent aspect of this trinity is that Cordera, the "person" deemed analogous to what we regard as the Son, the conquering Christ, is really quite weak and totally passive. Now, as we know, the divine Trinity, on the mythic level, is pitted against the infernal trinity of the devil, the world, and the flesh. As I shall attempt to demonstrate, an anagogic analysis of "¡Adiós, Cordera!" can bring forth the allegorical presence of such an infernal trinity in the story. What results, as we shall see, is that Clarín's analogue of the divine trinity is woefully inadequate to maintain a struggle against the infernal trinity.

But let us look for the infernal trinity. The archetype of the devil is first encountered when the cow, after suffering several fits of panic every time the train passes by, finally becomes accustomed to it: "Cuando llegó a convencerse de que era un peligro que pasaba, una catástrofe que amenazaba, redujo sus precauciones a ponerse en pie y a mirar de frente, con la cabeza erguida, el formidable monstruo;. . ." (p. 51). This last phrase reminds us of the leviathan, an archetype sustained by that of the snake in the next paragraph: ". . .la gran culebra de hierro, que llevaba dentro de sí tanto ruido y tantas castas de gentes desconocidas, extrañas" (pp. 51-52). And in another passage, lightning, a motif mythically associated with the snake, is used for a simile: "Silbó a lo lejos la máquina, apareció el tren en la trinchera, pasó como un relámpago" (p. 65). Needless to say, both the leviathan and the serpent are considered avatars of the devil.

The second member of the satanic trinity, the world, is the one most often mentioned in the story. It does not take on an infernal aspect immediately, even though it is described as "temible" in the second paragraph. In the third paragraph the world is distant, as we can gather from Rosa's lack of interest in the content of the telegrams passing through the wire overhead: "ella no tenía curiosidad por entender lo que los de allá, tan lejos, decían a los del otro extremo del mundo" (p. 49). The cow also is used to express Clarín's belief in the lack of intellectual curiosity among females: "se abstenía de toda comunicación con el mundo civilizado" (p. 49). In sum, "telégrafo, ferrocarril, todo eso era lo de menos: un accidente pasajero que se ahogaba en el mar de soledad que rodeaba el *prao* Somonte. Desde allí no se veía vivienda humana; allí no llegaban los ruidos del mundo más que al pasar el tren" (p. 53). Yet this last quotation, taken from the tenth paragraph, indicates that the world is becoming more precisely located. The *locus amoenus*, the archetype of paradise, is surrounded by a sea of solitude, beyond which lies something called the world. It is a sea whose archetype is found in Revelations IV, 6, the glassy sea, transparent as crystal, in front of God's throne. The characters of our story are accordingly not in the world, nor are they continually near it, for it usually lies beyond them.

Nevertheless, this world has left its trace on the *locus amoenus*. For the cow, the train has been "una catástrofe que amenazaba sin dar" (p. 59). Finally, when the world takes away the cow, its ability to do so contributes to what seems almost a personification of this world:

> Aquellos días en el pasto, en la verdura del Somonte, el silencio era fúnebre. La Cordera, que ignoraba su suerte, descansaba y pacía como siempre, *sub specie aeternitatis*, como descansaría y comería un minuto antes de que el brutal porrazo la derribase muerta. Pero Rosa y Pinín yacían desolados, tendidos sobre la hierba, inútil en adelante. Miraban con rencor los trenes que pasaban, los alambres del telégrafo. Era aquel mundo desconocido, tan lejos de ellos por un lado, y por otro el que les llevaba su *Cordera*. (p. 61)

The world is now hostile and the pasture useless. It is as if we said, anagogically, that the second member of the infernal trinity had rendered heaven impotent by destroying the Son.

In fact, the theme of the impending uselessness or inefficaciousness of the *locus amoenus* is also found in the thirty-first paragraph, but intensified, because it is applied to *Cordera* herself, to the Christ figure. The slaughterer's agent has come to take the cow and there is a conversation between him and Antón over a bottle of wine:

> Antón había apurado la botella; estaba exaltado; el peso del dinero en el bolsillo le animaba también. Quería aturdirse. Hablaba mucho, alababa las excelencias de la vaca. El otro sonreía, porque las alabanzas de Antón eran impertinentes. ¿Que daba la res tantos y tantos *xarros* de leche? ¿Que era noble en el yugo, fuerte con la carga? ¿Y qué, si dentro de pocos días había de estar reducida a chuletas y otros bocados suculentos? (pp. 61-62)

The theme of impending uselessness is further intensified in the reprises of the dénouement, as the archetype of the *prao* Somonte switches from *locus amoenus* to desert:

> Al día siguiente, muy temprano, a la hora de siempre, Pinín y Rosa fueron al *prao* Somonte. Aquella soledad no lo había sido nunca para ellos, triste; aquel día, el Somonte sin la *Cordera* parecía el desierto.
>
> De repente silbó la máquina, apareció el humo, luego el tren. . . (p. 64)

The symbols of the antiapocalypse now come forth with greater clarity. The children see their cow inside the train: "Y Rosa y Pinín miraban con rencor la vía, el telégrafo, los símbolos de aquel mundo enemigo, que les arrebataba, que les devoraba a su compañera de tantas soledades, . . ." (p. 65). As the train passes by carrying the cow, the motif of the leviathan or serpent becomes totally identified with the motif of the world. It is a point of epiphany, as Frye would call it.[18]

The themes of snatching and devouring are eminently suited to this supreme antiapocalyptic moment, whose anagogical level is found in Revelation XII, 1-6:

> A great portent then appeared in heaven: a woman, robed with the sun, with the moon under her feet and a crown of twelve stars on her head, was pregnant, and as she agonized in the pangs of her delivery, she cried out.
>
> Then another portent appeared in heaven. There was a gigantic fiery-red dragon with seven heads and ten horns, and on his heads seven diadems. His tail swept away a third of the stars of heaven and hurled them to the ground.
>
> The dragon then stationed himself in front of the woman, who who was about to give birth, so he might devour her child as soon as it was born.
>
> She gave birth to a son, a male child, destined to rule all nations with an iron rod. Her child was then snatched away up to God and to His throne, while the woman fled into the wilderness, where God had a retreat prepared for her to be cared for there during twelve hundred sixty days.[19]

Obviously, the archetypal analysis leads us to the conclusion that "¡Adiós, Cordera!" is antiapocalyptic. In Alas's story the dragon manages to snatch and devour the Christ child. It is not the Lamb of God who obtains the victory. And the woman, the Virgin Mary, the Rose, does not flee into the wilderness.[20] On the contrary, she remains in paradise, which itself becomes a wilderness after the dragon has returned to take away the third person of the trinity, Pinín: "¡Qué sola se quedaba! Ahora sí, ahora sí que era un desierto el *prao* Somonte" (p. 67).

Since the dragon has swallowed up both the Lamb figure and the Paraclete figure, the infernal trinity thus enjoys two victories over the divine trinity. There is accordingly a certain parallelism between the reprise device in the ending of "¡Adiós, Cordera!"and the two resurrections of Revelation, separated by the Millenium and the rule of Gog and Magog.

As for the third member of the infernal trinity, the flesh, we ought to realize that in this story the presence of love without any eroticism gives it great emotive force. We could say that Clarín sentimentally diseroticizes the idyllic. Even the physical aspect of motherly love that is connected with sexuality has been banished, for the cow is a "vaca abuela." The power of the flesh in "¡Adiós, Cordera!" does not reside in sexual desire but rather in the desire to eat flesh, the carnivorous urge, transcendentalized to the point where it becomes identical with the other member of the infernal trinity, the world: "Se lo llevaba el mundo. Carne de vaca para los glotones, para los indianos; carne de su alma, carne de cañón para las locuras del mundo, para las ambiciones ajenas" (p. 66). A vegetarian of the old school would have understood.

In connection with both vegetarianism and the absence of eroticism, we should consider two other extremely important archetypes. They are the twins and the cow, jointly exposited in the same paragraph:

> En este silencio, en esta calma activa, había amores. Se amaban los dos hermanos como dos mitades de un fruto verde, unidos por la misma vida, con escasa conciencia de lo que en ellos era distinto, de cuanto los separaba; amaban Pinín y Rosa a la *Cordera*, la vaca abuela, grande, amarillenta, cuyo testuz parecía una cuna. La *Cordera* recordaría a un poeta la *zavala* del Ramayana, la vaca santa; tenía en la amplitud de sus formas, en la solemne serenidad de sus pausados y nobles movimientos, aires y contornos de ídolo destronado, caído, contento con su suerte, más satisfecha con ser vaca verdadera que dios falso. La *Cordera*, hasta donde es posible adivinar estas cosas, puede decirse que también quería a los gemelos encargados de apacentarla. (p. 53)

What confronts the reader here is evidently a superposition of Hindu and pagan archetypes upon Christian ones. The use of twins of the opposite sex is an excellent way to symbolize the resolution of duality without recurring to erotic union. We might recall that in Greek mythology, twins are usually born of an immortal father and a mortal mother; the fact that Antón is a widower could indicate a low mimetic adaptation of this symbolism. It may help us remember that the kind of duality alluded to can be the soul and the body, that is, the mortal and immortal aspects of man, as well as feminine and masculine principles. The fact that at the end only the female twin remains in the pasture implies, at the formal phase, utter powerlessness.[21]

In Hindu belief, the bull and the cow represent the active and passive aspects of the generative forces of the universe. Let us note that the first time Antón took *Cordera* to market, the children, on awakening, surmised that "Sin duda, *mío pá*, la había llevado al *xatu*" (p. 57). But, as we know, this was not the case. The male bovine element is a thing of the past: "El *xatu* (el toro), los saltos locos por las praderas adelante. . . ¡todo eso estaba tan lejos!" (p. 50). All we are left with is a passive, sterile female element, symbolic of a pagan ethos that has long since lost its vigor. This symbol of the uncomplemented female principle, in conjunction with the ironic feminization of the

Son (the Lamb), must suffice to explain, in Clarín's view, the occurrence of a Satanic victory, an inverse apocalypsis.

By using the same character to represent both a feminine version of the Second Person of the Christian Trinity and an uncomplemented version of the Hindu female principle, Alas indicates that, in his view, sexuality transcends spirituality. Such a view is compatible with this naturalist antifeminism. The Pauline idea that in Christ there is neither male nor female (Galatians, III, 28) would have very limited significance for Clarín. He likewise appears to find it unnecessary to discriminate between the categories of sexuality and of sexual symbolism, as we can see by his implicit identification or association of feminism with an exaggeration of the feminine principle. Consequently, political rights for women and the disintegration of the state by civil strife are indiscriminately associated with weakness of the masculine principle and exaggeration of the feminine principle.

Moreover, disintegration of the state, an event pertaining to the high mimetic mode, is analogous to a Satanic victory at the level of the mythic mode. The analogy is obvious at the second point of epiphany when the train is most like a leviathan:

> Silbó a lo lejos la máquina, apareció el tren en la trinchera, pasó como un relámpago. Rosa, casi metida por las ruedas, pudo ver un instante en un coche de tercera multitud de cabezas de pobres quinto que gritaban, gesticulaban, saludando a los árboles, al suelo, a los campos, a toda la patria familiar, a la pequeña, que dejaban para ir a morir en las luchas fratricidas de la patria grande, al servicio de un rey y de unas ideas que no conocían. (pp. 65-66)

Leopoldo Alas's views concerning *luchas fratricidas* is that these civil wars are egoistically inspired and debilitate the nation.

It was stated that Clarín seems to feel no need to distinguish between sexuality and sexual symbolism. This is because for Clarín the mythic mode, in which sexual symbolism comes into play, is quite analogous to the level of sociopolitical reality where sexuality is viewed. As we saw in the passage from "Psicología del sexo," Alas believes that women are more inextricably tied to the egoistic affects than men are. Accordingly, the participation of women in the political process would result in a decrease of altruism and thus lead to disintegration of the state.

Are we justified, however, in equating the flesh-and-blood women of Alas's essay with the feminized Christian symbols and the uncomplemented symbols of pagan feminine principles found in "¡Adiós, Cordera!"? In other words, can we equate the symbolic sexuality utilized to obtain an anagogic antiapocalypse, to the real physical sexuality on which Alas's androcratic ethic is founded? First of all, I feel that it takes a male supremacist to think up such a symbolic structure,[22] but this type of answer is really too facile. Yet I also believe that we can pass from the "spiritual" to the physical sexuality because Clarín himself does so in his comments, quoted earlier, on the influence of women on religion.[23] I prefer to leave this argument for my concluding paragraph, however, so that the symbolism of the story's ending may be taken into consideration.

The last scene of "¡Adiós, Cordera!" may be considered transcendental. The female twin is left alone in what seems like a desert. Before her is the telegraph pole, a dead tree, not the living Cross, and beyond it winds the royal road of a devil who has conquered the Lamb. Perhaps, on an allegorical level, Clarín attempted to impart an image of what Spain could become:

> Con qué odio miraba Rosa la vía manchada de carbones apagados; con qué ira los alambres del telégrafo. ¡Oh! bien hacía la *Cordera* en no acercarse. Aquello era el mundo, lo desconocido, que se lo llevaba todo. Y sin pensarlo, Rosa apoyó la cabeza sobre el palo clavado como un pendón en la punta del Somonte. El viento cantaba en las entrañas del pino seco su canción metálica. Ahora ya lo comprendía Rosa. Era canción de lágrimas, de abandono, de soledad, de muerte. (p. 67) [24]

Although at the level of the high mimetic mode we may see in Rosa a weakened Spain, she is still, at the anagogic phase, a forlorn potential mother goddess, the bereft first person of a feminized trinity.

This paper has sought to demonstrate that the symbols of "¡Adiós, Cordera!," if analyzed anagogically, form themselves into an antiapocalypse, that is, a triumph of the Dragon over the Lamb, of Satan over Christ, of the infernal over the divine trinity, and that the antiapocalypse is facilitated by the process of feminizing the trinity. This feminization even involves the establishment, through Scriptural alteration, of an analogy between the relation of Christ to little children and of a cow to calves, an analogy whose grotesqueness is in accord with Alas's androcratic ethic.[25] On the distorted Christian anagoge of apocalyptically dualistic symbolism, the author superimposes a straight but deficient pagan anagoge of sexually dualistic symbolism. The question remains whether Clarín was merely using the mythic mode as a metaphoric medium, relying on the cultural bias of his day to emotionally reinforce a lower mode of meaning, or whether the anagogic phase bears a message. I am inclined to believe that the medium is the message. In Alas's non-fiction we can find a superposition analogous to the one in the anagogic phase of "¡Adiós, Cordera!." In "Psicología del sexo," where he formulates his androcratic ethic, the influence of women is blamed for the persistence of idolatry in modern religions. Clarín is possibly referring in part to what he views as Mariolatry within Spanish Catholic practice. But, as we know, the Roman Catholic Church has an androcratic structure! He fails to consider that he is witnessing a symbolic act opposite in sign to the existential circumstances in which it occurs. Clarín saw what he considered excessive mythic feminization existing under religious androcracy, and believed that in such a state of affairs he could perceive a potential model of the eventual result of feminism. "Ciertos cultos se afeminan y se estancan," he writes, but Clarín attributes it to the influence of women, not to exclusive male rule.[26] Alas's unfortunate talent for seeing through a fabric to what a feminist would probably deem to be its wrong side may possibly suggest an incapacity to distinguish between flesh-and-blood females and mythopoetic feminine symbolism. In such a case, then, "¡Adiós, Cordera!" possesses transcendental male supremacist significance at the sociopolitical level.

UNIVERSITY OF WISCONSIN

Notes

[1]It is to Fernando Ibarra that we owe this line of research. See his "Clarín y Azorín: el matrimonio y el papel de la mujer española," *Hispania*, 55 (1972), 45-54; "Clarín y el teatro político," *Romance Notes*, 13 (1971), 267-271; and "Clarín y la liberación de la mujer," *Hispanófila*, 51 (1974), 27-33.

[2]Alas's invectives against the feminist movement are found in *Palique* (Madrid: Victoriano Suárez, 1894), pp. 85-86 and 175-180; and "Psicología del sexo," *La Ilustración Ibérica*, 12 (1894), pp. 3, 6, 38, 231, 259, 262, and 343.

[3]See her *La mujer de su casa* and *La mujer del porvenir*, the latter first published in 1868, in the hope of having some influence on any new legislation that might be passed as a result of the Gloriosa Revolución. It thus antedates John Stuart Mill's *The Subjection of Women* (1869). See also her "La educación de la mujer" in Vol. XI of her *Obras Completas*.

[4]Adolfo Posada, *Leopoldo Alas* (Oviedo: La Cruz, 1946), p. 33.

[5]Laura Núñez de Villavicencio, *La creatividad en el estilo de Leopoldo Alas* (Oviedo: Instituto de Estudios Asturianos, 1974), pp. 275 and 280.

[6]John Rutherford, *Leopoldo Alas/La Regenta* (London: Grant and Cutler, 1974) p. 23.

[7]"The Antifeminist Premises of Clarín's *Su único hijo*," *Estudios Ibero-Americanos*, 1 (1975), 57-91 [published at the Pontifícia Universidade Católica do Rio Grande do Sul].

[8]"Psicología del sexo," p. 343.

[9]Northrop Frye, *Anatomy of Criticism* (Princeton: Princeton University Press, 1957), p. 116.

[10]*Ibid.*, pp. 50-51. Frye calls this "modal counterpoint."

[11]F.M. Lorda Alaiz, "Descripción científica de la obra literaria '¡Adiós, Cordera!,' de Leopoldo Alas," *Boletín de la Real Academia Española*, 52 (1972), 503-509.

[12]Leopoldo Alas (Clarín), *El Señor y lo demás, son cuentos* (Madrid: Manuel Fernández y Lasanta, n.d.), pp. 47-48. This is generally considered the first edition. Henceforth page numbers in the text refer to it. I do not know whether "¡Adiós, Cordera!" was printed in a newspaper or magazine before it appeared in this volume, which bears no date. Nonetheless, the listing of Clarín's works on its last page gives us a clue. *Ensayos y revistas* is shown to be the last work in stock, and *Palique* as being in press. I also have first editions of these: *Ensayos y revistas* (1892), and *Palique* (1894). Thus it is quite possible that "¡Adiós, Cordera!" was written at a time of intense feminist activity on the part of Emilia Pardo Bazán, the period of the Congreso Pedagógico of 1892.

[13]Clarín himself, however, may not perceive it as grotesque, for two reasons. In the first place, his sentimental temperament would lead him to find greater religious truth in forms of worship associated with the symbolism of the milk of the Virgin Mary than with less intimate aspects of Christian thought. In the second place, he is a male supremacist who, in the last analysis, must necessarily believe that there is greater difference between a man and a bull than between a woman and a cow. For Alas, a man is capable of altruism, but not a woman, at least no to as high a level as a man in the Comtian sense of the word. Accordingly, for him no sacrilege is involved in establishing and equivalence between male spirituality and female maternal sexuality. A woman is ineluctably tied to motherhood; "El macho es reformista, innovador; las variaciones en la especie se le deben a él. La hembra es más *misoneísta*, guarda la tradición, los rasgos adquiridos: ambos elementos son necesarios. Todos estos rasgos diferenciales se acentúan en las razas humanas. La mujer tiene formas redondeadas, es más pesada, necesita comer menos, es menos activa porque lleva consigo el *peso muerto* de que se ha de alimentar la generación venidera. En la mujer predomina la víscera; y entre los ganglios, aquellos en que el sistema nervioso preside a la vida vegetativa y sensitiva son los más poderosos. Muestra menos vigor en los centros que dirigen el trabajo muscular y [N.B.] cerebral. La mujer necesita fuerzas vitales que ha de gastar al ser madre. En la procreación, en el gran cuidado de conservar la especie, el papel de la mujer es mucho más importante; para el hombre, en rigor, es cuidado de un momento; para la mujer, la *vocación*, el oficio; la naturaleza misma lo indica y después lo exige. El hijo es la *prolongación* de la madre, no del padre. Todo esto, que enseña la fisiología, se ve continuado en la vida moral: las diferencias no son históricas, pasajeras, reformables; las ha creado la naturaleza, son necesarias y no tienden a disminuir, sino a complicarse por la mayor complejidad de la vida respectiva de los sexos" ("Psicología del sexo," p. 262). "De sacar de quicio la *misión* de la mujer vienen dos grandes males: que su natural misoneísmo, su horror al cambio, al *sacrificio* de lo inmediato y próximo, condición necesaria, en cierta medida, para el progreso, impiden la invención, la reforma, el perfeccionamiento de los medios adecuados a los fines: éste es el primer mal" (*ibid.*, p. 343). In addition to such a line of argumentation, Clarín is so anxious to give equal importance to the roles of women and men that he forces the issue by ascribing spiri-

tual value to woman's biological role. He does this by positing two kinds of altruism, one masculine and one feminine: "La mujer es más altruista porque representa mejor la especie; el hombre la personalidad individual. . . .el gran amor de la madre es el hijo. En el hijo la madre, según Spencer, ama al débil; según Fouillée, ama a la especie, se ama a sí misma, su continuación; sus entrañas, añado yo ahora" (*ibid.*, p. 262). But the fact is that Auguste Comte, who formulated the concept of altruism, classifies "l'instinct maternel" among the egoism sentiments (*Système de politique positive,* Vol. I, pp. 694-703). Comte's antifeminism, expounded in *Systèmede politique positive,* Vol. I, pp. 204-273, is a positivist antifeminism; Clarín, on the other hand, by positing two irreconcilable, sexually differentiated altruisms, has created a deterministic, naturalist antifeminism. Moreover, to call motherhood altruism is to symbolically elevate it to a spiritual level. Consequently, for Clarín no sacrilege is involved in using a cow as a feminized Christ figure. In addition, this symbolic spiritual elevation of material phenomena implies a parallel interchangeability of the spiritual and material levels in Clarín's works of fiction, noticed by Laura Núñez de Villavicencio (see n. 5 *supra*) and John Rutherford (see n. 6 *supra*). To me this indicates that the correspondences of phases with modes in "¡Adiós, Cordera!" are ethically interchangeable. In other words, the anagogic phase is more than a convenient metaphor used by Clarín to reinforce the effect of the other phases. The anagogic phase is also applicable to the high mimetic mode of the sociopolitical level.

[14]It is tempting to say that Clarín cultivates some sort of antifeminist grotesque. A similar effect is found in *Doña Berta*, the story of a quest by an old woman for the painting of a deceased captain who may possibly have been the illegitimate baby taken from her immediately after she had borne it. Clarín symbolically depicts the quixotic result of maternal frustration through a grotesquely altered Descent from the Cross involving a change in sex roles. A large painting of the putative son is rolled out on the floor while the mother climbs up a ladder to look down upon it: "Y al mismo tiempo que el cuadro desaparecía, llevado por los operarios, la vista se le nublaba a Doña Berta, que perdía el sentido, se desplomaba y venía a caer, deslizándose por la escalera, en los brazos del mozo compasivo, que la había ayudado en su ascención penosa. Aquello también era un cuadro; parecía, a su manera, un *Descendimiento*" (*Obras selectas* [Madrid: Biblioteca Nueva, 1947], p. 749). It must be pointed out that Alas is capable of creating a female Christ figure without grotesque characteristics. I refer to *Teresa,* but the heroine of Clarín's play fulfills her *imitatio Christi* by taking her marriage vows seriously. Her husband, though, as a possible second Christ figure, is grotesque, and therefore really turns out to be her cross.

[15]Laura Núñez de Villavicencio, *La creatividad en el estilo de Leopoldo Alas*, p. 265, n. 42, and p. 266, quotes from *Doña Berta* and "Pipá" two instances of mention of laundry spread out to dry, the second one with metaphorical values: "Los últimos trapos blancos habían caído sobre calles y tejados." She comments: "La más bella imagen puede ser evocada con una metáfora a la miseria que da tono a la narración."

[16]F.M. Lorda Alaiz, *op. cit.*, pp. 507-509.

[17]It goes without saying that these objects also have meaning at the formal phase on which rhetorical analyses concentrate, for the formal phase is applicable to the high mimetic mode of national politics. "A derecha e izquierda" is remindful, of course, of political alignment in the Cortes. The "pendón de conquista" symbolizes the triumph of nationalism over regionalism, and so forth.

[18]Northrop Frye, *op. cit.*, pp. 203 ff.

[19]This translation is the Revised Berkeley Version.

[20]The fact that in Revelation the woman appears to change symbolically from mother to bride (from Virgin Mary to the Church) does not seem pertinent to our analysis of Alas's tale.

[21]I hesitate to carry this situation to the anagogic phase, but it is worth mentioning. Rosa remains a virginal (sterile?) female equivalent of God the Father. The Son figure is gone, but a possible Judas figure remains in the background. This is Antón, as Professor Lisa Davis has reminded me, because he sold the Christ figure. The Paraclete figure is likewise gone.

[22]This is a feeling implicit in my use of the term "antifeminist grotesque" in note 12, *supra*.

[23]In fact, Clarín believed that sexuality had a spiritual level. Witness his hostile reaction to the translation of Mill's *The Subjection of Women*, which the Countess of Pardo Bazán published in her Biblioteca de la Mujer with the title *La esclavitud femenina*: "Para mí, sin ánimo de ofender a nadie, toda mujer que cree que es esclava siendo mujer como lo es ahora, tiene algo en el alma o en el cuerpo de marimacho. Y todo hombre que se inclina a creer a las mujeres que se quejan en tal sentido, tiene algo de afeminado en el cuerpo o en el alma" (*Palique* [Madrid: Victoriano Suárez, 1894], pp. 85-86). In connection with the quotation from Adolfo Posada *supra*, we saw that Clarín considered the coexistence of ideological separation from and of sentimental attachment to one's mother to be a virile attitude. The act of separation from maternal bonds would be a virile act. In this light, Fermín de Pas of *La Regenta* is masculine in body but partly effeminate in spirit, because he has not broken away from the influence of Doña Petra. See also my note 11 above, where evidence is brought forward to justify the possibility of interchangeability in the correspondence of phases and modes.

[24]Since Rosa at this point identifies her newly-found feelings with the instinctive wisdom of the cow, we the readers should ponder the identification of Rosa and Cordera. Does the author indicate thereby that a progression in symbolic significance has been attained by passing from the cow to the girl? In the first place, the cow did have some grotesque associations. In the second place, the forlorn female twin, bereft of the male one, is indeed a more impressive symbol than the cow without the bull. It is as though a de-eroticization, a purification, of the male-female relation were necessary in order to expound Clarín's antifeminism in its pristine logic. See also note 18 above for a different anagoge.

[25]See notes 13 and 23 above.

[26]In stating that Clarín does not blame exclusive male rule, I am merely imagining what a feminist might answer him within the range of his own argumentation. Whether certain religious practices are effeminate (whatever this means), or even undesirable for that matter, whether androcracy is responsible for them, or even whether androcracy is undesirable—all this is, I believe, totally outside the realm of literary criticism. At this point I should like to mention other studies which, though they have not been quoted, are nevertheless helpful in analyzing the tale. For an excellent symbological analysis with respect to personification, see pp. 230 ff. of Elías García Domínguez, "Los cuentos rurales de Clarín," *Archivum*, 19 (1969), 221-241. Yet, note 6 on p. 235 is highly problematic, because, in discussing Alas's attitude toward patriarchal society, García Domínguez appears to equate *patriarchal* with *rural*. It goes without saying that Laura de los Ríos, *Los cuentos de Clarín; proyección de una vida* (Madrid: Revista de Occidente, 1965) is indispensable for the study of this aspect of Alas's production, though the approach is different from the one taken in the present paper. See also Katherine Reiss, "Valoración artística de las narraciones breves de Leopoldo Alas,

'Clarín', desde los puntos de vista estético, técnico y temático," *Archivum*, 5 (1955), 77-126, and especially pp. 117, 118, 119, and 122-124.

ARCHETYPES, STRUCTURES AND MYTH IN UNAMUNO'S *EL OTRO*

Roberta Lee Johnson

El otro, Unamuno's play centering on the fratricide of one identical twin by another, has been read in several ways: as an existential or ontological drama, as a psychological case study, and as a re-enactment of the Cain-Abel story.[1] Each of these readings is valid and elucidates one level of the play's meaning, but a few of these interpretations have attempted to analyze the play's thematic significance in the light of its dramatic and theatrical qualities. Keeping in mind the fundamentals of drama as a staged public event, we explore yet another aspect of *El otro*'s theme and structure: the mythical dimension. We discover in *El otro* certain universal psychological motifs brought to light by Otto Rank and Carl Jung and certain universal literary patterns detected by Northrup Frye and Harry Slochower.[2]

At a purely theatrical level *El otro* is a psycho-drama in which the theatrical space is an individual psyche and the characters represent the several facets of the personality. This use of the theater is similar to that of many "absurdist" plays, which, according to Martin Esslin, employ "mythical, allegorical and dreamlike modes of thought—the projection into concrete terms of psychological realities."[3] The action of the individual psyche before an audience becomes a collective dream (or myth) in which the interaction and disintegration of universal subconscious elements takes place. Because of several fundamental affinities between Jung and Unamuno's view of the self and because Jung uses dramatically relevant personifications (*anima*, animus, wise old man or woman, shadow) to label the parts of the psyche, we apply his psychological categories to the roles of the characters in *El otro*.[4]

The concept of *persona* or a social self is fundamental to both Jung and Unamuno's notion of the personality. Both men trace the etymology of the term from its original dramatic function, showing how remnants of that function remain in the social personality. The persona is a cover-up for something underneath; the self, then, is basically a dual entity.[5] Paul Ilie calls the social self or persona in Unamuno's theory of personality an "apparent self" because the subject cannot experience it; he only knows that it exists in the minds of others. The "real self," the one the individual *can* experience, is the *yo intransmisible*. This self can never be perceived by others; it is known only to the individual. The self acted out on the stage in *El otro* is the social self; the *yo instransmisible* is represented dramatically by the murdered brother. True to the theory, we never see the corpse, El Otro's hidden self. Ernesto is the only witness to this aspect of El Otro's personality for reasons that will be evident later.

The basic duality of self in both Unamuno and Jung's concepts is multiplied by many other aspects of character, each one of these in turn having its own double face. We have already mentioned Jung's categories; Unamuno variously called the multiple self the *yos ex-futuros* or *yos vital-históricos*, and Paul Ilie talks about the "true and false private and public selves."[6] In Unamuno's play each character has a role that contrasts and conflicts with that of another in a similar way. In a healthy psychic life, these opposing forces are reconciled, but in a schizophrenic like El Otro, they are at war.

Paul Ilie's statements about Unamuno's theory of personality could serve as a plot synopsis of *El otro* in our allegorical interpretation of it: "the social personality unifies human experience, and is equivalent to the existential view of self. But the existential awareness of self that plagues man is the very obstacle preventing the psychological wholeness of that personality. Despite his desire to be fully the character he plays, his other fragmentary selves eventually assert their importance;...the other self, the one that the rest of the people forge for us is the murderer of our genuine self."[7]

There are six characters in the play and an implied seventh (the murdered brother). In Jungian terms the brother is El Otro's shadow, which is sometimes an evil or negative side of the psyche; at other times it represents the desire to achieve immortality.[8] Otto Rank's ideas on the *doppelgänger* in literature and psychology corroborate this interpretation of the murdered brother: "... by the murder of the double (which is really a suicide because the double stands for a part of the protagonist's own psyche), the character wishes to save himself for *his self*. His acute fear of losing his identity leads him to attempt to resolve the problem by eliminating its source. The defense against death wishes, originating in the libido (jealousy), toward closely related competitors (e.g., a brother) takes the form of turning against oneself (self-punishment). In case of severe attacks of thanatobia the intermediate stage of closely related persons could easily be demonstrated: the patient declares that these severe fears of death first applied to those members of his family nearest to him (mother, brother) before they attacked himself."[9]

Certain symbolic acts reinforce the interpretation of the dead brother as a shadow archetype. In Act I, scene 4, El Otro and Ernesto are going to descend into the bowels of the house to view the brother's corpse.[10] El Otro locks the door, bites the key and then puts it away. The key is often a symbol, according to Jung, of the desire for God,[11] and it also unlocks the doors of the unconscious and the "way to individuation."[12] In El Otro's case, the two meanings fuse because his preoccupation as an individual is to be immortal like the deity. Before they descend, El Otro entrusts the key to Ernesto after breaking a mirror the brother-in-law carries in his pocket because "un espejo y una llave no pueden estar juntos."[13] The two objects together represent the warring factions of El Otro's subconscious mind: the passive (mirror) and the active (key): "¡Muera Caín! ¡Muera Abel! ¡Por llave o por espejo mueran!" (p. 845).

Damiana and Laura, the wives, are the two facets of the *anima* or spirit. They represent the conflicts between El Otro's real self and his public self, the struggle for possession of his soul, and like the furies, which they are sometimes called, they are "self-inflicted punishments."[14] They represent the possessive subject-object relationship between the self and society; the self is an object in the world and the world is an object for the self.[15] The self also may become an object for itself when it becomes conscious of itself, and Unamuno even raises the question of whether or not the self can possess itself. The two women continually argue over which of them is the legitimate wife of the remaining brother. Damiana is the aggressive seducer, who in Jungian terms "lures into life the intentness of matter that does not want to live. [Damiana is pregnant by one or the other of the brothers.] She makes us believe incredible things, that life may be lived. She is full of snares and traps, in order that man should fall, should reach the earth, entangle himself there, and stay caught, so that life should be lived; as Eve in the Garden of Eden could not rest content until she had convinced Adam of the goodness of the forbidden apple."[16]

Laura (La Otra) is the passive, reflective *anima* figure; she represents the becalmed *anima* posture, "the moment of the collapse, a kind of voluntary death. . .a surrender of our own powers."[17] She enters in the second scene, the threshold of the deepest unconscious. Her first speech deals with mirrors, the symbol of passivity. El Otro has had all the mirrors in the house covered. His rejection of mirrors is another sign of his psychic dissolution; and "todos los hombres le parecen espejos y que no quisiera estar ni consigo mismo" (p. 798). Jung points out that mirror images in dreams have the function of completing the self. The mirror represents the self that one feels behind the persona or public self: "Whoever goes to himself," according to Jung, "risks confrontation with himself. The mirror does not flatter, it faithfully shows whatever looks into it; namely, the face we never show to the world because we cover it with the *persona*, the mask of the actor. But the mirror lies behind the mask and shows the true face."[18] Rank links the fear of mirror images to the desire for immortality and cites a number of folk beliefs and literary examples in which the double who catches sight of himself must die within a year.[19] El Otro avoids Laura and has not shared her bed since he killed his brother.

The other three characters also represent archetypes: Don Juan, the doctor ("y algo alienista") is a wise old man or counselor; El Ama is a mother figure, a "maternal abyss" back to which men seek to go to escape the truth of the psyche that the *anima* would force on them. El Otro's brother-in-law Ernesto facilitates communication between elements of the psyche in his search for the truth, the search for El Otro's identity. Ernesto is a catalyst in the interaction between the psyche and the social world. In fact, all three mediate between the center of the soul and society and therefore can be equated with the persona, whose "histrionic quality. . .is instrumental in fulfilling our existence."[20]

One major difference between Unamuno and Jung's view of the self is that Unamuno places the self in time (Ilie calls this the "psychochronic self"). Jung's self is purely archetypal and therefore atemporal. But this difference doesn't interfere with an archetypal analysis of *El otro* which is the psychodrama of one self in time corresponding to all psychodramas of all times. Later we will point out details of the play in which Unamuno stresses the universality of its message. And occasionally Unamuno's theoretical statements about the self sound rather more archetypal (that is universal and communal) than existential: "The dual nature of the Other, consequently, may not apply to most people, but its mythical form serves Unamuno metaphorically to illustrate in its most perfect state the primeval identity of all men with each other. . . .The idea that all men are brothers and share a common origin proposes an ethical value, but Unamuno corroborated it psychologically. He explained that 'when by submerging you enter into yourself, and advance along the dark inner galleries of your soul, you never know when you have left your own spiritual underground and have entered your neighbor's.' "[21]

The structure of *El otro* reinforces the dramatic disintegration of a collective unconscious. Each scene and each act reveal a widening schism in the elements of El Otro's psyche. El Otro begins to disintegrate when he sees his double and slays it (an action prior to the beginning of the play). At that moment he becomes aware of the basic duality of the self: "Me vi entrar como si me hubiese desprendido de un espejo, y me vi sentarme ahí, donde tú estás. . .desnací. . ., me morí. . ." (p. 803). The description of this experience is much like that of Jung's patients who undergo dissolution of the persona and come in contact with the collective unconscious, "announced by peculiar symbols, as for example, by dreams where the dreamer. . .feels. . .that he is dead, is in a strange place, is a stranger to himself, confused, mad."[22]

The first act has four scenes, the second six, and the third (nearly double the length of the first) has nine. The pyramidal structure, which breaks conventional principles of equality between divisions of a play (Lope called for three acts of "cuatro pliegos" each, for example), decreases the sense of resolution one expects toward the end of a play and enhances the sensation of an irreversible dissolution. Since changes in scene traditionally (and in this play as well) denote a shifting of character presences on stage, in *El otro* a change of scene also means a shifting in the psychic elements surfacing at a particular moment. Which characters (i.e., psychic forces) occupy the dramatic space at a given time controls the level of psychic activity and therefore the level of dramatic intensity.

In the first scene of Act I, we are on the threshold of the unconscious. Elements that we associate with the persona are present: Don Juan, Ernesto and El Ama. Don Juan declares the place an insane asylum and El Otro "un loco de remate," thus setting the psychic stage. In the second scene, Laura, the most passive element of the unconscious enters, and El Otro finally appears in scene 3, a brief segment in which Ernesto insists on knowing his secret. Laura, the feminine side, must leave, so that the buried masculine counterpart may be retrieved. Laura later says that when El Otro ordered her to leave she saw into the depths of his soul. Ernesto and El Otro then descend into the basement to view the twin brother's corpse, symbolically a journey to the center of the self. After the descent, Laura and El Ama enter, and the act ends with four parts of the psyche present, mostly elements that signal evasion. El Otro says, "Y hay que vivir, aunque sea a oscuras," (p. 809), and El Ama advises him to be himself and save himself, which for her means to forget and reject the unconscious.

The first two scenes of the second act allow contact only with the integrative, superficial elements of the psyche. After a brief introductory scene between Ernesto and El Ama, Ernesto and Laura talk about her marriage and the reasons for the fraternal hatred. The relative tranquility of this scene is interrupted by the arrival of Damiana in the third scene. The tension thus initiated is intensified when, in the fourth scene, El Otro confronts the aggressive *anima* for the first time. According to Jung, "If the encounter with the shadow is the apprentice-piece [we recall that El Otro faced his brother's corpse, his shadow, at the end of Act I] in the individual's development, then that with the *anima* is the 'master-piece'. The relation with the *anima* is again a test of courage, an ordeal by fire for the spiritual and moral forces of man."[23] This fourth scene has the greatest force and tension and occupies the dramatic center of the act; it foreshadows the last act in which the two women and El Otro have the most time on stage.

The second acts ends, like the first, with a dialogue between El Otro and El Ama that strengthens the concept of psychic roles: "Los dos [the twin brothers] sois uno," says the old lady, and El Otro responds: "Todos somos uno. . ." (p. 820). El Ama continues: "Os cambiábamos y yo cambiaba de pechos. Una vez de éste, el lado del corazón [the left side is the side of the subconscious according to Jung] otra vez del otro. . ." El Otro insinuatingly interjects that this is the side of the liver, or the right (the side of the conscious). A few lines later he repeats the image of the subconscious: "¡no!. . . , ¡el corazón! ¡Se me quiere estallar! ¡Y el corazón es tierra!" (p. 822). The subconscious, represented by the buried brother, clamors for recognition. The second act ends in greater tension than the first. El Otro mentions the tragedy of Oedipus, which he says is absurd and yet is the "más íntimo de la verdad y de la vida" (p. 822). Damiana then begins to scream for "el suyo," the father of her child. Here the various facets of the female figure in the male's psychic life converge and conflict. El Ama, the good, loving mother, is also the first sexual attraction for the male child (suggested in the Oedipus reference). Damiana is the seductress, who would lead the male away from the comfort of the womb and cause him to betray his mother.

When the curtain rises on the third act, El Otro is alone before a covered full-length mirror. He removes the cover, contemplates himself and sobs. The first five scenes of the last act show El Otro's various psychic selves in their greatest conflict: he confronts each of the *anima* figures alone, first Laura and then Damiana and finally both together. Scene five is full of violent intensity, antithesis, exclamations, ellipsis and violent words like *matar, atacar, odiar* and *crimen.* Then Ernesto enters and the tension subsides somewhat. While the two *anima* figures remain on stage arguing, El Otro commits suicide; he has failed the "ordeal by fire."

The individual psychic drama is universalized in the final scene in a discussion of Damiana's impending motherhood; a twin birth is expected and so the drama of El Otro may be perpetuated. Ernesto, who has been changed through his encounter with the unconscious, says: "Son los muertos los que no nos dejan en paz a los vivos, son nuestros muertos. . .¡los otros!" (p. 847). A brief epilogue in which Ernesto, Don Juan and El Ama converse, returns us to the psychic level of the first scene. We have surfaced from the inner turbulence, leaving the voices of the inner world behind. The psychic conflict beneath the persona has been revealed but not resolved. The voices of discord have emerged, have intensified and deepened without integration. El Ama proposes to the others and to the audience: "¡Quédese cada cual con la [solución] suya y. . .en paz!" (p. 853).

Let us make several other observations about scenic structure and style at this point that relate to the basic psychological construct of duplicity within multiplicity. The great majority of the scenes have a double presence: I, 1—Ernesto and Don Juan; I, 2—Ernesto and Laura; I, 4—Ernesto and El Otro (this scene becomes more complicated toward the end when the dual voices of Laura and El Ama are heard off-stage during the descent of Ernesto and El Otro to the basement, but the duality is maintained in two-way conversations: Laura and El Otro; Ernesto and El Ama; and then Ernesto and Laura and finally El Otro and El Ama); II, 1—Ernesto and El Ama; II, 2—Ernesto and Laura; II, 3—Damiana and Laura; II, 6—El Otro and El

Ama; III, 8—Laura and Damiana. The scenes of greater tension and conflict invariably have more voices, more speaking characters, actively participating on stage. There are rarely silent characters present, but several times voices are heard from off-stage. Each presence is made to account for a part of the psychic life of the moment.

Verbal antithesis strengthens the duality in the character presences. In the first act there are very few examples of semantic or symbolic antithesis: *espejo-llave*; *nacer-morir*; *vida-muerte*; *luz-oscuras*; *verse-no verse*. These conceptual opposites constitute the major portion of the central scene in which El Otro confronts the two *animas* together for the first time (Act II, scene 3): *asesino-asesinado*; *verdugo-víctima*; Caín-Abel; Cosme-Damián; *razón-locura*; *luz-sombra*; *odio-amor*; Essau-Jacob. The antithetical expressions acquire even greater force in the first five scenes of the third act: *homicida-suicida*; *matar-vivir*; Abel-Caín; Damián-Cosme; *acabar-empezar*; *mío-tuyo*; *dividir-unir*; *miel-hiel*; *furor-amor*; *uno-otro*; *nacer-morir*; *seducida-seductora; conquistada-conquistadora; atacando-defendiéndose; querida-queredora*; *mentira-verdad*.

Great emphasis is placed on who is present, who is leaving the scene and why. Only two elements of the complex personality confront each other at any one time. El Ama leaves the scene at the beginning of Act II because she doesn't want to know the truth: "No quiero volver a saberlo. Yo me voy. ¡Y de lo otro. . .ni palabra! (*Vase.*)" (p. 810). In Act II, scene 2, Laura insists that Ernesto remain when she confronts Damiana for the first time. Thus the profound antagonism is covered over by the persona mask-like properties of Ernesto at first. In Act III, scene 3, Laura flees when Damiana enters; one side of the *anima* literally replaces the other. They cannot at this point be together, a situation parallel to that of El Otro and his twin. Ernesto's presence is called for again specifically after the two women have been together with El Otro for the first time and just before El Otro commits suicide. There is a strong tendency for groups of three to dissolve into a duo or a quartet (e.g., El Ama became a second mother when El Otro's mother bore twins, Laura's father died when she married, and the twin brothers agreed that the one who didn't marry Laura would leave).

The structure in three acts (or *jornadas*) with an epilogue subscribes to a universal mythopoeic pattern outlined by Harry Slochower in *Mythopoesis*.[24] This structure, he observes, is parallel to a universal human development. The first act of a mythic work reflects a communal harmony: the intact persona in *El otro* is represented by the presence of the external, integrative elements (Ernesto, El Ama, Don Juan) in the early scenes. The harmony is disturbed in the second act when the hero embarks on a quest which challenges the community: El Otro's persona dissolves and the forces of his real self begin to stir after his double appears and he slays it; he commits the crime necessary to the mythic hero. The quest or mythic journey undertaken (by *jornadas*) is the search for personal identity. The act is a homecoming and a re-establishment of the earlier harmony, but with the seeds of renewed conflict ever present. El Otro commits suicide re-establishing the balance and harmony of the persona-community, but this kind of homecoming is more akin to the modern treatment of myth than to the ancient: "In modern myth the journey takes on an indefinite character, and the homecoming is tenuous."[25] The epilogue then reflects the tragic sense of the mythic drama, El Ama universalizes the dilemma: "vosotros no sabéis quienes sois" (p. 853), and Damiana's pregnancy will insure the continuation of the mystery.

The identical twin motif also contributes to the archetypal or mythic dimension of *El otro*. Dramatists from Greek times (e.g., Plautus' *Menaechmi*) to Shakespeare (e.g., *A Comedy of Errors*) have been attracted to the theme and it has been linked by Freud, Rank and others to the phenomenon of doubling in myth and literature. The double figure found in ancient belief and in modern primitive religions, where twin births often take on magic associations, has appeared cyclically in Western European literature, usually during periods of social and cultural instability and introspection. Frequent in Romantic literature, the *doppelgänger* was dormant until the modern period when it reappeared at the turn of the century in such works as Dostoyevsky's "The Double" (1846), Maupassant's "The Horla" (1887), Wilde's *The Picture of Dorian Gray* (1891), Henry James' "The Jolly Corner" (1909), and Sholyme Zanvi Rappaport's *The Dybbuk* (1920). In Spain, Unamuno and Max Aub wrote works in which character duplication appears. The protagonist of one of Max Aub's early plays *El desconfiado prodigioso* (1924) converses with a double image and in his *Narcissus* (1927), the mythological figure falls in love with his eco. Unamuno published a prototype of *El otro* in story form in 1908 ("El que se enterró"); *El otro* was written in 1926 and staged for the first time in Berlin in 1928 or 1929. The play has many of the elements found in other works with doubles: 1) a crisis in the protagonist's life due to the appearance of a double, 2) fear of mirror images, 3) covered mirrors, 4) the murder of the double, which results in the protagonist's self-destruction, 5) the presence of the double's corpse, 6) an atmosphere of mystery and the supernatural.

Early in this century psychologists began to explore the doubling phenomenon in clinical cases and in literature. Theodule Ribot discusses double consciousness in *The Diseases of the Personality* (1884); in *The Varieties of Religious Experience* (1902), William James gives examples of psychiatric cases of doubling in mental hospitals he visited. Freud formulates an embryo of his theory of ego-doubling in dreams in *The Interpretation of Dreams* (1900) and expands the notion to literary creation in "Creative Writers and Daydreaming" (1908). Doubling for Freud is not the simple *doppelgänger* of the romantic period, but a more complex notion in which all the characters of a literary work are part of one composite psyche: "the modern writer [splits] up his ego, by self-observation, into many part-egos, and in consequence [personifies] the conflicting currents in his own mental life in many heroes."[26] Freud's disciple Otto Rank eventually concluded that the double figure is a metaphysical and allegorical representation of immortality: "The primitive and modern material concerning the Double as the immortal soul leads to the building up of the prototype of personality from the self; whereas the negative interpretation of the Double as a symbol of death is symptomatic of the disintegration of the modern personality type."[27] He explains the typical fratricide in twin mythology as a symbolic gesture to rid oneself of the moral self and thus remain immortal.[28]

At varying levels all these meanings are operating in *El otro*. Indeed, the various interpretations of doubles correspond so well to Unamuno's perennial preoccupations with the nature of personal identity and the desire for immortality, that rather than having been influenced by any of the above-mentioned works, some of which he had read,[29] we suggest that Unamuno naturally gravitated to the literary double as one of the most appropriate artistic means of expressing his fundamental concerns. Unamuno's purpose in *El otro* as it was in *Abel Sánchez*, sometimes considered the novelistic counterpart of the play, was to "escarbar en ciertos sótanos y escondrijos del corazón, en ciertas catacumbas del alma, adonde no gustan descender los más de los mortales. Creen que en esas catacumbas hay muertos, a los que mejor es no visitar, y esos muertos, sin embargo nos gobiernan. Es la herencia de Caín."[30]

In order to express these concerns, Unamuno chose a dramatic medium outside the Aristotelian tradition; *El otro* is a religious, mythic experience rather than a secular and cathartic one. The effect of the dramatic action on the audience is similar to that visible in Ernesto, because the play is really an allegory of the communal psychic conflict, and like the mystery plays (for which it was named) or *autos*[31] as Northrup Frye calls them: "it presents to the audience, a myth already familiar to and significant for that audience, and they are designated to remind the audience of their communal possession of this myth."[32] The communal experience of *El otro* is the disintegration of the persona, the fear of losing oneself. We are left at the end of the play with the unresolved mood that is characteristic of the genre: "The characteristic mood and resolution of the myth-play are pensive, and pensiveness in this context, implies a continuing imaginative subjection to the story. The myth-play emphasizes dramatically the symbol of spiritual and corporeal communion."[33] Thus the pyramidal dramatic structure, in which voices in conflict become ever more agitated without resolution or satisfactory termination, is designed to reproduce in the audience the distress that El Otro and Unamuno felt: "Y en el público del teatro los yos se disuelven en el nosotros."[34] According to Slochower "the heroic quest is not eliminated but assimilated. . . .In the interplay between preservation and challenge, the mythic quest is inherited and passed on."[35] Within the context of the play the struggle is passed on through Damiana's motherhood; and through the disturbing dramatic structure, it is passed on to the audience. In this dimension too Unamuno's theater is opposed to a classical theater like that of Shakespeare in which the ambiguity of personal identity is resolved. In *A Comedy of Errors*, for example, which like *El otro* centers on the identity of identical twins, the mystery is cleared up and everyone leaves the theater happy to have the problem solved.[36]

Northrup Frye's designation "archetypal masque" perhaps best suits the genre of Unamuno's play. It is a kind of drama related to the *auto* and like the *auto*, is a symbol of communion or communal experience, but in a "psychological and subjective form."[37] The dramatic space is a "sinister limbo, like the threshold of death. . . , the sealed underworld crypts. . . , or the nightmares of the future in expressionist plays."[38] That the action of the archetypal masque takes place in the human mind links the ancient moralities to modern, avant-garde theater and *El otro*, like *El hermano Juan o el mundo es teatro*, is a "vieja comedia nueva." It has the basic properties of the ancient myth plays and of the drama of the absurd: it is an incantation that speaks to the subconscious rather than to the intellect.

The goal of most contemporary "absurd" theater is to acquaint man with the "ultimate reality of his condition."[39] Unamuno had these same intentions in writing *El otro*: "Acaso algún espectador pensará que no corre ni una brisa fresca, ni un hálito de humor por este sombrío misterio, y no le faltará razón. [In this Unamuno's theater departs radically from the absurdist, in which there is a strong humorous vein.]. . .Pero es que esto distraería y no he querido distraer. . . .Esto me podrá restar algún público; pero me queda otro—¡el otro!—, el otro público. El de los que conmigo se arriman alguna vez al brocal del pozo sin fondo de nuestra conciencia humana personal, y de bruces sobre él tratan de descubrir su propia verdad, la verdad de sí mismos."[40]

The truth as Unamuno saw it is that every human being's basic drive is to survive death, to be immortal. El Otro's struggle is finally a struggle for immortality because the Cain-Abel myth is not, according to Unamuno, a "lucha por pan, fue lucha por sobrevivir en dios, en la memoria divina."[41] He would surely have agreed with Otto Rank that "man's horror of death. . .is the natural love for the personality peculiar to him."[42]

WARTBURG COLLEGE

Notes

[1]Some studies that treat *El otro* as an existential work are Ricardo Gullón, "Imágenes de 'el otro,' " *Spanish Thought and Letters in the Twentieth Century*, eds. Germán Bleiberg and E. Inman Fox (Nashville: Vanderbilt University Press, 1966), pp. 357-369; A.P. Mature, "El ente de ficción liberado en el teatro de Miguel Unamuno," *Hispanófila*, XVII (1974) pp. 1-8; Gilbert Smith, "Unamuno, Ortega, and the *otro*," *Revista de Estudios Hispánicos*, VI, 3 (1972), pp. 343-385; Guillermo de Torre, "Unamuno y su teatro," *Homenaje a Eleazar Huerta, Estudios Filológicos*, I (Valdivia: Universidad Austral de Chile, 1965), pp. 219-235. Several analyses that emphasize the psychological aspect of the play are Andrés Franco, *El teatro de Unamuno* (Madrid: Insula, 1971), pp. 209-226; A. Sánchez-Barbudo, "Misterio de la 'personalidad,' " *Estudios sobre Unamuno y Machado* (Madrid: Guadarrama, 1959), pp. 83-88; Iris Zavala, *Unamuno y su teatro de conciencia* (Universidad de Salamanca, 1963). Treatments of the Cain and Abel theme in *El otro* include Andrés Franco, *op. cit.*; Fernando Lázaro Carreter, "El teatro de Unamuno," *Cuadernos de la Cátedra de Unamuno* (Universidad de Salamanca), VII (1956), pp. 5-29; Pedro Salinas, "Teatro de Unamuno," *Indice Literario*, II (1933), pp. 6-9; Eduardo Francolí, "El tema de Caín y Abel en Unamuno y Buero Vallejo," *Romance Notes*, 14, pp. 244-251.

[2]In principle what we say about *El otro* could be applied to any of Unamuno's

plays, particularly to *Sombras de sueño* and *El hermano Juan o el mundo es teatro* both written, as was *El otro*, during Unamuno's soul-searching exile in France between 1925 and 1929.

[3]This new use of dramatic space is reminiscent of the dada and surrealist precursors of the theater of the absurd in which theatrical space may represent any number of unconventional places. Tzara's *Le Cœur à Gaz* (1921), for example, is a "weird recitation by characters representing parts of the body—the ear, the neck, the mouth, the nose, the eyebrow." (Martin Esslin, *The Theater of the Absurd*, Garden City, N.J.: Doubleday and Co., 1961, p. 265). Brecht's *Mann Ist Mann* (1924-25), Louis Aragon's *L'armoire à glace un Beau Soir* (1924) and *Au Pied du Mur* (1924) also bear interesting resemblances to Unamuno's play in their use of theatrical space.

[4]Northrup Frye, *The Anatomy of Criticism* (New York: Atheneum, 1971) p. 290, points out the usefulness of Jung's terminology for understanding the psychic cleavage inherent in most modern drama.

[5]Unamuno said in his "Prólogo," to *Poesías de J. Azadún* (Bilbao, 1897), quoted by Sánchez-Barbudo in *op. cit.*, p. 37: ". . .hay en nosotros dos hombres; el uno. . . , del fondo. . . ; el otro. . . , moldeado. . .sobre el primero o ingénito."

[6]Paul Ilie, *Unamuno: An Existentialist View of Self and Society* (Madison: University of Wisconsin Press, 1967), p. 109.

[7]*Ibid.*, pp. 74 and 107.

[8]Carl Gustav Jung, *Two Essays on Analytical Psychology, Collected Works*, VII, eds. Herbert Read, Michael Fordham, Gerhard Adler, trans. R.F.C. Hull (New York: Random House, 1966), p. 96: "...the shadow is sometimes a God archetype...the devil is a variant of the shadow archetype, i.e., of the dangerous aspect of the unrecognized dark half of the personality. . . .The image of this demon forms one of the lowest and most ancient stages in the conception of God." Paul Ilie, "Unamuno, Gorky, and the Cain Myth," *Hispanic Review*, 29 (1961), p. 318, sees this same archetypal dichotomy in Joaquín Monegro: "Once his theatrical pose is habitual the recognition of two selves solidifies. One of them is judged the antagonist, an indomitable *alter ego* so contrary to the will that it is called diabolic."

[9]Otto Rank, *The Double: A Psychoanalytic Study*, trans. Harry Tucker (Chapel Hill: The University of North Carolina Press, 1971), p. 78, n. 18.

[10]According to Rank, *op. cit.*, p. 62, the presence of the corpse has mythic significance: "From the abundant folkloric material of civilized peoples, Negelein has shown that the superstitious ideas and customs deriving from the *mirror image* resemble in all their chief features those produced by the shadow-image. Also prominent in this connection are the apprehensions of death and of misfortune. In German territories the prohibition exists of placing the corpse before a mirror or of looking at it in a mirror; for then two corpses appear, and the second one foretells a second incident of death. According to a Dalmatian superstition, also found in Oldenbur, whoever sees himself in a mirror will die as long as there is a corpse in the house. The general applicability of this fear is apparent from the frequency of its contrary measure, which requires the veiling of mirrors so that the soul of the deceased person may not remain in the house." (n. 51: "The reasoning is that the soul of the survivor, reflected in a mirror, could be taken away by the spirit of the dead person which is staying in the house.")

[11]Carl Gustav Jung, *Man and His Symbols* (Garden City: Doubleday and Co., 1964), p. 30.

[12]Carl Gustav Jung, *Archetypes of the Collective Unconscious, Collected Works*, IX, eds. Herbert Read, Michael Fordham, and Gerhard Adler, trans. R.F.C. Hull

(New York: Random House, 1966), p. 35. Faust entering the realm of the Mothers has a key, which Harold Jantz, *The Mothers in Faust* (Baltimore: The Johns Hopkins University Press, 1969), pp. 75-76, sees as a Janus symbol: "...the most obvious figure who bears the attribute of the key is Janus, the god of the beginnings and origins of all things, looking backward at the past and forward into the future....the Janus symbol had to be introduced into this scene of a perilous voyage across the boundaries of place and time; and so the key takes over the duty of the conventional sceptre, wand, or bough in the hand of the venturesome hero." This symbolism could certainly be true of the key in *El otro* as well, coming as it does at the beginning of El Otro's descent into the basement, his figurative journey to the inner reaches of his soul. Jantz's analysis has other points of interest to us here; he links the key symbol to the initiation ritual in the ancient mysteries (Unamuno called *El otro* a mystery play): "There is the element of the mysteries and initiation, with mystagogue and neophyte (in this instance a cynical yet exceptionally sincere and earnest mystagogue and an at first suspicious yet venturesome and then committed neophyte), with a course of initiation which, as in all the great mysteries, must first make real to the initiate the meaning of death, total extinction, utter loneliness, and then lead him on, through deep ineffable terror, to the mystic glowing hearth of rebirth, of constantly renewed life, of the awareness of his oneness with the totality of life. Locked door and proferred key have ever been accompanying symbols of the mysteries" (*op. cit.*, p. 55).

[13]Miguel de Unamuno, *Teatro completo* (Madrid: Aguilar, 1959). All quotations of *El otro* are from this edition.

[14]Harry Slochower, *Mythopoesis* (Detroit: Wayne State University Press, 1970), p. 24.

[15]Ilie, *Unamuno: An Existentialist View*, p. 113.

[16]Jung, *Archetypes*, pp. 26-27.

[17]*Ibid.*, p. 32.

[18]*Ibid.*, p. 20.

[19]Rank, *The Double*, p. 50. Rank relates the literary motif to primitive fears of losing the soul: "attached to this belief is another superstition, associated with the rebirth of the father in the son. Savages who believe that the soul of the father or grandfather is reborn in the child fear, according to Frazer, too great a resemblance of the child to his parents. Should a child strikingly resemble its father, the latter must soon die, since the child has adopted his image or silhouette" (p. 53).

[20]Ilie, *An Existentialist View*, p. 65.

[21]*Ibid.*, p. 97, translates Unamuno, *OC*, IX, p. 842.

[22]Jung, *Archetypes*, p. 160.

[23]*Ibid.*, p. 29.

[24]Slochower, *op. cit.*, p. 22: "a universal pattern. The Ariadne thread which runs through all mythopoesis is a *structural unity* that consists of the *analogous stages* in the development of mythopoeic heroes from Job to Thomas Mann's Joseph and Sartre's Orestes. This unity takes on the form of *a drama* in three acts, followed by *an epilogue*. By implication, this pattern constitutes the nature of the human journey itself, is characteristic for the unheroic as well as the heroic, obtains for the individual and for society."

[25]*Ibid.*, p. 24.

[26]Sigmund Freud, *Complete Psychological Works*, IX, trans. James Strachey with Anna Freud, Alex Strachey and Alan Tyson (London: Hogarth Press, 1964), p. 150.

[27]"The Double as Immortal Soul," *Beyond Psychology* (New York: Dover Publi-

cations, 1958), p. 66.

[28]*Ibid.* p. 92.

[29]Gullón, "Imágenes," suggests William James as a possible point of departure for the early Unamuno story, and for Henry James' "The Jolly Corner", a story with character duplication remarkably similar to Unamuno's. Unamuno knew James' work on psychological doubling. That Unamuno was familiar with the works of some of the other early psychologists who dealt with the double is also evident. M. García Blanco quotes a letter from Unamuno to Federico Urales written sometime in 1901 (*En torno a Unamuno*, p. 473): "Difícil me sería precisar los orígenes de mi pensamiento porque en un período de diez o doce años, del 80 al 92, leí enormemente. Y de cuanto caía en mis manos (de psicología fisiológica, Wundt, James, Bauer, Ribot, etc.)." Unamuno indicates that he was familiar with Freud's *Interpretation of Dreams*: "Esta teoría, que no deja de tener algún parentesco con aquella otra de los sueños, de Freud, nos parece bastante acertada para las demás cosas." (*En torno*, p. 564 quotes *OC*, IX, pp. 76-81). While I was preparing this paper, Mario J. and María Elena Valdés published their *An Unamuno Source Book* (University of Toronto Press, 1973) listing the books in Unamuno's library and classifying them according to marginal annotations, etc. The first volume of Freud's *Obras Completas* was extensively annotated by Unamuno, but I have not found a copy of the edition he owned to check which of Freud's essays it contains. Unamuno also read Adelbert von Chamisso's story of Peter Schlemihl, the man without a shadow, upon which he comments in *OC*, IX, p. 305 ff.

[30]Unamuno's prologue to *La tía Tula*, cited by Carlos Clavería, *Temas de Unamuno* (Madrid: Editorial Gredos, 1953), p. 101.

[31]We are aware of the convincing distinction made by Bruce Wardropper between *misterio* and *auto* ("The Search for a Dramatic Formula for the Auto Sacramental," *PMLA*, LXV, 1950, pp. 1196-1121), but we use the words synonymously here because Unamuno obviously chose the word *misterio* for its double meaning as a dramatic genre and as an unsolved riddle, and not for its dramatic essence.

[32]Frye, *op. cit.*, p. 282.

[33]*Ibid.*

[34]Quoted by Guillermo de Torre, "Unamuno y su teatro," p. 244.

[35]Slochower, *op. cit.*, p. 24.

[36]It is interesting that Shakespeare's comedies, in which all conflcting elements are harmonized in the end, didn't attract Unamuno, according to Gustav Ungerer, "Unamuno and Shakespeare," *Twentieth Century Thought and Letters*, p. 516, 518: "It is striking that save *The Tempest*, from which he [Unamuno] gleaned one sentence, and *All's Well*, which is once referred to in the motto of a poem, Unamuno should exclusively have made use of the tragedies. The comedies do not seem to have much affected his thought. . . . Moreover, Unamuno was reluctant to smooth away differences. The existential being is conceived of as contradictory and agonzing, incapable of coming to terms with his surrounding world. He is torn between the finite and the infinite, time and eternity, mortality and immortality, intellect and spirit, head and heart. Man has to accept these antitheses and to live with them. He exists only by and through them. Unamuno's world in agony had no affinity with Shakespeare's comic world, whose ideal was harmony and concord."

[37]Frye, *op. cit.*, p. 248.

[38]*Ibid.*

[39]Esslin, *Theater of the Absurd*, p. 291.

[40]"Autocrítica del drama *El otro*," in *Teatro completo*, p. 1026.
[41]Unamuno, *Obras completas*, XVI (Madrid: Afrodisio Aguado, 1958), p. 182.
[42]Rank, "The Double as Immortal Soul," p. 78.

DE INVOLUCION A EVOLUCION: LA TRANSFORMACION ORFICA DE CEMI EN *PARADISO* DE LEZAMA

Justo C. Ulloa

Aunque muchos son los estudios que se han efectuado en torno a la repercusión del tema órfico en la literatura europea de la época clásica y del Renacimiento, la influencia del mito de Orfeo no termina con la renovación intelectual que se produjo en la Europa de los siglos XV y XVI, sino que reaparece en la literatura posterior bajo una nueva máscara. Walter A. Strauss en su libro *Return and Descent* indica que existe una literatura moderna en la cual las manifestaciones del tópico muestran ciertas modalidades autóctonas y distorsionadas que no obstante se pueden reconocer como variaciones modernas del mismo material órfico que ha predominado a través de las centurias.

Para Strauss los temas de regeneración, transformación y memoria están íntimamente relacionados con las manifestaciones órficas modernas: es necesario, dice, el viaje de descenso para poder ascender al mundo, escenario de mayores y más profundas transformaciones.[1] A estas modalidades podemos sumar la evaluación del orfismo como una especie de *gnosis* para obtener un conocimiento del cosmos y de la salvación.[2] Al respecto el crítico apunta que poetas como Novalis y Nerval se caracterizan por un anhelo de conocimiento que los lleva a experimentar en los campos más diversos del saber. Con el objeto de recuperar los valores primigenios, luchan contra las limitaciones histórico-temporales que se oponen a sus intentos. Saben que la primera tarea del poeta es la de consagrar el tiempo, el espacio y el lenguaje para que el conjuro de la poesía pueda tener lugar.[3]

Sin necesidad de adentrarnos en el estudio de Strauss, podemos observar que a pesar de la diferencias notables que existen entre José Lezama Lima y escritores como Novalis y Nerval, así como con otros poetas europeos analizados en *Descent and Return*, hay, no obstante, una serie de modalidades que podrían ser aplicadas *mutatis mutandis* al poeta cubano. No perseguimos, sin embargo, hacer un estudio comparativo, sino más bien situar varias facetas de *Paradiso* en la trayectoria del orfismo.

Es notorio, como lo indica un estudio de los ensayos del poeta en *Introducción a los vasos órficos*, que Lezama está familiarizado con las cosmogonías que se elaboraron en torno a la figura de Orfeo. Orfico, sin duda, significa poesía para el poeta cubano, ya que es precisamente en el mencionado libro de ensayos donde se resume su poética. Aquí evalúa la poesía como un insustituible medio de comunicación e irreemplazable vehículo cognoscitivo que abre las puertas de lo oculto, a la vez que establece un nexo entre ese incondicionado y lo cotidiano. Para Lezama, el poeta es, como Orfeo, el *chaman* o intermediario capaz de harmonizar los más intensos opuestos. Es en suma el guardián de lo inexistente. Esta misión atribuida al poeta es la que ha llevado a Lezama a explorar en el mundo de lo oculto, en la alquimia, en la ciencia, en el mundo de los antiguos, en las configuraciones pitagóricas y a buscar y recopilar con ardor y sensualidad cognoscente hechos culturales de las más variadas fuentes. De la totalidad de su obra brota el anhelo de conocimiento propio del orfismo, pero en Lezama hay una perfecta armonización, una sincronización de las imágenes en la que se transparenta el espíritu religioso que encamina al poeta hacia el logro de una imagen final de resurrección. Podría hasta afirmarse que en Lezama el orfismo, el catolicismo y algunos elementos de otras religiones se han amalgamado para presentar una imagen más completa del cosmos poético. Su novela *Paradiso* es un poema o testimonio del poeta en el cual la poesía hace factible la armonización de los términos más antípodas que contribuyen a la configuración total de la obra. El hecho de que *Paradiso* sea poesía es de vital importancia porque como ya ha afirmado Novalis, la novela tiene que ser poesía para que pueda contener los eventos más heterodoxos con la soltura, gracia y veracidad que sólo ésta puede brindar.[4]

La búsqueda de lo desconocido, cualidad inherente de Lezama, es también uno de los rasgos más característicos del protagonista de *Paradiso*. Sólo trazando la trayectoria que dibuja José Cemí a través de la novela podemos subrayar esta idiosincrasia del personaje, así como delinear el proceso órfico de transformación que lo caracteriza: pasa progresivamente de un estado de involución (materialización o exterioridad) a otro de evolución (transformación espiritual hacia una interioridad más plena). El proceso de Cemí tiene que ver con transformación o individuación. Ese paso evolutivo se transparenta en la manera como está concebida la novela. Los primeros capítulos abarcan eventos relacionados con la exterioridad del protagonista, mientras que los últimos se convierten en vivencias de su transformación espiritual. A medida que Cemí se acerca a su finalidad, su misión de poeta, la novela se vuelve más y más fabulosa. Abundan los símbolos, las imágenes que preludian su total integración.

Los eventos externos que rodean la niñez del protagonista son, casi en su totalidad, rituales poéticos que intentan captar un tiempo ido. La imaginación de José Cemí se dilata hacia confines ignotos donde predomina la nebulosa de una época anterior. Sus antepasados muertos y rememorados atraviesan las páginas de la novela como si quisieran acompañarlo en su proceso órfico de integración espiritual y poética. Desde pequeño sufre, como el propio Lezama, de un asma que se convierte en su fiel compañera hasta casi finalizar la primera parte de la novela, pero que después, poco a poco, va desapareciendo, se ve relegada a un plano secundario porque Cemí va alcanzando el conocimiento, el poder y la gracia que como poeta-*chaman* debe y tiene que obtener.

La trágica muerte de su padre deja en José Cemí un vacío, una ausencia decisiva que tiene que llenar. Su madre, sumida en una rigurosa castidad desde la muerte de su esposo, se convierte entonces en el centro de su vivir: es ella (identificada en repetidas ocasiones con la figura de la Virgen) la que se convierte en el *potens*, el espíritu animador de todas su acciones. Como la Eurídice de Orfeo, Rialta Olaya de Cemí es, en otro nivel, la figura femenina que le incita en las búsquedas, en las más hondas transformaciones. El primer diálogo significativo con ella (donde Rialta se revela como la razón más fuerte de su existir) tiene lugar después de las revueltas universitarias en las que el joven poeta se ve envuelto. Rialta, preocupada por la ausencia de su hijo, reza el rosario pidiendo la protección divina para Cemí. A su llegada le aconseja que busque siempre lo más difícil, que no se aparte del peligro y que sea testimonio del padre. Las palabras de la madre sintetizan el espíritu de búsqueda que ha de guiar al poeta a través de su vida:

> El paso de cada cuenta del rosario [dice Rialta], era ruego de que una voluntad secreta te acompañase a lo largo de la vida, que siguieses un

> punto, una palabra, que tuvieses siempre una obsesión que te llevase siempre a buscar lo que se manifiesta y lo que se oculta. Una obsesión que nunca destruyese las cosas, que buscase en lo manifestado lo oculto, en lo secreto lo que asciende para que la luz lo configure. . . . Oyeme lo que te voy a decir: No rehuses el peligro, pero intenta siempre lo más difícil.[5]

Los consejos de Rialta causan una honda impresión en el joven Cemí: "Las palabras que le había oído. . .le habían comunicado un alegre orgullo. . .consistente en seguir el misterio de una vocación, la humildad dichosa de seguir en un laberinto como si oyéramos una cantata de gracia. . ." (249). El sentimiento de plenitud que le transmiten las evocadoras sentencias de la figura redentora de la madre, lo llevan esa misma noche a identificarse con lo expuesto por Goethe en un pasaje de su novela *Wilhelm Meister*:

> 'A qué pocos varones les ha sido otorgado el poder de presentarse siempre de modo regulado, lo mismo que los astros, y gobernar tanto el día como la noche, formar sus utensilios domésticos; sembrar y recolectar, conservar y gastar, y recorrer siempre el mismo círculo con calma, amor y acomodación al objeto.' (Citado en *Paradiso*, 249)

Siguiendo el modelo de Orfeo, José Cemí anhela, sin por eso dejarse llevar por una "vanidad omnisciente", abarcar lo solar y lo subterráneo, es decir, aunar todas las dualidades bajo el influjo de la poesía. Recordemos que Orfeo es el conciliador por excelencia del conocimiento radiantemente solar de Apolo con el sombríamente subterráneo de Dionisio. En el divino poeta se aúnan y complementan el aspecto uranio (celeste) con el telúrico (terrestre).[6] De aquí que sea tan significativo el pasaje de Goethe. Cemí ya aparece encaminado, gracias a las palabras de su madre, a buscar la conciliación necesaria para llenar todos los requisitos de su integración órfica. Pero antes tiene que descender, penetrar en el horno metafórico de las transmutaciones (la escuela secundaria y principalmente Upsalón) donde predomina la faceta dionisíaca que lo prepara para un ascenso fructífero que preludia transfiguraciones más significativas bajo la misteriosa piel de la noche que lo envuelve hasta el momento final de su encuentro con lo luminoso.

El tema órfico del descenso al Hades (*Katábasis*) aparece modificado en *Paradiso* porque el desarrollo anecdótico de la novela no presenta a Cemí sumergiéndose, como lo hace Orfeo, en un oscuro laberinto subterráneo. Su descenso es una forma metafórica de iniciación en un mundo foráneo, escenario caleidoscópico de imágenes orgiásticas que reviven las modalidades del Caos que caracterizan los festivales de la vegetación en honor a Dionisio y otras deidades de los antiguos. Esta serie de imágenes, luego sintetizadas en las dos visiones que encierran el diálogo del capítulo IX, anticipa las capacidades visionarias del protagonista para adelantar los eventos que se desarrollan en el futuro. Ya de lleno en el horno en que se constituye Upsalón, José Cemí encuentra en los conocimientos de Fronesis (lo uranio) y de Foción (lo telúrico) la proporción adecuada que necesita para adentrarse en lo oculto, en las raíces más remotas del origen del hombre.

La penetrante discusión de la triada (especialmente de Fronesis y Cemí) que se extiende a través de varios capítulos no sólo rezuma un deseo cognoscitivo, sino que también delata la insatisfación que sienten hacia el sistema de educación universitaria y el rol pasivo de los estudiantes satisfechos con las pocas luces que los profesores mal preparados les ofrecen (346-359). Pero a pesar de que están descontentos, no se rebelan violentamente. Tratan por el contrario de infiltrar oblicuamente, por medio de sus propias acciones, la semilla o germen de un radical cambio futuro.[7] Como magos órficos encantan sutilmente a sus prosaicos condiscípulos con los más variados y ocultos conocimientos de las distintas ramas del saber: filosofía, matemáticas, historia, mitología, etc. Rodeados por un coro de estupefactos y aduladores compañeros, Fronesis y Cemí conjugan con evidente placer, por ejemplo, las gamas simbólicas del número pitagórico. Es precisamente este entusiasmo por adentrarse en todas las facetas del intelecto el que mueve a Cemí a participar activamente en las discusiones que se llevan a cabo en torno al tema de la homosexualidad, magnífico punto de partida para explorar los orígenes del hombre.[8]

Del descenso de Cemí al caos regenerativo que es el ambiente universitario, sobresale (dentro del peculiar sistema de analogías de Lezama) la imagen sacrificada de la madre. Al quedarse solo con Foción, Cemí se interna en una de las secciones más interesantes del diálogo y revive como una vivencia de su propia experiencia las relaciones entre madres famosas y sus hijos. Los eventos de *La Odisea* le recuerdan la necesidad que tiene el hombre de descender a los infiernos para así poder ascender de nuevo hacia la luz portando un conocimiento más completo. Asocia las palabras de la madre de Odiseo—"Procura volver lo antes posible a la luz, aprende estas cosas y relátalas luego a tu esposa" (284)—con las de Rialta—"Vive en el peligro de obtener lo más difícil" (285). Es de sumo interés apuntar que el ascenso de Odiseo se hará posible, según Cemí, sólo a través del espíritu de renunciamiento materno:

> La única manera de ascender del infierno, llevando una espiga de trigo, el bastos coloreado de hojas y abejas [es] cuando la madre hablando desde su muerte, desde las profundidades del sombrío Hades,

> se vuelve esquiva a las prolongaciones del hijo en las tinieblas, quiere huir del hijo para que el hijo regrese a la luz. Cuando el hijo desciende a las profundidades, para ver en el espejo de la sangre negra [la muerte] el rostro de la madre, la madre huye, prefiere la ausencia del hijo, la ascensión del hijo a la luz germinativa. (285)

¿Dice esto Cemí porque sabe que su descenso en busca de lo que se oculta es un resultado directo del consejo materno dictado por la ausencia del padre? Es evidente que la figura femenina es la que motiva su espíritu de búsqueda, su afán de ser testimonio del padre muerto. También es cierto que lo enteramente dionisíaco no prevalecerá en él, ya que a través del diálogo se orienta hacia un plano armoniosamente nivelado en el que resplandece la imagen de la resurrección. Surgir de los infiernos portando el bastos florido ("coloreado de hojas y abejas") es emblemático de esa fertilidad, enriquecimiento y desarrollo que los descensos al Hades, a las profundidades (al Caos universitario), puede producir.

La locura de Foción y el inesperado viaje de Fronesis, es decir, la ausencia de los amigos del ámbito inmediatamente significativo de Cemí, indica que el joven poeta está en vías de una transmutación integral. Como en el caso de los familiares difuntos, Cemí ha asimilado y metamorfoseado en vivencias las distintas manifestaciones intelectuales de sus dos compañeros. Su destino como poeta va delineándose con trazos más definitivos. Encuentra en el ejercicio de la poesía un misterio y una habilidad que lo llevan de súbito a descubrir en el mundo de las analogías una serie de correspondencias que enlazan las multifacéticas modalidades de cada palabra que contempla:

> El ejercicio de la poesía, la búsqueda verbal de finalidad desconocida, le iban desarrollando una extraña percepción por las palabras que adquieren un relieve animista en los agrupamientos espaciales, sentadas como sibilas en una asamblea de espíritus. Cuando su visión de poeta le entregaba una palabra en cualquier relación que pudiera tener con la realidad, esa palabra le parecía que pasaba a sus manos, y aunque la palabra le permaneciese invisible, liberada de la visión de donde había partido, iba adquiriendo una rueda donde giraba incesantemente la modulación invisible y la modulación palpable, luego entre una modulación intangible y una modulación casi visible, pues parecía que llegaba a tocar sus formas, cerrando un poco los ojos. Así fue adquiriendo la ambivalencia entre el espacio gnóstico, el que expresa, el que conoce, el de la diferencia de densidad que se contrae para parir, y la cantidad, que en unidad de tiempo reaviva la mirada, el carácter sagrado de lo que en un instante pasa de la visión que ondula a la mirada que se fija. Espacio gnóstico, árbol, hombre, ciudad, agrupamientos espaciales donde el hombre es el punto medio entre naturaleza y sobrenaturaleza. (377)

De involución a evolución

Como poeta Cemí se sitúa en un plano de *poiesis* donde busca ser artífice por excelencia encargado de nombrar, el dueño del encanto nominalista que emana de cada palabra que participa de todo acto de creación poética. Desea ser, como Orfeo, el pontífice o intermediario entre lo sagrado y lo profano, entre ese mundo de lo desconocido y el mundo de lo tangible. Quiere consagrar el tiempo para que el conjuro de la poesía logre hacerse realidad, deje de ser visión y se fije permanentemente, es decir, que el tiempo al hacerse sagrado se convierta en intemporal, facilitando así la reconstrucción de la imagen en la sobrenaturaleza. Esta fase de su proceso evolutivo se caracteriza por largas horas de silencio y meditación. Se sumerge intensamente en el orbe poético de la imagen que lo atrae con sus misteriosas y extrañas fulguraciones. A través de los prolongados silencios contemplativos vislumbra agrupamientos espaciales que son más un reflejo de "ausencias que de presencias tangibles": "El hombre [medita Cemí] sabe que no puede penetrar en esas ciudades [la ciudad tibetana o de lo invisible], pero hay en él la inquietante fascinación de esas imágenes, que son la única realidad que viene hacia nosotros, que nos muerde, sanguijuelas que muerden sin boca, que por una manera completiva que soporta la imagen...nos hiere precisamente con aquello de que carece" (380). Ya en otras ocasiones Lezama, meditando sobre sus experiencias con lo desconocido o inasible, ha afirmado que lo que se oculta es lo que nos completa.[9] Lo invisible, esa ciudad tibetana, es lo que el poeta busca penetrar.

En su recorrido órfico de integración, José Cemí siente la irresistible atracción de la noche. Para alcanzar la ciudad tibetana, para penetrar en el orbe de lo invisible, de lo estelar, tiene que recorrer "todas las ocurrencias de la noche".[10] Como los románticos animados por el espíritu órfico de que nos habla Strauss,[11] Cemí se deja abrazar por los poderes nocturnos que lo envuelven en su manto misterioso. Pero no busca, como Novalis, una perpetuación de la noche, destruir el día en favor de las penumbras oníricas.[12] La noche por la que avanza Cemí le ofrece la conciliación de todos los opuestos, la armonización de los contrarios para así facilitarle la trayectoria hacia la luz. En ella, hasta cierto punto, confluyen simbólicamente algunos de los momentos más significativos de su vida: se rememoran varias de las muertes de sus antepasados; se perciben casi todos los índices que anteceden a la muerte de su tío Alberto (quizás el poeta que no llegó a realizarse pero que le dejó un valioso legado: el idioma hecho naturaleza); se incorporan tenuemente varios de los emblemas representativos de su vida universitaria; y se presentan numerosas imágenes religiosas que preludian su palingenesia. Es decir, los acontecimientos más variados parecen aunarse en un momento crucial de apoteosis órfica.

La claridad de la luna, arcano decimoctavo del Tarot (imagen del camino de la iniciación), ilumina oblicuamente la oscuridad nocturna como queriendo brindar la luz suficiente para una lectura de los emblemas inscritos en la caparazón de la noche (481). Cemí, en un estado de alucinamiento, se nos presenta como un visionario capaz de captar todas las posibilidades de la imagen (484). En sus avances penetrativos en lo invisible, el estado de duermevela, la presencia de la luna y el manto de la noche, se funden para abolir toda extensión temporal y espacial. Es precisamente la presencia de la luna en la noche la que hace posible la reconciliación de los contrarios, así como el devenir del protagonista. Como ya ha afirmado Eliade:

> It was lunar symbolism that enabled man to relate and connect such heterogeneous things as: birth, becoming, death, and resurrection; . . .the cosmic darkness, prenatal existence, and life after death, followed by a rebirth of lunar type ('light coming out of darkness'). . . .In general most of the ideas of cycle, dualism, polarity, opposition, conflict, but also reconciliation of contraries, of *coincidentia oppositorum*, were either discoverd or clarified by virtue of lunar symbolism.[13]

La tenue luz de la luna abarca un aspecto dual de la noche. Cemí no percibe una noche definida, sino más bien dos noches (una estelar, urania, celeste y otra subterránea, dionisíaca, telúrica) que colindan y le atraen misteriosamente. Las dos tratan de complementarse: mientras que una desciende la otra asciende ("Una era la noche estelar que descendía con el rocío. La otra era la noche subterránea que ascendía como un árbol...", 481), propiciando así un encuentro en el que predomina el color rojo cremoso del cangrejo, emblema complementario del decimoctavo arcano del Tarot que devora lo transitorio para facilitar la regeneración.[14] Esta doble modalidad nocturna se ve respaldada por imágenes de círculos: globos de cristal, una estrella giratoria y pelotas, fácilmente identificables con la esfera, símbolo de perfección en el que se han armonizado los opuestos.

La musiquilla de un tiovivo y las sílabas de una canción (la misma que entona el guitarrista antes de la muerte del tío Alberto) acompañan su deambular nocturno hacia la luz: en lo alto de una calle, en una esquina, Cemí percibe una casa profusamente iluminada:

> Una casa de tres pisos, ocupando todo el ángulo de una esquina, lo tironeó con un hechizo sibilino. Toda la casa lucía iluminada y el halo

> lunar que la envolvía le hizo detener la marcha, pero sin precisar detalles; por el contrario, como si la casa evaporase y pudiese ver manchas de color que después se agrupaban esos agrupamientos le permitían ir adquiriendo el sentido de esas distribuciones espaciales. (482)

La luz de la casa imanta la atención de Cemí. Es una luz opalescente, no la brillantemente enceguecedora del diamante: "No era la blancura sorprendente de la cresta de diamantes, era la blancura espesa del ópalo. . ." (482). La diferencia que establece Lezama en la calidad de la luz nos lleva a especular que es una similar a la que perciben los taoistas en su búsqueda de la inmortalidad. Recordemos que en el estudio de Lezama sobre lo chino, incluido en *Introducción a los vasos órficos*, la captación de "una luz blanca por la respiración interna, por el aliento secreto" equivale a decir que se ha llegado a un estado de autoconocimiento, de espiritualización, en el cual la respiración externa se ha reemplazado por una interna capaz de captar lo estelar. Es de interés apuntar que Cemí, aquejado de asma a través de la mayor parte de la novela, parece en este momento de progresivo autoconocimiento haber alcanzado un ritmo armonizado que lo prepara para su encuentro final con Oppiano Licario. Ese estado de armonización interna le permitirá en el futuro adentrarse en el orbe de las infinitas posibilidades que le brinda la poesía.

Poco antes de su encuentro final con Oppiano Licario, Cemí hace un último recorrido simbólico. Se interna en un corredor situado al costado de la casa enteramente iluminada. En las paredes blancas del corredor de ladrillos rojos que se conecta con una terraza, Cemí percibe varios emblemas entre los que sobresale el Santo Grial en el centro de la mesa redonda de los caballeros del Rey Arturo:

> El corredor era todo de ladrillos y su techo una semicircunferencia igualmente de ladrillos rojos. A lo largo del corredor se veían en mosaicos de fondo blanco, lanzas, llaves, espadas y cálices del Santo Grial. La lanza penetraba en un costado del que ascendía un bastón, la llave franqueaba la entrada a un castillo hechizado, la espada de las decapitaciones en una plaza pública y los caballeros del rey Arturo se sentaban alrededor de la copa con sangre. Los emblemas de los mosaicos estaban tratados en rojo cinabrio, la lanza era transparente como el diamante, un gris acero formando la espada encajada en la tierra como un *phalus*, y cada trébol representaba una llave, como si se unieran la naturaleza y la sobrenaturaleza en algo hecho para penetrar, para saltar de una región a otra, para llegar al castillo e interrumpir la fiesta de los trovadores herméticos. Una guirnalda entrelazaba el Eros y el Tánatos, el sumergimiento de la vulva era la resurrección en el valle del esplendor. (485)

El color rojo del cinabrio de las transmutaciones taoistas que colorea el corredor y los emblemas y aun el techo es simbólico de sublimación y transformación. El Santo Grial (emblema del centro místico) representa el sentido de búsqueda a la vez que recuerda un estado ideal paradisíaco. Es un emblema que respalda el carácter espiritual de búsqueda de Cemí. Otros índices—como la espada, la lanza, el trébol, la llave, el falo y la vulva—que adornan las paredes del corredor son símbolos de la *coincidentia oppositorum*, propia de esta fase de evolución progresiva de Cemí previa a su total integración como poeta, al logro de la llave que facilitará la entrada en el "castillo hechizado" de la poesía.

Después de atravesar el pasillo y ya a punto de volverse, ve en la terraza la figura de un dios Término de notorias características fálicas y unas sombras misteriosas que lo impulsan a regresar:

> Atravesó de nuevo el corredor, se paró frente a la terraza. Recorrió todo el cuadrado que parecía brotar una blancura como una pequeña hierba. Fue calmosamente a la esquina del dios, con los dos bultos que la oscuridad tornaba en una capa hinchada cubriendo un saco de plomo. Al lado del dios Término, vio dos espantapájaros disfrazados de bufones, jugando al ajedrez. Uno adelantaba la mano portando el alfil, la mano se prolongaba en la oblicuidad lunar. Recordó que en francés los alfiles son llamados *fous*, locos, y que están representados en trajes de bufones. (486)

Una vez más encontramos la incrustación oblicua de un símbolo proveniente de las cartas del Tarot. Los dos locos forman el último arcano y, según Cirlot, se hallan por su estado al margen de todo orden o sistema. No pueden transformarse ni evolucionar, aunque no imposibilite esto su salvación.[15] La visión final de Cemí del último arcano bien puede simbolizar que el joven poeta ha recorrido todas las manifestaciones de la noche y se halla preparado para el ascenso. En efecto, una vez que termina su recorrido comienza su *ascendit* hacia la casa iluminada. Es allí donde comprende de súbito que "...aquella fiesta de la luz, la musiquilla del tiovivo, la casa trepada sobre los árboles, el corredor con sus mosaicos, la terraza con sus jugadores extendiendo la oblicuidad lunar, lo habían conducido a encontrarse de nuevo con Oppiano Licario" (488).

La misteriosa figura de Oppiano Licario, entrevista fugaz y fragmentariamente a través de varios episodios significativos de *Paradiso*, aparece hacia el final de la novela mucho más definida. Licario, el Icaro como lo llama Lezama, es—en el momento en que desaparecen Fronesis y Foción del ámbito inmediato de Cemí—el encargado de llevar a cabo el deseo del agonizante Coronel de instruir y guiar a su hijo. Oppiano Licario presencia misteriosamente la muerte del padre de Cemí, la iniciación sexual de Alberto, así como el instante anterior a los acontecimientos que precipitan su muerte. Tutor espiritual de Cemí por el amor al conocimiento y por mandato paterno, Licario es quizás, con el tío Alberto, uno de los personajes más enigmáticos de *Paradiso*. Persigue a través de su trayectoria poseer un conocimiento perfecto y dominar la extensión temporal. Siempre en sobreaviso busca lo oculto para configurarlo. Sorprende con sus dones ignotos, sus habilidades intelectivas y su don visionario de *chaman*. Este personaje de tendencias icáricas y quizás destructivas es quien yace muerto en la iluminada casa funeraria de las alturas hacia donde se dirige Cemí.

Según Lezama, "Licario ha puesto en movimiento las inmensas coordenadas del sistema poético para propiciar su último encuentro con Cemí. Era necesario que Cemí recibiese el último encuentro con la palabra de Licario".[16] De ahí la importancia del recorrido nocturno y casi circular del joven antes de ascender y penetrar en la casa de las alturas. Ynaca Eco Licario, actuando como sacerdotisa o doble del fabuloso buscador del conocimiento, es la encargada de traspasar el poder de la poesía a Cemí. La hermana de Oppiano Licario entrega a Cemí la "Llave" o poema que Licario le ha dejado como legado. Metafóricamente, el poema podría atestiguar la confianza de Licario en la realización de Cemí como poeta visionario: "No lo llamo, porque él viene,/ como dos astros cruzados/ en sus leyes encaramados/ la órbita elíptica tiene" (489). La segunda estrofa incita a Cemí a seguir los pasos de Licario, sin embargo, el segundo verso "cuando yo sea el puro conocimiento" parece indicar que sólo a través de la muerte, en la resurrección, logrará obtenerse un conocimiento perfecto. Cemí busca un conocimiento poético que fecunde al verbo para crear la ciudad como sobrenaturaleza, es decir, la habilidad poética para penetrar por la imagen en la naturaleza y engendrar la sobrenaturaleza guiado por una fe que le infunde la creencia en la resurrección: "La razón y la memoria al azar/ verán a la paloma alcanzar/ la fe en la sobrenaturaleza" (489).

Creemos que se ha hecho evidente que en su recorrido órfico de integración, el protagonista ha pasado de un estado de involución a otro de evolución o espiritualización. Ha armonizado y reconciliado todos los contrarios, ha penetrado metafóricamente en los infiernos y ha surgido portando un conocimiento más perfecto. Ya Oppiano había reconocido y vislumbrado el proceso de pasaje de José Cemí de un ritmo sistáltico—violento, de pasiones caóticas y de características dionisíacas—a otro hesicástico—contemplativo, equilibrado y de introspección (446-447). En el último párrafo de la novela, al culminar su proceso integral, Cemí rememora lo dicho por Licario: "Volvía a oir de nuevo: ritmo hesicástico podemos empezar" (489), palabras que subrayan la obtención de ese estado contemplativo necesario para llevar a cabo su misión de poeta.

VIRGINIA POLYTECHNIC INSTITUTE AND
STATE UNIVERSITY

Notas

[1]Walter A. Strauss, *Descent and Return: the Orphic Theme in Modern Literature* (Cambridge: Harvard University Press, 1971), p. 13.

[2]Strauss, p. 9.

[3]*Ibid.*, p. 12.

[4]Citado por Strauss, pp. 42-43.

[5]José Lezama Lima, *Paradiso*, 2a. ed. (1968; reimpreso en México: Biblioteca Era, S.A., 1970), p. 245. En adelante todas las citas serán de esta edición.

[6]Strauss, p. 18.

[7]Si Prometeo se rebela y desafía a Zeus incitando un cambio drástico en lo exterior de la sociedad, Orfeo encanta con los sones de su lira, cambia sutilmente la interioridad del individuo, quien a su vez será partícipe del cambio interno de la sociedad. Véase Strauss, pp. 10-11.

[8]La gran compilación de referencias eruditas y hechos culturales que se recoge en esta parte de la novela, nos lleva a establecer un paralelo, por muy somero que sea, con el Eros cognoscente, modalidad órfica, según Strauss, que se descubre en las obras de Gerard de Nerval y Novalis.

[9]Lezama Lima, *Introducción a los vasos órficos* (Barcelona: Barral Editores, S.A., 1971), p. 255.

[10]El propio Lezama, en su ensayo "Confluencias", indica que "para propiciar el último encuentro de José Cemí con Oppiano Licario, para llegar a la nueva causalidad, a la ciudad tibetana, tiene que atravesar todas las ocurrencias de la noche". *Introducción a los vasos órficos*, p. 261.

[11]"The romantics, and in particular the Orpheus-centered Romantics, rushed in where Goethe feared to tread. Novalis not only offers no resistence to the nocturnal powers, he passionately embraces them." Véase Strauss, p. 26.

[12]Según Strauss, Novalis trata de abolir el día o más bien de incorporarlo a la noche: ". . .in Novalis the effort is solely directed toward the abolition of day or, rather, its absorption into the night." Strauss, p. 38.

[13]Mircea Eliade, *The Sacred and the Profane*, trad. de Willard R. Trask (1957; reimpreso en New York: Harcourt Brace World, Inc., 1959), p. 156.

[14]Juan-Eduardo Cirlot, *Diccionario de símbolos* (Barcelona: Editorial Labor, S.A., 1969), p. 297.

[15]Cirlot, pp. 292-293.
[16]Lezama Lima, *Introducción a los vasos órficos*, p. 262.

III. Feminist Criticism

NADA: INITIATION INTO BOURGEOIS PATRIARCHY

Elizabeth Ordóñez

Because of its winning combination of a fresh and enchanting style, its paradoxical amalgam of ingenuousness and thematic seriousness, its perplexing moral and ethical values, and its fame as an astonishing example of beginner's luck, *Nada* has been the subject of varied and often controversial analysis and criticism. Critics have been attracted by its philosophical overtones (Eoff), its generic classification (Foster, Corrales Egea, Gonzalo Sobejano, Villegas), its moral vision (Ullman).[1] Graciela Illanes Adaro has written a comprehensive study of the works of Laforet which includes a serious, though uninspired and uninspiring chapter on *Nada*.[2] Few other women have given earnest attention to the first successful novel of a writer of their sex: Flavia Paz Velázquez makes some useful but partial comments about the treatment of the image of motherhood in this novel; Prjevalinsky Ferrer displays an inclination toward the perfunctory and an anti-feminist bias made even more disturbing by the fact that she is a woman critic.[3] We are used to a criticism based on subjective first impressions by critics such as Alborg, but it is hoped that the female critic would attempt to understand the dialectical significance of the elements of narrative created by other women.

The controversy surrounding the generic classification of *Nada* reveals some narrrow and parochial conceptions of reality held by a number of the novel's critics. Corrales Egea finds it impossible to consider it a realistic and objective novel; Foster laboriously attempts to draw some parallels between romance and genre and *Nada*. But the distinction becomes less necessary when one considers the gothic novel (or what Foster chooses to call "neoromance") as simply a symbolic portrayal of an historically defined social situation (a world in ruins),[4] and thereby as merely another manifestation of realism, rather than as an opposite genre in contradiction with the realist mode. The demonic or grotesque element of *Nada* does not necessarily remove it from the real world, but only approaches reality in a manner not unlike that described by Thomas Mann: "The grotesque is that which is excessively true and excessively real, not that which is arbitrary, false, irreal, and absurd."[5] Gonzalo Sobejano, surely one of the most perceptive of the critics of the postwar novel, is able to consider *Nada* within "la línea del neorrealismo europeo de postguerra,"[6] aware that the novel "refleja un ambiente real, descubre un mundo humano problemático y toma el pulso a una sociedad."[7] This means that the ideological and sociological constructs upon which the novel is based cannot be taken for granted nor brushed aside as the ingenuous fantasies of an inconsequential, adolescent female mind.

Essential to an understanding of *Nada*'s novelistic universe is an understanding of the value and function of the patriarchal family within the structure of post-Civil War bourgeois society. The importance of the family in *Nada* has been either directly or indirectly pointed out by a number of critics. In implied confrontation with García-Viñó, who maintains that central to *Nada* is the clash between members of different generations,[8] Sobejano rejects the interpretation that family problems in *Nada* revolve principally around the generation gap or the alienation between various members of the family. He posits, instead, the importance of the consequences of war on the daily misery of the family.[9] His view suggests to us a historically determined degradation of family life which is central to the novel's ideological trajectory and ultimate ethical preferences. If the basic familial unit finds itself in crisis after the war, and if for the author of *Nada* "the family is fundamental,"[10] then we should be justified in expecting an ultimate tipping of the balance in favor of a regenerated, healthy, vital form of patriarchy.

This is precisely what Laforet does, so subtly and imperceptibly as to be hardly noticeable. She manipulates the choices of her protagonist in such a way so as to insure that Andrea enter into and experience a negative form of the family (according to ideal patriarchal, bourgeois values), and then abandon that context in order to move concurrently outward and *into* a positive familial structure (again according to the standards of an implied, ideal set of measurements).

This final initiation and integration is then in turn a function of a larger societal construct, the patriarchal society as a whole, which is theorized succinctly by Carlos Moya: ". . .a través de esta dimensión 'paternal-ancestral' del titular del poder legítimo se garantiza perfectamente la conexión y la circulación simbólica entre el 'mundo privado-familiar' y el 'mundo público-político', asegurando así el perfecto funcionamiento de las estructuras familiares al servicio de la reproducción de las imágenes y actitudes básicas de la personalidad que interiorizan psicológicamente la sumisión a la autoridad característica de las sociedades tradicionales."[11]

Moya solidly discloses the crucial symbiosis between familial and political ideology in post-war Spain. The work of pre-war ideologues, such as José María Pemán and Bishop Isidro Gomá, has been revitalized and reincorporated into today's official ideology. Gomá's *La familia según el derecho natural y cristiano* (1931) praises paternity by outlining a number of powers and responsibilities essential to the patriarch: authority, intelligence, power, and the spirit of enterprise.[12] Within the framework of these idealized, patriarchal values, Andrea's uncle Juan as father and husband becomes an ironic parody of the ideal archetype, and he functions as a vehicle through which a certain degraded social structure and implied countervalue system is attacked. He is shown to have no real authority, dubious intelligence, a desperate impotence compensated for by brute violence, and a nonexistent spirit of enterprise. He is counterpoised to Ena's father, bourgeois entrepreneur, and individual representative of the colorless backbone of Catalan enterprise. It is between these two male figures that Andrea moves—from the spectral Juan, whom Andrea encounters upon her arrival in Barcelona, to the luminous father of Ena, with whom Andrea finally embarks for a newly reordered existence.

Andrea's arrival at the house in Aribau Street has been interpreted as a scene reminiscent of the goethic novel or of a children's fairy tale adventure in a castle of terror.[13] More cautiously I would suggest that the style of the first chapter, the arrival scene, be classified as oneiric grotesque (". . .me pareció todo una pesadilla," [13]);[14] and as such, it should be considered an essential aspect of realism, of the depiction of the alienation, degradation, horror and terror which can be part of life. The opening style does not in itself create phenomena divorced from reality, but instead constitutes only a way of describing the latter. The phantasmal, grotesque, and mortuary give way by chapter two to a more rational and composed contemplation of surrounding reality: ". . .mi imaginación me jugaba malas pasadas en las primeras impresiones" (25). By daylight the room has lost its horror, but not its disorder and abandonment. Thus an identical reality is viewed from two perspectives: the deforming fantasy of the oneiric grotesque, and the rational contemplation of conscious wakefulness.

The wakeful state enables Andrea to recollect the history of the house on Aribau Street and the saga of its inhabitants. Thus by the second chapter the fantastic imagery acquires a definite socio-historical essence; the family's degeneration is traced. A portrait of the grandparents in younger and happier days elicits Andrea's recollections, and provides a brief glimpse into the material reasons for the present state of degradation. The arrival of the grandparents in Barcelona signified an earlier social transition, a first step in the process of patriarchal degeneration. The narrator vaguely remembers something about the loss of a fortune which brought the younger grandparents to the city. The implication is that this family made an earlier transition from a state of degenerated aristocracy to a period of bourgeois optimism, order and security: ". . .en aquel tiempo el mundo era optimista (21); ellos vinieron a Barcelona con una ilusión. . .; el descanso, en un trabajo seguro y metódico" (22). Through the years, and aggravated by the death of the old patriarch, the house grows older and even smaller, the neighborhood grows congested, and the house and its inhabitants finally reach the state of degeneration in which Andrea finds them upon her arrival. The family seems to move from "señorial" to bourgeois degeneration, the ruination of the house and its furnishings paralleling and complementing that of the family. What was once vital, substantive and necessary, becomes illusory, hollow and deathlike.

The protagonist sets up a life-death dichotomy which parallels the dualities of past-present and prosperity-degeneration. She immediately establishes her need for an optimistic, unifying vision of reality through her nostalgic recollection of the time when life in the house on Aribau Street was diaphanous and full of self-confidence, purpose and fertility. This is an early indication that central to her development will be a struggle against disorder and heterodoxy, even though she may feel an initial attraction toward the negative and nonconformist aspects of existence.

Juan and Román, the male inhabitants of the degraded family homestead, personify the degeneration of patriarchal authority. We have already briefly indicated Juan's divergence from the patriarchal ideal. The patriarchal ideal for male behavior is authoritarian strength and protectiveness; its polar opposite, and an essential alternative characteristic of the same power structure, is an aggressive violation of the female. Juan's brutality, fury and violence are thus but the other side of the same coin, the ugly face of patriarchal degradation. Juan is furthermore an economic pariah to the patriarchal system, lacking even the economic substance of a working man (131). He therefore has no economic basis upon which to rest his authority, and so must resort to the dubious compensation of physical violence in order to impose his will and assuage his male frustrations.

Román, too, is a male without economic consequence. Involved in some mysterious shady business ventures, he, too, represents the ugly face of patriarchy. He symbolizes the basic reality of a structure which, unable to acknowledge its own evil, must project it upon a scapegoat who can subsequently be eliminated and thus conveniently cleanse the conscience through the self-righteousness of its sacrifice. Román is set up to be patriarchy's scapegoat by being repeatedly portrayed as demonic and evil; as fascinating and overpowering the young girls, Andrea and Ena; as having previously caused Ena's mother to stray from the path of righteousness; as attempting to seduce the wife of his brother; as being more bestial than the beasts ("perro herido por los dientes de Román," 210-211); and as being a confirmed materialist ("eso es culpa de las cosas," 38). The world of the protagonist's and even the creator's ultimate ethical preference has no place for the likes of Román, so he must be elimated by self-immolation. Indicative of the good citizen's inability or unwillingness to face the dark side of patriarchy is Andrea's attempt to wash the horror of Román's suicide from her flesh (279). Perhaps Román's name is symbolic too; heathen in a Christian world, his untamable and primitive sensuality could have no place in a structure characterized by institutionalized repression. Ullman postulates that "in a very broad sense, *Nada* could be called a Catholic novel. For one thing, certain notes and themes indicate the author's unconscious acceptance of her traditional education."[15] It would seem that the development of Román as a dark and uncontrollable demonic force, followed by his inevitable self-sacrifice, are indications of an underlying Christian propensity for cleansing the world of undesirables.

If Juan and Román embody the odious and objectionable face of a degraded patriarchy, then the father of Ena eventually comes to personify some minimal but healthy standards for the behavior of the patriarchal male. Whereas the uncles are bitter, sullen and possessed, Ena's father seems without malice, simple, open, sympathetic and composed. Whereas the uncles are ineffectual, non-enterprising in business matters, remnants of a useless señorial class, Ena's father is enterprising, active in the everyday struggles of the commercial world, and symbolic of a renewed vigor within the patriarchal bourgeoisie. The latter also comes to symbolize man in the neo-capitalist industrial society, a "one-dimensional man"as it were, who according to Jutglar ". . .está empeñándose, cada día más, en no pensar."[16] In spite of this attribute, Andrea is strongly attracted to the male type personified by Ena's father: ". . .era una de esas personas que no saben estar solas ni un momento con sus propios pensamientos. Que no tienen pensamientos quizá. Sin embargo, me era extraordinariamente simpático" (272). It is not long until Andrea gravitates toward the security and order of positive patriarchy, actively seeking to associate herself with that group: ". . .me agregaba a la patriarcal familia" (120).

If the male figures symbolize two phases or aspects of patriarchy between which the protagonist will choose, the female figures provide varying models of female behavior—again within the patriarchy—among which the protagonist can choose. Flavia Paz Velázquez maintains that with the figure of Andrea's mad grandmother "Carmen Laforet da el golpe de gracia a la concepción clásica de la mujer-madre. . .se desmorona el mito de la mujer tradicional, exclusivamente hogareña."[17] This is partially true, but I believe that the presence of Gloria, whom the grandmother defends, and that of Ena's mother, who provides an alternative maternal model, qualifies the assertion that Laforet definitively rejects the traditional mother model. What we shall probably conclude is that she rejects one to glorify the other in a subtle process of remythification consistent with her defense of positive patriarchal values.

Various female figures in varying relationships to men are intentionally juxtaposed to each other, and Andrea must react to and with them in order to find herself as a woman. The grandmother is a specter from the past ("su espectral y desastrado señorío," 81), entirely out of touch with the realities of the present moment. A conversation between Gloria and the grandmother, which Andrea overhears while half asleep, is well rendered in a dramatic dialogue which reveals with striking irony the illusory nature of the grandmother's mind. This grandmother is also devoid of moral or ethical standards, the perversion of patriarchy's forgiving, self-sacrificing mother type. She is finally even rejected by her son, Juan, for her implied role in the creation of the family's ruin and degradation.

Andrea's over-permissive grandmother consistently comes to her son's wife's defense, thus linking the two generations of mothers in the house on Aribau Street. This implicit association may or may not be of significant consequence, but is definitely revelatory of where authorial sympathies lie. Although the protagonist's and the reader's sympathy for Gloria is gradually intensified, the latter is never allowed to transcend in any definitive way her status as a victim of patriarchal perversion. She is never able to overcome her negative qualities of slovenliness, bestiality and reification, though she does achieve the modest victory of learning to "take care," described thus by Patricia Spacks: "Woman's psychic triumph comes from responding to man's needs. . .man's need for care is. . .a part of the order of things."[18] Constantly reaffirming that she is good and that she is pretty, Gloria pays lip service to the fact that she could make a better life for herself outside the insane asylum which is the house on Aribau Street. But Gloria remains too much an object of Juan's physical violence ("¿Y cómo se puede huir cuando el hombre tiene una navaja y unas piernas para seguirte hasta el fin del mundo?" 290); too much in need of taking care to flee her oppression: "Pero a veces me acaricia, me pide perdón y se pone a llorar como un niño pequeño. . . Y yo, ¿qué voy a hacer?" (291).

Gloria's function as nude model for Juan's mediocre paintings, and his dependence on her clandestine gambling as a source of extra family income, paradoxically give Gloria's existence a modicum of importance. Like many Spanish women, it is Gloria, who with her secret work, actually maintains her husband who lives under the illusion of his economic importance.[19] But when Juan experiences his quasi-adventure in the labyrinth of the red-light district, the blindfold is forcibly removed from his eyes, and he is made to see that his wife's gambling is a form of her taking care so that he could cherish yet another illusion—that of his artistic talent. The image of Juan leaning upon his wife is compassionate ("Juan echó un brazo por la espalda de Gloria, apoyándose en sus hombros," 181), but there is something disturbing about this adult man leaning on a woman. Alborg decries this scene as an error: "la ocupación de Gloria para traer dinero a casa. . .representa un verdadero fallo en la novela. Lo mismo podría decirse de la incursión, totalmente innecesaria, por el 'barrio chino' barcelonés, que parece incrustada allí para dar un ramalazo de acento masculino, completamente equivocado."[20] Alborg betrays his patriarchal bias which makes him uncomfortable before the image of a woman supportive to her husband, particularly economically. The inclusion of this episode does not necessarily indicate authorial sympathy for the act either, however. In fact, it is probably another instance in which the reversal of male and female roles does not indicate the path to liberation from traditional roles, but rather an unhealthy overturning or reversal of them. Because these actions occur within a pervasively reprehensible and degraded atmosphere, they apparently represent an undesirable perversion of the traditional, sacred familial structure in which man is supportive to woman. Finally, Gloria leaves her seriously ill baby at home while she goes out to gamble, thus cancelling out in part the positive aspect of her caretaking and casting herself as an incompetent and capricious mother as well.

It is therefore Ena's family, and precisely Ena's mother, to whom protagonist, and seemingly author too, turn for an image of woman, wife and mother acceptable to the positive ideals of patriarchy. Ena's mother is a complement rather than a threat or replacement for Ena's father and his seemingly "natural" role. While he immerses himself in the hurly-burly of the business world, she busies herself with repeated pregnancies and childbirths, all the while remaining the refuge of refinement and sensibility to which he can return after his hectic activity. The husband and father is synonymous with activity; the wife and mother with repose. Carlos Castilla del Pino, citing the words of Botella Llusiá, professor of obstetrics and gynecology, demonstrates an example of the paternalistic "courtesy" which underlies the characterization of Ena's mother as an embodiment of the feminine mystique: "Sería bello. . .que el hombre, cuando llega cansado a su casa, se encontrase no con una mujer también agotada, . . .sino con una mujer que tiene una cultura que a veces a él le falta, y que le sirve de complemento y reposo (*Actualidad Española*, 15 de febrero de 1968)."[21]

Although Ena's mother's life is determined by both her father and then her husband; although she seems to have been infantilized by marriage (her husband addresses her affectionately as "mi niña," 121); although even her marriage was not entirely the consequence of her own volition ("me casé con el primer pretendiente a gusto de mi padre," 236); and its fruits were bitter before they were sweet ("los primeros tiempos de mi matrimonio fueron difíciles, 237 . . .Sobre nosotros resbalaban las horas cortando aprisa la tela de una vida completamente gris. . . 238"); the magic wrought by becoming the mother of Ena seems to provide all justification, fulfillment and meaning for this woman. With the initially unwelcome birth of Ena, the mother learns what she believes, or perhaps has been conditioned to believe, is the true essence of womanhood. She comes to realize that it is not romantic infatuation (the youthful affair with Román), nor even the comforts of a bourgeois marriage (which by itself proves to be fraught with frustrations, estrangement and emptiness); but only a total surrender to the devouring and conquering power of the infant and to the role of motherhood which provides fulfillment. Ena confers upon her mother an existential significance which to the latter was heretofore unknown. With the birth of the daughter, the mother learns the meaning of renunciation, comprehension, friendship and tenderness; she learns that love is not only a blind passion between the bodies and souls of man and woman. In short, for Ena's mother maternity functions as the door which opens unknown horizons and allows her to free herself from her narrow selfishness. She ceases searching for romantic fulfillment; instead she definitively becomes mother in lieu of lover.

The characterization of Ena's mother rests upon and integrates a complex of political and religious presuppositions about woman. The political mythification of the Spanish woman is of course inextricably linked with that of the role of woman fostered by Christianity. The qualities that Christianity idealizes in women—sacrificial love, passive acceptance of suffering, humility, meekness, and so on—are qualities which have been assimilated into the mythified image of Spanish motherhood.[22] Curiously, a German writing in the same year as the publication of *Nada* (1944), and himself an official mouthpiece for the Hitler regime in praise of the Caudillo,[23] expresses an idealizing praise for the Spanish woman's character which mirrors the Nazi glorification of "Kinder, Küche, Kirche": "La española ante todo, es madre, y sólo en segundo lugar esposa y amante."[24] He goes on to say that because the Spanish woman sees maternity as her principal destiny, she is therefore worthy of greater respect. She is also accorded exclusive dominion over the family, the obligation of the father consisting in protecting his family and in providing them the means of existence.[25] A socio-historical frame of reference thus convincingly reveals that underlying the characterization of Ena's mother there exists an amalgam of the mythification processes of Christianity and the patriarchal Fascist value system dominant immediately following the Civil War. Consciously or unconsciously, Laforet indulges in a form of ideological oppression in her characterization of Ena's mother; the latter ultimately comes to personify that limiting myth of patriarchal bourgeois society which portrays childbearing and rearing as the prime fulfillment of a woman's destiny.[26]

Neither protagonist nor implied author recognize nor criticize the possible perils involved in the mother's enslavement to her daughter ("me esclavizó," 239), in the transference of the mother's fondest and unrealized desires for herself to her daughter ("yo la contemplaba con el mismo asombro que si viera crecer en un cuerpo todos mis anhelos no realizados," 239); the problems of maternal self-sacrifice and vicarious experience or sublimation are ignored or dismissed. Why? As we shall see later in more detail, the answer to this question will have to lie in the ideological intent of this characterization, in its function as a crucial nexus in the initiation and educational process of the adolescent, Andrea.

Once we become cognizant of the ideological bias or implied preferential values of *Nada*, we become increasingly reluctant to accept any interpretation of the development of the protagonist in any but dialectical terms. Attempts at a comprehensive interpretation of Andrea as archetypal adolescent or archetypal hero fall so far short of a necessary specificity that they occasion the need for numerous exceptions to the archetype in order to make the protagonist "fit" into the preestablished mold. Villegas concludes his analysis by comparing Andrea to other young adolescent heroes and finds that she is significantly different: "no es un héroe redentor ni liberador. Su salvación personal no implica una fórmula de salvación o redención social. No es un héroe problemático como otros jóvenes de la novelística española de postguerra. . . He aquí la gran diferencia entre Andrea y los protagonistas de novelas como *Juegos de manos* de Goytisolo o *Nuevas amistades* de García Hortelano, en las cuales los jóvenes—hijos de familias burguesas—emergen como rebeldes, como antagonistas de la sociedad y con una actitud mucho más crítica que la de Andrea."[27]

One important reason why Andrea is not like other adolescent heroes is that she is female. Her developmental process must include an initiation into what it is to be an adult woman in her society, and that necessarily implies the acquisition of a distinct mental set from that of her brothers, an entirely different conception of the significance of heroism. "Masculine heroism involves altering circumstance; traditional feminine heroism depends on endurance and denial."[28] We have already seen the ideological function of various parent models in the family, and the dialectical relationship between the workings of the familial microcosm and the total social structure. The episodic arrangement of the novel, or the structuring of Andrea's quest for freedom, also discloses the subjection of the protagonist to the impingement of certain limiting influences at strategic points in the novel. Her initial naïve impulse toward unlimited, individual freedom is increasingly qualified, and she is gradually molded with a gentle irony into a greater consciousness of the manifold factors limiting her existence as a young woman.

The protagonist's name is in itself symbolic of the trajectory of her development toward womanhood: it combines the meaning of its masculine variant Andrew (strong and manly) with that of itself as a female variant (womanly). Initially Andrea displays a strong inclination toward the masculine side of her character; as time passes she grows to anticipate and accept her more "feminine" role. For example, she is attracted by the openness and frankness of male conversation (59), and later in Part II she becomes the only girl associated with a group of young "bohemians." But ironically even in that context, one in which she seems to escape her femaleness, she must accept a conditional freedom; she must be consistent with the acceptable role for her sex: "Ahora vamos a merendar si Andrea tiene la bondad de hacernos unos bocadillos. . ." (155). These young artists only appear to be social outcasts, just as Andrea only appears free of sex-related restrictions. In reality they are all sons of rich businessmen, wealthy Catalan industrialists, and Andrea feels comfortable and content playing the role of helpmate in their midst. As with the family of Ena, this is a milieu to which she can turn for light, happiness and bourgeois order.

The most important limitation to Andrea's freedom in the first part of the novel is Angustias. It is with this character and her role in relation to Andrea that theories unresponsive to the importance of sexual dialectics seem inadequate and especially forced. Angustias is a figure firmly placed within the web of Spanish social history. Like Bernarda Alba, she is reinforcer of the most stagnant, reactionary and life-stifling realities of Spanish society. She is alternately described as an obsolete remnant from the past: "es un trozo viviente del pasado (107); la historia de Angustias resultaba como una novela del siglo pasado" (108). She is more than "protector," "pseudo-protector" or "stepmother" figure;[29] as an antiquated vestige from the past, she is enforcer of the most stringent and repressive aspects of patriarchal morality. Sexually frustrated herself, she becomes victim turned victimizer, a disturbing but typical example of how patriarchy enlists women, without their conscious knowledge, for the defense and enforcement of the established power structure. Castilla del Pino explains how this process works: "Pues bien, la represión *de* la mujer por el sistema es internalizada de tal forma que, en su función, representa la represión *por* la mujer."[30]

Nada: **Bourgeois Initiation**

Castilla del Pino explodes the myth that woman's conservatism is biologically determined, or that instances of repression by women are no more than the workings of isolated individuals. Andrea, however, is completely unaware that Angustias represents certain broader social structures and values that reach far beyond the confines of the one irksome individual. Andrea ingenuously believes that Angustias' departure will automatically confer upon herself an unconditional freedom: "Traté de imaginarme lo que sería la vida sin tía Angustias, los horizontes que se me podrían abrir..." (77). She mistakenly believes that it is only Angustias' authority over her that has caused the *abulia* and the strangling sensation that have overcome her in Barcelona. But Andrea's naïve hopes for freedom become increasingly ironic in Part II of the novel when other delimiting individuals and events prove that Angustias is more than an authoritarian individual, but rather an individual manifestation of a certain set of collective values which will prove increasingly difficult to escape.

At the beginning of Part II, just as Andrea is about to enjoy her newly-gained freedom, along comes Gerardo and annoys her with what seems to be an echo of Angustias' manipulative advice. Whereas Angustias had warned about the city being a perilous underworld, and that "una mujer no debe andar sola por el mundo" (101), Gerardo condescendingly asks Andrea if she is not afraid to walk "solita" through the streets. He offers offensive advice which ironically reminds Andrea of another oppressor: "me fue dando paternales consejos sobre mi conducta en lo sucesivo y sobre la conveniencia de no andar suelta y loca y de no salir sola con los muchachos. En aquellos momentos, casi me pareció estar oyendo a tía Angustias" (146). Angustias and Gerardo also share the hypocrisy and double standards of patriarchal morality: the former escapes into the sanctity of convent life after having usurped the attentions of a married man whom twenty years earlier she had rejected as unworthy; the latter offers his unwelcome advice on female virtue immediately following his attempt to use Andrea for the satisfaction of his own greedy lust. So it is Gerardo who in the second part of the novel comes to symbolize a continuation and pervasiveness of the contradictory limitations of patriarchal morality.

By the end of Part II, Andrea is also forced to come to terms with the relationship between social status and womanhood, the classist restrictions on woman within bourgeois patriarchy. An invitation to the party of Pons elicits another wave of illusions and fantasies, another dream of new horizons. Andrea fancies herself as Cinderella, as a fairy princess, as the embodiment of feminine qualities earlier enumerated by Freud: "Al correr al espejo, contemplaba, temblorosa de emoción, mi transformación asombrosa en una rubia princesa. . .inmediatamente dotada, por gracia de la belleza, con los atributos de dulzura, encanto y bondad. . ." (215).[31] But Andrea is too possessed by her supposed "instintos de mujer" (214), too deluded by her desire to be an admired and praised object, to realize that her fantasies of femininity are doomed not only by their very nature as deceptive myths, but by the further limitations of class barriers which will follow her wherever she goes.

The irony of Andrea's attempt to separate the world of her student friends from the world of her "home" becomes painfully evident by the conclusion of Part II of the novel. The fiasco of her rejection at Pons' party demonstrates that the two worlds are inextricably linked. She, unlike the legendary Cinderella, does not possess the magical glass slipper enabling her to transcend her class; hers are old shoes which are insistent material manifestations of the gap between the world of fantasy and that of reality, between the world of the wealthy and that of the economically and socially less fortunate. Finally, Andrea does not find glory at the ball, but instead rejection by another woman, Pons' mother, who represents and enforces the class divisions of patriarchy as Angustias did likewise for its moral restrictions.

The inversion of the Cinderella motif serves to prove once again that the protagonist is not as free nor are her horizons as unlimited as her childish imagination would have her believe. Although Andrea understands her rejection by the rich in terms of a painful existential fatalism that relegates her to the role of spectator, we are aware that her childish disappointment has deeper roots than her ingenous interpretation allows her to understand. The demythification of the Cinderella myth is another lesson on the path toward womanhood, a tentative movement toward the acceptance of an adult female role in bourgeois society. It proves that Andrea's place was not to be in the facile, frivolous world of superficial pleasures. It is significant that just as Andrea seems to be caught in a cul-de-sac of despair, just as she returns to the house on Aribau Street with yet another hope for escape dashed by her expulsion from another childish dream of paradise, Ena's mother coincidently happens to be waiting for her when she returns home.

Andrea's heart-to-heart talk with Ena's mother, strategically placed at the beginning of the third and final part of the novel, serves to round out the protagonist's developmental trajectory and expose her to the preferred and seemingly definitive myth of womanhood—motherhood. In Part III of the novel, Andrea also learns about the meaning of life from Ena's mother and about the meaning of death from Román's suicide. She is awakened to the paradoxical mixture of life's simultaneous complexity and simplicity. After her confrontation with death, Andrea awakens from a long sleep feeling a hunger and thirst that symbolically herald a rebirth and renewed affirmation of life: "La leche caliente me pareció algo maravilloso y la bebí ávida" (282). The warm milk is a rather obvious symbol of the maternal function, serving to heighten the motif of rebirth. In a symbolic sense, Andrea gives birth to herself after she has been exposed to a model of ideal patriarchal motherhood, and after she has felt sorrrow and pain not unlike that of a mother before the death of her uncle Román.

When the conversation between Andrea and Ena's mother begins, Andrea is still an unhappy child suffering from her recent disappointment. But as the mother reveals her innermost feelings, Andrea begins to forget about herself, transcend her adolescent self-centeredness, and find peace and compassion in a total identification with the thoughts and feelings of her friend's mother. This is crucial for an understanding of the ideological significance of the episode. Like Andrea, Ena's mother was once caught in a trap of fantasies and literary deceptions which mediated between herself and reality. Parallel to Andrea's Cinderella fantasy was the mother's fantasy of herself as heroine of a romantic novel. The mother's fantasy was the cause of her mistaken youthful attraction to Román. The older and younger women parallel each other in their early misinterpretations about the nature of femininity, their deception and betrayal as women deluded by their overactive imaginations. As Ena's mother recounts the vicissitudes and joys of her life, Andrea is movingly exposed to a defense of maternity and a reaffirmation of woman's role of "taking care." After the confession of Ena's mother, Andrea is profoundly affected, and she identifies completely with the mother:

> No había más que decir al llegar a este punto, puesto que era fácil para mí entender este idioma de sangre, dolor y creación que empieza con la misma sustancia física cuando se es mujer. Era fácil entenderlo sabiendo mi propio cuerpo preparado—como cargado de semillas—para esta labor de continuación de vida. Aunque todo en mí era entonces ácido e incompleto como la esperanza, yo lo entendía.
>
> Cuando la madre de Ena terminó de hablar, mis pensamientos armonizaban enteramente con los suyos (240).

Although it may be presumptuous to draw too close a parallel between the fictional world and that of the author, I do believe that the latter can give us some valuable insight into the possible ideological biases expressed in the novel. According to Ullman, Laforet's own life reflects the philosophy which she seems to defend in *Nada*: "Shortly after the publication of *Nada* the author married Don Manuel Cerezales, and by the time *La isla* appeared she had given birth to their fourth child. . . ."[32] Much ink has been spilled on whether or not *Nada* is an autobiographical novel. Suffice it to say that there seems to be a close ideological and even practical identification between Andrea, Ena's mother and the author.

The novel ends with Andrea's going off to Madrid in the company of Ena's father, to live with the latter's patriarchal family and work in his office. Although one might argue that Andrea is finally in a position to achieve a greater degree of openness and possibility, that she will now work and found her life anew upon the more solid basis of "praxis" rather than absolute dependence on others, there is nevertheless a subtly calculated openness as the novel ends. As Eoff observes, Andrea "retires to a comfortable position after an exciting venture."[33] Andrea views her final opportunity as an opening of "los horizontes de la salvación" (293), not of those of adventure or of uncertain changes. It seems that she becomes increasingly sobered as the novel progresses, more and more concerned with the values of light and order. Although she manifested a certain fascination with the eccentricities of the family on Aribau Street, Andrea's sympathies seemed always to lie for the most part in the direction of material well-being. On one occasion when her friend Ena expresses contentment upon receiving Andrea's gift, the latter feels "rica y feliz" (70). The linking of material well-being with happiness is not arbitrary, not without significance. Ena, too, triumphs over her fascination with evil and reincorporates herself into the light and order of her proper bourgeois environment. In the lives of both adolescent girls, then, there is a restoration of order, a final reimposition of patriarchal bourgeois values, and a healthy acceptance of a future which ultimately promises marriage to the proper man (Jaime in the case of Ena) and motherhood.

In Part III of the novel Andrea muses that life, unlike novels and movies, goes on indefinitely until death's final closure: "'Si aquella noche—pensaba yo—se hubiera acabado el mundo o se hubiera muerto uno de ellos, su historia hubiera quedado completamente cerrada y bella como un círculo.' Así suele suceder en las novelas, en las películas; pero en la vida. . . Me estaba dando cuenta yo, por primera vez, de que todo sigue, se hace gris, se arruina viviendo. De que no hay final en nuestra historia hasta que llega la muerte y el cuerpo se deshace. . ." (251). It can safely be inferred that *Nada* is not the type of novel to which Andrea refers, but that her novel is implicitly linked to life itself with its uninterruptible stream of experiences. However, even life itself can be limited by certain material and ideological conditions.

Thus it is that the ending of *Nada* is both end and beginning. In this novel of female adolescence we can have both without contradiction. In a sense the novel ends ideologically—going away with Ena's father forms a sharp social contrast to Andrea's accompanying and aiding Juan in his journey through the labyrinthine red-light district. But there is no way to say that the novel ends with absolute closure. There is a kind of calculated openness—the neatness of the symbol of a new dawn, the setting out on a journey—and yet the selection of character and circumstance so as to make that journey a little less risky, the projected outcome a little more secure. This time the cards are stacked in Andrea's favor, at least according to the social and moral values of her creator and their common societal context. The trip to Madrid may be a secular pilgrimage in disguise; Ena's father may be the patriarchal bourgeois savior of damsels in distress; Andrea may finally be able to journey toward the horizons of social salvation. Thus is history made to appear as myth, thus is myth revealed as history, and thus is our female adolescent neatly packed off to the realm of the socially acceptable.

RIPON COLLEGE

Notes

[1]See the following articles and books for an introduction to the varied critical approaches to *Nada*: Sherman Eoff, "*Nada* by Carmen Laforet: A Venture in Mechanistic Dynamics," *Hispania*, XXV (1952), 207-211; David William Foster, "*Nada* de Carmen Laforet: Ejemplo de Neo-Romance en la novela contemporánea," *RHM*, XXXII, 1-2, enero-abril (1966), 43-55; José Corrales Egea, *La novela española actual* (Madrid: Editorial Cuadernos para el Diálogo, 1971), pp. 38-44; Gonzalo Sobejano, *Novela española de nuestro tiempo: En busca del pueblo perdido* (Madrid: Editorial Prensa Española, 1970), pp. 113-120; Juan Villegas, "*Nada* de Carmen Laforet, o la infantilización de la aventura legendaria," *La estructura mítica del héroe en la novela del siglo XX* (Barcelona: Editorial Planeta, 1973), pp. 177-201; Pierre Ullman, "The

Moral Structure of Carmen Laforet's Novels," in *The Vision Obscured*, ed. Melvin J. Friedman (New York: Fordham University Press, 1970), pp. 201-219; Francisco Ayala, "Testimonio de la nada," *Realidad*, I (Buenos Aires, 1947), 129-132; Antonio de Hoyos, *Ocho escritores actuales* (Murcia: Aula de Cultura, 1954), pp. 25-26.

[2]Graciela Illanes Adaro, *La novelística de Carmen Laforet* (Madrid: Gredos, 1971), pp. 21-41.

[3]Flavia Paz Velázquez, "Las imágenes de la mujer en la novela actual," in *La verdad sobre la mujer*, ed. M. A. Pascual (Madrid: Iter Ediciones, 1970), pp. 137-158; Olga Prjevalinsky Ferrer, "Las novelistas españolas de hoy," *CA* (XX), CXVIII, No. 5 (Sep.-Oct., 1961), pp. 211-223, esp. 212-213.

[4]See Francis Russell Hart, "The Experience of Character," in *Experience in the Novel*, Selected Papers from the English Institute, ed. Roy Harvey Pearce (New York: Columbia University Press, 1968), pp. 86-103.

[5]Wolfgang Kayser, *The Grotesque in Art and Literature* (New York: McGraw-Hill Book Co., 1966), p. 158.

[6]Sobejano, *op. cit.*, p. 118.

[7]*Ibid.*, p. 117.

[8]M. García-Viñó, *Novela española actual* (Madrid: Ediciones Guadarrama, 1967), p. 83.

[9]Sobejano, *loc. cit.*

[10]Ullman, *op. cit.*, p. 208.

[11]Carlos Moya, "Familia e ideología política," in *Las ideologías en la España de hoy* (Coloquio) (Madrid: Seminarios y Ediciones, 1972), pp. 89-90.

[12]In *ibid.*, pp. 97-98.

[13]Foster, *op. cit.*, p. 47; Villegas, *op. cit.*, p. 182 respectively.

[14]Carmen Laforet, *Nada* (Barcelona: Destino, 1969), p. 13. All subsequent references to this novel will be from this edition and will be indicated in parenthesis.

[15]Ullman, *op. cit.*, p. 203.

[16]Antoni Jutglar, *Mitología del capitalismo* (Madrid: Seminarios y Ediciones, 1971), p. 58.

[17]Paz Velázquez, *op. cit.*, pp. 142-143.

[18]Patricia Meyer Spacks, "Taking Care: Some Women Novelists," *Novel*, Fall, (1972), pp. 49 and 51.

[19]See an example of this phenomenon in Eliseo Bayo, *Trabajos duros de la mujer* (Barcelona: Ed. Plaza Janés, 1970), p. 42: "El no se enteró nunca de que el dinero que nos dejaba, no era suficiente para mantener tantas bocas. . . .Yo tenía que trabajar casi a escondidas, y entonces éramos muchas las mujeres que trabajábamos a espaldas del marido."

[20]Juan Luis Alborg, *Hora actual de la novela española*, I (Madrid: Taurus, 1962), p. 135.

[21]Carlos Castilla del Pino, *Cuatro ensayos sobre la mujer* (Madrid: Alianza Editorial, 1971), p. 44.

[22]See Mary Daly, *Beyond God the Father: Toward a Philosophy of Women's Liberation* (Boston: Beacon Press, 1973), pp. 76-77, for an enumeration of both negative and positive qualities that Christianity imposes upon woman making her inescapably either scapegoat or victim.

[23]Werner Beinhauer, *El carácter español* (Madrid: Ediciones Nueva Epoca, 1944), p. 159: "Sólo una ejemplaridad poderosa y convincente de la talla moral del gran Caudillo que la Providencia ha dado a España, será capaz de obrar el gran milagro de una

unificación nacional."

[24]*Ibid.*, p. 49.

[25]*Ibid.*, pp. 57 and 52 respectively.

[26]See Laurel Limpus, "Sexual Repression and the Family," in *Womankind: Beyond the Stereotypes*, ed. Nancy Reeves (New York: Aldine Atherton, 1971), pp. 354-358, for a critique of this myth and its effects on women.

[27]Villegas, *op. cit.*, pp. 200-201.

[28]Spacks, *op. cit.*, p. 47.

[29]Villegas, *op. cit.*, pp. 183 and 188.

[30]Castilla del Pino, *op. cit.*, p. 70.

[31]Freud expressed a typical patriarchal conception of woman, which curiously Andrea fancies for herself: "Nature has determined a woman's destiny through beauty, charm and sweetness" (in Eva Figes, *Patriarchal Attitudes: Women in Society* [London: Faber and Faber, 1970], pp. 28-29). Or to quote directly from Freud: "But I believe that all reforming activity, legislation and education, will founder on the fact that long before the age at which a profession can be established in our society, nature will have appointed woman by her beauty, charm, and goodness, to do something else." *Letters of Sigmund Freud*, selec. and ed. by Ernst L. Freud, trans. Tania and James Stern (New York: Basic Books, 1969), p. 76.

[32]Ullman, *op. cit.*, p. 208.

[33]Eoff, *op. cit.*, p. 211.

IV. Formalism

BODY, LANGUAGE, AND DIVINITY IN GOYTISOLO'S *JUAN SIN TIERRA*

Jerome S. Bernstein

"para asomar vengadoramente a la luz del día"
—*Juan sin Tierra*[1]

The narrator of *Juan sin Tierra* walks in the broiling heat of an August day in Paris. The street is torn up, a gang of Arab laborers is at work; the narrator walks along the wooden walkway provided for pedestrians and his hearing is shattered by the sound of the jackhammer. Then "el aullido salvaje de una pobre loca abolió de golpe el rumor del gentío y condensó bruscamente tu odio hacia unas señas que habían dejado de ser tuyas, como si el grito liberador, en lugar de venir de ella, fuese una mera proyección de la explosiva, incontenible tensión acumulada en tu pecho" (175). This shout is a sign which is in relation to a great many other signs in the narrative, perhaps in relation to all of them. Though its placement at almost precisely the midpoint of the narration may be fortuitous, its connections with the text in which it is embedded are not. This essay will be a gloss of this sign, and will trace its connections with other signs; it will comment on the way in which this sign and its radiations through the narration embody a message with which the reader converses as he reads.

The savage howl, "el aullido salvaje," here radiates backward to the first section of the book. It does so in part because it occurs at the "zanja" where the men are working, and the first section of the book deals with another "zanja," the latrine for the slaves on a Cuban sugar plantation. In addition, the first section deals with the Afro-Cuban deity, Changó, son of Yemayá and Orugán and grandson of Agayú (55). Changó appears first as the destroyer of the Dove in the tableau of the Holy Family, themselves an embodiment of the narrator's great-grandparents. The narrative opens with a portrait of those ancestors and their relations with the slaves on the plantation at the middle of the nineteenth century. A great marvel, a product of British industrial and commercial inventiveness, has just been introduced: a watercloset. The demonstration of this product at the plantation is the occasion for the narrator's bitingly satiric contrasting of the excretory habits of the Spanish slave-owners and their black slaves.

In this portrait, the narrator sets up an opposition of terms which will be noted time and again in the book: "cara" / "culo," a polarity focused for the reader by Octavio Paz's "La cara se alejó del culo" which is set as one of the epigraphs of the narrative. Around each of these terms are clustered a great many associated ideas, the main ones being: clean / dirty (15, 43), "ojo de Dios" / "ojo del diablo" (21), whiteness / blackness-darkness ("negra alcantarilla" [23]), the Parejita Reproductora-heterosexuality / narrator-homosexuality (67). As associational terms clustered around the poles "cara" / "culo," each is a sign in relation with all of the others, a relationship of antagonism, opposition, and mutual hostility.[2] After considerable dependence upon this informing opposition in the first two-thirds of the narrative, the narrator says that the milennium will have come when the difference between "cara" (decency) and "culo" (indecency) is erased (233).

A resolution is finally reached at the end of the tale after the narrator has demythified all the "cara" terms and replaced them in his moral hierarchy with their opposites. Which is a way of saying that he inverts an inherited ethic, dethrones the old gods and puts old devils in their place:

> glorificarás la potencia amorosa del simio : poniendo tu pluma al servicio de su desmesura magnífica, entronizando sus prendas con todos los recursos de la insidia verbal : mediante la sutil emponzoñada subversión de los sacrosantos valores lingüísticos : [. . .] cantarás a partir de ahora lo indecible, aberrante y enorme : sacando a la diáfana luz del día los monstruos que aterrorizan las mentes mezquinas durante el sueño de la razón : soñando con [. . .] toda suerte de crímenes al amparo de su imperiosa ferocidad (77-78)

Changó's first appearance then is as an emblem of savagery which will annihilate the landowners in their aspect of embodiments of the Holy Family.

The great-grandparents of the narrator are sovereigns (16), and this quality of their temporal authority is echoed later in a parodic quotation of a defense of monarchy (207). The initial tableau has to do with defecation, the "ojo del diablo," and with their transformation by the narrator into God and the Virgin (33). The plantation's chaplain, Father Vosk, informs us that the Holy Family never defecates. The Dove appears to the Virgin and she conceives; the son of God is hatched from an egg. In a sort of instant, stop-action replay, the same event takes place with the characters of Changó and Yemayá (56). With the narrator now as Changó an incestuous mating takes place: "proseguirás tus incursiones audaces mientras el otro tú aguarda dentro la inmediata creación de su cuerpo" (56-57). The narrator succeeds in becoming his own father, hence in procreating himself in life as indeed he creates himself through the act of writing (126-7, 179). Quite apart from the humor of these episodes and their demythification of "sacred" values, there is a sublime effect upon the reader. As Ernest Jones observes of the sublime elements in the myth of the Visitation,[3] so the narrator's assumption of divinity through the act of writing this narrative bestows a visitation upon the reader. The narrative's entry into the reader, although in most cases it is true through the eyes rather than the ear, makes the reader pregnant with the narrative, in exactly the way Barthes and others have said that readers construct the narrative structure.[4]

Changó takes another shape immediately after possessing his mother. He becomes King Kong, the associational pathway prepared by the 1933 movie and subsequent revivals of it, as well as by the well-known passage in Pérez de Ayala's *La pata de la raposa* (1911).[5] King Kong is the narrator's totemic animal, "el simbólico emblema de su entrega absoluta al orangután victorioso" (76), his lord (79). The connection between Changó and King Kong is also promoted by the use in (Mexican) Spanish of 'chango' and 'changuito' for 'ape or monkey'. King Kong reappears in the Istanbul zoo; the narrator enters the cage of an "esplendente reencarnación de Changó" and has intercourse with "la impoluta Madre Común" who is Queen Kong, "la Visitada" (117-8).

The narrator's adherence to King Kong-Changó marks a first departure from kinship with the human species, "la grey civilizadora" (94). There are a number of other such departures and many of them are connected with dodging and zigzagging. Immediately after leaving the zoo, the narrator boards a boat that plies the Golden Horn, joining the other travellers "en reglamentado zigzag" (118). Zigzagging is connected with the following signs: being pursued ("cortando en zigzag por las esquinas del miedo a fin de despistar a los eventuales perseguidores" [80]), which sends us back to the sugar plantation and a search for fugitive slaves ("os despojáis de las prendas de vestir para extraviar el olfato de nuestros perros" [48]); and "despojarse" refers us to a series of things which the narrator wishes to rid himself of, among them the consumerism of affluent society (241-4), whose "cancerosa proliferación de mercancías" (105) comes between him and his own body ("ponga fin al proceso ocultativo del mísero capital puritano y a sus absurdas, nefastas secuelas : retención, acumulación, estreñimiento y, simultáneamente, asepsia, abstracción, falta de contacto" [241]). The narrator rides in a calèche which zigzags along the coast highway (115), and a good portion of the book relates his indulgence of his "afán de experiencias nómadas" (100). There is yet another sign of which "zigzag" is a part: the sign of "randomness." The narrator/nomad follows a "periplo aleatorio" (81), and he wishes us to believe that randomness is emblematic of his narrative method. We will return to this after some further discussion of the subsigns "zigzag, pursuit, and getting rid of."

The consumerism of bourgeois society rests squarely on the shoulders of the Parejita Reproductora (67 ff.) whose wedding night is spent in the windows of a department store and witnessed by a multitude. In an episode equally as funny as the final scene of Woody Allen's *Bananas* (1971), the couple prepares to consummate their marriage.[6] In *Juan sin Tierra*, the couple cannot successfully couple because of the bridegroom's impotence. The narrator offers to "permitirles una ejemplar conjugación del verbo amoroso" (72), but despite his proferring a verb paradigm in the past subjunctive and conditional tenses, "los exorcismos de tu floresta poética no surten efecto alguno y la arrojarás, despechado, a la alcantarilla más próxima" (73). He thus gets rid of the couple and symbolically of all it represents.

There is an important operative condition in the groom's impotence: attempting intercourse in public view is bound to fail. We should notice that the public here, the spectators' "soberana presencia," refers us back to "la presencia soberana" of "alguna bisabuela imperativa" (16) at stool; and it refers us forward to another and entirely more portentous presence. The narrator tells us that at the age of five or six he witnessed his parents engaged in intercourse; the vile sordidness of the scene "me hizo concebir un odio violento . . . : desde esa fecha temprana, . . .comencé a soñar en desastres grandiosos, y raudos, magnificentes cataclismos que, con la inexorable fuerza de los que asolaron el antiguo Egipto, acabarían de una vez con mis progenitores y desembarazarían el mundo de su inane y absurda presencia" (155). The motive behind his creating himself, his being his own procreator, in the parody of the Virgin and the Dove, lies in his wish to side-step, to dodge, his natural genealogy. When the Parejita cannot manage intercourse and are thrown into the sewer along with the verb paradigm, the narrator has also disposed of his natural parents. The presence of a witness to the sexual act between a man and a woman is what interferes, just as (the presence of) a sovereign implies slavery and capitalistic ownership of goods and also of people (124-125).

The reader has an opportunity to gauge the effects on heterosexual activity of a witnessing presence. At the beginning of the narrative's second section, the narrator declares himself free of his origins reaching back to the great-grandparents in Cuba: "la libertad de los parias es tuya, y no volverás atrás" (63). He swears allegiance to the devouring passion of the "harka africana" and will follow it to the end; beauty, youth and harmony belong to "el amor permitido y te desprenderás inexorablemente de ellos para abrazar los más viles y ominosos atributos del cuerpo fraterno e ilegal" (64). As a means of getting rid of the attributes of permitted love, he embraces a scrofulous beggar, Ebeh, and in front of a fascinated, scandalized group of tourists, the two men couple. Shutters snap and the tourists disperse, some of them to repeat the sexual act in their hotel, while one pair of tourists "tomará un primer plano en color del cuerpo duplicado del delito : los dos son bellos, armoniosos y jóvenes e intercambiarán una cómplice sonrisa feliz que galardonará la soberana perfección de sus dientes" (67).

What comes clear then is that a witnessing presence causes heterosexuality to fail, while it has no such effect on homosexual activity. By extension, heterosexuality succeeds in private (e.g., the narrator's own parents), and privacy fosters, is emblematic of, heterosexuality. Privacy and private ownership of property and slaves is also emblematic of capitalism, and this is one of the reasons why the consumerism which sustains and is sustained by the Parejita Reproductora and their endlessly multiplying issue is attacked and rejected in the narrative. Shortly after this episode the narrator seeks refuge in the "agarena fraternidad" (89), so he may be among men and satisfy his "goce secreto" (125). The fatal antipathy between heterosexuality and homosexuality in the book is signalled by an episode in the last section.

Ten years earlier, the narrator was in an Arab bazaar. A beggar as scrofulous as Ebeh—perhaps it was Ebeh himself—was there and a Spanish couple, tourists, a model of the Parejita Reproductora, resplendent in all the artifacts of the French cosmetic industry, passed by: "apártate, Paco, que te puede rozar!" exclaimed the woman. The narrator's response:

> ojalá, te dijiste, pudiera inspirar yo tal horror, reunir en mí las abyecciones, vilezas y taras susceptibles de concitar el virtuoso desprecio de esta pareja fétida . . .el pordiosero se había convertido para ti en un símbolo codiciable y precioso, transmutada su fealdad anterior en molde alquímico, cifra y tenor de insólita hermosura (315)

From this antipathy to the affluent bourgeoisie and intense sympathy with the beggar to the narrator's publicly coupling with Ebeh is a straight pathway, one of the few in the narrative, and one facilitated by the narrator's experience viewing the primal scene.

Additionally, and perhaps more to the point of our gloss, the episode just described occurs in the narrative immediately after the transcription of a letter from Casilda Mendiola, a slave of the narrator's great-grandfather's. The letter "esclarece y da sentido a una vida (la tuya?) organizada (en función de ella) como un ininterrumpido proceso de ruptura y desprendimiento" (313). It provides him with the key to the sense of his trajectory in life, permitting him to realize that he is at the end of a cycle and that "mudada la piel, saldada la deuda, puedes vivir en paz." This letter was mentioned previously: "la carta de la esclava al bisabuelo resuscitando indemne tu odio hacia la estirpe que te dio el ser" (51). Now we may read its sad contents; they are an account of the buying and selling of slaves' children and an appeal to the great-grandfather for the financial support he had promised her. The letter provokes the narrator's "grito de dolor / fuente secreta del proceso liberador de tu pluma / razón oculta de tu desvío moral y artístico, social, religioso, sexual" (314). We come back then to the "aullido salvaje de una pobre loca [que] condensó bruscamente tu odio hacia unas señas que habían dejado de ser tuyas, como si el grito liberador" were merely a projection of his own explosive hatred of heterosexuality and capitalism, reproductive fertility and consumerism. This hatred was focused earlier in the narrative when the narrator ruminated on the "raíces sexuales del poder político : o raíces políticas del poder sexual" (124), a rumination which is also continued in the references to the *auto da fe* (189-93) and to the oppression of homosexuals (88, 143, 185-7, 200).

The narrative technique purports to be dependent on randomness and we have no reason to doubt that this is so, but only Goytisolo can reveal fully to what extent. The esthetics of literary realism are roundly derided (277), no doubt in part because the realist, at least as embodied by the Galdosian figure so thoroughly mocked in the narrative, is extremely fertile; fertility is part of procreation, just as the literary fertility of Galdós and other realists was a part of the commercialization of literature through the *novela por entregas*, as well as of the market economics involved in the implied demand of an urban, literate readership. The root assumptions of realism are demolished or negated: literature cannot capture truth, so the narrator must give up truth (124, 126), and moreover, nature and reality are themselves specious (131). With a jibe at Lukács ("San Lukas" [265]) the entire realist enterprise is given up as hopeless.

Instead, the narrator goes on a nomadic search for (quoting T.E. Lawrence) his "self-expression in some imaginative form" (125). As sufficient refutation of the realist's accusation that the modernist's "mitos escapistas no son sino triste reflejo del estéril subjetivismo del escritor" (265) stands the narrator's previously declared dedication to sterility. This dedication is also present in his preference for the sterile deserts of the Arab world. In line with the demythification of the binary clusters mentioned above, the narrator comes to assign to the "cara" / whiteness / "Dios" pole the following: "brillo, radiante claridad [of the Arab workers]" (97), immaculate sand (98, 255) in the "desnudo paisaje sahariano" (165). These binaries energize the narrative and seem to be capable of shifting value from positive to negative and back again almost capriciously. Something restricts the complete interchangeability of these signs however; the narrator is "sacrificando el referente a la verdad del discurso" (77). He discovers "el margen que separa el objeto del signo" (126), and this space is bridged by clusters of signs "que abrevian las pulsiones de tu (mi) yo más íntimo (genético, germinativo, generativo, genésico)" (152). He avoids the tyranny of logical thought and space-time coordinates (76) by immersing himself in the text (168) and in "la insidiosa tiranía textual" (126).

The act of writing becomes the only means of fertility. The narrator's "yo más íntimo (genético, germinativo, generativo, genésico)" creates a self-expressive world through the "licor filiforme en la página en blanco" (298). Where the physiological modality of constipation characterizes the straight world of the Parejita Reproductora, and the "cópula bárbara" (anal intercourse) of homosexuality is emblematic of the gay world of the narrator, so the act of writing has a physiological emblem: masturbation. The narrator seeks out "la secreta, guadianesca ecuación que soterradamente aúna sexualidad y escritura : tu empedernido gesto de empuñar la pluma y dejar escurrir su licor filiforme, prolongando indefinidamente el orgasmo" (255). In his generative role of narrator, the pen is omnipotent (85), and he is like a god (126-7).

The narrative technique exalts the sign over the referent, and hopes to create a self-contained, self-referential discourse the meaning of which will spring from the interrelationships among the signs it contains, rather than from anything outside of the text.[7] The technique permits the author to ascend to divine status, exercise his omnipotence, and rid himself of the oppression of the straight world; in short, it permits him to come out of the closet, "asomar vengadoramente a la luz del día" (78), and openly declare his homosexuality.

The technique also permits him to do certain things to the reader. One of these is to impregnate him/her, thus occasioning a readerly or critical discourse which enters into a dialogue with the narrative itself. Another effect of the technique is to lose the reader in a verbal labyrinth: "en zigzag, en zigzag siempre . . .por el oscurísimo callejón de las Siete Vueltas . . .curvas de un camino versátil que culebrea de modo arbitrario sin conducir finalmente a salida alguna . . .y extraviarás al futuro lector en los meandros y trampas de tu escritura : alzarás bloques de piedras sonoras, las substraerás a la tiranía del razonable uso" (145). While the reader may become "lost" in a verbal labyrinth as easily as s/he may in an actual one (e.g., at an amusement park) we should remember that a labyrinth is a constructed artifact. It has behind it a design and a plan invented by its creator, however great a role randomness may have played in the elaboration of the design.

At various points in the narration constipation is condemned: constipation, a trait native to the Spanish character, has produced enormous repercussions in the whole of Spanish history and cultural life. To the extent that the narrator, finding so many effects of constipation in so many unexpected places, condemns it so thoroughly, we can say that the narrative mode is extension, dilatation, irradiation. Thus it seems that the narrator has managed to demolish constipation structurally, because the positive value on its opposite nullifies constipation. Equally, the narrative's discourse on the theme of masturbation demolishes the strictures against masturbation, since one way of viewing the narrative technique set forth so contentedly by the narrator is as a repetitive series of masturbatory acts.

When we proceed beyond the level of the analysis of the sentence

—those sentences which deal with constipation and masturbation, as well as those linked to them and portraying the extensive ramifications of those physiological acts for Spanish culture and history—to the level of analysis of the seven sections of the narration, we do not find extension or ramification. There is no prolongation to the narrative; it ends with the decomposition of Spanish and its transmutation into Arabic, first through a transliteration of Arabic words and then by the inclusion of five lines in Arabic script on the last page. The narrator's professed aim of not writing in Spanish in the future effectively brings his *oeuvre* to a close, at least in that language. And he successfully loses his reader in the "impenetrable" labyrinth of Arabic.

In addition to the impossibility of prolonging the narrative, it will be noted that the seven sections of the narrative are separate and discrete in various ways. While there is a certain amount of bleed-through between sections, that is, a certain amount of connective tissue bridging section boundaries, each section is essentially disconnected from those surrounding it. Not only the blank pages which separate the sections in the book, but the divisions within the sections themselves bespeak disconnection as well. The section divisions

II	12 sections
III	8 sections
IV	11 sections
V	12 sections

find their unity in thematic continuity, the discourse which the signs carry on with each other. The writing act is characterized by an emblematic physiological process: masturbation. The episodic or sporadic nature of the structure indicates this (cf. "los lentos caudalosos espasmos que engendrarán milagrosamente tu cuerpo" [57]). Nonetheless, this continuity is continually threatened by several features of the narrative's construction.

With its great emphasis on the readings, or at least the citation of, other texts, the narrative aims at a kind of self-sufficiency which would seem to detach it from any real-life concerns of the author's.[8] If in fact Goytisolo really has written a narrative which is to be read, as so many of the French post-modern works are, only as a text which is *about* other texts incorporated into it and whose meaning is self-referential, then his thematics work mightily against this. The thematics keep the work from being a *mise en abyme* and they continually invite the reader to step out of the narrative into the supposed biography of the author,[9] the relations between this narrative and others

Goytisolo is known (or supposed) to have written, especially *Señas de identidad* and *Reivindicación del Conde don Julián*,[10] and comparisons with the history and culture of Spain since the Middle Ages.[11] In this paradoxical situation there are two main sorts of themes which demand our attention: the masturbatory ones and the constipatory ones. Beyond what has been pointed out above in regard to these themes, it should be noted that whereas masturbation as physiological emblem for the narrative's structure seems quite successful, constipation as physiological emblem does not. The reason is simply that everything in the narrative encourages the reader to laxative and liberating points of view; the reader will not therefore tolerate being closed up in a hermetic, self-referential text. S/he will seek instead to cross the boundaries of the supposedly closed text and extend his/her discourse with the narrative into areas of the author's real-life experience. The author is in the paradoxical situation of placing a negative value on constipation, but of finding that when the reader takes his/her cue from this and extends the discourse beyond the text, the self-referentiality of the text, which he earnestly wishes to preserve, is abolished. Perhaps, after all, such a paradox can alert us to the basic unity which exists in all oppositions, namely the relationship between the opposing terms. This relationship, like a two-way street, carries the discourse which each of the terms addresses to the other; thus, the relationship is a channel which bodies forth the discourse and is its unity.

THE CITY COLLEGE
OF THE CITY UNIVERSITY OF NEW YORK

Notes

[1]Juan Goytisolo, *Juan sin Tierra* (Barcelona: Seix Barral, 1975), p. 78. All references to pages in this text appear in parentheses in this essay.

[2]Cf. Umberto Eco, "Social Life as a Sign System," in David Robey, ed., *Structuralism: An Introduction* (Oxford: Clarendon Press, 1973), pp. 70-71.

[3]"The Madonna's Conception Through the Ear" [1914], in *Essays in Applied Psycho-Analysis* (New York, 1964, 3rd ed.), II, 356.

[4]Cf. "la actividad del crítico [vale aquí por lector] prolonga la del escritor. O más bien . . .paradójicamente la precede. . . ." Pierre Macherey, "El análisis literario, tumba de las estructuras" [1966], in Jean Pouillon, et al., eds., *Problemas del estructuralismo*,

tr. Julieta Campos, Gustavo Esteva y Alberto de Ezcurdia (México: Siglo XXI, 1973, 5a. ed.), p. 30.

[5]The passage is worth quoting at length. Alberto Díaz de Guzmán awakens after a drunken orgy with a prostitute. Initially he is disgusted with himself and his cultured, artistic pretensions; then he renounces all estheticism because it stands in the way of his perceptions of the reality in which he lives: "No he visto la taberna, ni el paisaje, ni a los mineros. . . . ¡Maldito esteticismo! ¡Qué ridiculez! . . .Sólo la fruición del tacto ha sido exclusivamente mía; y la del olfato, con el olor a flores y tierra mojada; y la del paladar. Tacto, olfato y paladar, que no son sentidos estéticos, sino animales. Hay que animalizarse. ¡Quién fuera un orangután!... Y dar comienzo de nuevo, dentro de mí mismo, a la historia humana." (Buenos Aires-México: Espasa-Calpe, 1951, 3a. ed., p. 30).

[6]The movie satirizes the event by having it take place on television, narrated by Howard Cosell (played by himself) before the rapt attention of thirty or forty spectators who have paid for bedside seats in the hotel room; the consummation takes place, albeit in the low satiric mode of a sporting event.

[7]The inclusion of other texts in this narrative, guide books, historical accounts, memoires, schoolbooks, cinematic themes, etc., is part of what the structuralists call intertextuality or paragrammatism. See Roland Barthes, "Historical Discourse," tr. Peter Wexler, in Michael Lane, ed., *Introduction to Structuralism* (New York: Harper and Row, 1970), pp. 145-55.

[8]Cf. the "canonization of the fragment" which stems from an emphasis on the expressive and gestural capacities of the individual sentence. Frederic Jameson, "The Ideology of the Text," *Salmagundi*, 31-32 (1975-76), 209. This element of the narrative's construction techniques also befits the pronounced expressivity, individuality and personal revolutionarism of the narrator's assertion of his homosexuality.

[9]We read in the narrative: "aquella anciana esquiva, enajenada, huidiza, que habiendo clausurado su vida anterior y dejado de reconocer a la propia familia, conserva tan sólo un barniz de cortesía que le permite un intercambio impersonal y dialoga con su acongojado nieto como lo haría con cualquier desconocido en la sala de espera de un médico" (318). In the "Cronología" which Goytisolo furnished for the collection of studies of his work published by Fundamentos (*Juan Goytisolo* [Madrid, 1975], pp. 5-22), we find him relating an event from his thirteenth year: "La abuela ha sido internada en un sanatorio de las afueras y, cuando va a visitarla con Eulalia, no les reconoce."

[10]They are numerous, especially with *Julián*; e.g., the presence of Alvarito, the crucial function of the *pasadera de tablas* (96) which, in *Julián* is the bridge across which Alvarito walks to his undoing and death, the many verbal parallels (e.g., 'culebrear, serpentear, serpiente' which have in *Julián* a much more pronounced phallic emphasis than they have here).

[11]There are abundant references to Spanish culture, from Juana la Loca down to the "affluence" of Spain's bourgeoisie in this decade.

LA ODISEA POR EL SEXO EN *REIVINDICACION DEL CONDE DON JULIAN*

Linda Gould Levine

La primera lectura de *Reivindicación del Conde don Julián*[1] nos enfrenta con una novela que parece desorganizada y caótica; faltan en ella la puntuación convencional a base de párrafos, puntos y mayúsculas; la transición y relación de unas palabras con otras; el contacto constante con la realidad externa y la presentación de personajes con espesor psicológico. Sin embargo, un examen más detenido nos manifiesta la perfecta estructura geométrica de esta obra, que al desafiar las normas que han dado un sentido de cohesión a la novela tradicional, consigue su unidad mediante el empleo de una serie de palabras claves, *leitmotifs*, y estructuras externas que se repiten en el discurso y desarrollan la significación de la novela. Veremos esto muy claramente al analizar el viaje por el interior del sexo de Isabel la Católica que ocurre en la tercera parte de *Don Julián*.

El propósito de esta ardua y peligrosa odisea por el sexo abarca múltiples niveles; entre ellos podemos señalar el deseo de: destruir el mito carpetovetónico de la virginidad femenina; vitalizar y sensualizar la mentalidad católica, simbolizada principalmente en la figura de Isabel; intensificar la inverosimilitud y el erotismo de la novela y satirizar la prostitución turística y comercial de la España de Franco. Goytisolo comunica esta diversidad de significaciones a través de la complicada estructura lingüística, compuesta de terminología virgiliana, gongorina, anatómica y militar y de imágenes visuales de la película "Operación Trueno" que constituye la base del episodio. Esta complejidad estructural no es arbitraria ni caprichosa, porque tiene una relación íntegra con la desmitificación de los valores oficiales ya mencionados. Así, para parodiar la dificultad de penetrar el sexo femenino, defendido como el Alcázar de Toledo y la caverna de Polifemo, el autor describe el viaje de Julián por el "sancta sanctorum" de Isabel la Católica con la terminología del viaje épico de Eneas por el reino de Plutón. Asimismo, para destruir y sensualizar al mismo tiempo el mundo católico, transforma a Isabel en la mulata erótica de "Operación Trueno."

Estas parodias, metamorfosis y yuxtaposiciones irónicas en la tercera parte serían muy difíciles de apreciar y entender si Goytisolo no nos preparara para ellas en las primeras dos partes, donde todas las claves y referencias a la película de Bond, la épica de Virgilio, los versos de Góngora y el Alcázar de Toledo aparecen aparte y se desarrollan hasta unirse en la tercera sección. Al examinar, pues, la forma multidimensional del viaje por el sexo, queremos indicar, primero, la medida en que ilustra la total unidad estructural de *Don Julián*, y luego, el modo en que el autor se sirve de ella para destruir los mitos de la España sagrada.

El viaje mismo comienza poco después de la erotización de Isabel, cuando Julián y los omnipresentes turistas americanos tras él, se embarcan en la:

> inolvidable, instructiva excursión por las honduras, recovecos y escondrijos del Bastión Teológico : por el interior del sancta sanctorum designado por vosotros antes de la invasión turística, el desarrollo y las bodas de plata del Ubicuo, como la Remota, Fantástica, jamás explorada por Viajero Alguno Gruta Sagrada (165-6)

Al comenzar nuestro estudio con un análisis de las distintas palabras usadas aquí y en las páginas siguientes para describir el sexo femenino, notamos que consisten en signos tan distintos como: "Bastión Teológico, sancta sanctorum, Gruta Sagrada, Antro, toledano alcázar, dominio elíseo, Hercules Caves, milenario templo, ciudadela, y sagrario."[2] Si nos preguntamos sobre la posible significación o razón del uso de tanta variedad verbal para describir el sexo, veremos que Goytisolo nos lo indica al final de la segunda parte de *Don Julián*, en la cual invoca la figura de Góngora, su musa y modelo y le pide ayuda en crear:

> palabra sin historia, orden verbal autónomo, engañoso delirio : poema : alfanje o rayo : imaginación y razón en ti se aúnen a tu propio servicio : palabra liberada de secular servidumbre... palabra-transparente, palabra-reflejo, testimonio ruinoso yerto e inexpresivo (125)

La odisea por el sexo

Esta estética, que puede servir como explicación del arte alusivo y multidimensional de la novela, busca, ante todo, recrear nuestra percepción de la realidad. Tarea difícil, pero bien conseguida mediante el empleo de palabras que ya "no son simplemente los nombres dóciles de las cosas" [i.e., palabra-transparente, palabra-reflejo], sino entidades vitales, extraídas de su serie significativa y proyectadas hacia otras para hacernos conscientes de su existencia.[3] Así, se justifica en parte el uso de la terminología militar, religiosa y mitológica para describir el aparato genital, pues cada nueva palabra funciona para renovar nuestra interpretación del sexo femenino en la sociedad española.

De estas diez definiciones, nos interesa en particular el empleo de "Gruta Sagrada" y "Antro," porque estas mismas palabras utilizadas aquí para referirse a un fenómeno sexual han aparecido antes en la novela en distintos contextos para aludirse sucesivamente a un urinario, a la escena submarina de Bond, a los baños árabes, al reino de Plutón, al sexo de Mrs. Putifar, turista americana, hasta desembocar y sintetizarse por último en la descripción de Isabel la Católica. Un análisis cuidadoso de la evolución de estas imágenes nos permitirá ver juntamente la construcción de la novela y el lenguaje polisémico de *Don Julián*.

Para comenzar, volvamos la vista a la primera parte de la novela cuando el narrador se encuentra en un urinario de Tánger. Conforme a la estética ya notada, no se nombra la palabra "urinario" una sola vez en las tres páginas dedicadas a describirlo; en su lugar, se usan los siguientes términos: "negrísima *gruta*," "polifémico, no amordazado *antro*," y "dominio elíseo" (58-59).[4] Si nos paramos un poco en las dos primeras imágenes, veremos que vienen de los versos de la "Fábula de Polifemo y Galatea" de Góngora, en los cuales el poeta describe del modo siguiente la caverna del cíclope: "allí una alta roca mordaza es una gruta de su boca."[5] Esta recreación del *Polifemo* es importante en este momento porque representa la primera clave para entender la subsecuente ampliación del poema en una sección posterior de la novela. Junto con esto, la sugestión del mundo mitológico en el poema mismo combinada con la más clara insinuación del mismo tema en el "dominio elíseo" nos proyectan directamente a la serie mitológica, que constituirá otra dimensión de las palabras "antro" y "gruta."

Se destaca esto muy plenamente en la primera parte de la novela, cuando el narrador observa el viaje submarino de Bond en la película "Operación Trueno" y transforma las distintas escenas proyectadas en la pantalla en una serie de imágenes sexuales y mitológicas que se cristalizan en la odisea por el sexo de Isabel. Si nos fijamos ahora en la descripción submarina, vemos cómo las palabras "antro" y "gruta" ensanchan su foco anterior y cobran nuevas dimensiones:

> cuando despiertas estás en el fondo turquino del mar... densas nubes de pececillos rozan sus pies de palmípedo, algas gelatinosas y glaucas agitan sus cabelleras lánguidas y le substraen a la atención de un escualo indolente, rastrero : el casco del buque intercepta paulatinamente la luz con su comba panzuda de zepelín : el océano deviene una vastísima *gruta* y la súbita expansión foliácea evoca la carnosa proliferación de estalactitas del reino de la Noche, del Sueño y de las Sombras : tu frecuente lectura de Virgilio : *antro* femenino, reducto sombrío de Plutón! (78)

Un breve examen de las diversas imágenes de esta escena nos permite analizar la transición del mundo de Bond a la realidad virgiliana porque tanto la imagen visual de las "cabelleras lánguidas" de las algas como la del buque del enemigo "Spectre" tienen la capacidad de metamorfosearse en el pelo serpentino de la Discordia por un lado y la barca de Carón en el "reino de la Noche, del Sueño y de las Sombras" por otro. Estos dos personajes del dominio de Plutón, insinuados aquí aparecen plenamente en el viaje épico por el sexo de Isabel y así nos proporcionan unas claves para entender la progresión de la novela.[6]

Junto con esto, la alusión a la épica de Eneas y la ampliación de "gruta" y "antro" para referirse respectivamente al océano y el dominio de Plutón se presentan aquí como un paso previo para comprender una sección posterior. En dicha parte, el protagonista busca refugio del Plutón español, don Alvaro Peranzules, en los baños árabes, descritos del modo siguiente:

> estás en el umbral del Misterio, en la boca de la infernal Caverna, en el melancólico vacío del, pues, formidable de la tierra bostezo que conduce al reino de las Sombras, del Sueño y de la Noche, ínclito Eneas súbitamente abandonado por la Sibila : húmedo *antro* virgiliano impregnado de un tenue e indeciso olor a algas (84)

Este pasaje puede ser analizado en distintos niveles. En primer lugar, es interesante notar el modo en que la referencia al *Polifemo* de Góngora en el urinario ha dado lugar a la recreación de unos versos del poema,[7] que funcionan para introducirnos plenamente al libro de Virgilio. Es decir, si los versos de Góngora evocados ahora tratan de la caverna de Polifemo, la selección que los sigue, inspirada en el sexto libro de la *Eneida*, también describe una caverna, la de la virgen Sibila, que geográficamente desemboca en el "reino de las

Sombras, del Sueño y de la Noche" de Carón. Así, los dos textos recreados en este pasaje se yuxtaponen y se armonizan totalmente para crear una nueva realidad ficticia, de sintaxis complicada y gongorina, en la cual el eco de la escena de Bond se conserva en el "indeciso olor a algas." En este contexto, la palabra "antro" puede referirse ambiguamente a los baños árabes, al dominio general de Plutón, como notamos antes, o específicamente a la caverna de la Sibila. La identificación de la profetisa con la virgen a través de la *Eneida* junto con la alusión aquí a su caverna como el "antro" se combinan irónicamente en *Don Julián* en el sentido de que el viaje por el "antro" de Isabel sirve para desmitificar la virginidad femenina.

Al mismo tiempo, la sugestión del mundo épico abarca otros niveles de significación que nos catapultan a la tercera parte de la novela. Si en aquella sección la exploración heroica por el "sagrario" de Isabel está presentada en términos épicos, ahora vemos la primera insinuación de esto, pues el viaje del narrador desde la puerta de los baños hasta su asiento también está visto como un pequeño viaje épico. Notamos la secuencia en *Don Julián* y el modo en que resulta paralela a la acción de la *Eneida*:

Don Julián	La *Eneida*
1. El narrador entra en los baños y paga al "servicial Plutón que se expresa en francés" (84).	1. Esta parte se vincula con la entrada de Eneas en el reino de Plutón.
2. El narrador avanza en medio de los árabes, cuyas posturas le evocan la imagen de los campos de concentración: "seres apurados a los límites estrictos de los huesos, humano ganado hacinado en vagones, eliminado allí por razones de higiene...cuerpos y más cuerpos volcables luego, a carretadas, en las fauces hambrientas de la fosa común (84).	2. Esta sección puede representar una visión contemporánea del paso de Eneas por las "Congojas, Dolencia, Dolor, Terror, Necesidad Raída y el Hambre."
3. Finalmente, el narrador completa su misión: "buscando un hueco en donde acomodarte y hallándolo al fin : la espalda apoyada en el mármol, las piernas horizontales extendidas : respirando aliviado : vivo, vivo!...sin Radamanto, sin Tisífone, sin Cerbero : hechas las abluciones rituales, cumplida la ofrenda : en la llanura de deli-	3. Estas frases describen la entrada de Eneas en los campos elíseos: "amenos jardines...bosques fortunados...donde con grande paz moran los buenos," sitio en que se encuentra el héroe después de haber pasado por el reino de Radamanto, Tisífone y Cerbero.[9]

ciosas praderas y rumorosos bosques, ámbito de los seres felices" (85).[8]

Así, de este breve análisis, vemos muy claramente la estructura de *Don Julián*, en la cual cada palabra sirve para ensanchar y ampliar las secciones anteriores por un lado, y proyectarnos, por otro, hacia las secuencias futuras de la novela, donde todas las claves se integran armoniosamente. Esta sección, que hemos citado con detalle, es significativa porque representa la más clara cristalización del tema mitológico hasta su plasmación total y paródica en la tercera parte.

Si examinamos ahora el modo en que las palabras "antro" y "gruta" desembocan finalmente en la serie sexual, notaremos que la primera clave para entender este uso en la tercera parte se encuentra en un episodio que sucede a la salida del protagonista del urinario. En este episodio éste se pasea por las calles deTánger con un joven guía. Los dos se enfrentan con unos turistas americanos, entre ellos, Mrs. Putifar, que posa con una sierpe en los hombros. Esta visión realista es transformada en la imaginación del narrador en una imagen surrealista e inverosímil, en la cual la serpiente estrangula a Putifar y:

> los gnomos orientales del Zoco Grande se precipitan sobre él [cadáver] y le despojan de sus joyas y adornos : con irreverencia obscena levantan la falda y se arriman a orinar a la *gruta* (68)

La palabra "gruta" mencionada ahora plenamente contiene una alusión sexual a la vez que mantiene su antigua referencia al urinario, pues así como antes, el objeto de la orina, del protagonista y de los gnomos, es la "gruta." Después de este punto de partida, la identificación de la "gruta" y el "antro" con el sexo femenino se impone en el discurso y se ensancha para cobrar nuevas dimensiones y connotaciones. Así, en una secuencia que sigue a la que hemos notado, el protagonista se encuentra sentado en un café tangerino, fumando su Kif y fabricando imágenes de su niñez. En uno de sus sueños, crea la imagen del joven guía, símbolo del pasado que le obsesiona, en el cual el niño le dice que cuando vio al encantador de serpientes:

> me metí bajo la falda de la mujer [i.e., Mrs. Putifar] ...la del fez rojo... me escondí allí dentro hasta que él se fue (72)

Estas palabras son fundamentales en descifrar nuestro rompecabezas estructural porque nos llevan a la exploración del sexo en la tercera parte. Es decir, si ahora el niño se acerca al "sagrario" de Putifar al esconderse bajo su falda, en una sección posterior, el mismo niño se embarca en el viaje por su sexo.[10] Esto ocurre en la segunda parte, cuando el narrador transforma las imágenes de la televisión española en escenas imaginarias de su propio pasado. En una de ellas, el niño de la sección anterior vuelve a aparecer y explora el sexo de Putifar.[11] Reproducimos aquí el diálogo entre Putifar y el niño y la parte que lo sigue:

> sabes dónde está la *gruta*?
> no!
> acá!
> agarrándole de la cabeza con una mano y levantándose la falda con otra : obligado (él?) a penetrar en el virgiliano *antro* : dejando atrás monte de Venus, labio, himen, clítoris y orificio vaginal para internarse en la oblicua garganta abierta en la excavación pelviana y recorrer minuciosamente las caras anterior y posterior y sus dos bordes y extremidades : antes de cruzar el istmo del útero y adentrarse en una dilatada cavidad en forma de pera. . . (100)[12]

Este pasaje es sumamente significativo y abarca múltiples niveles de interpretación. En primer lugar, representa la cristalización e identificación del sexo femenino con la "gruta" y el "antro," a la vez que mantiene su alusión mitológica a través de la palabra "virgiliano." Si repasamos brevemente las distintas interpretaciones de estas dos palabras, recordaremos que incluyen la realidad urinaria, la referencia al océano de la escena de Bond, la alusión a la caverna de Plutón y la Sibila, y ahora la insinuación del sexo de Putifar. Esta multidimensionalidad de significados contenida en estas palabras nos aleja en extremo de la "palabra-reflejo, palabra transparente," e ilustra el lenguaje polisémico y cosmoverbal de *Don Julián* que "catapulta la significación literal a una significación ambigua, connotativa, llena de una serie de alusiones que busca abarcar todas ellas en un simple grupo de palabras."[13]

En otro nivel, este fragmento nos lleva plenamente a la tercera parte, donde se recrea este viaje por el sexo a base del lenguaje anatómico usado aquí para describir el aparato genital, junto con el lenguaje gongorino y virgiliano ya examinados en el otro viaje por los baños árabes para crear una nueva realidad totalizante e inverosímil que logra unir en sí todas las partes anteriores de la novela. Citamos una sección de este viaje final, síntesis de las dos partes anteriores:

> estás en el umbral del Misterio, en la boca de la infernal Caverna, en el melancólico vacío del, pues, formidable de la tierra bostezo que conduce al reino de las Sombras, del Sueño y de la Noche, ínclito Eneas súbitamente abandonado por la Sibila atravesando audazmente el himen penetrarás en los sombríos dominios de Plutón. . .te internarás en la oblicua garganta abierta en la excavación pelviana rastrean-

do el caliginoso lecho del Aqueronte y la vasta y muerta extensión de la laguna Estigia a través de los tortuosos cuellos del útero y los esponjosos sacos vaginales cubiertos de una extraña, parasitaria foliación de algas glaucas que, irresistiblemente, evoca la imagen delirante de la Discordia y su envenenada cabellera de víboras. . . (168-169)

Un repaso breve de las citas sacadas de otras secciones de la novela nos permite ver la manera en que estas palabras representan una integración total de los versos de Góngora, la épica de Virgilio, la escena de "Operación Trueno" y el lenguaje anatómico, repetidos y ampliados obsesivamente a través de la novela hasta unirse aquí imaginativa e inverosímilmente. Si, como habíamos indicado antes, el propósito fundamental de la estructura virgiliana es satirizar la dificultad de penetrar la virginidad femenina a través de su comparación con la ardua tarea de Eneas, *Don Julián* entonces casi viene a ser una nueva épica moderna, en la cual el héroe es una combinación irónica de Eneas, viajero atrevido, Bond con sus "artes invulnerables," y Julián, traidor *par excellence*, denigrado por la historiografía española. Nuevo héroe y mito, en el cual la destrucción de otro mito, el de la virginidad, se impone como misión principal.[14]

Asimismo este uso de la épica de Virgilio en un contexto totalmente distinto de su creación original, nos recuerda el tratamiento paródico de los temas mitológicos en Góngora y Quevedo. Parece que Goytisolo mismo tuvo en cuenta el arte quevedesco al escribir su novela, pues en la página 43 se refiere a los primeros versos de "A Apolo siguiendo a Dafne:" "bermejazo platero de las cumbres a cuya luz se espulga la canalla."[15] Este ejemplo de la "polución del ideal plano literario"[16] integrado dentro del discurso de *Don Julián* funciona así, junto con las otras claves, para proyectarnos hacia la recreación burlesca del viaje de Eneas en la obra. Pues, si nuestro héroe sigue fielmente el itinerario de Eneas por la laguna Estigia, el reino de Escila, el río de Aqueronte y las llamas de Flagetonte, las intercalaciones de los nombre anatómicos del aparato genital recrean y reinventan la geografía de Plutón y establecen el "istmo del útero" y las "trompas de Falopio" como nuevos lugares imaginarios. Esta yuxtaposición quevedesca del lenguaje anti-poético con la leyenda mitológica sirve a su vez para producir una visión insólita de la realidad que anula la relación que suele existir entre el lector y la realidad en la novela tradicional.[17] Este complicado pasaje entonces viene a ilustrar el modo en que *Don Julián* destruye los antiguos mitos y conceptos a la vez que crea un nuevo mundo más intenso y rico que llega a poseernos a medida que entramos en la novela.

La odisea por el sexo

Ya que hemos examinado con bastante detalle la significación de la estructura épica y el uso de las palabras "antro" y "gruta" en la obra, podemos dirigirnos a las otras imágenes usadas para describir el sexo que también participan en la destrucción de los mitos hispánicos. La parodia expresada en el empleo de "sancta sanctorum," "Gruta Sagrada" y "sagrario" resulta clara dentro del contexto de los valores carpetovetónicos. Pues, en una sociedad que tiene como características de su "morada vital" la idolatría de la Virgen María y la exaltación de la virginidad femenina, el aparato genital tiene que asumir una connotación religiosa. Esta sátira se refuerza todavía más en "Bastión Teológico," combinación irónica de lo religioso y lo estratégico, y "alcázar toledano," síntesis de lo estratégico-sexual. Esta última imagen es una de las más interesantes de la obra y merece un breve análisis, porque muestra con gran ironía la diferencia entre lo "verosímil oficial impuesto"[18] y el arte innovador de *Don Julián*; innovador, pues en lugar de referirse a la defensa heroica de los franquistas en Toledo durante la Guerra Civil, la nueva batalla "alcázar-toledana" alude a la defensa de la virginidad. Vemos esto por primera vez en la página 36, cuando el protagonista se encuentra en la biblioteca de Tánger, observando a la gente que le rodea:

> en tanto que el hombrecillo de la gabardina pasa la página de ABC y la prima donna assoluta permanece suspendida ante la *alcázar-toledana* defensa del virgo de la heroína de Corín Tellado.

En este fragmento, la alusión a la realidad mítica de la Guerra Civil se combina con la referencia directa a la nueva batalla épica para producir una visión burlesca que nos proyecta hacia la tercera parte de la novela. Allí el "antro" de Isabel cobra nuevas dimensiones al ser descrito en los siguientes términos militares:

> concebido originalmente como baluarte estratégico y militar ha sabido resistir con tenacidad y sangre fría los asaltos y embates del enemigo más poderoso ejércitos enteros se estrellaron contra su *toledano alcázar* y más de una invencible armada quebró su colosal fortaleza en el duro cantil de su indomable heroísmo (166)

Estos dos pasajes, vistos como una unidad, nos ofrecen primero una parodia de la versión literaria de la virginidad reflejada en obras de consumo popular como las de Corín Tellado, y luego en un nivel más sutil, una sátira del sentido de honor de Moscardó y su hijo, cuya batalla se compara con otra tan distinta. Así, el lenguaje épico se armoniza con la terminología militar para añadir nuevas dimensiones a la visión irónica de los mitos heroicos del pueblo español.[19]

Si todas estas palabras individuales como "antro," "gruta," "alcázar toledano," "dominio elíseo," "Bastión Teológico" y "sancta sanctorum," incluyen, pues, múltiples alusiones idiomáticas y paródicas, al combinarse finalmente en la definición del sexo de Isabel, producen una estructura compleja e inverosímil que logra liberar la palabra de su "secular servidumbre" y contrastar al mismo tiempo la polisemia de *Don Julián* con la monosemia del vocabulario español. Vemos esto con toda claridad al notar cómo todas estas palabras, todos estos acordes de tono tan variado desembocan irónicamente al final en una sola nota verbal: el "Coño," sí, el "Coño," clímax verbal y físico, contraste perfecto entre dos estilos lingüísticos y paso fundamental en cumplir con el deseo de erotizar la literatura española. Para comprender con mayor profundidad el modo en que Goytisolo consigue tantos diversos fines, citamos una sección del viaje en la cual el nuevo héroe épico realiza su difícil odisea. Notemos sobre todo la manera en que toda la excursión peligrosa de nuestro viajero llega a su clímax anti-climático y parodia total cuando el personaje vislumbra el nuevo dominio elíseo: el "Coño":

> se descorre el último velo que oculta el presentido paisaje de lilios cándidos y purpúreas rosas, la planicie brillante, cubierta de hierba y bañada de sol, en la que los bienaventurados juegan, retozan, cantan en coro y practican en deporte, el paraíso, al fin, prometido a la minoría escogida de los continentes y de los castos y descubres con frondoso asombro e incredulidad abrupta que se trata, sí se ve ya, es él, no cabe la menor duda, dios mío, quién lo hubiera dicho, del Coño
> del Coño, sí, del Coño
> no lo creen ustedes?
> mírenlo bien
> del Coño
> emblema nacional del país de la coña
> de todos los coñones que se encoñan con el coñesco país de la coñifera
> coña donde todo se escoña y descoña y se va para siempre al sacroñísimo Coño
> del Coño
> símbolo de vuestra encoñante y encoñecedora coñadura
> coñisecular
> de la coñihonda y coñisabidilla coñería de la archicoñica y coñijunta
> coñición coñipresente
> del Coño, coño! (171-172)

En primer lugar, una lectura cuidadosa de la primera parte de este discurso nos revela que corresponde a la secuencia en los baños árabes donde el narrador llegaba asimismo al dominio elíseo; ahora se completa plenamente el tema épico que ha aparecido en la novela desde la primera parte, pues el protagonista ha pasado con todo éxito por los peligros de Cerbero y las trompas de Falopio. Junto con esto, la descripción retórica y católica hecha aquí de los campos elíseos es una que vimos antes en la novela como parte del sermón predicado en la iglesia como aviso contra el pecado. Sin entrar en una discusión de este sermón, podemos observar que la yuxtaposición irónica y casi quevedesca del lenguaje retórico usado para describir el reino de los castos con la subsecuente explosión coñesca que la sigue sin transición, tiene el efecto de parodiar este concepto de la castidad y desculpabilizar, como consecuencia, los deseos sexuales.[20]

Junto con esto, el tratamiento extensivo y la experimentación lingüística con el "coño," semejante a la hecha con "chingar" en *La muerte de Artemio Cruz*, sirve para introducir lo prohibido en la literatura española. Es decir, si el "coño" existe como parte íntegra del vocabulario español, la obra literaria, totalmente divorciada de la vida y determinada por el mecanismo de la censura, carece de la libertad necesaria para reflejar esta realidad. *Don Julián*, en su afán de llenar el vacío entre la literatura y la vida desafía así la mentalidad sexual que ha existido en el arte español desde la censura de la erótica *Lozana andaluza* y la afirmación de los cristianos viejos. Recordemos la explicación de Goytisolo con respecto a la ausencia de la literatura erótica en España:

> El miedo de los cristianos viejos a que se les tomara por hebreos determinó el abandono de los menesteres intelectuales y comerciales, y precipitó la ruina del país. Razones idénticas explican la represión de los musulmanes. Coincidiendo con la derrota definitiva de éstos, el rico erotismo de la Edad Media deserta totalmente de la literatura española.[21]

Aparte de este intento de erotizar la literatura española que se trasluce en todo el viaje por el sexo, la técnica misma empleada en la descripción del "coño" representa una parodia de la proliferación verbal que domina el castellano. Vemos esto al notar que en la página 156 de la novela, en una sección que trata de la destrucción de las palabras, el narrador critica

> los abusos del verbo : cuánta proliferación cancerosa e inútil, cuánta excrecencia parasitaria y rastrera! : palabras, moldes vacíos, recipientes sonoros y huecos

y busca como consecuencia, la exterminación de "florilegios, flores, florones, floricultura, floripondios." Ahora, en el pasaje que hemos citado, el autor participa en la misma proliferación del verbo, pero con un sentido netamente paródico y distinto. Pues al utilizar una técnica gastada en un contexto sexual, no solamente logra crear una nueva realidad de signo totalmente opuesto a lo verosímil oficial reflejado en la literatura española, sino también se hace burla de la técnica misma.[22] Liberación sí, y excrecencia no, porque ahora, en lugar de la "proliferación cancerosa e inútil," se crea un:

> universo infinito de lo improbable en donde la sinrazón florezca y el fascinante caos emborrone la blancura del papel de una enigmática, liberadora proliferación de signos.[23]

Y esta misma "liberada proliferación de signos" irónicamente viene a reforzar la parodia de los mitos y valores oficiales, puesto que las distintas variaciones de la palabra "coño" en el pasaje citado contienen unas alusiones satíricas a la realidad española. Para mencionar dos de ellas, notamos que la referencia al "sacroñísimo coño" puede servir como parodia implícita de los Jesuitas y su devoción al "sacratísimo corazón" de Jesús, y la sección sobre la "coñisecular," "archicóñica y coñijunta, coñición, coñipresente" puede representar una sátira de la retórica de los tecnócratas y su visión "multisecular."[24] Junto con esta intención de criticar y anular burlescamente el lenguaje estancado y retórico del mundo oficial, este pasaje también busca vincularse con la más rica y fértil expresión castellana del Siglo de Oro. Pues si Goytisolo combina "coño" y "sabidilla," y "archi" y "cóñica" para crear nuevas realidades verbales y si juega con signos tales como "coñones" y "cojones," ya Quevedo había hecho lo mismo en su invención de "putidoncella" y "archidiablos." Y si la adjetivización aquí de "coño" produce efectos paródicos, esto también cuenta con el antecedente de "naricísimo" y "narizado" en el famoso soneto quevedesco. En este sentido, mientras que *Don Julián* se acerca por un lado a la obra de Joyce o la novela de Cabrera Infante por su combinación de palabras y juegos idiomáticos, por otro se enlaza plenamente con la tradición del Siglo de Oro.

Junto con esta erotización y liberación de la literatura y del lenguaje, el viaje por el sexo también sirve para sensualizar la institución cuyos valores pesan sobre la vida española. Esta erotización de la Iglesia se realiza a través de la transformación de Isabel la Católica, símbolo hispánico,[25] en la mulata sensual de la película "Operación Trueno." Ya hemos examinado la significación de esta película en contribuir tanto a la creación del nuevo héroe épico como al desenredo de las referencias mitológicas. Ahora, conviene señalar el modo cómo las palabras usadas para caracterizar a la bailaora sensual vuelven a repetirse e integrarse en la figura de Isabel la Católica en la tercera parte. Para aclarar esto, volvamos a la primera parte de la novela, en la cual el narrador describe a la mulata del modo siguiente:

> balanceando el tronco de cintura para arriba, oscilando los muslos de cintura para abajo : con lentos, tenaces, dialécticos movimientos de rotación. . .invocando masculina ayuda con labios sedientos, convocando afluencia sanguínea con ojos extraviados. . . (77)

Esta descripción erótica, sensual y vital fabricada en la imaginación del narrador se insinúa como eco obsesivo en la tercera parte, cuando Isabel toma el crucifijo y el látigo con que diariamente se castiga y los usa para masturbarse con:

> lentos, tenaces, dialécticos movimientos de rotación. . .invocando masculina ayuda con labios sedientos, convocando afluencia sanguínea con ojos extraviados (165)

La ironía que se desprende de esta transformación paródica se intensifica en cuanto notamos que esta nueva metamorfosis anula totalmente los valores de la España oficial que antes constituían la identidad de Isabel. Es decir, la figura de este símbolo hispánico aparece tres veces en la novela: como madre de Séneca-don Alvaro-Franco en la segunda parte; como hija de don Alvaro-caballero cristiano en la tercera y como madre del niño al final de la obra, tres identidades totalmente intercambiables. La descripción física y espiritual hecha de ella en estas tres secciones está inspirada en el mundo de lo verosímil oficial porque Goytisolo la crea a base de: fragmentos de una descripción de la madre de Franco "cuya serenidad y entereza... serían estoicas si no quedasen más estrictamente definidas con decir que son cristianas;" selecciones de un artículo sobre Fernán González, rezador del "Angelus tres veces al día" y frases del Sindicalismo Nacional de José Antonio: "imperativo poético."[26] Así, al yuxtaponer esta realidad oficial a la figura erótica de la mulata, Goytisolo consigue destruir no solamente a Isabel la Católica, sino también a la madre de Franco, Fernán González y la doctrina falangista.

De todo esto, es evidente que gran parte de la parodia implícita en la odisea por el sexo depende del uso de estructuras externas que el autor recrea e integra en su novela, sean literarias como la *Eneida* y el *Polifemo* o cinematográficas como "Operación Trueno."[27] Este uso de fuentes externas dentro del discurso tiene tres efectos inmediatos en la novela: en primer lugar, intensifica la identidad de *Don Julián* como una novela que es auto-representación de sí misma y no de la realidad; en segundo, ilustra el concepto de la intertextualidad y la relación fundamental entre *Don Julián* y la literatura española[28] y finalmente señala una de las contradicciones o dualidades de la obra. Pues, mientras que todas las claves para desenredar el laberinto estético se encuentran dentro de la novela tanto en teoría como en práctica, estas mismas claves constantemente nos proyectan fuera de la novela a otras dimensiones y realidades, la comprensión de las cuales se impone como condición *a priori* para entender la significación de las estructuras internas. Sin el pre-conocimiento del sexto libro de la *Eneida*, del mito del Alcázar de Toledo, de la película de Bond, nos sería imposible apreciar la recreación de estas formas de arte e historia dentro de la novela de Goytisolo.

Si, según el juicio de Borges, uno de los "procedimientos de la literatura fantástica es la introducción de la obra de arte dentro de la obra de arte,"[29] es evidente que *Don Julián* pertenece a esta categoría. Esto en sí representa otro paso en la total negación y vindicación de la mentalidad católica trasmitida en la odisea por el sexo. Pues, junto con la censura de la literatura erótica, la Iglesia también era decisiva en contribuir a la desaparición de las obras imaginativas. Como dice el mismo Goytisolo en su "Presentación crítica de José Blanco White," ensayo que está bien relacionado con *Don Julián*:

> El Santo Oficio observaba con creciente desconfianza la literatura imaginativa. . .y podemos preguntarnos si su designio no era, como se huele Blanco, extirpar de la mente humana el don de evocar mundos invisibles y 'convertirnos en una especie de seres de cal y canto, en quienes sólo hiciese mella e impresión un martillo'. . .[30]

Reivindicación del Conde don Julián, afirmadora de este don de evocar mundos inverosímiles, fantásticos, eróticos, se alza así subversivamente frente a la mentalidad represora de la Iglesia y vuelve a restaurar a la literatura española el mundo de los mitos, sueños y pesadillas. Esta intención, realizada a través de toda la odisea, se refuerza también al final de ella cuando, en una visión totalmente imaginativa que destruye a escala nacional la versión literaria de la virginidad femenina, los árabes violan los "antros" de "cuantas Melibeas engendre, produzca, consuma y exporte el celestinesco y celestial país" (p. 173). Esta insinuación de la prostitución de España se vincula a su vez con la sátira de la comercialización que impregna estas páginas; pues no olvidemos que los turistas americanos también participan en este viaje "recomendado por el *Diner's Club* y el *Royal Automobile Club Belge*." La sátira vista aquí de la prostitución de España así viene a completar este tema presentado paródicamente en una sección anterior cuando Séneca-Franco se transforma en alcahuete con "*fraulein to fuck*." (156)[31]

En conclusión, este análisis detenido de la odisea por el sexo nos ha permitido examinar la composición material de *Don Julián* en toda su diversidad y multiplicidad de significaciones. Desde un estudio breve del vocabulario usado para describir el aparato genital, hemos abarcado el lenguaje anatómico, épico, sexual, urinario, gongorino y turístico que se integran y coexisten en el discurso para producir una nueva realidad imaginativa. Junto con esto, hemos visto cómo la crítica religiosa, literaria e idiomática, expresada en una variedad de matices, es comunicada directamente por la estructura del viaje que utiliza y recrea a su vez otras estructuras literarias y cinematográficas para fabricar de este modo una compleja composición verbal unida por las claves y *leitmotifs* que se repiten en la obra.

Hemos tenido que limitar nuestros comentarios en este estudio para mantener la unidad básica del ensayo, pero hay más aspectos de esta odisea que se tratan con cierto detalle en las notas. En este sentido *Don Julián* nos parece ser un organismo vivo en el cual todas las partes, palabras e imágenes se relacionan y dialogan para continuamente catapultarnos a nuevas interpretaciones. A los que dicen que *Don Julián* es una obra delirante y caótica, este estudio ha querido mostrar lo contrario; porque si bien la imaginación vibra con fuerza creadora en la novela, es una imaginación contenida por la razón. De la unión y armonía de las dos, se consigue una obra que no solamente representa el desafío de los valores oficiales de España, sino también una posible orientación y modelo para la nueva novela española.

MONTCLAIR STATE COLLEGE

Notas

[1]Juan Goytisolo, *Reivindicación del Conde don Julián* (México: Joaquín Mortiz, 1970). De aquí en adelante, al citar pasajes de la novela, indicaremos la página entre paréntesis.

[2]Esta identificación del sexo femenino con el "sagrario" aparece por primera vez en *Señas de identidad* (México: Editorial Joaquín Mortiz, 1966, p. 139), donde el escritor describe a las chicas de Yeste del modo siguiente: "Las jóvenes caminaban de bracete risueñas y alegres, fingían huir de los requiebros de los hombres, ondeaban el cuerpo con su virginidad recoleta y preciosa tenazmente defendida como un sagrario." Si en *Señas* Goytisolo sencillamente sugiere este símil sin desarrollarlo, en *Don Julián* gran parte del viaje por el sexo sirve para destruir este "sagrario" plenamente identificado con el aparato genital.

[3]Nuestro sumario de la estética de *Don Julián* está basado en distintos comentarios hechos por Goytisolo en su conferencia "Crisis, silencio y cambio de rumbo," presenta-

da en Boston University, otoño, 1970, y en su seminario sobre "La novela española," en New York University, otoño, 1971. También, algunas de las ideas sostenidas en este ensayo son el resultado de nuestras conversaciones con Goytisolo en Nueva York. Le agradecemos al novelista su amable ayuda.

[4]El subrayado es nuestro. De aquí en adelante, al citar textualmente algunas de estas diez palabras en nuestro estudio, las subrayaremos para destacarlas con mayor claridad.

[5]Luis de Góngora, "Fábula de Polifemo y Galatea," *Obras Completas* (Madrid: Aguilar, 1961), p. 620.

[6]Aparte de esto, las imágenes usadas en esta descripción submarina merecen un breve análisis porque se refieren por un lado a la flora y fauna del mar, y por otro al mundo mitológico. Tal es el caso de las "algas gelatinosas y glaucas." Mientras que la palabra "glauco" indica un color verde claro, también es el nombre del pescador mitológico enamorado de la ninfa Escila. Según la historia, Circe, celosa del amor de Glauco hacia la ninfa, transformó a ésta en el monstruo espantoso que amenazó a Eneas en el reino de Plutón. Así, la palabra "glauco" está bien vinculada con el tema virgiliano sugerido en esta sección e ilustra a su vez el lenguaje polisémico de *Don Julián.* Vemos un ejemplo parecido en la descripción de las "medusas en forma de sombrilla" (78). Como en el caso de las algas, las "medusas" aquí pueden referirse a un tipo de pez o al personaje mitológico de pelo serpentino. Estos dos ejemplos, una vez aclarados, funcionan para proyectarnos hacia la serie mitológica implicada directamente en la mención de Virgilio y el "reducto sombrío de Plutón." Asimismo, proporcionan otros niveles o juegos con la imagen de la serpiente en la novela, pues si la sierpe robusta en *Don Julián* viene a ser un arma para sodomizar o castigar al niño al final de la novela, la alusión a las serpientes de Escila, Medusa, Tisífone y la Discordia refuerzan esta asociación punitiva de la serpiente.

[7]Góngora, El *Polifemo*, p. 620. Es interesante notar el modo en que Goytisolo recrea estos versos de Góngora en el discurso. Si las palabras del poeta son: "De este, pues, formidable de la tierra / bostezo el melancólico vacío," al observar la versión igualmente compleja de ellas en *Don Julián*, vemos la manera en que Goytisolo cumple la teoría estética expresada al final de la primera parte de la novela: "con los versos miríficos del Poeta incitándote sutilmente a la traición : ciñendo la palabra, quebrando la raíz, forzando la sintaxis, violentándolo todo" (85).

[8]Esta referencia implícita al "dominio elíseo" sirve asimismo para ampliar su primer uso en el urinario y prepararnos para su aparición subsecuente en la tercera parte, donde el nuevo campo elíseo es el "coño."

[9]Publio Virgilio, *La Eneida* (Buenos Aires: Editorial Sopena Argentina, 1959), pp. 173-174; 187-188.

[10]Todas estas diversas imágenes del niño que aparecen aquí llegan a su síntesis total en la cuarta parte, donde el narrador identifica al joven guía y al niño como él mismo veinticinco años antes. En este sentido, la violación sexual del niño por parte de Putifar y su busca del guardián de obras en esta parte está vinculada con la sodomización del niño al final de la obra por la serpiente y Julián, el nuevo guardián de obras. Junto con esto, es evidente que "Putifar" mismo tiene un doble significado que añade nuevos matices a este episodio. Si en el sentido más específico, "Putifar" refiere a la mujer lasciva de la Biblia (Génesis, xxxix.1-20), que intentaba seducir a José, esta sugestión de la pasión erótica se refuerza irónicamente en la alusió a la palabra "puta." Este juego conceptual, que nos recuerda el arte de Góngora o Quevedo, sirve a su vez para establecer

un contraste entre la "puta" que viola al niño y la figura pura de la Virgen María que intenta salvarle del pecado (véase pp. 108-109). En este sentido, casi podemos decir que esta dualidad de Putifar-puta y la Virgen María dentro de la novela sintetiza las dos actitudes predominantes hacia la mujer en la sociedad española. Dentro de este contexto, es fundamental notar el modo en que *Don Julián* destruye la polarización de estos dos símbolos femeninos. Pues, si examinamos la sección que describe la muerte de la Virgen en la página 233, veremos que corresponde a la muerte imaginaria de Putifar en la primera parte (p. 67), y así sirve para anular las diferencias entre ellas.

[11]Conviene examinar brevemente el uso del nombre "Putifar" para referirse a esta vendedora de flores que viola al niño. Si la primera Putifar aparece como turista americana, bajo cuya falda se esconde el joven guía, desde aquel momento, la falda misma funciona para definir a Putifar. Así, en la segunda parte cuando la vendedora de flores levanta su falda y obliga al niño a penetrar en su "antro," esta acción la identifica con la turista americana vista en la parte anterior y explica el nombre que el narrador le da ahora. Para entender esta identificación con más claridad, véase la página 48, donde aparece la descripción de Putifar y compáresela con la repetición de estas palabras en la página 99 para referirse a la vendedora de flores.

[12]Esta descripción anatómica del sexo femenino está basada casi textualmente en un capítulo llamado "Organos de que consta el aparato genital de las personas en ambos sexos e idea general de su función." Sacamos esta informción de "Fuentes y materiales empleados en la Traición del Conde don Julián," en el archivo Juan Goytisolo, Mugar Library, Boston University.

[13]Esta descripción del lenguaje de *Don Julián* aparece en varios pasajes. Goytisolo lo clasifica así en su conferencia en Harvard University y en su seminario sobre "La novela española" en Boston University, otoño, 1970. Véase también la introducción en la cubierta de la edición mexicana de la novela y el prólogo a la edición francesa escrita por Castellet (*Don Julián,* Paris: Gallimard, 1971, p. 17).

[14]Aparte del uso del sexto libro de la *Eneida* dentro del discurso de *Don Julián*, estimamos que hay otras semejanzas entre la épica de Virgilio y la novela de Goytisolo que conviene mencionar aquí de paso. Ante todo, tanto Eneas como el narrador anónimo se definen desde las primeras líneas de sus obras como los exiliados obsesionados con el recuerdo del pasado y la destrucción de su patria, tierra que jamás volverán a ver. Si bien el exilio y la destrucción del país son realidades penosas para Eneas y situaciones apasionadamente buscadas por el narrador anónimo, los mismos temas que aparecen en la épica brotan con nuevo vigor en Goytisolo y refuerzan la visión de *Don Julián* como una épica moderna.

[15]Francisco de Quevedo y Villegas, *Obras Completas,* tomo II (Madrid: Aguilar, 1960), p. 385.

[16]Juan Goytisolo, Conferencia en Harvard University sobre *Reivindicación del Conde don Julián*, otoño, 1970.

[17]David Daiches (*The Novel and the Modern World*, Chicago: University of Chicago Press, 1960, pp. 92-93) ha demostrado que algo parecido ocurre en el *Ulises* de Joyce. En dicha obra el uso de la estructura de la *Odisea* funciona para crear una obra, que más que una *mimesis* de la realidad externa, viene a ser una recreación de ella. Mientras que la relación entre la *Eneida* y *Don Julián* no es tan intensa como la de *Ulises* con la *Odisea*, las dos novelas usan la estructura externa de la épica para crear un mundo literario totalmente ajeno al reconocimiento tradicional del lector.

[18]En su seminario sobre "La novela española" en New York University, Goytisolo

afirmó que lo importante es yuxtaponer u oponer la inverosimilitud a "lo verosímil oficial impuesto." El tratamiento inverosímil del mito del Alcázar de Toledo en esta sección de la novela ilustra esta idea perfectamente.

[19]Esta sátira de Moscardó y su hijo está expresada paródicamente en la segunda parte de la novela, cuando el autor recrea el diálogo famoso entre el General y su hijo en Toledo y lo presenta como conversación dramática entre Séneca Senior y Séneca Junior. Las palabras que dicen los dos están constituidas por fragmentos de *El Alcalde de Zalamea* (Séneca Senior: "el honor es patrimonio del alma / y el alma sólo es de Dios"), y *La vida es sueño* (Séneca Junior: "bien dicen que nuestra vida es sueño") (p. 117). Esta sección sirve no solamente para intensificar y satirizar el mito del Alcázar, sino también para hacer un comentario paródico sobre el honor español, cristalizado en el drama del Siglo de Oro y todavía sostenido en el siglo XX. Véase también *Los cuernos de don Friolera* de Valle-Inclán, donde el escritor satiriza las consecuencias grotescas del honor español.

[20]Las palabras del predicador dirigidas al niño que acaba de explorar el sexo de Putifar no solamente introducen la visión de los campos elíseos (p. 109), sino también unen la primera y la última parte de la novela. Pues si el predicador describe gráficamente la sífilis que resulta del pecado, esta descripción sirve para vincular la primera parte, donde el narrador recibe el tratamiento anti-sifilítico, con la última, en la cual el niño también sufre de la misma enfermedad. Asimismo, en la cuarta parte de la novela, después de la muerte del niño, don Julián y los árabes saquean la iglesia y así destruyen la mentalidad católica reflejada en las palabras del predicador.

[21]"Claude Couffon habla con Juan Goytisolo: Una Reivindicación Temeraria," *Marcha*, 19 de febrero, 1971, p. 31. Este artículo apareció por primera vez en *Le Monde*, 12 septembre, 1970, p. 6.

[22]Según los formalistas rusos, que han influido mucho en la estética de Goytisolo, este empleo de una técnica gastada en un nuevo contexto sirve para lograr el efecto paródico. Véase Victor Erlich, *Russian Formalism* (The Hague: Mouton, 1965), p. 258.

[23]Estas palabras vienen de la primera selección de una serie de esbozos literarios llamados "Una de cal y otra de canto" (1969), que se encuentran en el archivo Juan Goytisolo de Boston University. La primera selección, citada en parte aquí, formula la estética literaria que aparece realizada en *Don Julián.*

[24]Le agradecemos a Francisco Márquez Villanueva el habernos aclarado algunas de las dificultades en el pasaje citado. Este, a su vez, guarda cierto parecido con "El pleito del manto," incluido en el *Cancionero general* de 1511. En dicha obra, el autor anónimo plantea el conflicto o pleito principal entre el "coño" y el "carajo." Aunque no podemos afirmar la influencia de esta obra sobre Goytisolo, es evidente que el lenguaje erótico usado en los dos textos resulta parecido.

[25]Desde sus primeras obras, Goytisolo se ha opuesto al mito de Isabel la Católica como símbolo de España. En el relato "Aquí abajo" de *Para vivir aquí* (Buenos Aires: Sur, 1960), el protagonista ataca la mención frecuente de la "España de Fernando e Isabel" en la prensa española (p. 178), y en su artículo "Para una literatura nacional popular," (*Insula*, núm. 146, 1959, pp. 6 y 11) Goytisolo critica la encarnación de la imagen inmutable de la España eterna en la figura de Isabel. Así, el tratamiento de la destrucción satírica de la reina en *Don Julián* representa el paso final en una larga meditación sobre el simbolismo de esta figura católica.

[26]Sacamos esta información de "Fuentes y materiales empleados en la Traición del Conde don Julián," en el archivo Juan Goytisolo de Boston University. Allí,

Goytisolo reúne los artículos de periódicos, capítulos de libros y otros textos que entran en la creación de su última novela.

[27]La película "Operación Trueno" también sirve para destruir la tradición católica de la Semana Santa y la procesión del Silencio descritas en la segunda parte de la novela y luego transformadas en el carnaval negro de los negros visto en la película de la primera parte. Para ver la medida en que se efectúa esta metamorfosis, véase la página 75, donde aparece la descripción de la fiesta tropical y compáresela con la página 185, cuando los "adustos caballeros cruzados del Cristo de la Buena Muerte ondulan el cuerpo al son de las flautas, desarticulan caderas y hombros al ritmo de los bongós."

[28]Esta técnica de la intertextualidad merece ser estudiada con detalle puesto que es fundamental para entender la composición material de *Don Julián*. Sin discutirlo aquí, debemos notar que las varias intercalaciones de los versos de Góngora y Quevedo dentro del discurso ilustran el diálogo que la novela sostiene con ciertas obras de la literatura española. Para una clarificación de este concepto, sugerimos la entrevista ya citada de Goytisolo con Claude Couffon.

[29]Citado por Severo Sarduy, en la entrevista incluida en *El arte de narrar,* Emir Rodríguez Monegal (Caracas: Monte Avila, 1968), p. 283.

[30]Juan Goytisolo, "Presentación crítica de José María Blanco White," *Ruedo Ibérico* [París], núm. 33-35, 103.

[31]Esta parodia de la prostitución comercial de España, representa la intensificación de un tema que aparece en *Señas de identidad.* Allí dice Alvaro: "Poco a poco, gracias a la doble corriente de forasteros y emigrantes, expatriados y turistas, en España y fuera de ella, el español aprendía, por primera vez en la Historia, a trabajar, comer, viajar, explotar comercialmente sus virtudes y defectos, asimilar los valores crematísticos de las sociedades industriales, mercantilizarse, prostituirse..." (p. 376).

EL FORMALISMO AMERICANO: ESTUDIO Y APLICACION DEL METODO A UN POEMA DE PABLO NERUDA

Yolanda Martínez Robinson

La escuela de los "New Critics", formalistas americanos, representa una tentativa de acercamiento a la obra literaria con cierto cientifismo. Esta escuela toma bajo su ala una agrupación muy heterogénea de críticos que, utilizando la lingüística como punto de partida y desde una base más o menos común (i.e., la obra como estructura autosuficiente), se concentran en la obra literaria y la observan como resultado de ciertas tensiones internas: un todo compuesto de partes y cada parte cumpliendo una función específica.

Los formalistas de Chicago (o "Neo-Aristotelians"), por ejemplo, intentan reducir toda obra a un sistema rígido, para poder colocarla dentro de un género determinado y analizarla con la precisión de una computadora. Pero, por lo general, cada crítico toma una postura individual para aplicar el método formalista, por lo cual sería trabajo infructuoso pretender trazar líneas precisas que delimiten este movimiento. Kenneth Burke, para mencionar ciertos nombres representativos del formalismo, trata de alcanzar una filosofía pragmática y semántica donde colocar su propia obra crítica y por lo tanto habla del arte como acto simbólico de purificación que sublima los impulsos del subconsciente; Richard P. Blackmur habla de lenguaje como gesto: combinación de símbolo y de expresión; William Empson se interesa en analizar y clasificar ambigüedades; Yvor Winters trata de exponer una filosofía de valores absolutos; Cleanth Brooks reduce todos los elementos poéticos a paradojas y los equilibra luego mediante la ironía.

Los diferentes factores representativos del formalismo americano son muy variados. En este trabajo nos limitaremos a exponer algunas de las ideas principales que dan forma a este movimiento, para después hacer una tentativa de explicación y aplicación del método a "Barcarola" de Pablo Neruda.

T.S. Eliot y I.A. Richards son considerados los precursores de este movimiento. Eliot, historicista en busca de la tradición, consideraba la poesía expresión de un alma colectiva. La tarea del poeta es, principalmente, mostrar la transformación del sentimiento del pueblo mediante una obra que refleje el proceso de reajuste de la tradición. La despersonalización del poeta resulta esencial, ya que su tarea primordial es revelar su sentido de conciencia histórica, al sacrificar su personalidad y mostrar sensaciones, no emociones.[1] Al darle este enfoque a su crítica literaria, Eliot deja a un lado al poeta y se concentra en la poesía como entidad vital. Aquí está lo significativo de Eliot para los formalistas: independiza la obra del autor. El poema se convierte en creación con dimensiones propias.

Eliot señaló así el camino para adentrarse en la obra literaria. Lo esencial es dejar atrás todo lo que sea exterior a la obra y "captar lo que aspira a ser el poema".[2] Esta captación se lleva a cabo mediante lo que Eliot llamó *correlato objetivo*: vehículo que comunica un sentimiento, creando una sensación que evoca a la original. Este correlato es una transferencia que se establece a través del poema desde el poeta hacia el lector, y produce en éste una afectación similar a la del autor, aunque no exactamente la misma, porque esto sería imposible. (Recordemos que la poesía es proceso mimético.)

Para Eliot, la comprensión de un poema es, a la vez, su goce estético. Esta idea de comprensión resulta, más bien, un proceso de unión entre lo intelectual y lo emocional. Eliot sostenía que hay poesías que se pueden comprender (i.e., gozar) sin necesidad de explicación lógica; hay veces que la explicación "puede desviarnos por completo del poema como poesía".[3] En toda gran poesía siempre hay algo que permanece inexplicable, inasible, pero que sin embargo no impide su disfrute intelectual y emotivo.

Si, por una parte, en Eliot la crítica no es, ni será nunca, una ciencia, I.A. Richards, por otra parte, pretendía hacer de su obra crítica una labor científica que la acercaba a la psicología. Richards habla de poesía como *lenguaje evocativo* que despierta en nosotros una *actitud* ("attitude").[4] Subordina el elemento cognoscitivo de la experiencia poética al elemento emotivo y éste, a la vez, al impulso. El poema se convierte en mero estímulo que produce primeramente una serie de emociones y luego una serie de actitudes:

Eliot: Poeta ⟶ Poema ⟶ Lector
↑- - - - - correlato objetivo - - - - -↑

Richards: Poesía ⟶ Emociones ⟶ Actitudes

La actitud es una disposición o impulso mental que está asociada con nuestras acciones (o reacciones) psicológicas, y la cual origina ideas o nos inclina a actuar de un modo determinado. Richards descarta el análisis verbal de la poesía y cualquier referencia objetiva. Las emociones o actitudes no necesitan ir más allá de ellas mismas y, por lo tanto, cualquier referencia objetiva es innecesaria.

Muchos de los términos que utilizó Richards, como *actitud, tensión, ambigüedad, ironía, tenor, base de sustentación*, han sido asimilados, y alterados, por los formalistas americanos. Richards investiga con amplitud la complejidad de la experiencia poética y establece cuatro niveles importantes de significación: sentido (pensamiento, "meaning"), sensaciones (emoción, "attitude"), tono e intención. El poema se convierte en una estructura dramática y la metáfora el método más característico para comunicar emoción; la actividad afectiva representa el centro de toda experiencia estética.

John Crowe Ransom, en su libro *The New Criticism*,[5] rechaza la idea de correlato objetivo de Eliot y habla de *estructura* y de *textura*. La estructura es el pensamiento lógico que vemos operar en el poema; la textura, la densidad que añade otra dimensión a la obra, el carácter heterogéneo del detalle, funcional para el vehículo pero no necesariamente para el tenor. La textura se une a la estructura, aunque mantiene su autonomía. Es posible, para Ransom, tener un poema de lenguaje tan simple y directo que carezca de textura. A diferencia de Richards, Ransom vincula las emociones al proceso cognoscitivo; el poema se convierte en un conjunto de significaciones y significantes con una estructura lógica y una textura. Todo poema debe tener una lógica, ya que sin ella la textura carece de base que la sustente. Si el lector no puede explicarse el poema mientras lo lee, se siente defraudado. (Esto es lo opuesto de lo que dice Eliot.)

El poema, nos dice Ransom, presenta una situación dramática. Si encontramos un conflicto o un juego de oposiciones, este conflicto no afecta la estructura, sino la lógica interna del poema. Si hay resolución, debe ser una resolución lógica; si no la hay, encontramos entonces un poema sin unidad estructural y, por consiguiente, con ironía. Ransom, por lo tanto, observa la ironía como un caso especial que no lleva a ningua armonía.

Cleanth Brooks,[6] sin embargo, considera la ironía como procedimiento correctivo: el reconocimiento de incongruencias y la reconciliación de opuestos esencial en toda verdadera poesía. Mientras Brooks busca en el poema un específico que corrija y reconcilie los "conflictos estructurales", Ransom no les asigna tanta importancia y los ve como elementos que sólo ayudan a crear tensión dramática. Los conflictos son, para Ransom, lógicos y no estructurales; la intención de la ironía es, principalmente, de desunir la estructura. Ni la ambigüedad ni la ironía son esenciales para la poesía, porque todo poema tiene una lógica interna. La *heterogeneidad* asociativa es la característica esencial que Ransom observa en la poesía. No podemos atender a todos los significados dentro del poema; hay que descartar lo secundario y establecer una jerarquía de significaciones. Lo principal es evitar profundizar demasiado, para no caer en un juego entre el poema y la imaginación del lector. El poema no es ambiguo, sino difuso; y esta difusión rinde la heterogeneidad, que añade nuevas dimensiones a la textura.

Yvor Winters deja a un lado la textura y se concentra en la estructura. La poesía ahora se convierte en percepción provista de sensibilidades. Mientras la sensibilidad para Eliot era un órgano afectivo, para Winters es cognoscitivo y vehículo que nos provee de percepciones. El poema, como expresión *racional* de una experiencia humana, tiene que juzgarse por la lógica de su argumento y la *moralidad* de su significado. La poesía es organización de palabras, ritmos, cadencias; una complejidad de fluidez que no es predecible y que le otorga al poema libertad creativa. El *suspenso* juega ahora un papel significativo como procedimiento estructural dinámico. A medida que avanza el poema, el contexto se amplía, las unidades se van subordinando a una idea central que no podemos asir del todo, y el grado de tensión aumenta.

Winters plantea una serie de métodos estructurales significativos para el análisis poético: la repetición (ya sea de temas o de ideas o de palabras); la progresión de ideas o detalles dentro del poema y el orden en que son presentados; la coherencia (ya sea racional o gramatical); las referencias explícitas o implícitas que pueden ser simbólicas; las progresiones que no siguen un orden lógico pero sí un sentimiento coherente que le da unidad al poema. Winters le confiere gran importancia a la métrica (elemento que varios de los formalistas pasan casi por alto) y su contribución al análisis del verso libre es significativa.

El tema de literatura y moralidad se halla muy presente en los formalistas americanos. Ya en Aristóteles ética y estética iban unidas.[7] Si en I.A. Richards la literatura representaba un fenómeno moral cuyo valor se hallaba en satisfacer el placer estético, y J.C. Ransom mantiene lo ético y lo estético como dos conceptos muy distintos, Yvor Winters convierte el interés ético en el único interés permanente de la poesía.

Un concepto importante en Aristóteles que ha sido desarrollado con extensión por los formalistas americanos es la correspondencia entre el discurso verbal, la audiencia y el "speaker". En *The Verbal Icon*[8] William Wimsatt parte de este concepto para hablar del poema y su relación con la voz dentro de éste (la voz poética o "speaker"), el tono de esta voz, a quién se dirige y el lector, que comparte la dialéctica voz-oyente, como espectador en un segundo plano. Wimsatt trata de averiguar el sentido de la literatura por medio del símbolo y de la metáfora, y opera en un plano más bien psicológico al intentar hallar los diferentes niveles de significación. El poema, según Wimsatt, ofrece *íconos* verbales que no pueden ser delimitados ni precisados; el ícono se compone de muchos valores y es esencialmente un signo estético, algo que *no* define, sino que participa de las propiedades del objeto que *designa* y a su vez alcanza dimensiones propias.

Paul Goodman, el cual ha aportado muchas ideas a este movimiento, se interna en el poema y pretende tocar la experiencia estética misma. Ya no ve una relación causa-efecto como Richards; la poesía para Goodman produce una sensación inmediata que obliga a adentrarnos por completo en su tiempo y espacio para poder llevar la experiencia poética a sus niveles más altos. Si hablamos de correlato objetivo, como Eliot, corremos el riesgo de desviarnos hacia un nivel idílico, evocativo, que rechaza a la esencia del poema.[9]

Goodman analiza detenidamente el sonido (vocales, consonantes, acentos, extensión silábica, aliteración, asonancia, rima), para así llegar a la *expresión* de un contenido. De allí salen las palabras claves que dan el *tono*: expresión de un sentimiento ("feeling") y de una actitud ("attitude"). La sintaxis muestra también la actitud de la voz poética ("speaker") y su organización de la realidad dentro del poema. La función de la poesía, nos dice Goodman, es el comunicar una experiencia. Las palabras comienzan por ser designaciones y acaban por ser las designadas. Toda buena obra de arte crea su propio mundo, cuya credibilidad es intrínseca a la experiencia poética. El poeta hace verosímil su obra mediante el lenguaje y la construcción, y si fracasa es porque no ha logrado adentrar al lector en su mundo creado. Toda la obra está vista como una progresión de probabilidades e implicaciones, donde la apariencia visual, el ritmo, la dicción, las imágenes, conducen a la experiencia total del poema.[10]

Y por último mencionaremos a Cleanth Brooks, quien une estructura y textura. La estructura es ahora un componente que va más allá de la forma y del contenido. Es todo un sistema que establece armonía entre actitudes, connotaciones y niveles de significación. El poema se convierte en un conjunto ("pattern") de resoluciones y balances que se desarrollan a través de un esquema temporal, como un ballet o una composición musical. Para Brooks, la paradoja es el lenguaje apropiado e inevitable de la poesía, y la ironía el resultado de armonizar los opuestos. Brooks observa las palabras en constante cambio. El poeta crea el lenguaje a medida que desarrolla el poema y, a su vez, las palabras van formando sus propias asociaciones independientes de la intención del autor. Lo importante es acercarse a la poesía partiendo de una intuición previa y notar los cambios de tono, la progresión de imágenes que señalan el símbolo final que emerge de la unión de todos los elementos contradictorios.

El *estilo* se da en el poema, pero no debemos hablar de "estilo del autor", porque éste cambia de un poema a otro, habiendo algunos poemas que carecen de estilo. No es necesario, por lo tanto, tener en cuenta al autor. La poesía *comunica* mediante contrastes, comparaciones y variaciones; la paráfrasis pierde ahora valor como medio interpretativo, ya que tiende a deformar el sentido poemático. El lector tiene la responsabilidad de buscar y hallar los significados exclusivamente en el poema, el cual se mueve en su propia dimensión de ideas y actitudes. La conclusión a que nos lleve el análisis poético se convertirá en una *resolución* de tensiones, metáforas y símbolos.

Al acercarnos a "Barcarola" de Pablo Neruda, debemos tener en cuenta que todo poema, como experiencia poética única, demanda una interpretación exclusiva; un modo analítico propio que reclama una variación de cualquier acercamiento crítico utilizado. No obstante, intentaremos aquí seguir un esquema interpretativo que abarque las características esenciales del formalismo americano, tomando de cada crítico consultado aquellas ideas o métodos de análisis que nos sirvan para llegar a una comprensión del poema que tenemos a mano:[11]

Yolanda Martínez Robinson

BARCAROLA

Si solamente me tocaras el corazón,
si solamente pusieras tu boca en mi corazón,
tu fina boca, tus dientes,
si pusieras tu lengua como una flecha roja
allí donde mi corazón polvoriento golpea, 5
si soplaras en mi corazón, cerca del mar, llorando,
sonaría con un ruido oscuro; con sonido de ruedas de tren con sueño,
como aguas vacilantes,
como el otoño en hojas,
como sangre, 10
con un ruido de llamas húmedas quemando el cielo,
soñando como sueños o ramas o lluvias,
o bocinas de puerto triste;
si tú soplaras en mi corazón, cerca del mar,
como un fantasma blanco, 15
al borde de la espuma,
en mitad del viento,
como un fantasma desencadenado, a la orilla del mar, llorando.

Como ausencia extendida, como campana súbita,
el mar reparte el sonido del corazón, 20
lloviendo, atardeciendo, en una costa sola:
la noche cae sin duda,
y su lúgubre azul de estandarte en naufragio
se puebla de planetas de plata enronquecida.

Y suena el corazón como un caracol agrio, 25
llama, oh mar, oh lamento, oh derretido espanto
esparcido en desgracias y olas desvencijadas:
de lo sonoro el mar acusa
sus sombras recostadas, sus amapolas verdes.

Si existieras de pronto, en una costa lúgubre, 30
rodeada por el día muerto,
frente a una nueva noche,
llena de olas,
y soplaras en mi corazón de miedo frío,
soplaras en su movimiento de paloma con llamas, 35
sonarían sus negras sílabas de sangre,
crecerían sus incesantes aguas rojas,
y sonaría, sonaría a sombras,
sonaría como la muerte,
llamaría como un tubo lleno de viento o llanto 40
o una botella echando espanto a borbotones.

Así es, y los relámpagos curbrirían tus trenzas
y la lluvia entraría por tus ojos abiertos
a preparar el llanto que sordamente encierras,
y las alas negras del mar girarían en torno 45

de ti, con grandes garras, y graznidos, y vuelos.

¿Quieres ser fantasma que sople, solitario,
cerca del mar su estéril, triste instrumento?
Si solamente llamaras,
su prolongado son, su maléfico pito, 50
su orden de olas heridas,
alguien vendría acaso,
alguien vendría,
desde las cimas de las islas, desde el fondo rojo del mar, 55
alguien vendría, alguien vendría.

Alguien vendría, sopla con furia,
que suene como sirena de barco roto,
como lamento,
como un relincho en medio de la espuma y la sangre, 60
como un agua feroz mordiéndose y sonando.

En la estación marina
su caracol de sombra circula como un grito,
los pájaros de mar lo desestiman y huyen,
sus listas de sonido, sus lúgubres barrotes 65
se levantan a orillas del océano solo.

Si procedemos a analizar este poema de Pablo Neruda mediante una lógica específica, fracasamos, ya que carece de coherencia racional y exige del lector una adentración cuidadosa. Dejando a un lado la intuición, intentaremos un acercamiento desde la palabra misma y lo que nos transmite en sus diferentes niveles de significación, para así descubrir la organización imaginativa del poema. La poesía presenta su propio mundo verbal, y será este mundo el que nos revele la disposición o actitud poemática esencial. Esta actitud será el resultado de la combinación de elementos que componen los diferentes *diseños* operantes en el poema.

Mediante el diseño verbal, observamos las asociaciones que las palabras establecen entre sí, organizamos una jerarquía lingüística y encontramos las palabras claves: aquéllas que se repiten dentro de contextos similares para ir determinando cierta *actitud dramática.* Mediante este proceso, definimos ante todo la palabra como signo dentro de una unidad gramática y retórica; o sea, dentro de su contexto verbal, para luego pasar a su contexto *no verbal* y a las relaciones de significado que el lector percibe al trazar las continuidades o las constantes (aquellas palabras, signos o expresiones que evocan respuestas similares). Mediante el análisis de la sintaxis y de la disposición sonora y rítmica de las palabras, vislumbramos el diseño auditivo y el "movimiento" del poema; éstos, junto con el diseño de las imágenes o íconos verbales y los cambios de tono en la voz poética, ayudan a definir el diseño dramático.

Debido a la extensión del poema, podemos dividirlo fácilmente en "unidades dramáticas" que permitan una coordinación de las diferentes estrofas mediante los cambios de tono en la voz poética. En la primera unidad, hallamos una especie de planteamiento con posibilidades resultantes. La voz poética se dirige hacia un "tú" irreconocible y misterioso, ya que sólo se nos da la boca, los dientes, la lengua y el tacto. Desde un principio sentimos algo grotesco, desconcertante; el ambiente es dramático, el tono es persuasivo, con una nota sostenida de soledad angustiosa que va invadiendo la sensibilidad del lector. Se sugiere un posible contacto más o menos reivindicativo; una posible redención cuyos toques son más bien trágicos. Lo impreciso predomina, mediante el uso del subjuntivo y del condicional y la repetición de la conjunción "si". Todo parece puesto en un plano de sueño fantasmagórico y fantástico. Lo único preciso hasta ahora es que el corazón *golpea* (verso 5); pero es un corazón *polvoriento*, adjetivo cargado de significación que asociamos con tiempo, con descuido, abandono, soledad.

Los seis primero versos forman el primer planteamiento, que se resuelve con el condicional "sonaría", desatando toda una serie de imágenes auditivas que aceleran el ritmo, a la vez que proyectan íconos de sonidos apagados, lentos, quejumbrosos:

ruido *oscuro*
sonido de ruedas de *tren con sueño*
aguas *vacilantes*
otoño en hojas
sangre
llamas *húmedas*
bocinas de puerto *triste*

Del verso 14 al 18 se repite simétricamente el planteamiento y termina con el *tú* ya no "cerca del mar", sino "a la orilla del mar", aunque en ambas instancias "llorando". Notemos el diseño sonoro de esta unidad: la aliteración de la N, sobre todo las combinaciones NT, ND; como si se tratase de una vibración que se va hundiendo, filtrándose más y más en el poema dentro de un tiempo suspendido en un vacío de angustia.

En la línea 19 el tono cambia, y con éste la situación dramática. El corazón se personifica y, aunque todavía vinculado a la voz poética, ahora adquiere dimensiones propias al confundirse con el sonido del mar. La imprecisión desaparece momentáneamente: "campana súbita", "la noche cae sin duda", "se puebla". El sonido del corazón se siente desde el mar y llega a abarcarlo todo, mediante el diseño onomatopéyico del verso 24, que sugiere el sonido del corazón. La segunda estrofa pertenece a esta unidad dramática que comienza en la línea 19. el corazón "suena"y "llama", mientras el mar "acusa", también con un sonido desconcertante. Hay un momento de intensificación dramática: "oh mar, oh lamento, oh derretido espanto". Este espanto se extiende a la próxima división, para así continuar la sensación de miedo y de dolor que invade al poema.

En la tercera unidad, la voz poética se acerca de nuevo al tú. Ya es un tú femenino, al que quisiera darle vida, y la va imaginando dentro de un espacio preciso. Primero está *en* una costa lúgubre; luego *rodeada por*; después *frente a* y finalmente *llena de*. Igual que en la primera unidad dramática, la va acercando más al mar. El sonido se intensifica dramáticamente, pero de nuevo lleno de atributos negativos (sonido de sombras y de muerte); no importa si llama como un tubo o como una botella, o si es viento o llanto el contenido. Lo importante es que sea "espanto a borbotones". El diseño rítmico cambia y se acelera para así producir la sensación deseada: el miedo que se intensifica.

En estas tres unidades dramáticas la ambigüedad asociativa de las imágenes apunta hacia esta actitud de miedo, mediante una progresión de imágenes terroríficas:

fantasma blanco
fantasma desencadenado
campana súbita
lúgubre azul
derretido espanto / esparcido en desgracias
sombras recostadas
costa lúgubre
corazón de miedo frío
negras sílabas de sangre
incesantes aguas rojas
el sonido de la muerte
botella echando espanto a borbotones

Esta acumulación culmina con el "Así es" de la próxima unidad (línea 42), como una fuerza que se ha desatado. El movimiento del poema cambia y hay un giro súbito: ya no es el *yo* de la voz poética lo que se enfoca, sino el *tú*, quien va a experimentar el terror de verse con relámpagos cubriendo sus trenzas y lluvia entrando por sus ojos abiertos. El "Así es" de la voz poética se convierte en una sentencia de algo ineludible; corazón y mar se confunden completamente, y ahora es el mar el que actúa, con sus alas negras girando en torno del tú, cubriéndolo todo de oscuridad y con "grandes garras, y graznidos, y vuelos".

Con el verso 47 la situación dramática de nuevo cambia. Se le ofrece al *tú* una posibilidad de *ser*, pero es una posibilidad cargada de toques trágicos: "ser fantasma que sople solitario", convertirse en una entidad no palpable e irreal que pretenda establecer un posible contacto con alquien mediante un clamor desesperado y angustioso, ya que el instrumento que se le ofrece para llamar resulta "estéril", "triste" y "maléfico". Y esta probabilidad de ser oído convierte el "alguien vendría", repetido enfática y desesperadamente, en el grito redentivo que desata la última serie de imágenes auditivas. El ritmo se acelera ahora de nuevo, y los sonidos que se evocan no son ya apagados, como en el primer planteamiento, sino que sugieren una fuerza, llena de exasperación y abatimiento: soplar con *furia, sirena, lamento, relincho, agua feroz* (líneas 57-61).

Cambia bruscamente el ritmo (línea 62), y con éste el tono de la voz poética. ¿Hay resolución en el poema? Creemos que sí, pero la resolución sugiere una completa y angustiosa soledad. Nadie acude al llamado, los pájaros lo desestiman y huyen; el sonido queda a orillas del *océano solo*. El intento por alcanzar un contacto humano resulta imposible. Encontramos así una actitud de completa desolación dentro de un ambiente terrorífico que refleja un mundo en estado de desintegración. Este mundo se nos revela mediante el diseño de las imágenes, que combinan elementos de la vida cotidiana con elementos fantásticos, presentados con atributos desconcertantes, negativos o amenazantes. La ironía básica del poema yace en la enumeración de imágenes incoherentes que forman una analogía de incongruencias para transmitir, mediante el suspenso resultante, la sensación de terror que desemboca en soledad angustiosa.

Las palabras claves, *mar* y *corazón* (sobre todo mar), llegan a confundirse. Otros sustantivos que contribuyen a rendir el sentimiento básico son *fantasma, lluvia, viento, llanto, sangre, muerte, noche, sombra, espanto.* Los verbos predominantes son aquellos que evocan sonidos, siendo los más frecuentes *sonar, soplar* y *llamar*. Los participios son utilizados constantemente, como para fijar una imagen o un sonido y prolongarlos dramáticamente. Los adjetivos resultan básicamente feístas y de connotación negativa; predomina el color rojo, ya sea de sangre o de llamas; el color blanco se vincula a miedo, porque es un blanco de fantasma o de palomas en llamas. El color negro se va intensificando; pasa de *sombra* a "negras sílabas de sangre" y "alas negras del mar" (v. líneas 35 y 45). *Lúgubre* se repite tres veces: "lúgubre azul" (del cielo, línea 23); "costa lúgubre" (del mar, línea 30); "lúgubres barrotes" (¿del alma?, línea 65).

El diseño rítmico surge de la selección léxica y de las divisiones sintácticas, y se va amoldando al diseño dramático. A veces el tempo es lento, monótono, y de repente brusco y acelerado, lo cual también sugiere la sensación de desconcierto e inquietud que experimentamos al leer el poema.[12] Las imágenes auditivas son las más frecuentes, ya que es mediante el sonido y el ritmo que la actitud del poema se refleja. El movimiento dramático es de *avance* y *retroceso*, como pretendiendo sugerir el movimiento de las olas del mar. El sonido y el movimiento son los únicos elementos constantes y perdurables en este ambiente de terror y desolación.

No hay contacto con una realidad, sólo hay desconcierto y ambigüedad. Tampoco hay apoyo ni en un tiempo ni en un espacio determinados. Presenciamos solamente un mundo vasto e impreciso donde los elementos aparecen de modo caótico y "desvencijado". Todo el poema es un proceso de intensificación. El mar poco a poco ocupa el primer plano y el *tú* va adquiriendo dimensiones trágicas.

POMONA COLLEGE

Notas

[1]*Sobre la poesía y los poetas* (Buenos Aires: Sur, 1959). Tal vez sería mejor hablar de "sentimiento" y no de sensación, ya que Eliot utiliza los términos "feelings" y "emotions" para establecer este contraste. Pero recordemos que la poesía es esencialmente un proceso mimético; por lo tanto, el sentimiento o emoción que refleja el poema nunca será el original del autor.

[2]Eliot, *op. cit.*, p. 112.

[3]Eliot, *op. cit.*, p. 117.

[4]El significado de este término varía en los formalistas estudiados. Cada uno lo adapta a su acercamiento crítico pero, en general "attitude" señala cierta disposición o actitud emotiva que vislumbra el lector al combinar y relacionar los elementos operantes en el poema.

[5]New York: New Directions, 1941.

[6]Véase *Modern Poetry and the Tradition* (Chapel Hill: University of North Carolina Press, 1939).

[7]Véase *On Poetry and Style*, trans. G.M.A. Grube (New York: Liberal Arts Press, 1958).

[8]Lexington: University of Kentucky Press, 1954.

[9]Véase *The Structure of Literature* (Chicago: University of Chicago Press, 1954).

[10]Muchas de las ideas de Goodman recuerdan a las del crítico y poeta mexicano Octavio Paz.

[11]Para este intento analítico hemos utilizado básicamente el acercamiento que Reuben Arthur Brower utiliza en *The Fields of Light* (New York: Oxford University Press, 1951), ya que este crítico aplica la teoría formalista de manera muy explícita y clara. Para el texto de "Barcarola" citamos de *Residencia en la tierra (1925-35)* (Buenos Aires: Losada, 1969), pp. 78-80.

[12]Como señala Brower, "the reader cannot know how a poem 'sounds' or make any valid remark about what he hears unless as he reads he enacts the dramatic situation, unless he senses the value of the images and the bindings of metaphor, and unless he is constantly responding with the feelings that are ordered through all the possible organizing modes". *The Fields of Light*, pp. 58-59.

Bibliografía

Altenbern, Lynn and Leslie L. Lewis, *A Handbook for the Study of Poetry*. New York: MacMillan Company, 1966.

Aristotle. *On Poetry and Style*. trans. G.M.A. Grube. New York: Liberal Arts Press, 1958.

Brooks, Cleanth. *Modern Poetry and the Tradition*. Chapel Hill: University of North Carolina Press, 1939.

————. *The Well-Wrought Urn*. London: Dennis Debson, 1968.

Brower, Reuben Arthur. *The Fields of Light*. New York: Oxford University Press, 1951.

Eliot, T.S. *Sobre la poesía y los poetas*. Buenos Aires: Sur, 1959.

Empson, William. *Seven Types of Ambiguity*. New York: New Directions, 1960.

Goodman, Paul. *The Structure of Literature*. Chicago: University of Chicago Press, 1954.

Ransom, John Crowe. *The New Criticism*. New York: New Directions, 1941.

Thorpe, James, ed. *The Aims and Methods of Scholarship*. New York: Modern Language Association, 1970.

Wimsatt, W.K. and Monroe C. Beardsley. *The Verbal Icon: Studies in the Meaning of Poetry*. Kentucky: University of Kentucky Press, 1954.

———— and Cleanth Brooks. *Literary Criticism: A Short History*. New York: Vintage Books, 1957.

V. Hermeneutics

VERDAD Y METODOS EN LA CRITICA LITERARIA: *LA VIDA ES SUEÑO*

Ciriaco Morón-Arroyo

Para Emilio y Amparo Moratilla

1. Crítico, investigador, profesor

Las palabras "crítica" y "crítico" son ambiguas. En inglés se suelen hoy oponer el crítico y el "scholar". El primero se considera más inteligente o, por lo menos, más imaginativo que el segundo; y éste suele adoptar una postura resentida contra lo que considera juegos no fundamentados en conocimientos serios. De esta manera la dualidad inglesa equivale a la polaridad investigador-ensayista del español. Estos términos son muy difíciles de definir en un sentido puramente objetivo y la dificultad aumenta por la connotación valorativa que subrepticiamente se les asocia. De nuevo: el investigador suele considerar al ensayista como un mercenario que salta ilícitamente por las bardas de los problemas, mientras el ensayista tiene al investigador por un obrero que sólo desbroza la superficie de los textos.

Para mí todas estas palabras son sinónimas de derecho, aunque acepto los matices que de hecho tienen en nuestro lenguaje diario. Es secundario el que un autor estudie *La vida es sueño* como documento profeminista y otro estudie el papel de su primera edición y el volumen de sus letras. Los dos estudiosos pretenden contribuir a la mejor comprensión de la obra. Al mismo tiempo, los dos deben ser conscientes de que su pregunta es muy limitada en comparación de las muchas preguntas que la obra suscita, y, por consiguiente, la respuesta que den a su problema sólo será una contribución muy parcial a la comprensión del todo. El ensayista y el investigador que pierdan la conciencia de sus límites, estarán ciegos y contribuirán a cegar al prójimo. La venta de visiones parciales como interpretaciones globales de obras literarias es una de las mayores lacras de nuestra profesión. Por no percibir nuestros límites caemos en fáciles simbolismos, acentuamos la importancia de un personaje sacándole de su relación con los demás, o atendemos con exceso al movimiento y acción sin atención debida al carácter de los personajes.

Como toda realidad, la obra de arte admite un ideal de comprensión imposible de alcanzar por ningún individuo. Pero si el nivel ideal es inalcanzable, podemos distinguir niveles mejores y peores, según se acerquen al patrón ideal o se desvíen de él. Todo trabajo crítico pretende llegar a una comprensión de la obra estudiada, en que se pongan de relieve los elementos internos que la constituyen, las ideas artísticas o históricas en que surge como respuesta, y las fuerzas artísticas e históricas que libera, ya que toda obra de arte se convierte en un objeto con propia historia y con influencias reales en la historia desde el momento en que se crea y difunde.

El hombre encargado de buscar y transmitir esa comprensión total es el profesor. El profesor que explica *La vida es sueño* en clase hace simultáneamente tres cosas: a) pretende reducir la obra de Calderón a total transparencia. Para eso, si la edición tiene una nota al pie que explique el sentido de "hipogrifo", él podrá pasar inmediatamente a explicar el significado de "violento"; si también la edición explica el significado de ese término en tiempo de Calderón, podrá pasar a cuestiones más generales; pero si la edición no contiene esas explicaciones, el profesor debe comenzar por explicar el sentido más elemental de las palabras. Desde esta elemental traducción a la valoración de *La vida es sueño* como piedra miliaria en la comprensión que tiene el hombre de su propia existencia, la crítica o explicación de clase se convierte en una serie de círculos concéntricos, unos más amplios que otros; todos igualmente necesarios, aunque de distinto alcance.

b) En la situación social que es la clase, al exponer *La vida es sueño* el profesor está exponiendo su capacidad o incapacidad para formular y comunicar su conocimiento de los círculos concéntricos mencionados. La explicación del término "hipogrifo" será el círculo primero y mínimo; la comprensión de *La vida es sueño* como una de las cuatro o cinco metáforas fundamentales de la humanidad, será el círculo máximo. Entre uno y otro están situados otros muchos; por ejemplo: Segismundo y Rosaura en la estructura de la obra; ésta en la obra teatral de Calderón; ésta en la comedia española del siglo de oro; en la literatura española; *La vida es sueño* como obra literaria, etc. Estos problemas son círculos de mayor o menor alcance que será necesario tratar en un intento de comprensión del drama. No todos estamos obligados a recorrer la divina comedia en todas sus moradas; pero, si no las visitamos todas, estamos obligados a ser conscientes de nuestros límites para que nuestra interpretación no sea una distorsión. Cada vez que ponemos una obra de arte en un contexto que no le pertenece, la distorsionamos; y cada vez que aislamos un aspecto parcial y lo damos como interpretación general, hacemos los mismo.

c) Las reflexiones anteriores suscitan la pregunta: ¿y quién decide cuándo estoy dando una interpretación correcta o distorsionando un texto? Tenemos que decidirlo nosotros mismos, con la ayuda de nuestros colegas que leen nuestras publicaciones y las critican, y con la ayuda de los estudiantes en una actitud de búsqueda e inseguridad constantes. En este sentido el profesor que explica *La vida es sueño* está simultáneamente dándonos su idea de lo que es enseñanza a nivel universitario. Los libros dedicados al tema de la enseñanza superior suelen acentuar la necesidad de que el estudiante aprenda por sí mismo. Para ello el profesor debe simplemente presentarle las alternativas posibles dejando que el estudiante acepte la tesis que más le acomode. Ante la obra de arte esta actitud se justifica mejor que en otras materias, ya que la obra de arte comporta siempre un cierto grado de ambigüedad y, por otra parte, la interpretación errónea de un poema no produce efectos deletéreos tan visibles como un error en la dosis de cemento al construir una presa.

Yo no creo que el profesor pueda limitarse a presentar simplemente alternativas. En la relación humana que es la clase, el profesor tiene la obligación de tomar posturas y decidir sobre el valor humano y estético de la obra literaria. La madurez de un juicio consiste en tomar una postura ante las cosas; y la comprensión consiste en apropiarnos y distanciarnos de una obra para ponerla precisamente en su lugar. El último nivel de la comprensión es el juicio. El profesor libera la energía mental del estudiante no cuando se abstiene de juzgar, sino cuando presenta su postura con el entusiasmo de un padre y con la humildad de que puede estar equivocado. Toda explicación es una investigación y quien más está aprendiendo es el que afirma y explica.

El lector se irá preguntando: ¿cuándo comienza el análisis de *La vida es sueño*? ¿A qué vienen esas consideraciones sobre educación universitaria en general, si lo que buscamos es un método para entender la obra literaria? La explicación de la obra de Calderón no es el fin directo de este artículo; esa explicación la encontrará el lector en mi edición de la obra (Ediciones Cátedra, Madrid); aquí pretendemos exponer los principios latentes a la interpretación directa de un texto.

Las consideraciones sobre enseñanza superior son de capital importancia en este punto, porque el hecho social de la clase da al término "crítica" un sentido muy diferente del que ha tenido durante tres siglos. En los estudios calderonianos se suele reconocer la innovación introducida en Cambridge por Parker y Wilson. Esa innovación se define en cuatro palabras como una ida "a los textos mismos". Ahora bien, esa innovación pudo darse en una universidad inglesa porque el modo de enseñar en la universidad inglesa era distinto del modo de enseñar en el continente. Un profesor que enseña sólo en forma de conferencias no puede atender a los matices del texto, sino a las síntesis generales que el auditorio puede asimilar sin tener la obra delante. Simplemente el hecho de ser crítica hablada explica el carácter del libro de Menéndez Pelayo *Calderón y su teatro* (1881). Prescindiendo de nuestra concordancia o discordancia con sus tesis concretas, lo que nosotros hacemos con el texto calderoniano es algo distinto a lo que él hacía. El daba resultados; nosotros desintegramos la obra, la explicamos haciendo su anatomía, cayendo en el peligro de no lograr nunca la síntesis.

La universidad inglesa y norteamericana ofrecen otra faceta fundamental para entender el carácter de su crítica literaria. En el mundo anglosajón la filosofía está muy polarizada hacia la pura analítica. Este hecho produce una situación curiosa y es que en los departamentos de filosofía no se estudia el pensamiento occidental en su aspecto de gigantomaquia humana, de búsqueda de sentido en la existencia. Se analiza como producto y se presta más atención a sus procesos formales que a su verdad. Cuando los departamentos de filosofía funcionan de esa manera, la inspiración para la vida que puede dar el estudio de la cultura, se busca en los departamentos de arte, literatura, religión o antropología. Ese aspecto globalmente educativo que esperamos encontrar en el estudio literario hace difícil el cultivo de una filología especializada, como tradicionalmente se hacía en los seminarios de la universidad alemana. Cuando el estudiante de humanidades toma obligatoriamente por lo menos dos años de filosofía, es posible experimentar con una ciencia estricta de la literatura que busque sus principios y leyes propias; pero esa ciencia deberá estar subordinada a reflexiones más generales sobre la expresión humana y sobre el papel de la creación artística en la vida humana y en la sociedad. Es decir, una ciencia limitada de la literatura sólo puede entenderse como una derivación de la filosofía y sólo puede hacerse desde la filosofía. Por eso donde falta la formación filosófica los análisis estrictamente literarios tienen el peligro de caer en puro formalismo y ser intelectualmente insatisfactorios.

La enseñanza y los medios de enseñanza definen nuestra crítica literaria hasta tal punto que debemos reconocer dos épocas distintas en la historia de esta actividad: la anterior a la expansión del sistema universitario hacia 1880, y la posterior a esa fecha. Para nosotros el mejor crítico es el mejor profesor, el que mejor desentraña desde la palabrita hasta la gran síntesis y hace transparente la obra a los alumnos. Nuestra actividad tiene poco que ver con la de Goethe o Coleridge. Ellos suponían ya un conocimiento maduro de los textos y hablaban *sobre* ellos, construyendo sus propios sistemas en diálogo con el texto base. Nosotros nos ocultamos para que el texto sea directamente asimilado por el estudiante. Nuestra explicación y nuestros juicios son sólo elementos de mediación para que Calderón se le haga transparente a nuestra clase. El crítico no profesor se avergonzaría de contar el argumento de una obra; el profesor en cambio, sabe que en la formulación del argumento hay un ejercicio intelectual muy serio. Formular un argumento, descubriendo los tentáculos básicos y sabiendo desatender lo secundario, es un alto ejemplo de sabiduría; en la elección de lo que consideramos básico va implicada una decisión sobre la estructura de la obra. Lo mismo sucede con la explicación de términos como "hipogrifo", o "violento". A un auditorio respetable no querríamos ofenderle considerando necesaria una definición de esas palabras. Sin embargo, como veremos después, la palabra "violento" tiene un sentido muy determinado en Calderón y una función estructural en *La vida es sueño*, que no ha sido generalmente señalado porque al parecer no se ha prestado la debida atención a ese sentido de la palabra en la tradición escolástica.

Antes hemos hablado de unos círculos concéntricos que van desde la definición de un término a la síntesis sobre el significado humano de una obra. El crítico profesor desarrolla su actividad en sentido semejante, ejercitándose en formular lo conocido y en incorporarlo a sus nuevos hallazgos. La innovación y la simple formulación de lo obvio y lo conocido no pueden distinguirse mecánicamente; las dos actividades son una sola: la crítica como lectura reposada que busca conocimiento e inspiración para vivir. La dicotomía entre investigación y enseñanza es insostenible. El señor que publica mucho y enseña mal, normalmente publica cosas malas, oscuras, parciales, elementos de distorsión. A su vez quien no publica, probablemente no ha hecho el esfuerzo de formulación que se requiere para redactar un artículo y para distinguir lo esencial de lo secundario: el mejor profesor es el mejor crítico.

2. Texto y lectura

Definir un texto es empresa difícil. A veces tomamos un poema para hacer un ejercicio de interpretación y lo llamamos texto; pero un poema, entresacado de un libro, es sólo un fragmento. Una vez aislado del libro, es probable que el poema nos plantee preguntas que están resueltas en el poema anterior o en el siguiente.

Ante una obra de teatro la dificultad no parece tan grande. Sabemos dónde comienza y termina; surgió en una fecha concreta, y se representó aislada de cualquier otra. *La vida es sueño* es claramente un texto. Ahora bien, todo el andamio universitario a nivel mundial que llamamos enseñanza de las humanidades se justifica porque ese texto tiene que ser explicado a los estudiantes. ¿Por qué se necesita una explicación y qué hacemos en ella?

En oposición a Menéndez Pelayo leemos frecuentemente entre los calderonistas: "tratemos de ver el drama como él es";[1] "cada obra es suficiente en sí misma".[2] Esta ocurrencia se repite con las frases más variadas. Sin embargo es curioso que la repiten los *especialistas* en Calderón. Si tomáramos la ocurrencia al pie de la letra, nadie entendería mejor *La vida es sueño* en sí misma que el profano con cierta formación general, pero sin conocimiento de Calderón ni de su época. El está limpio de síntesis a priori o de prejuicios. Y sin embargo, sin prejuicios no hay juicios, ideas ni comprensión. Cuando los especialistas en Calderón nos piden que leamos las obras en sí, ellos ya lo hacen como regreso, no como punto de partida. Ellos ya conocen a Calderón entero, ellos conocen la España de 1630 y de 1670; el texto en sí no se nos da al principio ni en la primera lectura; se nos da en la lectura número cincuenta como resultado de largos estudios. Por eso es perjudicial sembrar en la mente del estudiante graduado la idea del texto en sí y el análisis cerrado como punto de partida. Leer no es un acto, sino un hábito que se llama estudio y que ejercitamos de día y de noche los que estamos dedicados a entender la historia de la literatura y el pensamiento. Leer es volver y repasar, estudiar a los críticos que nos inspiran sugiriendo preguntas ante la obra y estudiar otros escritos del mismo autor cuyos paralelos iluminan el sentido de pasos ambiguos en el escrito estudiado.

El *texto en sí* es el resultado de todo ese esfuerzo de mediación.

Un lector inocente, no formado en humanidades y no formado en Calderón, no es el lector ideal de *La vida es sueño*. El lector ideal es el profesor que mejor la entiende, y leer es la actividad de interpretación que nos permite pasar de la impresión vaga extraída en la primera lectura, a la idea clara de una obra después de estudiarla seriamente. Sólo a este nivel tenemos el texto en sí.

Aquí levantan sus índices dos objeciones: a)*La vida es sueño* es una obra de teatro y se inserta en una actividad social, el espectáculo. Olvidar ese punto y reducirla a objeto de análisis para una clase, es sacar la obra de su quicio. b)¿Por qué ha de ser necesaria una experiencia literaria tan rica para entender la obra calderoniana? ¿No contribuye esa obra concreta precisamente a enriquecer nuestra experiencia literaria?

A) A la primera objeción podemos contestar recordando que *La vida es sueño* es un texto escrito. Al situarnos ante la página vacía con un título, el título nos impone una obligación de responder a sus promesas y exigencias infundiendo en la mente del creador esquemas estructurales que dirigen la distribución de los elementos en la obra. Cuando Menéndez Pelayo, por ejemplo, critica toda la historia de Rosaura, está respondiendo a la exigencia estructural que según él impone el profundo título "la vida es sueño". Llevados por la expectación que producen estas palabras, comprendemos muy bien que un personaje dude de su existencia y se torsione por saber si está dormido o despierto; y cuando estamos siguiendo esas dudas que también nosotros abrigamos, nos molesta que llegue una dama vestida de hombre con su historia caballeresca. El estudio de Whitby[3] pretende hacernos ver que las dos historias están perfectamente fundidas en el argumento. Menéndez Pelayo no hubiera necesitado la observación; eso lo ve cualquiera que lea la obra dos veces. Lo que Menéndez Pelayo decía es que no le gustaba precisamente ese principio de estructuración de la obra dramática. Olvidaba, naturalmente, que eliminar ese principio de estructuración sería eliminar la "tragi-comedia" española como género literario.

Pues bien, si Calderón al escribir y corregir su obra, iba llevado por la exigencia estructural del fin, la lectura o la contemplación ideal será aquella que tenga, como Calderón tenía, conciencia del resultado de la obra, y del esqueleto estructural determinado por ese resultado. Ni la lectura ni la contemplación primeras son la lectura y contemplación ideales de una obra de teatro, a no ser que el espectador sea capaz de reconstruir el texto y el espectáculo cuando termina de verlo, y reducirse a conciencia sus tentáculos básicos.

B) "La obra en sí" es el resultado de una mediación estrictamente dialéctica en la cual no se pueden distinguir momentos estáticos. No entendemos la obra sin conocer a todo Calderón, sin tener una idea de la comedia española en general, y sería absurdo tener ideas generales sobre Calderón y la comedia sin conocer *La vida es sueño*.

Aquí tocamos la conocida cuestión del círculo hermenéutico, cuestión fundamental de todos los estudios humanísticos. A un nivel elemental Spitzer inauguró su estilística cuando propuso comenzar la crítica literaria por la palabra clave, y pasar de la palabra a la idea y al mensaje de la obra o de los personajes. Al comenzar por la palabra se daba una base tangible y demostrable a las proposiciones del crítico, y por otra parte la mente se disciplinaba para no generalizar demasiado sobre caracteres personales o nacionales en el texto.[4] Ahora bien, la teoría de Spitzer es sólo el círculo mínimo de otra serie de círculos concéntricos que terminan en el más amplio: en la pregunta básica de toda historia y de toda comprensión del pasado: ¿Qué debo poner yo para entender un texto o un hecho, y qué me enseñan o hasta qué punto me constriñen el texto y el hecho? Esta pregunta global de la teoría del conocimiento es el verdadero círculo hermenéutico. La respuesta requiere una fenomenología del conocimiento y de la inserción de la existencia humana como libertad en los factores condicionantes que son el cosmos, la sociedad y la lengua. Hay círculo hermenéutico porque el hombre existe como rebelión y apropiación de la influencia de esos factores determinantes de su libertad: cosmos (estrellas), sociedad, lengua.

Entre medias de estos dos círculos: el mínimo de Spitzer y el máximo de la teoría del conocimiento, hay otros muchos, definidos por todas las relaciones que legítimamente se puedan establecer entre *La vida es sueño* y cualquier otra obra o experiencia literaria y humana. El resultado de todas estas comparaciones determina mi lectura del texto en sí; porque, si comparamos la obra de Calderón con *Der Traum des Lebens* (1605) de Ludwig Hollonius, que dramatiza la historia del borracho llevado a palacio por el rey treinta años antes que nuestro dramaturgo, o con *Das Leben ein Traum* (1834) de Grillparzer, el contraste nos permitirá ver matices en el escrito del español, que no veríamos sin la comparación. Al final de estas reflexiones uno casi se avergüenza preguntando: ¿pero era necesario gastar una página en ellas? Desgraciadamente era necesario y obligatorio porque el mito del texto en sí está conduciendo a un supuesto estudio de metáforas y estructuras que se dispensa de incorporar la obra estudiada a sus coordenadas artísticas y sociales. Y el texto en sí no puede ser nunca justificación para nuestra ignorancia de la historia, porque el texto no es un principio sino un resultado. Toda estructura tiene una base en la idea que la engendra y, sin conocimiento de esas ideas sobre el teatro o sobre los ángeles, ni siquiera somos capaces de ver la estructura.

La moda del "texto en sí" o del "texto autosuficiente" está respaldada por la autoridad de Wimsatt y Monroe Beardsley en su famoso artículo "The Intentional Fallacy".[5] Cuando se intenta incorporar un texto a las coordenadas que lo produjeron o a la filosofía y teología del tiempo en que surgió, en seguida se esgrime la pregunta: ¿No cae usted en la "falacia intencional"?

Los grandes críticos Wimsatt y Beardsley no pretendieron con su ensayo ahorrar al profesor de humanidades el estudio del fondo histórico-cultural en que la obra surge; sin embargo su título, al margen de los finos análisis que el artículo contiene, se ha convertido en una especie de frase hecha esgrimida por quienes de hecho se ahorran el estudio comprensivo de la obra en su ambiente. Cuando leemos una obra contemporánea, autor y lector concordamos en unos conocimientos de la sociedad en que vivimos. Esos conocimientos nos permiten comprender el texto, sencillamente porque hablamos el mismo lenguaje. No sólo damos a las palabras el mismo sentido, sino que participamos de los mismo sintaxemas. El mundo para nosotros se divide en comunismo y capitalismo; el arte será de evasión o comprometido, humano o deshumanizado. Nuestra gramática será estructural o generativa; la filosofía será fenomenológica o analítica; y la crítica literaria será estructuralismo vanguardista o tradicionalismo resentido. Estos ejemplos del habla diaria explican por qué al leer una obra contemporánea podemos pasar inmediatamente a su análisis formal. Hablar el mismo lenguaje que el autor es coincidir en los focos o categorías primarios de la mente. El foco primario que resume el estado actual del mundo es comunismo-capitalismo; en la España de Felipe II era "verdad católica-herejía", por ejemplo. Pues bien, cuando pedimos que la crítica incorpore el texto a su contexto histórico-cultural, no insistimos en que se busque la intención explícita del autor, sino que se reconstruyan los focos o categorías primarios del pensamiento de su tiempo. Porque esos focos determinaron sus imágenes y estructuras. El sentido histórico es la búsqueda de las coordenadas sociales y lingüísticas que determinaron la intención concreta del autor, y que determinaron sus posibilidades objetivas de expresión. La combinación de metáforas, de personajes y escenas, o sea, la estructura visible de la obra, se explica y descubre desde esos focos primarios, que son la base generativa de las estructuras.

El inventor de esta hermenéutica, que se convierte en la más profunda epistemología, es Baltasar Gracián: "He destinado algunos de mis trabajos al juicio, y poco ha el *Arte de Prudencia*; éste dedico al Ingenio, la agudeza en arte, teórica flamante, que aunque se traslucen algunas de sus sutilezas en la Retórica, aún no llegan a vislumbres: hijos guérfanos, que por no conocer su verdadera madre, se prohijaban a la Elocuencia. Válese la agudeza de los tropos y figuras retóricas como de instrumentos para exprimir cultamente sus conceptos; pero contiénense ellos a la raya de fundamentos materiales de la sutileza, y cuando más, de adornos del pensamiento."[6]

Hablando una vez con el gran maestro Otis Green, recuerdo haberle oído de pasada: "cada vez que se vuelve a Gracián, es imposible no percibir en él la marca del genio". El texto citado del jesuita aragonés prueba la rectitud de esa observación. "Teórica flamante"; Gracián era consciente de que estaba creando una ciencia nueva, cuyo objeto era estudiar la "agudeza". Pero la agudeza como objeto de estudio no es la listeza que nos permite fácilmente engañar al prójimo. Para Gracián la agudeza es la capacidad mental de asociar o disociar ciertos términos clave que deciden sobre toda nuestra vida mental. Los tropos y las estructuras son ya derivaciones de ese primer trabajo de la mente que por una parte creamos y por otra nos esclaviza. Porque cuando pensamos sobre los temas de nuestro tiempo y comenzamos por dividir el mundo en comunismo y capitalismo, ese par de palabras—a veces ni siquiera tenemos conceptos claros de los pares de palabras que empleamos—somete nuestra visión del mundo a una primera ordenación, define la marcha de nuestro pensamiento y quizá nuestras conclusiones. Al mismo tiempo ese par de palabras comienza por aprisionarnos, de forma que nuestra visión del presente y el pasado estará condicionada probablemente por el elemento económico que capitalismo y comunismo sugieren. Habrá progreso, o al menos cambio, en el pensamiento, cuando alguien rompa la malla de esos pares que nos dirigen y aprisionan en cada momento, y nos dé con otros términos y sintaxemas clave, una configuración distinta del mundo. La agudeza y arte de ingenio es el estudio del funcionamiento de la mente humana en ese nivel primario de focos lingüísticos que engendran las ideas, las metáforas y las estructuras concretas de una obra. La "teórica flamante" del jesuita era una teoría hermenéutica de proporciones insospechadas en su tiempo. Vico en un aspecto y Kant en otro siguieron sus pasos.

La historia del pensamiento y la historia literaria persiguen precisamente las transformaciones de esos focos primarios de la mente que tradicionalmente se llamaban categorías. El análisis de una obra literaria debe buscar la relación dialética entre los tropos y estructuras concretas de un lado, y los focos primarios que engendran esas figuras y estructuras.

3. Focos generadores y estructura en *La vida es sueño*

A) Segismundo. Los críticos que se han fijado solamente en la estructura superficial de la obra calderoniana sin atender a las categorías generativas, presentan a Segismundo en un estridente contraste de fiera y hombre razonable o príncipe perfecto. "Ya en el palacio Segismundo actúa sin freno alguno. Durante su breve uso del poder insulta a toda la corte desde el rey abajo, recuesta groseramente a dos mujeres, echa a un criado por la ventana y trata de matar a su preceptor. Con todo esto Calderón no nos pinta sólo a un hombre que está saciando antiguos rencores, sino a un hombre que peca por orgullo y exceso de confianza en sus propias fuerzas. A pesar de ello, Segismundo, hombre, no ha dejado al mismo tiempo de revelar sentimientos que muestran la posibilidad de su redención."[7]

En estas palabras el profesor Wilson sigue el tópico del Segismundo de los contrastes, aunque reconoce una base humana que explica la futura redención del príncipe. Al tópico de los contrastes le da fuerza el tópico de las torsiones y violencias del barroco: "La acción va a trasladarse a Palacio; pero el significado del Monte queda muy claro, es el lugar de las fieras, el lugar donde yacen la mujer caída y el hombre encadenado; el lugar del sentimiento confuso y la inteligencia confusa... Clotaldo nos muestra que la actitud del discurrir en el Barroco español no es intelectual, sino sentimental." Una vez en el palacio, aparece "Segismundo sensual y soberbio. A Clotaldo quiere matarle, a Basilio lo rebaja y menosprecia, une así a tutor y padre."[8]

El poner de relieve los contrastes de Segismundo y el fundamentar esos contrastes en la supuesta estructura del barroco nos impide comprender el texto de la obra calderoniana al nivel más superficial. ¿Qué sentido tiene acumular calificativos como "bruto" y "fiera" en sentido moderno al Segismundo del monte? Segismundo, preso en la torre, ha sido capaz de conocerse a sí mismo como persona humana dotada de libertad y conciencia. Por eso se queja contra su destino. El no sabe que es hjo de rey; pero la sangre real que corre por sus venas le inclina a cosas grandes; y cuando encuentra a la mujer siente su poder civilizador (vv. 193 ss.).

En la soledad de su torre, enseñado por Clotaldo, ha estudiado astronomía ("las noticias de cielo y tierra"), y aprendido política, enseñado por los brutos. Tenía algunos libros:

> Leía
> una vez en los libros que tenía,
> que a lo que Dios mayor estudio debe
> era el hombre por ser un mundo breve.
> (vv. 1562-65)[9]

Cuando Segismundo se despierta en palacio no es un bruto, sino un hombre formado en la verdad de la naturaleza que ignora las convenciones palaciegas. El primer personaje con quien se enfrenta en su nuevo estado es Clotaldo. Este le informa de que es el heredero legítimo de Polonia y que le han tenido encerrado en la torre por seguir la confusa ciencia de las estrellas. El príncipe trata de traidor a Clotaldo, pero no por ambición personal, sino por la razón teológica y social que cualquier jurista y teólogo contemporáneo de Calderón hubiera dado a un rey histórico:

> ¿Cómo a tu patria le has hecho
> tal traición, que me ocultaste
> a mí, pues que me negaste,
> contra razón y derecho este estado?
> (vv. 1300-04)

Un príncipe heredero ha sido dado al pueblo por Dios y ese príncipe no es ambicioso cuando reclama su trono. Tiene obligación de reclamarlo, porque él se debe a su pueblo. Ser príncipe es un derecho mixto, que va fundido a las obligaciones sociales de tal estado; no es un derecho puro que su titular puede transferir libremente. En *Hamlet* encontramos la misma idea como base de todo el argumento de la obra de Shakespeare. Mientras el príncipe no sabe que Claudio ha matado a su padre, no menciona para nada los derechos al trono. Claudio podía ser el rey legítimo. Una vez que comprueba el regicidio por parte de Claudio, éste es un tirano usurpador y el príncipe legítimo es él. Desde este momento está obligado a vengar la muerte de su padre y arrojar al tirano del trono.

Clotaldo se justifica diciendo que él simplemente obedecía el mandamiento del rey; pero Segismundo le contesta con una sentencia lapidaria, que se aplica contra los colaboracionistas de todos los tiempos:

> En lo que no es justa ley
> no ha de obedecer al rey

y su príncipe era yo.
(vv. 1321-23)

Después de la diatriba con Clotaldo entra Astolfo. Segismundo le saluda con el saludo del hombre sencillo: "Dios os guarde" (v. 1351). Segismundo ignora que a los grandes se les llama excelencia o señoría y que tienen derecho a cubrirse delante del rey. El príncipe, criado en la sabiduría natural del campo, ignora las reglas de la urbanidad cortesana. La misma estructura tiene el diálogo con el "criado segundo", otro cortesano con puntos de adulador. Constantemente le recuerda al príncipe sus transgresiones de las reglas de palacio. Cuando Segismundo le amenaza con arrojarle por la ventana, el cortesano le asegura que "eso no puede hacerse". Un criado del rey es noble y no se le puede matar de manera vil. Pero Segismundo desconoce esas leyes y entiende la palabra "poder" en su significación más primitiva: como fuerza física con ribetes de sutileza escolástica:

Cayó del balcón al mar.
¡Vive Dios que pudo ser!
(vv. 1430-31)

Dos tradiciones se funden en estos versos: el aforismo escolástico "de facto ad posse valet illatio", cuya mejor traducción sería la frase de Segismundo: si algo ocurre de hecho, vive Dios que pudo ser. La segunda tradición es el uso del lenguaje en boca del hombre primitivo: Till Eulenspiegel, muchos personajes humildes de Shakespeare, Sancho Panza y Segismundo en este momento coinciden en tomar las palabras en su significado primario, como puro sonido sin atender a la voluntad de comunicación que de hecho tiene el interlocutor. En uno de los cuentos de Till Eulenspiegel, el vagabundo sirve a un carpintero. El amo tiene que salir y le dice a Till: "pon esas tablas juntas y las encolas". El carpintero quiere decirle que haga la mesa para la cual están las tablas preparadas; pero el criado toma las palabras al pie de la letra, pone las tablas y patas una encima de la otra, y las encola. El ha tomado las palabras del carpintero como sonarían en el sentido abstracto del diccionario, mientras el carpintero las pronunciaba contando con la situación en que poner unas tablas juntas y encolarlas significa hacer una mesa. El carpintero era un filólogo orteguiano enfrentado con un representante del texto autosuficiente.

Después de tirar al criado por la ventana, Segismundo se encuentra con su padre. El diálogo es perfectamente lógico. Segismundo no es una fiera que le amenaza; simplemente le acusa de haber sido un tirano contra él y contra su pueblo. Además, ha faltado a su obligación primaria de padre.

Como padre, el rey tenía que haberle educado. Según la teología escolástica, el fin primario del matrimonio es tener hijos y educarlos. Ambos aspectos están perfectamente fundidos. Basilio cumplió solamente con el primer aspecto y pecó por omisión en el segundo. Por eso ha hecho a su hijo una fiera, dejándole en el estado de naturaleza y no ayudándole a desarrollarse plenamente.[10]

Además Basilio, siendo rey, no es como un padre privado. El príncipe legítimo es, antes que hijo del rey, regalo de Dios a su pueblo; y si el rey se le quita al pueblo, es un tirano. Esta es la base del diálogo entre Segismundo y su padre. Para el auditorio de Calderón el príncipe en este caso es el portavoz de la razón y la justicia, no de la barbarie.

Basilio había previsto todos los males que Segismundo iba a causar; pero un cristiano tiene una ciencia segura y cierta en la teología que impone a los padres la obligación de educar a los hijos. Quien conoce esa ciencia segura, no debe tomar decisiones a base de la ciencia conjetural de las estrellas. El gran pecado de Basilio ha sido faltar a una obligación cierta fundado en una opinión dudosa. Es una situación paralela a la de Paulo en *El condenado por desconfiado*: una revelación personal no puede hacer nunca tomar decisiones contra las leyes generales del Evangelio.[11]

A partir de este momento todavía tenemos varias instancias en que Segismundo lucha entre la pasión y la razón, particularmente en su encuentro con la mujer. Al final triunfa la razón. Por consiguiente, la dualidad estructural que distingue al bruto del hombre, el monte y el palacio, debe resolverse en un foco generativo que es la dualidad aristotélica: naturaleza/arte. En el monte Segismundo no es una fiera, sino un hombre con las virtudes seminales de un gran príncipe, pero no conformado por el arte de la educación. El poner de relieve la condición de fiera y el acumular adjetivos contra el pobre solitario de la torre, no conduce más que a seudoliteratura de profesor.

Basilio no es un sabio ni para Calderón ni para su auditorio; al contrario, es un ser frívolo que olvidaba sus obligaciones de gobierno para dedicarse a una actividad diabólica, como era la divinación.[12] Un rey, puesto por Dios para gobernar, se rebaja dedicándose a curiosidades vanas. De este primer pecado de curiosidad surgen todos los demás. Dios le ciega (como a Paulo en *El condenado*) permitiendo que dé una interpretación falsa a la predicción. De hecho al final ocurre la escena en que él se verá a los pies de Segismundo; pero con un signo totalmente distinto de como él había interpretado la escena.

La conducta de Basilio se genera sobre un doble foco: ciencia cierta/saber conjetural, y las obligaciones del padre: generación/educación. Basilio ha faltado al segundo elemento del fin primario del matrimonio.

B) Rosaura. En la educación de Segismundo, Clotaldo ejerce la primera influencia. Le enseña las cosas elementales que debe saber todo hombre, pero falta a su deber, porque el príncipe necesita una educación especial que le prepare para su obligación de regir. Rosaura es la segunda educadora de ese hombre en estado de naturaleza. Viene vestida de hombre, pero el príncipe adivina su condición de mujer y percibe el poder domesticador de la belleza, como es tradicional en el platonismo.

En los otros dos encuentros a través de la obra, Segismundo se debate entre la inclinación pasional y el trato razonable con la mujer. El foco generador de estas escenas es la tradición que podemos resumir en el verso de Garcilaso: "enciende el corazón y lo refrena". La tradición platónica en Calderón es a la vez tradición cristiana. En el primer encuentro de Segismundo con la mujer, encontramos resonancias bíblicas; el príncipe es un Adán infeliz que, al contemplar a la mujer, vislumbra la posibilidad de reconciliarse consigo mismo y con las demás criaturas.

En el tercer encuentro, después de la experiencia del sueño, Segismundo huye de Rosaura cuando ella le está pidiendo la defensa de su honor. El príncipe siente levantarse la pasión en su alma y sabe que la mejor defensa contra la carne, según la ascética tradicional, es huir sin contemplaciones. De nuevo la dualidad pasión/razón explica la conducta del príncipe que Rosaura no comprende en ese momento y que, según el código caballeresco, ella considera cobardía.

Desde Segismundo las escenas de Rosaura no hacen sino hacer más lógico el carácter y más lógica la estructura de la comedia. Pero todavía es legítima la pregunta: ¿por qué introducir la historia de Rosaura y el tema del honor en una obra que ya tenía suficiente argumento con el problema filosófico de la realidad y el sueño? Como he dicho antes, no se responde a esta pregunta haciendo ver que la historia de Segismundo y la de Rosaura están bien trabadas. Tampoco es explicación suficiente la fosa común de los contrastes barrocos. Las historias de amor hay que relacionarlas más bien con el concepto mismo de tragicomedia. La historia de amor se concibe en la preceptiva de Lope de Vega y todos sus seguidores como el medio para deleitar en una ideología que justifica el teatro como fusión de enseñanza y diversión (deleitar aprovechando). En obras como *El condenado por desconfiado* y *La vida es sueño* el contraste entre las dos historias (la filosófico-teológica y la amorosa) es tal, que nos molesta. Para Calderón y Lope, sin embargo, la intromisión de una Celia o Rosaura en el momento más dramático de un conflicto teológico, era el medio de purgar las pasiones y decirnos: "acuérdate que estás en el teatro". El gracioso y el amor en estas obras filosóficas produce un efecto de distanciación con respecto al mismo tema, muy semejante a lo que Brecht reinventó tres siglos después como *Verfremdungseffekt* (Efecto V, o efecto de distanciación).[13]

C) El soldado rebelde. Los que consideran a Segismundo fiera y portento suelen asociar a su barbarie el comportamiento con respecto al soldado rebelde al final de la obra. Segismundo, una vez recobrados sus derechos de príncipe legítimo, da premios a todos los que han sido leales a su padre, que todavía es el rey legítimo puesto que no ha muerto. Segismundo, por haber luchado contra ese rey legítimo, se considera culpable y se pone a las plantas del padre pidiéndole que le mate:

> humilde aguarda
> mi cuello a que tú te vengues;
> rendido estoy a tus plantas.
> (vv. 3245-47)

El padre le perdona y le reconoce por príncipe heredero. El soldado que levantó el ejército dice:

> Si así a quien no te ha servido
> honras, a mí que fui causa
> del alboroto del reino,
> y de la torre en que estabas
> te saqué, ¿qué me darás?
> Segismundo: La torre; y por que no salgas
> della nunca hasta morir,
> has de estar allí con guardas;
> que el traidor no es menester
> siendo la traición pasada.
> (vv. 3292-3301)

En este paso se suele ver un Segismundo maquiavélico, que ha usado los servicios del traidor mientras le eran convenientes, y se deshace de él cuando no le necesita. Este maquiavelismo del personaje permite ver la estructura de la obra como un gran arco que se abre con la injusticia en que Segismundo es víctima y se cierra con la injusticia en que Segismundo es verdugo. Calderón estaría representando la impotencia del saber humano para restaurar ningún tipo de justicia. El desatino del pobre soldado rebelde sería la concesión a una violencia básica de nuevo explicable por los contrastes barrocos, o por teorías antropológicas sobre la necesidad del ritual y el sacrificio para frenar la innata violencia humana.

Sin embargo, en el universo ideológico de Calderón el destino del soldado rebelde es el único camino que podía tomar un príncipe razonable. Contra el rey legítimo es ilícito levantarse bajo ninguna circunstancia. Si es tirano, algunos tratadistas permitían el levantamiento; pero la mayor parte de teólogos no lo justificaban ni siquiera en este caso. Esa es la tesis seguida por Calderón. Si el rey es tirano, quizá el pueblo merezca ese castigo momentáneo de parte de Dios; pero el pueblo no se puede levantar jamás contra su rey legítimo. El soldado rebelde ha sido una ocasión para que Segismundo recupere sus derechos; pero el ser instrumento de la justicia no hace justo su acto de levantamiento. Por eso él es culpable aunque su acción haya conducido a la restauración de la justicia.[14]

Desde esta concepción de la monarquía se ve que es erróneo considerar *La vida es sueño* como un movimiento entre dos formas simétricas de injusticia. La obra es una restauración de la justicia, donde un individuo ha sido causa involuntaria e indirecta, pero es culpable porque el buen fin no justifica los malos medios.[15]

El estudio de la estructura formal de la obra no puede olvidar que Segismundo, preso en la torre, es un príncipe; y el soldado preso al final en la torre es un pobre soldado. Con respecto al príncipe la prisión en la torre es un parricidio y un pecado contra Dios y la república; con respecto al soldado, la prisión es un acto de clemencia para una sedición que debía ser castigada con la muerte. El foco generador de esta estructura es: príncipe heredero/soldado sedicioso.

4. Verdad y métodos: la escena primera

"Hipogrifo violento...." Para analizar esta escena no vamos a adoptar la situación artificiosa de quien sólo conociera esos primeros versos y no el resto. Cuando Calderón escribió la versión definitiva de su obra y rehizo—si rehizo— los primeros versos, ya conocía los últimos.

Los motivos de la primera escena son: caída de Rosaura en Polonia porque su caballo se desboca. Ese caballo se incorpora a un simbolismo cósmico al ser comparado con los cuatro elementos que constituyen todas las cosas. Rosaura y Clarín descubren a Segismundo en la torre. Segismundo ve a Rosaura en traje de hombre y se abalanza para matarle; pero la fuerza de la belleza le civiliza y frena.

Cuando Rosaura comienza a contar su historia, aparece Clotaldo y el diálogo se corta.

Para explicar esta escena hay que olvidar todo intento descriptivo y realista. La mujer vestida de hombre, acompañada de un criado hablador y cobarde, no está sacada de la realidad sino de las historias caballerescas. Todo intento de explicación realista tiene que contar con la vigencia de motivos literarios al margen de la historia social del momento en que Calderón escribe. La concepción de las relaciones rey-vasallo, los derechos del pueblo bajo, responden en Calderón a una sociología literaria y una teología normativa que no está ya en consonancia con la situación de España en 1635, agitada por poderosas corrientes de crítica económico-social. Es más interesante conocer esa sociología de libro para entender el texto de Calderón, que conocer la sátira económico-social de la España de 1635. Calderón parece vivir mucho más de tesis escolásticas cuyo valor cree intemporal, que de la observación de las condiciones de su tiempo.

El caballo desbocado, la mujer deshonrada que viene a restaurar su honor y la primera aparición de Segismundo como el puro hombre vestido de pieles y ajeno al comercio con la sociedad, podrían recordarnos arquetipos como Medea, los titanes—a los que alude explícitamente Segismundo—y Prometeo. Sin embargo no nos ayudaría mucho a comprender *La vida es sueño* el estudio de esos arquetipos clásicos. Se encuentran algunas referencias a esos mitos clásicos, pero no sirven de base inspiradora para los personajes y situaciones de la obra calderoniana. Por supuesto las referencias a los clásicos no deben hacernos pensar que Calderón tuviera el menor resabio de paganismo. Según Quevedo los estoicos tomaron su filosofía del libro de Job. Y si Quevedo, espíritu tan crítico, tenía esa idea, para Calderón (como para Santo Tomás y San Buenaventura), cuanto los paganos encontraron de verdad, bondad y belleza, no son sino sombras de la verdad divina que conservan a pesar de todos sus errores. Para Calderón los elementos aprovechables de la tragedia griega son motivos cristianos.

El arquetipo que conforma la primera escena de *La vida es sueño* es el relato bíblico de la creación. Rosaura es el alma que viene al mundo concebida en pecado ("apenas llega cuando llega a penas"). El alma viene inclinada al mal en un caballo desbocado: el cuerpo que es un microcosmos y participa, por consiguiente, de los cuatro elementos. Segismundo es Adán; en este momento pasamos de la concepción griega del hombre como microcosmos al relato bíblico propiamente dicho. Adán vive insatisfecho hasta que Dios le da la mujer como compañera. Esa resonancia bíblica está en los siguientes versos:

> Tú, sólo tú has suspendido
> la pasión a mis enojos,
> la suspensión a mis ojos
> la admiración al oído.
> Con cada vez que te veo
> nueva admiración me das,
> y cuando te miro más,
> aun más mirarte deseo.
> (vv. 219-226)

La suspensión a la salida de la torre es clara resonancia de la caverna platónica, muy oportuna precisamente en un momento en que la mujer/belleza ejerce su poder elevador. Al mismo tiempo Calderón escribe teatro popular español en la mejor tradición del octosílabo cancioneril:

> Pero veáte yo y muera;
> que no sé, rendido ya,
> si el verte muerte me da,
> el no verte qué me diera.
> (vv. 233-236)

Además de la resonancia griega, bíblica y tradicional española en esa primera escena, muy bien podría Calderón haberse inspirado para ella en el libro cuarto del *Filocolo* de Boccaccio, en que aparecen fundidos el motivo de la torre, el caballo, la amenaza de muerte, el poder elevador de la belleza y la prisión injusta. En este caso el conocimiento del *Filocolo* es un medio para darle al texto de la primera escena el nivel deseable de transparencia.[17]

En resumen: nuestro análisis de *La vida es sueño* no ha pretendido más que leer el texto de una manera superficial. Sólo hemos buscado el significado que las palabras tenían en tiempo de Calderón; pero esa búsqueda supone un conocimiento profesional de la teología calderoniana. Porque las estructuras y metáforas de la obra se basan en categorías generativas históricamente condicionadas por la escolástica. Al incorporar la obra en esa teología no sólo no nos hemos salido del texto, sino que creemos haber descubierto el mejor camino hacia él. El texto es clarísimo, autosuficiente; pero para ver el texto en toda su diafanidad hay que venir a él, hay que crearlo en un esfuerzo de investigación como hizo Calderón. No hay que partir del texto.

El nivel de nuestro análisis no es el más profundo posible. La obra de teatro es un aspecto de la literatura como expresión humana, como hecho social, como búsqueda de sentido. Más allá de la verdad parcial que yo haya podido encontrar con mis categorías, está la fenomenología de la expresión humana como búsqueda del sentido de la realidad. El estudio de esta verdad última se hace en filosofía. En el análisis literario no tenemos por qué huir a ese problema último estrictamente filosófico; pero sí debemos estar en guardia para no satisfacernos con explicaciones y simetrías fáciles. Todo método que no sea consciente de sus límites y categorías generadoras conduce a una distorsión. Ahora bien ¿quién decide si una interpretación es mejor o peor que otra? Yo no puedo decidir que la mía sea mejor que las otras criticadas. Este trabajo es también una investigación y lleva, por consiguiente, incrustada una gran dosis de inseguridad. Se propone a los colegas como una pregunta y ahora, mientras una copia se manda a la imprenta, la otra pasa a una carpeta para irse corrigiendo, anotando y reescribiendo.

CORNELL UNIVERSITY

Notas

[1]E.M. Wilson, "*La vida es sueño*", en M. Durán y R. González, *Calderón y la crítica: Historia y antología* (Madrid: Editorial Gredos, 1976), pp. 306-307.

[2]Bruce W. Wardropper, "Poesía y drama en *El médico de su honra* de Calderón", en Durán y González, *op. cit.*, p. 584.

[3]William M. Whitby, "El papel de Rosaura en la estructura de *La vida es sueño*", en Durán y González, *op. cit.*, pp. 629-646.

[4]"Yo argüía así: toda desviación estilística individual de la norma corriente tiene que representar un nuevo rumbo histórico emprendido por el escritor; tiene que revelar un cambio en el espíritu de la época, un cambio del que cobró conciencia el escritor y que quiso traducir a una forma lingüística forzosamente nueva. ¿No sería posible quizá, determinar ese nuevo rumbo histórico tanto psicológico como lingüístico?" (Leo Spitzer, *Lingüística e historia literaria*, 2a. ed. [Madrid: Gredos, 1968], p. 21).

[5]Artículo recogido en W.K. Wimsatt, *The Verbal Icon. Studies in the Meaning of Poetry* (Lexington, Ky.: The University of Kentucky Press, 1954), pp. 3-18.

[6]Baltasar Gracián, *Agudeza y arte de ingenio* ("Al lector"). En *Obras completas*. Ed. E. Correa Calderón (Madrid: Aguilar, 1967), p. 235.

[7]E.M. Wilson, *op. cit.*, p. 308.

[8]Joaquín Casalduero, "Sentido y forma de *La vida es sueño*", en Durán y González, *op. cit.*, pp. 676-681.

[9]*La vida es sueño* se cita por la edición de A. Sloman. Manchester: Manchester University Press, 1961.

[10]Esa contradicción de que el hijo de un rey haya sido engendrado y no educado, es lo que hace a Segismundo un monstruo y una fiera. Estas palabras, como el adjetivo

"violento", no significan que Segismundo sea personalmente bárbaro; significan que es, como las quimeras, los hipogrifos y los centauros, un ser compuesto de dos esencias que mutuamente se excluyen. El estar constituido por dos esencias que se excluyen es la idea técnica de "violento" en la escolástica.

[11]Tirso de Molina, *El condenado por desconfiado*. Ed. Ciriaco Morón y R. Adorno (Madrid: Ediciones Cátedra, 1974), pp. 33-46. Shakespeare pone las mismas palabras en boca de Hamlet:

> The spirit that I have seen
> May be a devil, and the devil hath power
> T'assume a pleasant shape, yea, and perhaps
> Out of my weakness and my melancholy,
> As he is very potent with such spirits,
> Abuses me to damn me; I'll have grounds
> More relative than this (*Hamlet*, II, 2, 602 ff.).

[12]Siento no poder concordar en este punto con Cesáreo Bandera, que ve en *La vida es sueño* un desvelamiento de la impotencia de la sabiduría. Para llegar a esa conclusión debemos suponer que Calderón consideraba el saber de Basilio auténtica sabiduría. Pero el razonamiento de Segismundo, la misma confesión de Basilio y las ideas sobre el rey y los grados del saber en tiempo de Calderón, me parece obligan a rechazar esa tesis. El saber de Basilio hay que valorarlo desde la siguiente tesis de Suárez: "Praedicere futura contingentia, quae ex libertate dependent, ex signis coeli et astrorum, superstitionis peccatum est omni jure gravissime prohibitum. Assertio est certa et communis" (*Opera Omnia*, vol. XIII [Paris: Vivès, 1859], p. 528a). "Es necesario insistir en ello, los personajes no sólo se encuentran en el fondo de ese 'confuso abismo', sino que además se encadenan a él" (C. Bandera, "El 'confuso abismo' de *La vida es sueño*", en Durán y González, *op. cit.*, p. 734). Cf. C. Bandera, *Mímesis conflictiva: Ficción literaria y violencia en Cervantes y Calderón* (Madrid: Gredos, 1975), pp. 192-193.

[13]"Die Hauptsache ist eben, diese alten Werke historisch zu spielen, und das heisst: sie in kräftigem Gegensatz zu unserer Zeit setzen. Denn nur auf dem Hintergrund unserer Zeit erscheint ihre Gestalt als alte Gestalt, und ich bezweifle, ob sie, ohne diesen Hintergrund überhaupt als Gestalt erschiene" (B. Brecht, *Dialogue aus dem Messingskauf* [Frankfurt am Main, 1964], p. 84).

[14]"Homines factiosi, corrupti superbia et ambitione, nihil mirum si adversus principes seditiones movent" (Francisco de Vitoria, *De potestate civili*, n. 7. En *Obras*. Ed. Teófilo Urdánoz [Madrid: BAC, 1960], p. 160). "Dicimus monarchiam sive regiam potestatem non solum justam esse et legitimam, sed dico reges etiam a jure divino et naturali habere potestatem, et non ab ipsa republica auto prorsus ab hominibus" (p. 161); "Nec libertas evangelica (ut seditiosi homines imperitae plebis auribus suggerunt) regis potestati impedimento est" (. *ib.*, p. 163). La sedición se asocia siempre con hombres bajos, mercenarios engañados por el sedicioso. Puede verse en el texto de *La vida es sueño* y en *Hamlet*.

[15]La mejor interpretación de la estructura fundamental de *La vida es sueño* es, a mi parecer, la de Everett W. Hesse, "Calderón's Concept of the Perfect Prince in *La vida es sueño*", en Bruce W. Wardropper, *Critical Essays in the Theatre of Calderón* (New York: New York University Press, 1965), pp. 114-133.

[16]La comparación de *La vida es sueño* comedia con los autos del mismo título demuestra que el dramaturgo tenía una gramática poética para los autos distinta de la

que tenía para las comedias. Mientras que los autos son representación alegórica de la creación, la caída y la redención, en la comedia los elementos bíblicos están débilmente aludidos para que la acción e interacción de personajes seculares con sus problemas de honor o derechos no pierdan sustantividad y no se conviertan en figuras alegóricas.

[17]Giovanni Boccaccio, *Filocolo*, libro IV, secciones 91-95 (Verona: Mondadori, 1967), pp. 479-482.

VI. History and Sociology

HISTORIA CULTURAL E HISTORIA LITERARIA: EL CASO DE *CARCEL DE AMOR*

Francisco Márquez Villanueva

Lo que me dispongo a comentar no son sino una experiencias personales bastante simples y, según imagino, harto conocidas. Experiencias en el terreno pedagógico y en el de una modesta labor de investigación concebida (no importa confesarlo) como entrenamiento del profesor de Universidad para presentarse dignamente ante sus alumnos. En uno y otro aspecto de lo que viene a ser una misma tarea vengo topando a menudo con una tendencia a lo que me parece excesiva generalización en el planteamiento de base acerca del origen, personalidad y alcance de la obra literaria.

No en vano estamos ya adentrándonos por un segundo siglo de triunfo para la *Kulturgeschichte*, que para muchos se ha vuelto, sencillamente, en "la historia". Los medios de difusión han hecho populares los nombres de los grandes pintores de frescos culturales (Burckhardt, Spengler, Toynbee), así como las versiones encapsuladas de algunos de sus conceptos. Nuestros alumnos han comenzado sus estudios de historia cultural en los primeros grados de la escuela primaria, y han oído de la Contrarreforma, de la Revolución industrial o de la capilla Sixtina antes de saber quién fue Carlomagno, qué ocurrió en Waterloo o en qué año dejó de existir el Imperio romano. Naturalmente, no estamos añorando la aborrecida lista de los reyes godos, pero todo ello tiene su efecto (bueno y no tan bueno) sobre la sensibilidad y los hábitos mentales. De una pedagogía atomizada, seca y rastrera hemos pasado a otra de grandes brochazos, de generalidades y aun de cierta idolatría por las reproducciones artísticas. Los manuales al uso, con su alarde tipográfico (mucha ilustración y poca letra) procuran persuadir, con mensaje subliminal, de que la disciplina es fácil, divertida y poco exigente. Todos sabemos de la sospechosa popularidad que últimamente han alcanzado en los departamentos de lenguas extranjeras los cursos de "civilización" de acá o de allá.

Si el viejo concepto tendía a hacer del estudiante un coleccionista rutinario de datos, este otro amenaza convertirlo en un simple aplicador de etiquetas prefabricadas. Nuestros alumnos padecen del hábito de tomar por el atajo cultural como solución instantánea de cualquier complejidad que pueda presentárseles. *La Celestina* ¿pertenece a la Edad Media o al Renacimiento? El *Quijote* ¿es renacentista o barroco? Ni las preguntas ni sus eventuales respuestas tienen mucho sentido, pues tan amplios conceptos, aplicables a largos períodos e indiferentes a fronteras nacionales y lingüísticas, apenas si dicen nada acerca de obras de tal envergadura. El concepto cultural resulta cómodo al principio para profesor y estudiantes, pero se transforma en lastre a medida que se abandona el plano de *survey* y puede ser una rémora en el momento de estudiar la obra concreta y específica.

El riesgo es tanto mayor cuando la terminología aprovecha o duplica la de las artes plásticas, suponiendo que la literatura sea una misma cosa con éstas. El gran villano es aquí, claro está, el Barroco. Medio nos entendíamos todavía cuando Weisbach lo identificaba como "arte de la Contrarreforma". Pero como sabemos, dicho concepto se halla hoy en retirada: el Barroco literario no se considera ya aunado con ningún signo ideológico. La distinción entre Barroco y Manierismo ha introducido, para colmo, un debate bizantino y particularmente inoportuno en lo que hace al caso de las letras españolas. Recordemos la complicación artificial que el Barroco ha traído al campo cervantista.

Lo que la obra literaria requiere de nosotros no son evasiones por el terreno de las generalidades, ni por el de la trasposición mecánica al de otras disciplinas. El estudio de lo heredado y de lo compartido debe de conducirse por todos los rumbos posibles, pero su finalidad no se cumple hasta el instante de mostrarnos, mediante el establecimiento de claras zonas de contraste, lo que aquélla ofrece de individual, de irreductible y, en una palabra, de verdadera *creación*. Fuentes, géneros, estilos, teoría literaria merecen toda nuestra diligencia, pero sin perder de vista que nada de ello podrá nunca dar una explicación absoluta del poema. Este no existiría si una mano de carne y hueso no hubiera trazado unas letras sobre el papel, en acto de suprema libertad, o si detrás de esa mano dejaran de actuar una sensibilidad y una cultura que en ningún caso pudieron ser las *de la época*, sino las de un determinado individuo. La difícil misión de una crítica histórico-literaria consiste en devanarse entre los polos de la norma abstracta y de la realidad material, para que una y otra se corrijan e iluminen mutuamente. *On voit le monsieur* era la más dura condena que Flaubert podía pronunciar sobre un libro. Pero el factor humano está siempre ahí, y nuestra tarea no puede permitirse la lujosa comodidad de ignorarlo. Tenemos, pues, que aceptar el desafío de salir en busca de ese huidizo *monsieur* para sacarlo de su madriguera y confesarlo por todos los medios a nuestro alcance y que no son, claro está, ni el sacramento ni el diván del siquiatra, sino los que pone a nuestra disposición la coherencia histórica en un sentido flexible, pero estricto.

Las consideraciones que anteceden quedarán mejor sentadas si se aplican a algún caso concreto y bien conocido de todos nosotros. La crítica de los últimos años en torno a *Cárcel de amor* (1492) de Diego de San Pedro me parece ilustración adecuada del tipo de desequilibrios que apuntaba al principio y del peligro con que acechan al estudioso mejor intencionado. En especial, me mueve a elegir este ejemplo la reciente edición por Enrique Moreno Báez (Ediciones Cátedra, Madrid, 1974), cuyo estudio preliminar se halla dedicado en su mayor parte a una búsqueda de la clave estructural de *Cárcel de amor* en el postulado de su "goticismo". Como arte y literatura están siempre condicionados por los mismos hábitos mentales, resulta que nada explicaría mejor la obra de San Pedro que su consideración a modo de catedral gótica. Y así reinan en ella dos sentimientos "que se oponen como las dos líneas de la ojiva" y cuatro personajes "que se agrupan por parejas, como los nervios de las bóvedas góticas" (p. 26). La misma numerología arquitectónica configura también el estilo, que por eso abunda en "bimembraciones" y "cuatrimembraciones". Y la obra se divide en cuatro partes, correspondientes a las de una catedral: portada, nave, crucero y presbiterio. Leriano tendrá que dejarse morir de hambre porque es como si la acción lo hubiera acorralado en el presbiterio que, como todo el mundo sabe, carece de salida. No es cosa de seguir con todo el detalle de tan curiosas analogías. Pero pensemos que los escolares a quienes se dirige esta popular edición apenas si reciben más luz que la de esta tronera gótica para enfrentarse con una obra tan rica en tradición, innovaciones y matices.

Caso distinto es el que plantea un estudio de Bruce W. Wardropper sobre "El mundo sentimental de la *Cárcel de amor*" publicado en 1953.[1] La obra se hallaría dominada por el conflicto entre los cuatro "códigos" que regulaban la conducta humana en la Edad Media: amor cortés, caballería, honor y virtud. Y así, Leriano se ve preso en la tenaza de su amor cortés por Laureola y la obligación caballeresca de lealtad hacia el padre de ésta, el rey entre piedad paternal y código del honor, Laureola entre amor y honor. La ingeniosa teoría ha topado con las objeciones de Keith Whinnom:[2] tales códigos no tuvieron la rigidez ni la uniformidad con que, en un principio, se reconstruyeron por estudiosos modernos. El amor cortés, en especial, se ha subdividido en multitud de modalidades históricas[3] y de ahí que su uso indistinto resulte impreciso y poco de fiar. Pero cabe oponer una objeción más fundamental: el texto no apoya semejante conflicto de deberes, contra lo que sería de esperar. Los personajes no se desgarran, a lo Corneille, entre opuestas lealtades. Por el contrario, zigzaguean bajo imperio de los respectivos momentos sicológicos, cuya violenta intensidad no les deja elegir otro curso de acción. Más aún, *Cárcel de amor* tiene uno de sus focos estructurales en la cerrazón del Rey para sentir, contra Naturaleza, ninguna piedad por la suerte que arbitrariamente impone a su hija y única heredera.[4] Conflicto es lo que, por el contrario, no existe y en vano tratan de suscitar en él las sucesivas intervenciones del *Auctor*, el Cardenal y la Reina madre. Bajo el esquema propuesto por Wardropper se hubiera podido escribir, tal vez, una novela muy "medieval", pero que no sería precisamente *Cárcel de amor*.

La crítica literaria tiene tanto su mayor problema como su mayor aliado en el texto y organización misma de la obra. Y *Cárcel de amor*, con su aparente sencillez, no deja de ofrecer particularidades que por largo tiempo han pasado inadvertidas. En un estudio publicado en 1966[5] procuraba yo subrayar cómo el nudo o segmento central de aquélla (desde la calumnia de Persio hasta la liberación de Laureola) deja de ser un relato *de amor* para convertirse en un relato *político*. Un Rey todopoderoso y, como allí se dice, "turbado" por una aberrante pasión, se vuelve de espaldas a todo sentimiento humano y a toda responsabilidad jurídica para aniquilar a su propia hija. Su parcialidad y su prejuicio sanguinario contra Laureola (el nombre significa 'virginidad') se muestran a las claras cuando prohibe que el juicio de Dios contra Persio llegue a su ya indudable desenlace. Desde este moment presenciamos la pugna del sañudo Rey con las voces de la justicia, de la religión y de la sangre, que se estrellarán ante el acantilado de su ciega y "turbada" voluntad. Agotados los recursos pacíficos, Leriano ha de iniciar una rebelión abierta, pero que no es sino testimonio de lealtad a más altos deberes morales. Su *putsch* es visto con simpatía por la nobleza y secundado hasta por la familia inmediata del monarca. Porque no se trata sólo de la vida de Laureola ni de la afrenta de Leriano, sino de poner coto a un poder enloquecido y de domeñar la fuerza bruta que ahora anida, en lugar de la justicia y la concordia, en el corazón mismo del cuerpo político.

La historia amorosa ha dado así paso a un ejemplo perfecto del derecho a la resistencia, concepto básico de la teoría política medieval y particularmente desarrollado en Castilla.[6] El sentido de tales páginas se agudiza por haber sido escritas justo al consolidarse el poder de la monarquía nacional, a la vez que otras actitudes político-sociales destinadas a imperar en España durante siglos. Alguna amarga experiencia debió de abrir los ojos de Diego de San Pedro, pues los preliminares de *Cárcel de amor* marcan un notable contraste con los del *Tractado de amores de Arnalte y Lucenda*, la novela antecesora, fechable hacia los primeros años de la década de 1480.[7] Se halla dedicada esta obra a las damas de la reina Isabel e inserta, además, un largo e hiperbólico elogio de la persona de ésta. San Pedro se trasluce como buen cortesano, ansioso tal vez de contrarrestar sus anteriores servicios a la Beltraneja, en cuyo bando lucharon sus señores los Girones hasta 1476. En *Cárcel*, por el contrario, han desaparecido los elogios a la Reina o a su corte y el prólogo, muy reticente, es una dedicatoria al Alcaide de los Donceles, don Diego Fernández de Córdoba, un noble señor feudal más o menos como el propio Leriano. *Arnalte y Lucenda* sí es una pura historia de amor, sin conflicto político de ninguna especie.

Como señalé en aquellas otras páginas, con argumentos que no puedo repetir ahora, el cambio de la actitud política de San Pedro fue provocado, con toda probabilidad, por el advenimiento de la Inquisición, a cuyo espíritu y modo de proceder se alude por diversos caminos en *Cárcel de amor*. Sí es preciso añadir que el nudo trágico del relato se traspone por completo a un terreno de *honra*: honra de Leriano, manchada por la calumnia e imposible de restaurar por vía legal, debido a la interrupción del duelo por orden del Rey. Mancha sobre su persona y linaje, alegada por el Rey como excusa del castigo atroz de su hija. Y honra de Laureola, ya exacerbada e irracional, que provoca el fin inexorable del amante. Desafuero máximo del Rey, que legitima la resistencia armada de los súbditos, es el no mirar por la honra de éstos, como le echa en cara Leriano: "Si lo hezistes por conpasión que auías de Persio, tan justo fuera que la ouieras de mi onrra como de su vida, *siendo tu natural*".[8] Casi un siglo más tarde, fray Luis de León se enfrentaría de un modo similar con Felipe II, para maldecir a los príncipes que buscan maneras "no solo para afrentar a los suyos, sino también para que vaya cundiendo por muchas generaciones su afrenta". Fray Luis sentenciaba, despectivo, que los tales "ninguna cosa son menos que reyes".[9]

Tales actitudes de Diego de San Pedro revisten un carácter de la mayor normalidad si se tiene en cuenta su origen converso, que dos anécdotas de la *Miscelánea*[10] de don Luis Zapata (a fines del XVI) mencionan como fama pública y poco menos que proverbial. Sin embargo, desde los últimos años cincuenta a esta parte vienen algunos críticos esforzándose por demostrar que Menéndez Pelayo y Emilio Cotarelo[11] erraron al aceptar el judaísmo de origen de San Pedro. La base de tal aserto ha de ser demolida a toda costa. Para Eugenio Asensio,[12] cuando Zapata se refería a "el que trobó la Pasión" no se refería a nuestro autor, sino a cualquiera de los muchos que escribieron Pasiones en verso y con mayor probabilidad a Jorge de Montemayor, cuando lo cierto es que San Pedro fue tan famoso por la *Cárcel de amor* como por su *Pasión trobada*, pieza clásica de literatura religiosa popular, divulgadísima hasta bien entrado el siglo XIX.[13] Whinnom, en cambio, prefiere impugnar de frente la autoridad de Zapata, a quien considera en exceso crédulo e indigno de la menor fe.[14] Y es verdad que el simpático don Luis creía demasiado en patrañas de duendes y fantasmas, pero también lo es que se hallaba muy metido en el ambiente literario de su tiempo, del que ofrece muchas noticias curiosas.[15] Para colmo, lo que dice de San Pedro no es ninguna averiguación suya, sino algo que da por conocido de todo el mundo.

Pero son los estudios documentales de Whinnom[16] los que en este punto merecen una mayor atención. Según el profesor inglés los expedientes de ingreso de supuestos familiares en las órdenes de Santiago y Alcántara (realizados en 1569, 1592 y 1599) eximirían al escritor de toda mácula de sangre. Otras fuentes[17] señalan un desdoblamiento en *dos* y después en *tres* homónimos, en contra de la tradicional identificación con el *teniente* y *bachiller* al servicio de los Girones. En mi estudio de 1966 realicé ya una crítica de las conclusiones de Whinnom, en exceso inclinadas a dar por buenas unas diligencias semi-judiciales que eran por naturaleza embusteras, cínicas y corruptas. Lo que sí establecen dichos documentos es que todos los expedientes hallaron fuerte contradicción y que la principal de todas venía por el parentesco con el trovador Diego de San Pedro, que los candidatos procuraban rehuir u ofuscar. En cuanto al desdoblamiento de los San Pedro, es todo un complejo problema, pero el hecho de que las probanzas incluyeran una pregunta explícita sobre el judaísmo del *bachiller* Diego de San Pedro "autor de *Cárcel de amor*",[18] ha de considerarse como un dato muy fuerte. En publicaciones posteriores[19] Whinnom insiste en tachar de maliciosos a cuantos afirmaron el judaísmo del linaje y se manifiesta crédulo hacia todo cuanto pueda beneficiar a la tesis *limpia*. Llega así a tomar en serio una de las tretas más características de este tipo de averiguaciones: la familia descendía de un tal Juan de Llezo, natural de Yanguas (Soria) que a principios del XVI se estableció en Peñafiel y adoptó el apellido San Pedro (¡un apellido como ése!).[20] Como subraya Whinnom, ello tiene por consecuencia eliminar a los San Pedro del XV de toda relación con el linaje de los aspirantes, pero la verdad es que no se necesita más prueba para concluir, con toda humana firmeza, que el parentesco así eliminado no podía sino detraer de la *limpieza* de la familia.

Mi deseo con todo esto no es, en absoluto, el de polemizar *hic et nunc*, sino ilustrar un problema de metodología. Muchos esperan en este momento la invocación de Américo Castro, pero voy a preferir la de Braudel[21] y sus módulos de la *corta duración* y *larga duración* como formas radicales de acercarse al problema de la historia, determinantes, a su vez, de técnicas y sensibilidades muy diversas. Whinnom se esfuerza en aclarar, en buena hora, la presencia del amor cortés, de la retórica y de las ideas médicas medievales en *Cárcel de amor*, igual que el libro de Régula Langbehn-Roland[22] ilustra, por ejemplo, la gran pericia jurídica que allí ha sido destilada (y que a nuestro modo de ver dificulta que su autor no fuera un profesional de las leyes). Ninguno de los dos (menos aún Moreno Báez) hace ningún esfuerzo por comprender cuáles son las verdaderas coordenadas de la sociedad ni de la vida intelectual castellana de esos años, ni en situar dentro de ellas al autor ni a la obra. El problema social y religioso de los conversos no existe, sencillamente, para estos críticos, cuya actitud sicológica no les permitirá nunca ver en el advenimiento de la Inquisición un hecho de magnitud comparable, verbigracia, con el fenómeno europeo del amor cortés. No toman así en cuenta que el caso de Diego de San Pedro no era inédito ni peculiar suyo, pues respondía a un estado de ánimo documentado, conforme a las mayores exigencias, en las reacciones de Juan Alvarez Gato, de Hernando de Pulgar,[23] del bachiller Palma,[24] de Juan de Lucena[25] y, en conjunto, del selecto grupo de conversos en torno a la gran figura de fray Hernando de Talavera.[26] Es la amarga decepción de la conciencia política de los conversos, tras su entusiasmo con la monarquía "prepotente" que soñaba Juan de Mena,[27] pero que después no opta por aliarse con ellos, sino contra ellos, en liga con el pueblo pechero y con la nobleza cortesana. Lo único peculiar de San Pedro es, no sólo su claridad mental de experto jurista, sino su decidido apego, que habría que llamar "reaccionario", a la idea de monarquía feudal y a la superioridad humana del caballero frente al rey.

Este, y no otro, es el fondo real e inmediato de *Cárcel de amor*. Detrás hay también sucesivos cortinajes, como el amor cortés, la filografía médica y, cada vez más atrás, los motivos folklóricos y los mitos. Porque advocar el estudio histórico de la literatura dentro de la *corta duración* no es, en modo alguno, subordinarla a la historia intelectual, social o religiosa. Buscamos solamente una comprensión más profunda del texto, y la crítica de *Cárcel de amor* puede ofrecer también ejemplos del empobrecimiento y trivialización que del método ampliamente cultural pueden seguirse. Por lo pronto, no hay manera de entender qué hace allí todo el episodio de la resistencia armada de Leriano, visto por lo común como frívolo deseo de incrustar un *intermezzo* de libro de caballerías.[28] No advierte dicha idea que la línea esquemática de aquel conflicto "constitucional" (no aventurero) es lo más contrario a la minucia analítica o "prolijidad" del libro de caballerías, que es justo lo que San Pedro desdeña cuando se niega a narrar el duelo con Persio "por no detenerme en esto que parece cuento de ystorias viejas" (p. 151). La inclusión del elemento bélico sería maña de San Pedro para lucir ante su señor el conde de Ureña su pericia de diplomático y caudillo militar (Whinnom), o bien modo de hacerse grato al Alcaide de los Donceles, héroe de la guerra de Granada (Langbehn-Roland).

La insuficiencia de la crítica a vista de pájaro se hace aún más palpable al tener que dar razón de los personajes. Deseoso de plantear el problema de los límites morales del poder, San Pedro desea enfrentarnos con un caso absoluto: ¿qué hacer cuando un perturbado como el padre de Laureola concentra en sus manos una autoridad omnímoda? Para que no surja equívoco ni controversia, el proceder del Rey se jalona de calificaciones como *embargado de pasión* (p. 167), *padre cruel* (pp. 166, 175), *sentenciada con saña* (p. 170), *rey endurecido* (p. 170), *cruel condición* (p. 172), *padre culpado* (p. 172). Whinnom opone a todo esto: "En cuanto a la conducta del rey, no creo que se pueda decir nada de valor"; el autor no se interesa en el Rey ni en sus reacciones y por eso no son éstas más que "un recurso narrativo".[29] Para Régula Langbehn-Roland se trata del motivo de los padres rigurosos (*strengen Vaters*), característico de toda la novela sentimental.[30] Pero el Rey de *Cárcel de amor* no es *riguroso*, sino injusto y cruel. Un estudio reciente de Pamela Waley[31] lo aclara bien al compararlo con el de *Grisel y Mirabella* de Juan de Flores, que con todo el dolor del mundo se ve obligado a condenar a una hija culpable; mientras que el padre de Laureola ni siquiera desea hacer justicia, sino meramente *venganza* (p. 153) y hasta manda torturar a su víctima después de haberla sentenciado a muerte.

No querría dar aquí la impresión de que todo sea igual de sencillo en *Cárcel de amor*, ni quede siempre resuelto por consideraciones derivadas del linaje de San Pedro. En función que cabe considerar como propia de la metodología de *le temps court*, la principal utilidad de aquéllas radica en alertarnos hacia la fuerte peculiaridad de la obra, hacia lo que en ella no es heredado ni mostrenco, ni hubiera podido escribirse fuera de España, o cincuenta años antes o después. Por lo demás, es el mismo *Auctor* quien nos advierte que cosas como la ambigüedad de Laureola "ni pude entenderlas ni sabré decirlas, porque son de condición nueva" (p. 138). La novedad se debe a que motivos que hasta entonces eran automáticos, o venían doctrinalmente exigidos por la tradición literaria, asumen de pronto una extraña autenticidad humana. Cuando la poesía cancioneril venía jugando hasta la saciedad con el concepto de la muerte de amor, Leriano de veras se abandona a su propio aniquilamiento, que no es impedido por nada ni por nadie (muy al contrario de lo ocurrido a Amadís en la Peña Pobre). Piedad y crueldad, polos del tratamiento lírico de la dama convencional, se convierten en principios activos para la psique de Laureola, dentro de la cual se mantienen en igualado forcejeo. El rey Gaulo de Macedonia se halla "turbado" porque así conviene a la demostración del teorema político, pero esa turbación es también lo que hoy llamaríamos una neurosis. Su extremosa actitud sobrepuja en todo momento el problema judicial que tiene por delante y traiciona la presencia de algo inconfesable y avasallador. Aquella conducta, en efecto, no es de padre, ni aun de padre severo, sino de marido celoso y por eso cae, ante la mera sospecha, en ciego afán de venganza calderoniana. ¿Comenzamos, pues, a sicologizar? Por el contrario, sólo estamos comprobando, una vez más, que no existe en literatura la *creatio ex nihilo*: el tema del padre incestuoso es uno de los que rondan también por la novela sentimental, y Bárbara Matulka señalaba ya, en 1931, el parentesco de *Grisel y Mirabella*[32] con la historia de Ghiscardo y Gismonda en Boccaccio.

Cárcel de amor no descubre su nervio hasta el recodo final, cuando la negativa de Laureola sume en tragedia lo que se perfilaba como anticlímax feliz. Es el toque sicológico que hace de ella un ser profundo, y no en vano constituye también el más claro precedente de *La Princesse de Clèves.* De nuevo presenciamos el crecimiento de un motivo muy medieval: el de la dama enojadiza o caprichosa que existe, por ejemplo, en *Curial y Güelfa* o en *Petit Jehan de Saintré.* Pero en Laureola el cambio se produce por efecto de una experiencia traumática, que anula su anterior ambivalencia y extingue el amor aún nonato. Sobre todo, el sentimiento de honor a que ahora se humilla, porque ha estado a punto de costarle la vida no es, en absoluto, el *preux* del código medieval, sino la *honra* al estilo del Siglo de Oro, tiranía de la sociedad sobre el individuo y sobre la razón (en este caso la *razón de amor* cortés). Lo aclara bien la continuación de *Cárcel de amor* por Nicolás Núñez (1496) cuando increpa a Laureola por haberse doblegado, con bajeza impropia de una dama y menoscabo de su verdadera *honra* de amante, al *qué dirán* del vulgo.[33] El retrasado Núñez no entendía que la literatura comenzaba ya a hacerse de otra forma, a partir de sentimientos de hombres y mujeres insertos no en códigos ideales de conducta, sino en lo que, hablando de Cervantes, llamaba Pirandello *le raggioni del presente.* Y no se trataba tampoco del *qué dirán*, sino del *qué harán*, como llegó a saber muy bien la desdichada princesa.

Como toda obra fundamental, *Cárcel de amor* brinda a la crítica su cara de tradición y su cruz de anticipo. Curiosamente, no se ha señalado todavía el peso que en ella alcanza el tema de las cárceles. Los estudiosos vienen prestando antención exhaustiva a la cárcel alegórica donde Leriano padece su dolor, gustoso como el de un místico. En cambio se ha reparado muy poco en aquella otra cárcel donde espera la muerte Laureola. No se trata de una cárcel alegórica, sino de un calabozo demasiado real, donde la víctima de la inhumanidad y del poder arbitrario gime entre cadenas y tormentos físicos, privada hasta del consuelo de la comunicación con sus seres queridos. No es una cárcel *de amor*, sino la cárcel *del odio*, que no ilumina un corazón hecho ascua y que Diego de San Pedro quiere que se parezca bastante a las del Santo Oficio.

Conocemos bien la frondosa y prolongada bibliografía europea de *Cárcel de amor*, pero no nos hemos preguntado por su sentido. Nadie parece acordarse de San Pedro al tratar de la *Gothic novel*, eternamente ligada a alguna siniestra fortaleza, abadía o, por lo menos, caserón con murciélagos y que, naturalmente, no es *gótica*, sino prerromántica. Beneméritos investigadores nos han mostrado con todo detalle la rica herencia cultural que conduce hasta la cárcel alegórica de Leriano: Ovidio, Avicena, Dante, Eneas Silvio. Pero aún no hemos hecho lo mismo con el legado de sensibilidad que empieza a gestarse en la cárcel odiosa de Laureola, primer destello europeo de la literatura del preso político y de la ergástula como radical experiencia humana. Anillo iniciador de una cadena por donde Diego de San Pedro (el *gótico* San Pedro) termina por juntarse con Silvio Pellico, Dostoievsky, Koestler y Solzhenitsyn.

QUEENS COLLEGE AND THE GRADUATE CENTER OF
THE CITY UNIVERSITY OF NEW YORK

Notas

[1]*Revista de Filología Española*, XXVII (1953), 168-193.

[2]Diego de San Pedro, *Obras completas* (Madrid, Clásicos Castalia, 1971), II, p. 37, nota. Objeción similar suscita en A. Krause la idea del amor cortés en San Pedro según S. Gili Gaya en los preliminares de su edición: "El 'tractado' novelístico de Diego de San Pedro", *Bulletin Hispanique*, LIV (1952), 266.

[3]Las recientes controversias sobre el amor cortés, que se alargan hasta considerarlo mera invención de Gaston Paris, son bien enjuiciadas por F.L. Utley, "Must We Abandon the Concept of Courtly Love?", *Medievalia et Humanistica*, n. 3 (1972), 299-324.

[4]La radical injusticia de la condena de Laureola, aun tomando en cuenta las exigencias de la "ley de Escocia", es puesta de relieve por P. Waley, "*Cárcel de amor* and *Grisel y Mirabella*: A Question of Priority", *Bulletin of Hispanic Studies*, L (1973), 344-345.

[5]"*Cárcel de amor*, novela política", *Revista de Occidente*, n. 41 (agosto, 1966), 185-200.

[6]F. Kern, "The Divine Right of Kings and the Right of Resistance in the Early Middle Ages", *Kingship and Law in the Middle Ages* (Oxford, 1948). Como señala J.I. Gutiérrez Nieto, dicho principio se objetivaba principalmente en la licitud del recurso a las armas por el noble que no ha sido escuchado conforme a derecho o que ha visto su alegato claramente menospreciado; *Las Comunidades como movimiento antiseñorial* (Barcelona, 1973), p. 325. Fray Francisco Eximénez (1383-1408) enseñaba que el rey notoriamente malo o incumplidor de sus juramentos puede ser depuesto por la fuerza; A. Ivars, "El escritor Fr. Francisco Eximénez en Valencia", *Archivo Ibero-Americano*, XII (1925), 340. El derecho a la resistencia armada contra el rey que no quiera o no sepa cumplir con sus deberes es reconocido en las *Partidas* (2, T. XIII, L. 25). Recuérdese que los Trastamara no habían subido por otro camino al trono de Castilla.

[7]K. Whinnom en Diego de San Pedro, *Obras completas* (Madrid, Clásicos Cas-

talia, 1973), I, p. 46.

[8]*Obras*, ed. S. Gili Gaya (Madrid, Clásicos Castellanos, 1958), p. 154. Las citas que siguen se entienden referidas a esta edición.

[9]A. Castro, *La realidad histórica de España* (México, 1962), p. 283. El carácter que tales textos asumen en cuanto enfrentamiento personal con Felipe II y su política anticonversa queda bien razonado por J.I. Gutiérrez Nieto, "La discriminación de los conversos y la tibetanización de Castilla por Felipe II", *Revista de la Universidad Complutense*, XXII, n. 87 (1973), 113 y ss.

[10]*Memorial Histórico Español* (Madrid, 1859), XI, 395.

[11]M. Menéndez Pelayo, *Orígenes de la Novela* (Santander, 1962), II, 30-48. E. Cotarelo y Mori, "Nuevos y curiosos datos biográficos del trovador y novelista Diego de San Pedro", *Boletín de la Real Academia Española*, XIV (1927), 305-326.

[12]*Itinerario del entremés* (Madrid, 1965), p. 160.

[13]Su dilatada bibliografía es recogida por A. Pérez Gómez, "*La Pasión Trobada* de Diego de San Pedro", *Revista de Literatura*, I (1952), 147-161. D. Sherman Vivian, "*La Passión trobada*, de Diego de San Pedro y sus relaciones con el drama medieval de la Pasión", *Anuario de Estudios Medievales* (Barcelona, 1964), 451-470. La misma estudiosa ha editado el texto de *La Pasión trobada* según el Cancionero de Oñate-Castañeda (Napoli, 1974).

[14]*Obras completas*, I, p. 18. *Diego de San Pedro* (New York, Twayne, 1974), p. 20.

[15]F. Márquez Villanueva, "Don Luis Zapata o el sentido de una fuente cervantina", *Fuentes literarias cervantinas* (Madrid, 1973), p. 134.

[16]"Was Diego de San Pedro a *converso*? A re-examination of Cotarelo's Documentary Evidence", *Bulletin of Hispanic Studies*, XXXIV (1957), 187-200.

[17]"Two San Pedros," *Bulletin of Hispanic Studies*, XLII (1965), 255-258. "Tres San Pedros", *Obras completas*, I, 14-17.

[18]K. Whinnom, *Diego de San Pedro*, p. 21.

[19]*Obras completas*, I, p. 19. *Diego de San Pedro*, p. 21. J. Gómez Menor ha identificado a dos médicos toledanos de apellido San Pedro y parientes lejanos de Santa Teresa (Juan de San Pedro y Juan Sánchez de San Pedro); "Los médicos toledanos del Siglo de Oro y su clase social", *Cuadernos de Historia de la Medicina Española*, XII (1973), 390. Algunos de los expedientes de órdenes suponen a Diego de San Pedro hermano de un Pedro Suárez de Toledo, igualmente tachado de judaísmo (Whinnom, "Was Diego de San Pedro a *converso*?", p. 188). Curiosamente, los Suárez de Toledo aparecen también en la genealogía del secretario de los Reyes Católicos, Fernán Alvarez de Toledo Zapata, uno de los más conspicuos conversos de todo el siglo XV; F. Márquez Villanueva, *Investigaciones sobre Juan Alvarez Gato* (Madrid, 1960), p. 90.

[20]"Was Diego de San Pedro a *converso*?", p. 191. *Obras completas*, I, p. 20. *Diego de San Pedro*, p. 22. El embrollo en el sentido de alegar que el linaje no tenía raíces locales, sino había sido fundado por algún intachable foráneo (de preferencia gallego, montañés o castellano viejo) era típico de esta clase de indagaciones. Los descendientes del poeta Juan Alvarez Gato se inventaron así una fabulosa genealogía gallega donde éste (como personaje más conocido e ilustre del linaje) quedaba prácticamente borrado del mundo de los vivos; F. Márquez Villanueva, *Investigaciones sobre Juan Alvarez Gato* (addenda de la reimpresión, p. 508-510). Quien pudo permitírselo refinó el fraude con atribuir la cepa familiar a un extranjero de procedencia ultrapirenaica, lo cual dificultaba en sumo grado, la eventual comprobación: J.B. Avalle Arce, "Bernal

Francés y su romance", *Anuario de Estudios Medievales*, II (1966), 380.

[21]F. Braudel, "La longue durée", *Ecrits sur l'histoire* (Paris, 1959), 41-83.

[22]*Zur Interpretation der Romane des Diego de San Pedro* (Heidelberg, 1970). Véase nuestra reseña en *Hispanic Review*, XLI (1973), 693-695.

[23]*Crónica de los Reyes Católicos*, ed. J. de M. Carriazo (Madrid, 1943), I, pp. XLIX-LI. F. Márquez Villanueva, *Investigaciones sobre Juan Alvarez Gato* (Madrid, 1960), pp. 127-128.

[24]R. Gonzálvez Ruiz, "El bachiller Palma, autor de una obra desconocida en favor de los conversos", *Simposio 'Toledo judaico'* (Madrid, 1973), II, 31-48. S. Gilman, *The Spain of Fernando de Rojas* (Princeton, 1972), p. 329, nota.

[25]J.A. Maravall, "La idea de tolerancia en España", *La oposición política bajo los Austrias* (Madrid, 1972), p. 120.

[26]F. Márquez Villanueva, *Investigaciones sobre Juan Alvarez Gato*, c. IV, "Fray Hernando de Talavera". Acerca del desengaño del poeta, *ibid.*, p. 296 y ss.

[27]J.L. Bermejo Cabrero, "Ideales políticos de Juan de Mena", *Revista de Estudios Políticos*, n. 188 (marzo-abril, 1973), 158-175. La sugestión moral de un poder castellano asimilado al de un Imperio "la dan en esa época, y en su forma más nítida, conversos como Alonso de Cartagena, Juan de Mena, Juan de Lucena, Fernando de la Torre y otros. Y todo esto porque los conversos ligan su propio auge y fortuna, en una sociedad cada día más hostil, al éxito de la empresa imperial"; J.B. Avalle Arce, "Cartagena, poeta del *Cancionero general*", *Boletín de la Real Academia Española*, XLVII (1967), 308. Sobre las similares ideas políticas de Mosén Diego de Valera, C. Real de la Riva, "Un mentor del siglo XV. Diego de Valera y sus epístolas", *Revista de Literatura*, XX (1961), 279-305.

[28]Según B.W. Wardropper, "la *Cárcel de amor* es una novela de caballerías en pequeño, con supresión de las aventuras, hechos de armas y episodios mágicos", debido a que el autor no tiene alta opinión de "los elementos externos de la caballería" y por eso ni siquiera termina de narrar la batalla con Persio ("El mundo sentimental de la *Cárcel de amor*", p. 184). C. Samonà observa la expansión de los motivos propios del libro de caballerías que se da en *Cárcel de amor* respecto de *Arnalte y Lucenda*, donde aquéllos se reducían al duelo entre Arnalte y Elierso; "Diego de San Pedro dall' *Arnalte e Lucenda* alla *Cárcel de amor*", *Studi in onore di Pietro Silva* (Firenze, 1956), p. 269. Las acertadas reflexiones de A. Krause ponen de relieve la nueva sensibilidad a que San Pedro suele traducir los motivos literarios más tradicionales, y critica la tendencia a juzgar *Cárcel de amor* por el nivel de lo que ciertamente no es: novela de caballerías o cuento ovidiano (Menéndez Pelayo, Schevill, Matulka); "El 'tractado' novelístico de Diego de San Pedro", *Bulletin Hispanique*, LIV (1952), 257-258. Para J.L. Varela el género sentimental se presenta, en conjunto, "como una novela de caballerías en la que se han alterado proporciones y sentido"; pero San Pedro tiene un profundo sentido de la actualidad y rechaza, en el fondo, aquel otro género, enteramente nostálgico de la Edad Media; por lo mismo, procura no dejarse arrastrar hacia la narración circunstanciada de episodios caballerescos, abreviados siempre por aposiopesis"; "Revisión de la novela sentimental", *Revista de Filología Española*, XLVIII (1965), 374-378. Como observa con acierto R. Langbehn-Roland, la novela sentimental no se escribe como correctivo de un mundo malvado, sino como reflejo de un mundo en el que caben la frustración y la derrota, frente a la novela de caballerías donde el heroísmo y la virtud han de salir siempre triunfantes; *Zur Interpretation des Romane des Diego de San Pedro*, p. 128. A nuestro modo de ver, San Pedro conserva un gran res-

peto por lo caballeresco, pero no así por el molde narrativo del libro de caballerías. Su novelística tiene un punto cardinal en su decidida voluntad de alejarse del modelo del *Amadís*, paradigma de "ystorias viejas".

[29]*Obras completas*, II, p. 43. De la misma forma, la arenga de Leriano se muestra insuficientemente ligada a la trama (*ibid.*, II, p. 57). B.W. Wardropper considera incomprensible la decisión del Rey al interrumpir el duelo entre Leriano y Persio, si bien ello sería obvia consecuencia de "sus prejuicios" ("El mundo sentimental de la *Cárcel de amor*", p. 186).

[30]*Zur Interpretation der Romane des Diego de San Pedro*, p. 56-66.

[31]"*Cárcel de amor* and *Grisel y Mirabella:* A Question of Priority", p. 344. Tiene también bastante sentido la tesis de la prioridad cronológica de Juan de Flores respecto a Diego de San Pedro.

[32]*The Novels of Juan de Flores and Their European Diffusion* (New York, 1931), p. 46, nota. Sobre la afinidad con el motivo folklórico del "padre incestuoso", *ibid.*, p. 73-75. La novela sentimental sitúa al padre, como norma, en el lugar tradicional del esposo, como anota R. Langbehn-Roland (p. 183).

[33]K. Whinnom, "Nicolás Núñez's Continuation of the *Cárcel de amor*", *Studies in Spanish Literature of the Golden Age Presented to Edward M. Wilson* (London, 1973), p. 362. La característica identificación de *honor* con *opinión pública* fue ya señalada por Gili Gaya en su edición (p. XXI). El nuevo sentido del honor como imposición social, independiente de toda realidad de la culpa, queda estudiado por P. Waley, "Love and Honour in the *Novelas Sentimentales* of Diego de San Pedro and Juan de Flores", *Bulletin of Hispanic Studies*, XLIII (1966), 253-275. Según juicios de R. Langbehn-Roland, lo extraño es que en San Pedro incluso el amor no correspondido haya de mantenerse en secreto, pues compromete igualmente a la dama (p. 32); *culpa* y *onrra* se vuelven así germinales en *Cárcel de amor* (p. 177). K. Whinnom acierta plenamente al valorar el nuevo sentido del honor en la obra de San Pedro: "One could argue that Leriano is a martyr to the latent malice of the populace, those grosser spirits who always believe the worst, and are incapable of appreciating refinement of feeling" (*Diego de San Pedro*, p. 112). Nada, por otra parte, más propio ni característico en un autor converso.

LITERATURA Y SOCIEDAD EN *HOMBRES EN SOLEDAD* DE MANUEL GALVEZ

Luis A. Jiménez

En *El novelista y las novelas* (1959) Manuel Gálvez (1882-1962) pone de manifiesto la supremacía histórica de la novela y, en especial, la necesidad imperante de retratar al hombre en su sociedad, sus acciones, ideales y aspiraciones comunes. Dice al respecto:

> Es que el novelista se documenta como un historiador lo mismo para escribir una novela de ambiente histórico que para una novela contemporánea.
>
> Es [la novela] la historia del pueblo, la historia exterior e interior del hombre, la de sus costumbres, la de sus pasiones. La novela realista es, sobre todo, la historia de lo cotidiano.
>
> Un novelista de la vida real es, casi forzosamente, un sociólogo.[1]

Gálvez define la función del novelista como la de un historiador y un sociólogo. Según su opinión, historia y sociedad son partes vitales que integran el material novelesco. Gálvez reconoce, al mismo tiempo, que la tarea del novelista que escribe una "novela realista" es conocer la historia contemporánea. En este caso, Gálvez se refiere a la historia diaria del pueblo, de los individuos y de sus relaciones problemáticas con una sociedad presente y con los miembros que la forman en su totalidad. Al hablar de estas relaciones problemáticas creemos oportuno estudiarlas, hallando sus vinculaciones con ciertas estructuras sociales ubicadas, no solamente en el período de Gálvez, sino también en el conjunto de fuerzas históricas[2] que aparecen insertadas, precisamente, en el mundo novelesco.[3]

En lo que respecta el escenario porteño, *Hombres en soledad*

(1938) es una novela representativa en que aparece estructurado este sector de la vida social argentina. En este estudio examinaremos un universo novelesco en el cual aparece reflejada la alta burguesía.

Hombres en soledad carece en sí de un protagonista central. Debido a ello, vemos en la novela la presentación colectiva, más o menos homogénea, de más de cuarenta personajes, la mayoría de éstos pertenecientes a la aristocracia y a la alta burguesía porteña. Colocados dentro de un mundo novelístico problemático y contradictorio, estos personajes dialogan y van revelando fragmentariamente a través del texto una serie de episodios novelescos, pequeños dramas personales y colectivos que van entretejiendo la narración. Por la obvia indicación del título, los numerosos entes de ficción que desfilan por el libro se encuentran en una soledad periférica e insondable, en "islitas" separadas por un "océano humano" como prefiere llamarlo el narrador.[4] Junto a la problemática de esta vivencia espiritual va yuxtapuesta en la novela la problemática de otro fenómeno socio-histórico. Nos referimos al radicalismo político de Hipólito Yrigoyen que dejó intactos los elementos dominantes de la alta burguesía respaldada por la vieja guardia oligárquica.[5] Las voces opositorias de los personajes en la novela nos colocan simultáneamente en la revolución del seis de setiembre dirigida por el General José E. Uriburu. Todo este período histórico sirve de base política en la novela. Dicha base rige, precisamente, en consonancia con una época aburguesada, una etapa caduca llena de contradicciones materiales externas. Su esencia reside simplemente en el ambiente oportunista porteño que satura a la clase burguesa y que también se refleja en el contenido novelesco.

Vistos estos entes de ficción dentro de una coordenada socio-histórica, burgueses y aristócratas constituyen, pues, el núcleo social en *Hombres en soledad.* Dicho núcleo integra a todos los personajes de la novela que manifiestan paradójicamente sus problemáticas.[6] Gervasio Claraval, la figura novelesca más sobresaliente de la obra, comenta sobre el comportamiento de los miembros de la alta burguesía porteña: "La mayor parte de los argentinos, de los que forman la clase dirigente, no son seres humanos... Cada uno de ellos vive su función, y se considera un prototipo cuando no un símbolo. Y usted comprenderá que es horrible eso de vivir entre *hombres-símbolos* que me hacen recordar a los hombres-sandwiches porque llevan un letrero diciendo lo que ofrecen y representan."[7] Cuando habla de *hombres-símbolos* se está refiriendo a una doble máscara que acuña y fija, de antemano, la función de esta clase social (hablará luego más categóricamente de vanidad y falta de personalidad). Las palabras de Claraval, por tanto, nos ubican en un grupo social homogéneo, los beneficiarios son de una clase elevada. Y, simultáneamente, sacando a relucir la contemporaneidad del fenómeno histórico imperante en su propia clase, el personaje pone de manifiesto el exclusivismo de esta clase. Describe precisamente la función esencial de la misma superpuesta a limitaciones y oportunismos sociales, simulaciones y apariencias que aparecen en relación con el comportamiento de los personajes.

Además de la función de estos *hombres-símbolos* (función ligada al proceso de la producción económica[8]) que caracteriza a los personajes porteños, *Hombres en soledad* interesa por las interacciones problematizadas de estas criaturas novelescas. A través de la novela, se van exhibiendo progresivamente sus conflictos familiares e ideológicos[9], se van materializando enfrentamientos y enemistades, materializaciones que presentan una problemática totalizadora y relacionada con los problemas socio-históricos a que hemos aludido. Dicha problemática de manifestaciones y choques externos, sin embargo, no expresa solidaridad entre la alta burguesía, e incluso no hay acción colectiva. Tampoco se pretende reconciliar o unificar colectivamente esta minoría social bonaerense. Por el contrario, las problemáticas que suscitan rivalidades entre los personajes manifiestan contradicciones entre ellos. Citemos, por ejemplo, el caso de Martín Block, el revolucionario idealista que más se destaca en la obra. De ascendencia judío-alemana por línea materna, este personaje representa la figura del criollo argentino hijo de inmigrantes. La imagen inicial que obtenemos de Block—con cara de loco y cosas de insano—proyecta de inmediato ideas paradójicas. Block aparece en la novela como el vocero de una causa social y revolucionaria en evolución. No obstante esto, la formación socio-económica del personaje está correlacionada con su medio ambiente. Está determinado principalmente por una infraestructura social. Este hecho le permite a Block emitir varias negativas sobre la falta de valores de la alta burguesía porteña con la cual se identifica, o lo que es lo mismo, le permite tomar una actitud antiburguesa ante la carencia de tales valores. La denuncia de errores se hace evidente en las negaciones de las siguientes líneas: "No hay aquí carácter, ni energía, ni juventud, ni patriotismo, ni disciplina, ni pasión. Sólo nos interesa el chiste estúpido, el tango sensual, los placeres de los sentidos, las carreras, los copetines. Felizmente, el mal gobierno que estamos padeciendo nos va a salvar, sin darse cuenta" (p. 98). Por medio de negaciones tajantes, Martín Block llega a afirmar un postulado moral, y la falta de éste es consecuencia del carácter degradado que acusa la inercia de su medio ambiente privilegiado pero en degradación social.[10] Lo sustenta el personaje con juicios negativos cargados de antiburguesismo. Dichas negaciones exhiben, simplemente, factores estáticos y decadentes, componentes vitales de las actividades ociosas dentro de la alta burguesía porteña.[11]

Aparentemente, las motivaciones que conducen a Martín Block a la revolución son de índole moral y personal. Implican un enfrentamiento violento, peligroso. Su objetivo es la recuperación de los valores que la alta burguesía ha perdido paulatinamente. Apunta el personaje es esta ocasión: "Yo me he metido de cabeza en la acción revolucionaria. Asómbrese: Block el bohemio, el desordenado, está formando unas legiones armadas. Yo no busco cargos ni me propongo un fin político. Mi finalidad es puramente moral. Quiero transformarme a mí mismo y transformar a los otros. Quiero el peligro, la lucha, la violencia. Vivamos peligrosamente. ¡Basta de molicie, de escepticismo, de desorden!" (p. 98). Para Block, pues, la revolución surge como acción violenta, una necesidad mediadora que implica peligro. Sus afirmaciones carecen de toda fundamentación política. La transformación moral de que habla Block intenta crear una interacción colectivamente agresiva, combativa. Mediante ésta se presupone que el individuo pueda llegar a la purificación espiritual esperando que la misma logrará la salvación colectiva. Dice más adelante:

> Yo no hago revolución para mí o por mí, sino también por los demás, por la patria. Se trata ante todo, de salvar el país de la ruina económica, de una posible dictadura demagógica y de la vergüenza de tener que soportar al actual gobierno. Pero yo utilizo la revolución, que no he iniciado sino a la que me he adherido, para un fin noble como es el de mi salvación moral y la salvación de muchos otros. Quiero que el país renazca, que mis compatriotas comiencen una vida nueva (p. 101).

Block basa sus acusaciones en factores económicos y políticos que tienden a la destrucción de la Argentina. A su juicio, este estado de destrucción es causado por la inhabilidad política del grupo dirigente. Por eso ataca al gobierno radical de Hipólito Yrigoyen de los desmanes existentes. Block se considera apolítico. Debido a ello, tampoco pacta con los conservadores que apoyan la revolución de Uriburu creyendo que éstos terminarán siendo purificados por la misma: "¡Jamás gobernarán los conservadores! Gobernarán los apolíticos, los jóvenes. Además, que si los conservadores llegan a gobernar, serían los conservadores purificados por la revolución"

(p. 99). A pesar de las declaraciones expositivas que hemos visto, luego se comprueba que las pretensiones de Block son diferentes. Más adelante en la novela la paradoja se agudiza al máximo. No hay, claro está, intenciones de resolver antagonismos de clase sino patentizar intereses de clase. A causa de esto Block demanda, a su vez, la supresión de libertades en vez del establecimiento de éstas. La actitud del personaje despliega, precisamente, un carácter contradictorio visible. Los motivos que lo impulsan a la revolución arrojan resultados diferentes a las intenciones propuestas inicialmente. Como veremos, estos motivos a que se refiere Block se ven apoyados por intereses políticos, la materialización de los mismos lo colocan en la posición del indiscutible *hombre-símbolo* de que habla Claraval. Por paradójico que parezca el comportamiento de Block admite una duplicidad de conducta, convirtiéndose en el poder y en víctima del poder. Añade ahora:

> El general [Uriburu] me ha ofrecido una secretaría, o lo que es igual, un ministerio, en una de las primeras intervenciones que manden a las provincias. Estoy ansiando ese nombramiento. Deseo el poder, la fuerza. Tengo necesidad de mandar. Allí pondré en práctica mis ideas. Inculcaré en las provincias el culto de la violencia. Impondré el orden a garrotazos. [...]
>
> Yo daré normas, desde mi cargo, al gobierno nacional, y esas normas serán recibidas con entusiasmo por los buenos patriotas. Sí, señor. Y si el general no quisiera aprobarlas, ¡pues voltearíamos al general! (pp. 193-194).

A medida que Block establece su plataforma política que elige como norma de acción, se va haciendo más obvio aquello que se propone.[12] El personje manifiesta su anhelo de fuerza para implantar lo que él mismo considera ser "el culto de la violencia". Esta violencia, sin embargo, no pretende buscar la salvación común sino que le ayudará a convertirse en otro miembro burocrático apoyado por influencias políticas. Por todas estas razones, la necesidad de cambio abogada por Block cumple simplemente propósitos personales y egoístas, meros intereses de clase que representan la ideología de estos intereses.

Si bien es cierto que Block llega a acusar la inexistencia de valores espirituales y morales de la alta burguesía porteña, también es verdad que ataca la corrupción gubernamental imperante bajo el radicalismo de Yrigoyen, material histórico que es utilizado como base política en la novela. Reitera Block sobre el gobierno radical: "El gobierno es detestable porque el partido gobernante se ha corrompido en el poder. Los que vengan serán mejores, porque habrán llegado por el camino de la acción heroica y ennoblecedora. No se corromperán y gobernarán a un pueblo nuevo, joven, sano, a un pueblo purificado de la abyección" (pp. 98-99). El aparente cambio revolucionario se relaciona con otra serie de cambios: Block tiene ambiciones burguesas y a lo que aspira es a la violencia, al poder, y a otra serie de cosas que, en definitiva, es lo que va cambiando correlativamente el comportamiento del personaje.

La referencia al "pueblo" en los ideales representados por Block carece también de significación auténtica, lo que agudiza la invalidez de sus motivaciones. Por esta razón, su comportamiento en la novela crea disonancia debido a que sus intenciones básicas están respaldadas por los intereses del grupo privilegiado. Si existen realmente es en función de las necesidades que este grupo espera obtener, no en la masa, ausente totalmente de la novela. Las necesidades a que alude Block son, por tanto, las de la alta burguesía porteña. Este núcleo social, secundado por la vieja tradición oligárquica, ampara la revolución iniciada por los conservadores. Por ello, el movimiento revolucionario de Block se convierte entonces en artificio paradójico; es decir, ni posibilita la participación del pueblo en su totalidad ni pretende acentuar la conciencia totalizadora del cambio a que se refiere. De esta manera, la revolución pierde el carácter populista que intentaba tener al principio. Y, con Block a la cabeza, las realizaciones del hecho revolucionario se sumergen en el doctrinismo de una dictadura exclusivista y, precisamente, incompatible para la integración de las capas populares.

También Claraval, como Block, acusa paradójicamente en la obra el materialismo mecanicista de su estrato social que es la alta burguesía porteña. En esta ocasión el personaje hace mención de uno de los vicios fundamentales que aquejan a la estructura social en cuestión: "La vanidad, nuestro vicio nacional es también la madre de la insinceridad, del materialismo, de los viles intereses. Aquí ni la amistad es posible, porque en ella mezclamos el interés y la vanidad. Y lo mismo es nuestro país" (p. 23).

A continuación Claraval plantea la carencia de personalidad entre los argentinos. Acude ahora a la concepción histórica del país remontándose a los tiempos del caudillo Rosas. Defiende el federalismo que apoya a Rosas por considerarlo políticamente aceptable:

> Así como los argentinos no tenemos carácter ni personalidad, así tampoco los tiene la Argentina, que es casi una factoría. Hemos tenido una

> personalidad, ya lo creo. Fué hace un siglo, durante los veinte años que gobernó, según los métodos propios, don Juan Manuel Rosas. Pero los unitarios, sus vencedores, nos europeizaron, y lo hicieron de un modo tan perfecto que nos entregaron, para toda la vida, al capitalismo extranjero (p. 23).

La cuestión planteada, como es natural, no ha surgido recientemente: se originó ya históricamente en el siglo decimonónico al fundarse dos partidos políticos, dos componentes en rivalidad y conflictos que explican y dan validez a una problemática contemporánea.[13] Todos estos eventos políticos del pasado sacan a relucir el monopolio de ciertos grupos sociales que, amparados bajo las oligarquías privilegiadas, dieron lugar al antagonismo que se mantuvo en perpetua lucha. El papel explicativo de las palabras de Claraval pone énfasis en las diferencias de ideologías políticas entre los federales y los unitarios. Al remover el hecho histórico el personaje hace hincapié en la postulación de una preexistente dicotomía, *civilización-barbarie*. Ataca, entre otras cosas, la europeización favorecida por los unitarios. Según el criterio de Claraval, la falta de valores auténticos dentro de los grupos sociales es, efectivamente, determinada por vinculaciones políticas en el turbulento movimiento de la historia, a través de generaciones que han gobernado erróneamente. Al volver al pasado, se proyecta el hecho histórico como acto repetitivo. Regresando al presente, podemos ver el derrumbamiento de las circunstancias sociales del período radicalista de Yrigoyen.

Hasta cierto punto, Claraval nos deja saber que el fenómeno europeizante aparece consolidado en la mentalidad de ciertos sectores sociales. Este se halla respaldado por la alta burguesía porteña que vuelve los ojos a la influencia imperialista foránea. La visión ofrecida por Claraval nos encierra en un mundo comercializado, entregado a capitales internacionales. La necesidad de acercamiento histórico a que alude el personaje confirma, una vez más, la falta de independencia nacional (hablaremos de esto más adelante) en todos sus aspectos. La crítica se hace más acerba cuando Claraval plantea una norma de acción radical. Señala en estos momentos: "...tenemos que independizarnos de Europa y de los Estados Unidos, nuestro nuevo amo. Independizarnos económica y espiritualmente. Tratar de que surja nuestra personalidad, que salga a la luz nuestra verdadera historia, no la historia inventada por los unitarios y sus descendientes o continuadores, que siguen europeizantes" (p. 24). Claraval admite dos problemas básicos que coexisten paralelamente. Por un lado, justifica la necesidad de independencia económica y, por el otro, deja asentada la falta de personalidad, problemática que aqueja a la alta burguesía porteña a la que él mismo pertenece. Nos presenta además el trasfondo de situaciones históricas que prevalecieron y siguen prevaleciendo y que acusan simultáneamente la influencia hegemónica de un grupo político en el poder. Para Claraval la capitalización extranjerizante en boga contribuye a la disolución de la personalidad del individuo. Esta última no existe ni podrá existir. Considera que el individuo se ha convertido en mero objeto, mercancía social y política del sistema gubernamental en cuestión. Claraval concluye diciendo que si los miembros de la burguesía en el poder no tienen libertad moral profunda, carecen de personalidad: "Si no hay libertad moral, la personalidad no puede manifestarse. Y entonces se propaga la hipocresía, el servilismo... La mayor parte de los argentinos que forman la clase dirigente, no son seres humanos, sino fantasmas de seres humanos" (p. 25). Confabulación política radicada, según las palabras del personaje, en un estrato minoritario, pero que denuncia la condición parasitaria e improductiva de este sector.[14] Es decir, Claraval ataca los desmanes políticos de la alta burguesía porteña en el poder apuntaleando, al mismo tiempo, la falta de la personalidad, problemática esencial de todos los personajes y que, por tanto, adquiere importancia funcional en el material novelable de *Hombres en soledad.*

Claraval nos va planteando continuos ataques de vicios a través del proceso narrativo. Para el personaje, por ejemplo, el esquema básico que rige la alta clase burguesa tiende a la autodestruccón del individuo, la pérdida progresiva de su personalidad. Librarse de todo esto requiriría la necesidad de acción, ingrediente ausente en esta clase social con la excepción de Martín Block que autodestruye toda posibilidad con sus ideas paradójicas. Claraval considera, por consiguiente, que no hay posibilidades concretas para recuperar los valores ya extinguidos. Opina que, igual que el poder creciente de la intervención imperialista y los intereses que la misma crea en vinculaciones con las capas medias y altas de la burguesía, los factores sociales que moderan a estas capas aniquilan las posibles interrelaciones de individuos, incluso los del mismo grupo minoritario en el poder. Por otra parte, esta problemática socio-política da paso, inevitablemente, a la constante soledad del espíritu, otra problemática interior que afecta a la alta burguesía porteña. Resume la cuestión en los términos siguientes:

Ya no soporto este ambiente que empeora cada día. Mi salvación estaría

> en Dios, pero creo poco. O en la acción, pero no sirvo para eso. Mi drama no es individual. Es el de los argentinos de más rica sensibilidad. La causa del mal no está en nosotros, sino es esta especie de factoría en que hemos nacido y vivido y a la que, a pesar de todo, queremos tanto. El mal está en que el espíritu no es un valor entre nosotros, y en que aquellos que vivimos por el espíritu somos desterrados en nuestra propia patria, por el crimen de ser superiores en sensibilidad, de tener nobles preocupaciones, de ser europeos trasplantados (p. 47).

De hecho, Claraval admite la falta de acción colectiva de su medio ambiente social. Llega al autoconvencimiento de que esta pasividad suscita la carencia de espíritu reinante. Por eso considera ésta última el drama nacional argentino. Pero, en realidad, es el drama de una clase dominante—*la alta burguesía*—en el poder. No hay que olvidar que sus afirmaciones se limitan a su mismo grupo social y, en este caso particular, a los burgueses sensibles de espíritu que se apartan precisamente del hecho político debido a la incompatibilidad de éste con aquél. Consideremos brevemente esta cuestión.

La manera de sentir de Claraval debe ser incluida dentro de la misma posición experimentada por un grupo de burgueses cultivados, mal vistos por la opinión general de las clases dirigentes. En este caso, dicha opinión es la de la aristocracia y, en especial, de la alta burguesía porteña puesto que el pueblo, simplemente, no tiene participación posible en *Hombres en soledad.* Como escritor, Claraval se limita exclusivamente al enjuiciamiento del ambiente utilitario que le rodea (regresaremos más adelante a esta cuestión). Al poner en tela de juicio el materialismo imperante, el personaje justifica el hecho de que otros escritores se entreguen a la política por razones económicas. Claraval opina que de esta manera el individuo adquiere una máscara falsa que las convenciones sociales imponen sobre él. Dice al respecto:

> Ni mil personas me leen, en un país de trece millones de habitantes. Me elogian los diarios por rutina, o porque hay que elogiar a todo el mundo. Los críticos no se dan cuenta de nada. Me consuelo pensando en que lo mismo les pasa a mis colegas. ¿Para qué vivimos? ¿Para qué pierdo yo mis mejores años escribiendo? Tal vez por deber, porque escribir es mi vocación y mi oficio verdadero. Y sin recompensa, en el ambiente más utilitario y menos comprensivo que pueda imaginarse. Me explico que otros fracasados del espíritu como yo—¡esta es la patria de los fracasados del espíritu—busquen honores, altos cargos, y que se construyan una segunda naturaleza hecha de cálculo, de engaño, en sí mismos, de simulaciones cotidianas, de arrestos de falsa importancia. Yo no creo en los honores ni me interesan los cargos (p. 47).

A pesar de sus palabras, el desinteresado anhelo profesional de Claval es falso. Como veremos, el personaje llega a simpatizar con la revolución de los conservadores con fines puramente políticos y económicos pues espera un cargo en el exterior y un desahogo financiero que conduzcan a su mejoramiento social.

Esta última observación nos lleva a otras consideraciones. Claraval ataca los desmanes políticos del radicalismo, y luego de los conservadores, una vez que no logra obtener sus ambiciones personales que hemos señalado. Al ver fracasadas sus intenciones políticas el personaje acusa a su estrato social en su totalidad. Todo esto le permite establecer juicios precisos y tajantes en la novela. Estos apuntan también hacia la recuperación de la personalidad, problemática fundamental que marcha yuxtapuesta al conflicto de la soledad, como ya hemos visto. Claraval explica que el ambiente social tiene mucho que ver con la configuración de esta personalidad.[15] Sin embargo, la misma sucumbe dentro de una sociedad parasitaria en decadencia y desintegración social. Al referirse a la personalidad, dice Claraval:

> ...todo hombre tiene una personalidad, grande o chica, muy original o poco original. La personalidad es lo propio de cada persona. Todos nacemos con una personalidad, pero casi todos la tapan con dos metros de cemento que son los prejuicios, las vanidades, las disimulaciones. Se hacen una segunda naturaleza. Esto es una verdad principalmente en este país. Vamos tendiendo a la uniformidad. El hombre auténtico va desapareciendo bajo una montaña de convencionalismos. Los rasgos de independencia con que se define la personalidad son casi delitos. No nos mostramos como realmente somos, sino como aspiramos a ser, o como creemos que somos, o como queremos que nos vean (p. 23).

En el pasaje anterior Claraval indica explícitamente que el argentino de su época (y de su clase particularmente) tiende a crearse un carácter convencional, una especie de máscara que domina su verdadera personalidad careciendo, pues, de originalidad. Para Claraval la personalidad adquiere ciertos modales sociales que son determinados por conveniencias que la sociedad burguesa impone. Lo que realmente se es guarda estrecha correlación con lo que en realidad se quiere ser, por el afán social de llegar a ser. De ahí que Claraval objete que la alta burguesía porteña está compuesta de *hombres-símbolos*, representantes de factores de producción de una época determinada.

¿Cómo combatir entonces la desintegración periódica de la personalidad? Según Claraval—como hemos observado—la anulación de la personalidad está históricamente relacionada con el convencionalismo falso y artificial abogado superficialmente por los intereses de un núcleo social limitadísimo y superpuesto al proceso de la producción económica vigente. Block, por otro lado, ha sugerido la adopción de un nuevo orden social y político destinado a cambiar dicho proceso de producción. Su vehículo es la acción revolucionaria. Su propósito de lucha pretende establecer la interacción de las clases sociales con el aparato estatal que está operando. El intento, se ha visto, es paradójico. La contradicción reside en que la revolución purificante aclamada por Block se convierte sencillamente en movilismo social de clases determinadas. Y, por tanto, su punto de vista deja patente la situación ambigua del personaje, oscilando entre un revolucionarismo infundado y supeditado al materialismo burgués imperante. Las próximas líneas definen con más claridad su ideología: "¡La revolución nos sacudirá a todos, nos purificará a todos! Buenos Aires será un lugar ideal. La embelleceremos. Todo se puede hacer con voluntad, con energía, con entusiasmo, con plata. Y nada de esto nos faltará. Se acabará el convencionalismo de nuestras vidas... Formaremos un pueblo joven y unido y llegaremos pronto a la verdadera grandeza" (p. 99). Sus planes, en definitiva, son claros. Pero no incluyen al verdadero pueblo sino que se reducen a ratificar, exactamente, la tolerancia de la alta burguesía porteña. No intentan tampoco sus planes cambiar los modos de producción de este pueblo inadvertido. Por estas razones, el afán de Block de unificación demuestra ser paradójico y, al mismo tiempo, impracticable.

Parece obvio que Claraval no se deja engañar por el falso idealismo de Block cuando reconoce abiertamente las pretensiones burguesas de los revolucionarios que aparecen en la novela. Dice al respecto: "¿No se habían incorporado al movimiento en defensa de sus intereses de clase? Porque esta revolución, no puede negarse, es una revolución de 'fifí', una rebelión de los 'pitucos'..." (p. 185). Ahora bien, conviene aclarar que las ilusiones de Claraval son, meramente, las mismas ilusiones de esos *pitucos* burgueses a que se está refiriendo. Al adherirse a la revolución, Claraval se muestra defensor de los intereses de su clase, los burgueses adinerados que, según su propio criterio, han controlado el proceso socio-económico del país. Hay, pues, una contradicción precisa entre previas intenciones y realizaciones posteriores acaecidas con el triunfo temporal de la revolución. Tales realizaciones sólo revelan las pretensiones de un *hombre-símbolo*, en este caso, bajo la máscara del burgés arribista que en realidad es lo que Claraval representa. Le dice el personaje a Block más adelante:

> Le seré franco, Block. Entre viejos amigos se debe decir la verdad. A mí

> la revolución me interesaría por dos motivos. Primero: el gobierno que viniese, más accesible para mí que el actual, podría darme una secretaría de delegación. Ya ve que no pido mucho. Segundo: nuestra moneda ha comenzado a bajar, tal vez por causa del gobierno; y si la revolución mejora nuestra situación económica y el peso sube de nuevo, habrá para mí mayor posibilidad de ir a Europa. La baja del peso arruina mis ilusiones. Por esto he empezado a sentirme opositor (p. 100).

Las palabras de Claraval apuntan hacia las limitaciones económicas de la alta burguesía porteña a la que pertenece. Debido a ello, el personaje pretende utilizar la revolución como vehículo político para superar dichas limitaciones. Por otro lado, pone de manifiesto el oportunismo que resulta ser inmanente en esta capa social y que se hace visible en el comportamiento de los entes de ficción por todo el material novelesco.

Los puntos de vista discutidos por los personajes de *Hombres en soledad* revelan estrictamente una serie de factores vigentes y, en muchos casos, factores económicos. En otra ocasión el narrador habla sobre las oportunas adecuaciones de Gervasio Claraval: "El también pensaba en la valoración de nuestra tierra y de nuestros productos, que nos llenaría de dinero, y, sobre todo, en aquella ascención de nuestro signo monetario esperada con ansias por todos los que deseaban evadirse del país. Y pensaba en la posibilidad de acercarse al gobierno y de pedirle un cargo diplomático" (p. 172). Tanto Claraval como Block y los numerosos personajes de la novela siguen la fisonomía de una lógica burguesa,[16] desplegada oportunamente por el narrador en las líneas anteriores. La esencia de esta lógica se materializa en el deseo de mejoramiento económico para determinados sectores de la alta burguesía porteña. Veamos el diálogo siguiente:

> —¿Y aquel proyecto de tu madre, de conseguir una secretaría de delegación?
> —Se la pidió al general [Uriburu]. Pan comido (p. 186).

Por esta razón, el objeto de discurso entre estos personajes termina por carecer de sentido aunque no de lógica, la lógica de los *hombres-símbolos* de la novela. En el caso de Claraval y de Block, los personajes se anexan a un movimiento revolucionario con fines materialistas. Y comprobamos efectivamente que se unen al mismo para ratificar la ideología oficial del grupo dirigente en el poder, la ideología tradicional de la vieja oligarquía argentina representada por la alta burguesía. Si observamos las interacciones de los personajes podemos deducir que éstas se hallan determinadas por una misma ideología, de una misma clase social. Debido a esto los personajes actúan como miembros de un núcleo inmediatizado y socialmente homogéneo y la conducta de ellos guarda estrecha relación con dicho núcleo.

Siendo miembro de un círculo burgués distinguido, Gervasio Claraval se aprovecha de esta situación para atacar directamente al mismo. Por toda la novela el personaje va emitiendo opiniones que ponen de manifiesto el desarrollo interno y externo de un proceso imperialista, todas sus determinantes y consecuencias. Acusa a los radicales en el poder de los errores políticos. Lo mismo señala de los conservadores que se unen a la revolución de Uriburu con fines similares. Como se ha puesto en evidencia, ya desde las primeras páginas de *Hombres en soledad* Claraval objeta terminantemente la influencia extranjerizante europea en la arena nacional del país. Por otro lado, ve también en dicho dominio un grave peligro que amenaza con conquistar el campo periodístico profesional. Se refiere insistentemente a esa opresión. Veamos su actitud:

> Nos oprime Europa económicamente, nos ha convertido en una factoría. Por causa de ella aquí no hay libertades de pensamiento. Escriba usted un artículo contra la política internacional inglesa y ningún diario se lo publicará. Escriba usted un libro en que se hable con exactitud y verdad sobre la política inglesa para con nosotros, y no habrá jurado municipal o nacional que se lo premie, aunque se trate de una obra maestra (p. 25).

Toca Claraval explícitamente sobre un punto de controversia problemático que se relaciona con la situación del intelectual en la Argentina. Para Claraval, el hombre profesional se halla subordinado a factores económicos de la producción que tienden a abolir su condición de libre pensador. Cuando el escritor se convierte en máquina pierde su libertad creadora. Si no lo hace corre el riesgo del fracaso editorial. Todo esto suscita la capitalización de la literatura a la que alude Claraval. De esta manera, el escritor consciente del hecho literario o periodístico es alienado forzosamente de la escena nacional y no puede manifestar libremente su antagonismo. Esta crisis intelectual es una problemática que se agudiza más entre aquéllos que acusan abiertamente el monopolio político y económico que Claraval parece ver en el imperialismo europeo prevaleciente en la vida nacional del país.

Más adelante, Claraval juzga que el medio ambiente social no proporciona tampoco el apoyo moral y estético necesarios. Habla ahora de la vida porteña: "Buenos Aires es muy dinámica y rica, pero no hay en ella sugestiones espirituales. Y esto hace la vida vulgar y material, y repercute en la literatura, en el arte, en las relaciones sociales, en la política, hasta en el amor, rebajando el nivel de todas las cosas" (p. 45). Entre los varios aspectos apuntados por Claraval se hace hincapié en las relaciones sociales y su influencia en la literatura y en el arte. De aquélla dice que refleja inevitablemente la vulgaridad del medio ambiente. Para Claraval la literatura se convierte progresivamente en naturalismo crudo, fotográfico, un rebajamiento artístico que va paralelo a la degradación social debido a las imposiciones de la sociedad. Visto, pues, desde distintos ángulos, Claraval opina que el escritor sucumbe también dentro de las relaciones sociales perdiendo de esta manera sus valores morales y estéticos.[17]

En otra ocasión en la novela se vuelve a la misma cuestión relacionada con la mediocridad prevalente en el medio ambiente. Este es asociado con la política. El narrador apunta:

> En la política, en las letras, en la administración, en la Universidad, en todas partes, las mejores posiciones estaban en manos de mediocres. Y no sólo de mediocres, sino de ignorantes, de inútiles, cuando no de pilletes. ¿Tendría la culpa la Democracia, que daba a todos el derecho de aspirar a todas las posiciones? ¿O el auge creciente del "guaranguismo"? ¿O la inmigración, pues los hombres que actuaban ahora eran, en su mayoría, hijos de los inmigrantes que vinieron al país entre 1885 y 1905? (p. 23).

Se habla en esta oportunidad de un proceso democrático en realidad inexistente si tomamos en consideración las declaraciones previas de Claraval sobre los factores de la producción y su relación dialéctica con los grupos dirigentes que han controlado el instrumento estatal argentino. No obstante, las acusaciones del narrador dejan entrever con exactitud una situación socio-histórica determinada. Se refiere, entre otras cosas, a la corriente inmigratoria[18] y a las generaciones posteriores a la misma, destacando los errores y obstáculos burocráticos que este grupo ha ocasionado. Cabe agregar que la documentación socio-histórica planteada pretende responder, una vez más, a todos estos interrogantes a que alude el narrador anteriormente. Según sus palabras, la preponderancia del núcleo inmigrante va aliada a los intereses de la alta burguesía porteña, contribuyendo, de este modo, a la consolidación de ésta última en el poder. Digamos, pues, que la observación histórica señalada por este narrador resulta ser en este caso práctica, esencial para comprender una serie de problemáticas que se materializan en el material novelable pero que, debido a la estrechez que une la ideología de los personajes, queda sin resolverse aun con el triunfo esporádico del hecho revolucionario en que se centra la obra. Por otra parte, con la referencia explícita al grupo inmigrante podemos ver cómo el narrador actualiza el pasado que, en resumidas cuentas, sigue estrechamente ligado al presente, es un elemento fundamental de éste. O mejor dicho: la vuelta al pasado da continuidad histórica, adquiere una significación actual en el contexto social que se evidencia en *Hombres en soledad*.

Con la disolución de los brotes revolucionarios se atenúa otra quiebra interna ya latente en la novela cuando hablamos del radicalismo, la del vicio y el convencionalismo social. Los efectos político-económicos de la revolución de Uriburu patentizan la desintegración social acrecentando, de este modo, las ilusiones perdidas de la alta burguesía porteña. Así, por lo menos, lo comenta el propio Claraval al referirse a los resultados posteriores de la revolución:

> Los argentinos habían vuelto a sus vicios de antes: el escepticismo, el sensualismo, el chiste fácil, la canallería de los pasquines, el tango cotidiano. Habíamos vuelto inclusive al servilismo de los meses anteriores al movimiento, sólo que ahora se adulaba a Uriburu en vez de adular a Yrigoyen. La politiquería empezaba a florecer otra vez. Por el mismo motivo vital y humano por el que había simpatizado con la revolución de Setiembre, simpatizaba ahora con los radicales. ¡Lástima que estos gestos se perdieran! Porque no era posible hacerse la menor ilusión. El país había caído en el marasmo de antes y ya nunca se levantaría (p. 284).

Vista desde un punto de vista político, la crisis social, antes y después de la derrota de Yrigoyen, continúa inmutable. Es por ello que la lucha entre ambos partidos ha resultado ser impracticable por lo que respecta a la transformación ético-espiritual a la que aluden con frecuencia los personajes de la novela.

Y casi al final de la obra se vuelve a reafirmar la desilusión de Block con relación al fracaso inminente de la revolución de Uriburu. En esta oportunidad el narrador comenta la situación social cuando se refiere al suicidio de Martín Block:

> El [Claraval] sabía, sin embargo, de qué había muerto Martín Block. El fracaso de la Revolución del 6 de setiembre, es decir, del espíritu de la Revolución era lo que había armado su revólver. Había amado a la Revolución como nadie, de una manera violenta y sagrada. De ella esperaba la salvación suya y de los demás. Hasta hacía poco, la había creído triunfante, pero después había comprobado la desaparición de todas sus ilusiones. Los argentinos habían vuelto a ser lo de antes, y él mismo tampoco había cambiado fundamentalmente. Desengañado del gobierno de Uriburu sentíase disconforme con todos. Block había querido morir para no ver el retorno de todos los males anteriores a la Revolución, y convencido de que su caso personal no tenía remedio (pp. 335-336).

Sin embargo, el caos espiritual que parece suscitar la pérdida de las ilusiones burguesas no es una causa aislada aunque el suicidio de Block apunte hacia esta idea. Dicho caos va yuxtapuesto a otro caos económica que interesa y define la ideología de la alta burguesía porteña. Es por esta razón que las condiciones político-económicas[19] de estas capas sociales nos permiten comprender los intereses de clase de las mismas. Agrega el narrador:

> Todo el mundo sabía que su situación [la de Claraval] era desastrosa, y corrían también malas noticias sobre la fortuna de Ezequiel Toledo. Los vencimientos y los servicios hipotecarios enloquecían a la gente. Las casas, los terrenos y los campos perdían un poco de su valor cada día. Grandes fortunas se venían abajo. Mujeres que vivieron hasta ayer en palacios, aceptaban empleos del gobierno, cátedras de idiomas o de labores o de música. La Revolución no había evitado la crisis. Por el contrario, la supresión de empleos y la reducción exagerada de los sueldos estaban agravando la situación económica (pp. 350-351).

En definitiva, el fracaso de la revolución de los conservadores políticos implica el derrumbamiento de la estabilidad con que había contado la alta burguesía en los tiempos de Yrigoyen. Por eso, tratar de comprender las ilusiones perdidas de este núcleo social requiere, entre varias cosas, comprender la ideología de la alta burguesía que llega a imperar en su totalidad en la novela. Para este grupo minoritario la crisis espiritual y moral va supeditada al caos político-económico, factor vital que aterroriza a la alta burguesía. Por ello es que se busca un apoyo en el vehículo revolucionario, base esencial de la novela al que se unen todos los personajes.

Resumiendo, pues, *Hombres en soledad* nos muestra un nutrido número de personajes inextricablemente unido a su clase y a los intereses de esta clase. Por esto, separar el comportamiento de personajes sería imposible debido al acento totalizante que la alta burguesía porteña deja patente en la novela. Se ha limitado la discusión al comportamiento de Bartín Block y Gervasio Claraval por ser ellos quienes, en función de *hombres-símbolos*, revelan y admiten problemáticas esenciales a su grupo social. La problemática de ambos equivale, precisamente, a la misma problemática de los demás entes de ficción ya que todos forman un núcleo homogéneo, definido, representando ideologías que se insertan en un fenómeno socio-histórico determinado. Es por esta razón que la realidad histórica se hace indispensable puesto que sirve de base ideológica a los personajes.

Digamos, por último, que la función de *hombres-símbolos* es simplemente una máscara que permite actuar a los personajes, exhibiendo de este modo una serie de relaciones problemáticas. Pero, una vez desenmascarados de la paradoja y la autonegación, estos miembros de la alta burguesía porteña terminan simplemente descubriendo los rasgos característicos del estrato social del que forman parte.

VALPARAISO UNIVERSITY

Notas

[1]Manuel Gálvez. *El novelista y las novelas*. Buenos Aires: Emecé, 1959, pp. 80, 82.

[2]Conviene aclarar que estas fuerzas históricas relacionadas con la vida de Gálvez pueden ser utilizadas únicamente como datos auxiliares ya que como señala Lucien Goldmann, la biografía de un autor determinado "n'est qu'un facteur partiel et secondaire, l'essentiel étant le rapport entre l'oeuvre et les visions du monde qui correspondent à certaines classes sociales." (En *Recherches Dialectiques*. Paris: Gallimard, 1959, p. 48). Para Goldmann una visión del mundo "est le système de pensée qui, dans certaines conditions, s'impose à un groupe d'hommes se trouvant dans des situations économiques et sociales analogues, c'est-à-dire à certaines classes sociales" (p. 47).

[3]Con esto nos topamos con problemas miméticos cuando se vincula la obra del creador con los eventos más sobresalientes acaecidos en una sociedad que sirve de base a dicha obra. Estas cuestiones miméticas son elaboradas por Erich Auerbach en *Mimesis: The Representation of Reality in Western Literature*. Princeton: Princeton University Press, 1971. Dice Auerbach en su ensayo sobre Stendhal y Balzac: "He who would account to himself for his real life and his place in human society is obliged to do so upon a far wider practical foundation and in a far larger context than before and to be continually conscious that the social base in which he lives is not constant for a moment but is perpetually changing through convulsions of the most various kinds" (p. 459).

[4]Este aspect temático ha sido elaborado por Elena Carrero del Mármol en "Gálvez y Mallea: Imágenes de la Argentina", *Duquesne Hispanic Review*, II (1963), 167-168.

Véase también Arnold Chapman, "Manuel Gálvez y Eduardo Mallea" *Revista Iberoamericana*, XIX (1954), 71-78; y Max Daireaux, "La soledad de los espíritus en la Argentina", *Nosotros*, año IV, núm. 37, tomo 39 (abril, 1939), 382-390.

[5]Uno de los problemas básicos que enfrentó Yrigoyen fue su imposibilidad de eliminar la política del partido conservador que encontró su apoyo en la tradición oligárquica. De aquí que el carácter popular del radicalismo pequeño-burgués termine subordinando a la vieja guardia oligárquica. Jorge Abelardo Ramos comenta al respecto: "...la democracia pequeño-burguesa del caudillo [Yrigoyen] sólo podía vivir en tanto subsistiesen las condiciones del Estado liberal oligárquico nacido por la expansión de un mercado mundial estable. El patriarcalismo de Yrigoyen ya carecía en 1930 de sustentación". (En *Revolución y contrarrevolución en la Argentina*, II. Buenos Aires: Plus Ultra, 1965, pp. 339-340).

[6]Sobre las relaciones problemáticas de los personajes novelescos comenta Georg Lukács: "La composition romanesque est une fusion paradoxale d'éléments hétérogenes et discontinus appelés à se constituer en une unité organique toujours remise en question." (En *La Théorie du roman*. París: Gonthier, 1963, p. 79).

[7]Manuel Gálvez. *Hombres en soledad.* Buenos Aires: Losada, 1957, p. 25. Todas las citas en este trabajo provienen de la misma edición. (El subrayado es nuestro.)

[8]Seguimos la hipótesis planteada por Lucien Goldmann en *Ciences Humaines et Philosophie.* París: Presses Universitaires de France, 1952. Golmann considera "la fonction dans la production" uno de los tres factores que complementan los elementos de las clases sociales (p. 111).

[9]Gálvez menciona brevemente estos conflctos al hablar en su autocrítica de la novela. Dice el autor: "Los críticos han visto muchas cosas, pero ninguno ha advertido que, en lo novelesco, mi novela consiste en choques de almas. En ella vemos como se enfrentan el marido y la mujer, el padre y la hija, el padre y el hijo, los amigos íntimos de diferentes ideas". (En *Entre la novela y la historia,* tomo II de *Recuerdos de la vida literaria.* Buenos Aires: Hachette, 1962, p. 361).

[10]Goldmann ha dejado asentado este postulado al decir: "...il va de soi que l'absence de soucis économiques (notamment dans un monde où elle est un privilège et où grâce à la misère de la masse, la richesse confére un pouvoir effectif sur les hommes) crée un genre de vie qui, sauf exceptions, agira puisamment sur la morale et la pensée de ceux qui se trouvent dans cette situation". (En *Sciences Humaines et Philosophie,* p. 84).

[11]Los rasgos individualizados de los porteños adinerados reflejan la naturaleza parasitaria de este sector. Análogo criterio emite el narrador de *Hombres en soledad* cuando se refiere a la sociedad argentina de la post-guerra representada en la novela: "Por lo visto, eran así todos los argentinos: sensuales, corrompidos, superficiales, sin vida interior, sin personalidad verdadera, sin gusto ninguno por la comprensión entre las almas" (p. 36).

[12]En *Realismo y realidad en la narrativa argentina,* Buenos Aires: Ediciones Pracyon, 1961, Juan Carlos Portantiero señala: "La política es la vía para tornar históricas las corrientes ideológicas que aparecen como independientes del entorno, como absolutamente autónomas, como mero producto de otras ideologías" (p. 32).

[13]José Ingenieros dice: "La política argentina ha sido durante el siglo XIX el monopolio de una clase social, propietaria de la tierra, a cuyo lado vivían turbas de mestizos que nunca fueron ni clase media ni un proletariado. Todas las luchas civiles y las variaciones políticas se han efectuado entre oligarquías pertenecientes a la misma clase privilegiada: los unitarios eran una parte liberal de la oligarquía porteña, en lucha con otras oligarquías feudales embanderadas en el federalismo". (En *Sociología argentina.* Buenos Aires: Editorial Universitaria, 1964, pp. 68-69).

[14]Análogos comentarios hace Claraval al referirse a la superficialidad y mediocridad del medio ambiente burgués que aqueja a muchos de su misma clase. Señala al respecto: "El país me ha hecho superficial. Muchos sentimos esta superficialidad que nos rodea y nos invade. Sólo buscamos el placer mediocre. No tenemos sentido religioso de la vida, ni heroísmo, ni grandeza. Somos poco humanos" (En *Hombres en soledad,* p. 45).

[15]Georg Lukács. *Realism in Our time: Literature and the Class Struggle.* New York: Harper & Row, 1964. El crítico apunta: "For it just the opposition between a man and his environment that determines the development of his personality" (p. 28).

[16]Un buen ejemplo de esta lógica es el caso de Brígida, uno de los personajes más paradójicos de la novela. Repudiando todo lo burgués, Brígida muestra, al mismo tiempo, un temperamento aristocrático, una afectación extranjerizante. Dice en cierta ocasión: "¡Oh, yo no soy burguesa! Pero tengo que vivir en un mundo burgués.

Hasta mis sentimientos íntimos tienen que adaptarse a lo que me rodea. Y en cuanto a que Europa sea un continente burgués, protesto indignadísima. Burgués es el continente americano. Burguesa es esta ciudad de Buenos Aires. Yo soy lógica con mis ideas. Nada menos natural que lo burgués, ni más convencional, ¿no es cierto? Yo le pregunto por qué seremos los argentinos, tan convencionales, tan antinaturales..." (En *Hombres en soledad*, p. 136).

[17]Ralph Fox. *The Novel and the People.* London: Cobbet Press, 1948. Dice al respecto: "The individual whose labour power has become a commodity ceases to possess a moral or aesthetic value, since commodity exchange equates to its very opposite" (p. 48).

Andrea, la esposa de Gervasio Claraval, no considera al escritor digno del rango social de la alta burguesía porteña. En cierta ocasión, el narrador explica: "No concebía [Andrea] que un hombre distinguido renunciara a todas esas cosas que eran propias de su condición", y más adelante se apunta que la misión del escritor debe ser explotada como medio de producción y debe ser causa de especulación del capitalismo literario: "La única ventaja de escribir consistía en que el ser intelectual daba prestigio entre ciertos hombres. Pero él [Claraval] no sabía aprovechar ese prestigio, o no deseaba aprovecharlo; si lo tenía" (En *Hombres en soledad*, p. 40).

[18]La ola incesante de inmigrantes en la Argentina cumple un papel histórico-social preponderante. También su participación política en el país es importantísima. Adolfo Prieto señala: "En el hijo del inmigrante persiste el sueño de la riqueza, pero delega en esfuerzos menores el evento de conquistarla: la profesión liberal, el puesto burocrático, la lotería; y afianzado las más de las veces en un austero desahogo económico conjura los bienes de fortuna ostentando sus signos anteriores: el traje impecable y el despendio de un ocio señorial". (En *Sociología del público argentino.* Buenos Aires: Ediciones Leviatán, 1956, p. 21).

Sobre la repercusión del inmigrante en la obra literaria consúltese Gladys Onega, *La inmigración en la literatura argentina.* Buenos Aires: Galerna, 1969.

[19]Ernesto Palacio explica estas condiciones en los términos siguientes: "Mientras las consecuencias de la crisis económica azotaban al país, la política financiera del gobierno *de facto* consistió en mantener el signo monetario y en pagar los servicios de la deuda externa, al par que se atrasaban los sueldos de la administración y se condenaba a la población a la penuria. Se decretaron cesantías en masa por motivos políticos y el viejo y venerable presidente Yrigoyen fue confinado en Martín García, bajo la acusación de numerosos delitos imaginarios". (En *Historia de la Argentina*, II. Buenos Aires: Ediciones Huemul, 1965, p. 371).

VII. Linguistics

SYNTACTIC PATTERNING IN DAMASO ALONSO'S "LA OBSESION": A LINGUISTIC APPROACH TO STYLE

Sharon Ghertman

As the title indicates, this essay consists of both a methodological exposé of a linguistic model, syntactic patterning, and an accompanying analysis of "La obsesión," a poem from Dámaso Alonso's collection *Hijos de la ira.*[1] My aim is to explore the role that syntax plays in the total arrangement of Alonso's poem in an attempt to view not only the outline of its structural components but its literary functions. Since syntactic parallelism, correlations, and correspondences are critical concepts in Alonso's system of literary analysis,[2] the discovery that the consistent use of certain kinds of syntax in relationship to poetic material, syntactic patterning, is operative in his poetic *oeuvre*, may not in itself astound readers. However, the ways in which Alonso uses syntax in patterned configurations in his poetry have yet to be described in any systematic manner. It is then perhaps appropriate at this point to introduce the notion of syntactic patterning, which has its roots in structuralist theory, and distinguish it from other methodological approaches to style using a grammatical base.

I. Syntactic Patterning As a Structuralist Model

It must be understood from the outset that syntactic patterning is *not* synonymous with the cataloguing of grammatical relationships or their statistical frequency distribution, characteristic of an empirical approach to literature such as one might find in Patrick Boyde's *Dante's Style in His Lyric Poetry.*[3] A simple isolation of syntactic types, divorcing them from the contexts in which they are embedded, does not account for their function in the text, which depends on the order or sequence in which they appear, giving emphasis or stylistic weight to certain elements, or diminishing the importance of an element. It is the term "pattern" that distinguishes the grammatical approach to style from the structuralist approach, for it transforms linguistic components into a binary concept of dissimilarity and similarity, which I then project on a syntactic base. Empirical data alone cannot account for style, unless the pattern can be discerned. I have adapted the concept of pattern from Riffaterre's stylistic model, a binary system of a context of continuum and a contrast of discontinuum:

> Ce qui fait la structure stylistique d'un texte, c'est une séquence d'éléments marqués en contraste avec des éléments non marqués, de dyades, de groupes binaires dont les pôles (contexte, contraste par rapport à ce contexte) sont inséparables, inexistants indépendamment l'un de l'autre (chaque fait de style comprend donc un contexte et un contraste).[4]

Riffaterre's model indicates that the stylistic unit is composed of a context broken by a linguistically observable contrast. A series of "micro-contexts" then accumulates into "macro-contexts," though micro-context and macro-context are more than simple designations of "extract" of the text and "entire text." The purpose of the model is to lay bare a system of interrelating sections that are portioned off into stylistic units or patterns. The opposition of a micro-context and its contrast may exist on the level of a nominal group, as in the example cited by Riffaterre, "Cette *obscure clarté* qui tombe des étoiles" (p. 70; my italics). It is my contention, however, that this binary system has a syntactic basis, though Riffaterre rules out "grammar" as a relevant component of his model. He speaks of the "non pertinence de la grammaire" (p. 315) in refutation of Roman Jakobson's handling of grammatical parallelism in poetry.[5] Grammar, says Rifaterre, is a formal component that poetry shares with other types of discourse. Thus, I make the distinction between "syntax" with its stress on the relationships between elements as opposed to a cataloguing of types that "grammar" with its "parts of speech" implies. Syntax, however, is only relevant to poetry if a system or pattern of marked and unmarked elements emerges in the text. I propose to show that such syntactic relationships are not gratuitous occurrences but essential ordering devices responsible for poetic composition. In applying Riffaterre's model of context and contrast to syntax, shifting the basis from semantics while not excluding it,

I shall attempt to prove that syntactic elements also combine into patterns of literary, not merely linguistic, significance.

This binary system is not a normative model, however. It does not state the manner in which the text *should* be construed, but attempts to view the syntactic foundations of literature as a means of defining poetic artifice. According to the structuralist model, each poem or text establishes its own internal system of devices (contrasts) and environments (contexts), which the reader may then deem effective or ineffective depending on his or her aesthetic preferences.

In application of a structuralist methodology, I have devised the term "syntactic patterning," which refers specifically to the two dominant levels of syntax responsible for development or cohesion of the literary text. I call these two levels the "syntactic context" and the "syntactic contrast," analogous to Riffaterre's system of semantic context and stylistic contrast. Syntactic patterning indicates that the recurrent or invariant syntactic types (the context) are counterbalanced by non-recurrent or variant types (the contrast).[6] This binary model is an essential feature of structuralist methodology, that views arrangement as a merging of oppositional types. Thus two paradigms for the model become apparent: the recurrent context of syntactic similarity and the non-recurrent pattern of syntactic dissimilarity. The syntactic contrast, however, is not an extension or contraction of its context, but a syntactic type that runs counter to it; the relationship between the two oppositional levels, components of the dyad of syntactic patterning, is hypotactic, analogous to the relations of a main or free clause to its subordinate or bound clause. These two essentially distinct types determine the continuous or discontinuous nature of their semantic components. The syntactic context points to devices of expansion, while the contrast serves the function of indicating devices of contraction in the text. The syntax of the context then carries the text forward with devices of amplification. Its contrastual counterpart delimits poetic sections and serves as a device for signaling closure for those sections. The syntactic contrast becomes a sign that conditions reader-responses to poetic arrangement. The reader then begins to sense a sort of finality or terminatory unit in the text, not only on the semantic level, but on the level of its patterned syntax.[7]

Each syntactic level (contrast or context) consists of two elements, forming a dyad, analogous here to the subject-verb relationship. The grammatical categories of "noun," "adjective," or "verb" alone do not meet the requirements for the contextual or contrastual dyad, for one solitary element is insufficient to create the interlinkage necessary for textual coherence. If one lists all the realizations of a first-person singular in a sonnet of Garcilaso, for example, without an account of its position in the poetic line or stanza, or an analysis of the semantic unit it underscores, one does not have a linguistic basis for the establishing of a syntactic "type" responsible for arrangement. It must be recalled that the purpose here is to discover devices instrumental in the structure or arrangement of the text and that discovery depends on patterned relationships, recurrences, and interruptions. The dyad—contextual or contrastual—need not be a kernal (a subject-verb-object construct), nor even a complete sentence, however. The dyad may be a linguistic relation expressing duality: a nominal group (noun plus adjective), a verb, or conjunction in a key recurrent position, such as the first slot of the poetic line or rhyme position. The requirement of duality merely permits an analysis of the way in which a particular element is integrated into the text, a process that is obscured through the cataloguing of isolated terms.

The interplay of these two syntactic levels—contextual and contrastual—constitutes the pattern by means of their relative positions within the text; their combination I call "convergence," and their opposition or distancing I call "divergence." Convergence occurs with the merging of the two levels, implying a possible suppression of one of the elements of each dyad in order to constitute a new dyad. Yet convergence could signify a simple juxtaposition of levels in the same syntactic period, poetic section, or stanzaic unit. Divergence, however, occurs with the distancing of the context from the contrast, often as a means of amplification. These expansions and contractions may appear at any point in the text, with the fuction of delimiting the boundaries of a micro-context or semantic unit. Divergence is not an inherent feature of the beginning of a poem, nor is convergence synonymous with a successful peroration. Garcilaso uses a motif of continuation in his *Canción II*, "No me pregunten más, que lo diré," which is a derivation of the syntactic context of that poem.[8] A stylistic effect of open-endedness emerges with the combinatory possibilities of motif or theme with patterned syntax.

Further bifurcations may occur at the level of each component of the dyad, though in Garcilaso, I found that this kind of severing appears only in the Fourth *Canción*. I prefer the term "disintegration" for these intra-dyadic divisions, and their re-combination, "re-integration." Following the analogy of the dominant contextual—contrastual pattern, each dyad then may extend or contract within a given stanza or stylistic unit. It is indeed conceivable that one could expect further subdivisions, depending on the nature of each text examined. It is even possible that in an extended text, such as Ariosto's *Orlando furioso*, one could discover a multiplicity of syntactic patternings and not just one context and contrast. Thus the model for patterned syntax is a system of interrelated dyadic structures, each binary group providing the possibility of eventual disintegration or re-integration, as the following diagram shows:

Syntactic Patterning

Context | Contrast

1st component 2nd component | 1st component 2nd component

The counterpart of disintegration I prefer to call "re-integration," as the syntactic dyad of either level, contextual or contrastual, provides the basis for a system of unity of the text. Lest the linking devices responsible for poetic arrangement completely disjoin, these first and second components reunite after the initial severing of the syntactic bond. These binary ramifications are perhaps more likely to occur after the syntactic bond for unity has been established.

The identification of the syntactic type is only the first step in the application of the descriptive model to a literary text. The next step is an analysis of the actual linguistic realizations that derive from a common syntagmatic basis: the context or contrast. The syntactic relations outlined in the model undergo a process of transformation in these realizations within the text. The context and contrast with their various ramifications are kinds of interlocking syntagmata, each subsequent division of which constitutes a paradigmatic chain within the poem. As each formulation of the syntactic types occurs, a change is necessary to permit its integration into a new environment. In this manner, a system of equivalents, both syntactic or semantic depending on the nature of the transformation, is established, adding linguistic cohesion to poetic discourse.[9] For example, the complexity of Garcilaso's Fourth *Canción* lies in the continual severing of the contextual or contrastual dyad and the collocation of the first and second components in different grammatical periods within the same stanza.[10] In addition, there is a system of substitutional structures replacing the nominal modification of the context with a "displaced" antecedent, or periphrase of the noun, such as "quien dentro me incitava," Stanza 3.[11] Another example is the kind of "conditioned" response that appears in the first line of the *Celestina* with Calixto's periphrase that demands a clarification from Melibea:

Calixto: *En esto* veo, Melibea, la grandeza de Dios.
Melibea: ¿*En qué*, Calixto?
Calixto: *En dar poder* a natura que de tan perfecta hermosura te dotase....[12]

Here we have a binary group, a dyad, composed of the prepositional component *en* plus a "displaced" antecedent, *esto* and *qué*, and finally a clarifying term, *dar poder a natura.* With this three-fold system of syntactic substitution, we not only have a series of equivalents between pronominal forms (*esto* and *qué*) and substantive form (*dar poder*), in which the infinitive functions as a noun, but a literary text that moves forward through these substitutions. Calixto's periphrase then has a linguistic basis, with which he obliges the intransigent Melibea to respond. These transformations then are not adventitious occurrences but constitute a pattern, discernible on the level of a micro-context; the pattern of a preposition *en* plus a pronoun is broken by the substitution of a nominal form, *dar poder*, an observable contrast.

Syntactic patterning then designates linguistic relations in a literary text that serve a poetic or organizational function. Not all syntactic bonds fulfill this essential purpose as an ordering device responsible for patterned configurations. The binary concept of the syntactic context and contrast is the basis for the analysis of the pattern, composed of both continuous and discontinuous linguistic structures. Thus a multiplicity of combinatory possibilities exists for each text. Yet as this model is descriptive rather than normative, the inherent bifurcation in syntax, visible on the level of the noun phrase versus verb phrase common to all Indo-European languages, is intended to lay bare the poem as a system with its own specific complexities, awaiting adequate definition.

II. Syntactic Patterning in Dámaso Alonso's "La obsesión"

Because syntactic patterning is a descriptive model, it implies that the poem is not to be cut down or stretched in Procrustean-bed fashion to suit its tenets. Instead, the model provides an analytical tool with which the mechanisms responsible for poetic ordering may be evaluated. My aim here is to show that the model of patterned syntax applies to modern poetry as well as it does to Petrarchan verse form. Initially, when I set out to prove (in *Petrarch and Garcilaso*) that Petrarch's cliché of the "Chiare, fresche, e dolci acque" had a syntactic base in common with Garcilaso's "Corrientes, aguas puras, cristalinas," and Boscán's "Claros y frescos ríos / que mansamente vais," I began to examine modern poets, Dámaso Alonso in particular, to see what kinds of syntactic bonds appear in poetic discourse. I found, however, that in modern poetry, unlike its sixteenth-century counterparts, metrical organization is at once problematic: metrics is no longer a convenient critical handle with which the reader may grasp the organizational devices in poetry. From the point of view of metrics, an obvious starting place for the analysis of Petrarchists, a poem such as "La obsesión" presents several key literary problems. I wish to suggest here that where metrics seems inoperative or unsystematic, syntactic patterning may provide a critical tool for delving into poetic structure.

Dámaso Alonso himself refers to his collection *Hijos de la ira* as "una protesta literaria" and in this protest he isolates three major areas of inquiry: metrics, poetic diction, and content:

> El núcleo principal de poemas de *Hijos de la ira* creo que manifiesta de modo bien evidente una voluntad de apartarse de estos tres precedentes: de la poesía a lo "Garcilaso," con el cultivo del verso libre, y a veces libérrimo; de la "poesía pura," con una voluntaria admisión de todas las "impurezas" que aquella excluía: apasionamiento, a veces sentimentalidad, exclamación, imprecación, contenido argumental, toda clase de léxico, sin esquivar ni el más desgastado por el uso diario (ni tampoco el literario, cuando haga falta, qué demonio). Al mismo tiempo, el alejamiento del "surrealismo" estaba ya, sin más, señalada por la expresión, que en *Hijos de la ira* está basada en una racionalidad, interior y exteriormente cohesiva.[13]

Critics of Alonso attempt to systematize his poetry along traditional lines of metrical organization, as one might analyze a Petrarchan sonnet. Yet the results invariably amount to metrical inconsistencies, with half-glimpsed hendecasyllables or an occasional heptasyllabic combination.[14] In "La obsesión" the reader looks in vain for rhyme words, assonance, consistent line length, or rhymic patter. Line length can vary from three syllables to twenty-six. Of the fifty-seven lines, there are six stanzaic units: nine lines, plus twelve, plus ten, plus four, plus eight, plus fourteen. Alonso's poem then obliges the reader to examine its internal structure as a means of comprehending its ordering devices, lest these stanzaic divisions appear incoherent. The reader can no longer use the *hic-est* method of identifying metric type and then consider the task of analyzing organizational devices completed.

In addition, Alonso's poem challenges the reader on another traditional level of poetic analysis: that of diction or word choice.

Syntactic Patterning

We are given fair warning in the introduction that "uno debe escribir como le sale de dentro" (p. 31); hence, unrefined language or everyday terms are not excluded. Alonso does not specifically indicate whether the disregard for "las técnicas muy refinadas" extends to figures of rhetoric. In examining his use of semantic equivalents, however, we have our first indication of a recurrent syntactic bond: the nominal group for *la obsesión*. These semantic equivalents for *la obsesión* overlap into figures of rhetoric, as Elias Rivers points out in his note, thus fulfilling Riffaterre's requirement that poetic devices must be noticeable to the reader or "superreader."[15]

> *Picón, ariete, berbiquí, carcoma*: son todas metáforas de la sorda fuerza penetrante de la angustia obsesiva.

The problem then is to determine whether equivalents for *obsesión* have a common syntactic base. Rivers' description of the metaphoric weight of these semantic terms repeats the linguistic mechanism common to them in the text, the nominal group, or a noun plus an epithet or adjective: "*sorda fuerza penetrante* de la *angustia obsesiva.*" It is my contention that it is this nominal construction that moves the poem forward as a source of structural continuum. Yet before proceding to the analysis of the syntactic context and contrast in *La obsesión*, it is appropriate, following the example of Alonso's critical method, to introduce the text in its entirety, for even in a pedagogic *explication de texte*, the analysis begins with a reading of the material. Throughout this essay, the preceding line number marks the position of the line within the poem:[16]

LA OBSESION

1 Tú. Siempre tú.
2 Ahí estás,
3 moscardón verde,
4 hocicándome testarudo,
5 batiendo con zumbido interminable
6 tus obstinadas alas, tus poderosas alas velludas,
7 arrinconando esta conciencia, este trozo de conciencia empavorecida,
8 izándola a empellones tenaces
9 sobre las crestas últimas, ávidas ya de abismo.

10 Alguna vez te alejas,
11 y el alma, súbita, como oprimido muelle que una mano en el juego una instante relaja,
12 salta y se aferra al gozo, a la esperanza trémula,
13 a luz de Dios, a campo del estío,
14 a estos amores próximos que, mudos, en torno de mi angustia, me

interrogan
15 con grandes ojos ignorantes.
16 Pero ya estás ahí, de nuevo,
17 sordo picón, ariete de la pena,
18 agrio berbiquí mío, carcoma de mi raíz de hombre.
19 ¿Qué piedras, qué murallas
20 quieres batir en mí,
21 oh torpe catapulta?
22 Sí, ahí estás,
23 peludo abejarrón.
24 Azorado en el aire,
25 sacudes como dudosos diedros de penumbra,
26 alas de pardo luto,
27 oscilantes, urgentes, implacables al cerco.
28 Rebotado de ti, por el zigzag
29 de la avidez te enviscas
30 en tu presa,
31 hocicándome, entrechocándome siempre.
32 No me sirven mis manos ni mis pies,
33 que afincaban la tierra, que arredraban el aire,
34 no me sirven mis ojos que aprisionaron la hermosura,
35 no me sirven mis pensamientos, que coronaron mundos a la caza
de Dios.
36 Heme aquí, hoy, inválido ante ti,
37 ante ti,
38 infame criatura, en tiniebla nacida,
39 pequeña lanzadera
40 que tejes ese ondulante paño de la angustia,
41 que me ahoga
42 y ya me va a extinguir como se apaga el eco
43 de un ser con vida en una tumba negra.
44 Duro, hiriente, me golpeas una vez y otra vez,
45 extremo diamantino
46 de vengador venablo, de poderosa lanza.
47 ¿Quién te arroja o te blande?
48 ¿Qué inmensa voluntad de sombra así se obstina contra un solo y
49 contra un solo y pequeño (¡y tierno!) punto vivo de los espacios
cósmicos?
50 No, ya no más, no más, acaba, acaba,
51 atizonador de mi delirio,
52 hurgón de esto que queda de mi rescoldo humano,
53 menea, menea bien los últimos encendidos carbones,
54 y salten las llamas purísimas, las altas llamas cantoras,
55 proclamando a los cielos
56 la gloria, la victoria final
57 de una razón humana que se extingue.

Syntactic Patterning

A. The Syntactic Context: The Obsession Paradigm

In establishing a paradigm of substitutional forms for the title of the poem "La obsesión," one finds a syntactic recurrence of the nominal group: a noun plus a modifier. The title of the text, "La obsesión," not only announces a repetitive semantic component, for the term originally means a besieging, from *obsidere*. "La obsesión" also relates grammatically to the title of the collection, *Hijos de la ira*. Both nouns, *ira* and *obsesión*, are affective abstractions: *ira*, functioning as a modifying noun, is held in linguistic and semantic opposition to *hijos*, producing a metaphoric construct of almost allegorical weight. As the personification of *ira* suggests derivational possibilities in keeping with its genealogical sense, the reader then expects that a poem entitled "La obsesión" receive similar poetic treatment. Personification is not a device in the title itself, though the high degree of nominal substitutions, constituting the poetic context, includes this rhetorical underlining of the obsession paradigm.

This dominant syntactic repetition intersects with a figure of rhetoric, the apostrophe or direct address, yielding the following paradigm of nominal groups defining "obsesión:"

I. 3 moscardón verde

II. 17 sordo picón, ariete de la pena,
18 agrio berbiquí mío, carcoma de mi raíz de hombre.

21 oh torpe catapulta

III. 23 peludo abejarrón.

IV. — — — — — — — — — — —

V. 38 infame criatura, en tiniebla nacida,
39 pequeña lanzadera

VI. 45 extremo diamantino
46 de vengador venablo, de poderosa lanza.

51 atizonador de mi delirio,
52 hurgón de esto que queda de mi rescoldo humano,

These nominal apostrophes share a common rhetorical base. However, they also hold a positional equivalence: they all appear in isolated poetic lines, in the first slot. Each noun group, a paradigmatic derivation or substitution for *la obsesión*, systematically occurs with some kind of modifier, which can be broken down into three syntactic ties: 1) the nominal group, an epithet or adjective plus its noun, 2) noun modification, a noun that modifies another noun, as in the context *hijos de la ira*, in which *de la ira* modifies *hijos*, and 3) the relative-clause modifier, such as "pequeña lanzadera / que tejes ese ondulante paño de la angustia," composed of a head noun plus a relative clause, a type of verbal modification here.[17]

The structure for continuity in the poem emerges with these referents to *obsesión*, dividing the text into two main syntactic sections, each section turning on a different image, plus a third and final section. Part 1 encompasses lines 1 to 21, part 2, lines 22 to 43, and part 3, lines 44 to 57. Further, each of these three parts breaks down into three subdivisions, in connection with the syntactic contrast, an antithetical system of verb phrases, which I will analyze forthwith. Yet there are two kinds of imagery operative on the semantic level: image A, the imagery of insects, perhaps the "impurezas" to which Alonso refers in his *Prólogo*, and image B, the imagery of instruments. Thus the syntactic context does not rule out differences between its components, but includes possible transformations within its structural similarity, sometimes referred to as "deep structure," or an underlying common denominator.

The first occurrence of image A, 3 *moscardón verde*, does not at first initiate a contextual paradigm; it follows its verb and is not positioned in the same poetic line as 2 *ahí estás*. Line division here, however, runs along the boundaries of syntactic types, not on rhyme scheme or syllable count. Instances of the severing of syntactic links, such as 42 "como se apaga el *eco* / 43 *de* un ser con vida en una tumba negra," a severing of a contextual noun modifier, produces an effect comparable to metrical enjambement. The great variety of line lengths in this poem shows that metrics is not the central organizing principle, whereas Dámaso Alonso's syntactic collocation of noun phrases and verb phrases into distinct poetic lines provides a viable means of understanding the arrangement of the text. The isolation of an element into one poetic line draws attention to it, as the duplication of *ante ti* in lines 36 and 37 creates a structural and syntactic pause, before the resumption of the nominal paradigm of context, previously broken by the contrastual part (*No me sirven mis manos ni mis pies*), in which all reference to the obsession is absent.

Image B is also preceded by its verb, a positional sign of recurrence, seconded by the semantic note, *de nuevo*: 16 "Pero ya estás ahí, de nuevo." The interaction between semantic and syntax becomes clear in this mapping out of structures responsible for poetic expansion. While image A is inherently active, image B is inherently passive, an inanimate instrument, rendered active by its modifier or its verb. Rhetorically, the naming of the instrument instead of its agent is a figure of metonymy.[18] The absence of agent and the presence of instrument becomes a key factor in the conclusion of the poem, with the questioning of the forces behind this array of obsessional images: 47 "¿Quién te arroja o te blande?"

With the first occurrence of image B, instead of a single nominal designation, we have a sequence of four noun groups:

17 sordo picón, ariete de la pena,
18 agrio berbiquí mío, carcoma de mi raíz de hombre.

Two alternating systems of noun modification emerge: 1) the nominal group that initiates this "micro-context" (*sordo picón*), and 2) noun modification, a noun plus *de* plus noun (*ariete de la pena*). Both lines are syntactically equivalent in their internal syntagmatic arrangements: noun plus modification plus noun plus modification, though they differ in their paradigmatic relations. While line 18 is a syntactic derivation of line 17, it itroduces two changes: 1) the first person singular possessive adjective in both segments, *mío* and *mi*, and 2) an extension of the system of noun modification to include a third referent to this first person singular, *hombre*. The curious use of the form of endearment in the nominal group (*agrio berbiquí mío*) is the only allusion in the syntactic context to the formal irony operative on the level of the syntactic contrast, a problem I shall treat in the second part of this essay. The return to image A, *carcoma*, closes this nominal expansion with terminal modification, a device for closure through a shift in the pattern.[19] The first person possessive adjective, however, is not always a sign of ironic impact. The noun phrase, *mi raíz de hombre* or *mi angustia*, does not belong to the same paradigm as *la obsesión*, but to a related, though distinct, set of nominal formations: metonyms for the first person singular, *yo*. This shift to possessive forms in connection with nominal groups serves the purpose of incorporating an ironic structure into the contextual system, which eventually transforms into the second level of the pattern, the syntactic contrast. Yet the irony hinges on a mixing of levels; the metonyms for obsession linked to a first person possessive, *mi* or *mío*, is an unexpected combination, while the association of *mi* with the metonym for *yo*, does not have this ironic impact. This first part of the poem comes to a close with the reintroduction of image B, a nominal group, *oh torpe catapulta*, in its characteristic single-line position, following its verb.

The second part of the text begins with the same structural components as part 1, positioned in the same order: an initial verb of spatial indication, 22 *ahí estás*, plus the apostrophe, a term for *la ob-*

sesión with its nominal modification, 23 *peludo abejarrón.* With this second occurrence of image A, comparable to *moscardón* through the augmentative suffix, the reader expects image B, the instrument, as the next element in the paradigmatic series. This expectation is not "frustrated," to use Jakobson's term for poetic unpredictability.[20] The nominal group 38 *infame criatura* re-opens the series, analogous in position to part 1 in that it recurs towards the end of the segment after an interval of 14 lines since the first formulation of the context, 23 *peludo abejarrón.* In part 1, the poetic distance between 3 *moscardón verde* and 17 *sordo picón* is 13 lines. Semantically, *infame criatura* stands in a pivotal position, for it refers to the active image of the insect, while it introduces another instrument, 39 *pequeña lanzadera,* accompanied by two relative-clause modifiers, 40 "*que* tejes ese ondulante paño de la angustia, / 41 que me ahoga." Like the implements of masonry as terms for the obsession, the weaver's shuttle, *pequeña lanzadera,* creates still a third object, a metaphoric expression based on the combination of an abstraction, *angustia,* with a concrete object, *paño.* Its syntactic base remains within the sphere of the contextual paradigm. At this point, the contextual sequence is a kind of metalanguage for devices of expansion,[21] for the key noun *paño* combines all three types of noun modifiers observed in the poem up to this point: the nominal group (*ondulante paño*), noun modification (*de la angustia*), and relative-clause modifiers (*que me ahoga*). A verbal bifurcation appears, however, with 42 "y ya me va a extinguir," alluding semantically to possible devices of closure with *extinguir,* the last word in the text being *extingue* (57 "una razón humana que se extingue"). Further, this modificatory system generates a comparative: 42 "como se apaga el eco / 43 de un ser con vida en una tumba negra." This contextual system of noun modifiers provides the amplificatory base for the obsession. Semantically, a foreshadowing of terminal elements appears, composed as a series of nominal forms: "el eco / de un ser con vida en una tumba negra." The severing of *eco* from its modifier *de un ser,* a metonym for *yo,* alludes to a disruption in the pattern. The recurrence of image B then signals the closure for part 2, as the same sequential arrangment of noun phrases recurs as in part 1, giving recurrent structure to the text at this point; image A, the insect, appears first in this seriation, followed by image B, the instrument.

The third part of the poem begins not only with a dual set of epithets, 44 *Duro, hiriente,* but a reversal of the image A—image B sequence. These two epithets, totally inconsistent with the insect imagery, initiate the complete absence of image A in this concluding segment of the text. These first three lines:

44 Duro, hiriente, me golpeas una vez y otra vez,
45 extremo diamantino
46 de vengador venablo, de poderosa lanza

represent the coalescence of two systems of nominal modifiers, indicating that this kind of merger has a closural function: the nominal group, *extremo diamantino*, and noun modification, *de vengador venablo*, portioned off in separate lines. This syntactic conjuncture in modificatory types announces the close of the noun substitutes for the obsession paradigm. This conjuncture, however, pales in the light of the spectacular display of nominal expansion that concluded part 2. Hence, another type of conjuncture emerges, not between dyadic elements of the contextual system, but between the two dominant levels of syntactic development, the syntactic context and contrast. This kind of merger I prefer to call "convergence," however, for it marks not only blending of modificatory devices for image B, but a nexus between the two kinds of nominal paradigms: the recurrent contextual pattern of continuum (the obsession paradigm) and the contrastual pattern of the first person singular paradigm.

There are few identifying nouns in this poem for the first-person singular *yo* and there are even fewer first-person possessive adjectives. Thus the appearance of *berbiquí mío* provides an unexpected syntactic as well as semantic combination, for it disrupts an established pattern and therefore calls attention to its components. Yet this paradigm for the poetic *yo* pertains to the contrastual sequence, connected to the verbal sequence of syntactic contrast. When the *yo* paradigm merges with the obsession paradigm, an ironic structure emerges, as we have seen. Yet referents to a third person singular (7 *esta conciencia* or 11 *el alma*) are really substitutes for the first person singular, a rhetorical enallage.[22] The systematic appearance of paradigmatic formulations of this poetic *yo* is one of contrast, not context, for their full poetic weight is not felt until the concluding lines of the text. The first nominal forms associated with the first person are 14 *mi angustia* and 18 *mi raíz de hombre*. They next appear in lines 32 to 35 with the series of synecdoches, representing a contrasting unit in part 2: 32 *mis manos*, 32 *mis pies*, 34 *mis ojos*, and the metonym, 35 *mis pensamientos*. However, in connection with the final address to the obsession, a sequence of nouns relating to the first person quite suddenly emerges in rapid succession, the first two of which are modifying nouns for the contextual paradigm: 51 *de mi delirio* and 52 *de mi rescoldo humano*:

> 51 atizonador *de mi delirio*
> 52 hurgón de esto que queda *de mi rescoldo humano.*

Comparable to lines 17 and 18 ("sordo picón, ariete de la pena, / agrio berbiquí mío, carcoma de mi raíz de hombre"), the first line (*atizonador de mi delirio*) provides the base form, from which the second line of this "micro-context" derives its structure: the noun (obsession paradigm) plus *de* plus noun (first person singular paradigm). Line 52 extends the noun modification through duplication in the insertion *de esto que queda*, a rhetorical *reductio*, [23] generating a terminal motif: nouns relating to fire constitute a new system of imagery for the *yo* paradigm: *rescoldo, carbones, llamas,* and finally *razón*. The last term, *razón*, properly appears with the fire image, for it forms part of an ironic undercutting here that becomes clear in the abstract and concrete noun of the syntactic contrast. The sequence begins with an abstraction, *mi delirio*, and ends with an abstraction, *razón humana*, bearing the same epithet as the concrete term, *rescoldo*:

> 53 menea, menea bien los últimos encendidos carbones,
> 54 y salten las altas llamas purísimas, las altas llamas cantoras
> 55 proclamando a los cielos,
> 56 la gloria, la victoria final
> 57 de una razón humana que se extingue.

Thus a circular arrangement is emergent as a self-contained system of closure: the abstract—concrete—abstract sequence in the *yo* paradigm.

These systems of noun modification alternate between the abstract and the concrete, between modifiers usually associated with the noun and those that are metaphoric, producing unusual combinations with its noun. In the first set, 51 *atizonador de mi delirio*, the concrete object, *atizonador*, is modified by the abstract term *delirio*, yielding a construct analogous to *Hijos de la ira*. In the second set, 52 *hurgón de mi rescoldo humano* the derivational base form in common with line 51 consists of two concrete terms in conventional association with each other semantically, *hurgón* and *rescoldo*. The attendant modifiers of the inserted *reductio*, *de esto que queda*, and the epithet for *rescoldo* (*humano*) provide the metaphoric cast.

The combination of abstract versus concrete epithets for the noun occurs with the semantic derivation of *rescoldo*: 53 *los últimos encendidos carbones*. The concrete term *carbones* relates to *últimos*, an abstract adjective, and its proper epithet, *encendidos*. The structural importance of *últimos* is that it recalls a key epithet expressed in the first part: 9 "las crestas *últimas*, ávidas ya de abismo," providing an unusual antithesis at the very beginning of the poem. In suggesting finality semantically, it also leads to the ironic undercutting of the concluding lines of the text.

With the final noun in the series, 57 *una razón humana*, a nominal group in "proper" semantic association, the undercurrent of self-destructive irony becomes clear. The contradiction of the curious antithesis, "*crestas* últimas, ávidas ya de *abismo*," suggests a downward fall. Instead of a liberation from the obsession, traceable through the semantically similar terms (*salten, altas, proclamando a los cielos, la gloria, la victoria final,* and even *razón*), indicative of an upward trend, the relative-clause modifier swiftly explodes the illusion: "una razón humana *que se extingue*." The point here is that we can trace this ironic mode in Dámaso Alonso's poem with the systematic use of syntax. Irony has a linguistically observable base, integrating the conflicting semantic components into the text, and this base refers to the nominal system. Not only is there a syntactic repetition of the abstraction *razón*, itself a modifier of *la victoria final*, but a recurrent epithet, in "proper"relation to its noun, unlike its precursor, *rescoldo*: *una razón humana*. Like its antecedent form, a *reductio* appears in the relative clause: 52 *de esto que queda* and 57 *que se extingue*. The abstract—concrete interplay of semantics is still operative, however, and must not be excluded from the model of syntactic patterning. The term *se extingue* is more readily associated with the sequence *recoldo, carbones, llamas,* than with its abstract substitute, *razón*. Relative-clause modification occurs only twice in this micro-context of the fire image and in both instances, its function is the diminishing of the noun it modifies, providing the rhetorical *reductio* of self-defeating irony. However, in its last realization, the relative clause (*que se extingue*) has an ironic function: it diminishes the accumulation of terms of ascent. Its appearance is then unpredictable on a semantic level, though it is systematically recurrent in modifiers of the *yo* paradigm. We can then conclude that syntactic type may change its literary function in the text, depending on its position in the poetic line and its semantic content. The contextual syntax can attract semantically oppositional terms into its sphere and bind them together as a poetic whole, producing such structures as this ironic undercutting. While the contextual system remains responsible for unity of the text, it can also provide for closural devices in convergence with the syntactic contras.

B. The Syntactic Contrast: The Verbal System

The joining of two categories of noun paradigms (the obsession paradigm and the paradigm of the poetic *yo*) creates closure for the text by forming a kind of syntactic knot. A nominal circular structure occurs, however, in the first line of the text, with its anaphoric pronominalization, 1 "*Tú*. Siempre. *Tú*," a referent to the ensuing paradigm for the obsession.[24] Contextual circularity then becomes apparent in the alternating types of images, A followed by B in parts 1 and 2. Yet in order to explain other kinds of circularity in the poem, one must account for dissimilar syntactic relationships, which I have called the syntactic contrast. Within this contrastual system, we also have ironic structure, carried out through verbal phrases, in which antithetical relationships set up first on the syntagmatic axis of the text (the single poetic line) and then on the paradigmatic axis (the sequence of lines). The syntactic contrast opens and closes poetic sections, delimiting their borders, and providing further structures of irony, the final closural structure of "La obsesión." On this level, we also have a good example of the way in which semantic antithesis has an influence on syntactic arrangement.

The first example of antithesis appears on a nominal level, 9 "sobre las *crestas* últimas, ávidas ya de *abismo*." This ironic personification of *crestas* "desiring" its contrary, the abyss, brings with it a semantic antithesis that does not recur until its extension to the verbal paradigm, 54 "y salten las altas llamas..." and 57 "una razón humana que se extingue." The end of the obsession is synonymous then with and end of self, expressed with the metonym for the *yo*, *razón*. The shift from the syntagmatic level of one poetic line to the paradigmatic level of a sequence of related lines is further accentuated by a syntactic shift: the contextual nominal group gives way to the contrastual verbal paradigm, underling this up-down movement of self-contradiction. The first realization of antithesis is then a nominal syntagma, situated in a closural position of the first stanza, the last line. The second realization of the antithesis is a verbal paradigm that brings about the closural point of the entire poem. Thus syntactic patterning not only identifies similarity in structure but also dissimilarity and its function in a literary text.

The first syntactic paradigm in the text, however, is not the contextual noun phrases, but a sequence of verb phrases with a present participle, brought to a close with the antithetical nominal group:

1 Tú. Siempre tú.
2 Ahí estás,
3 moscardón verde,
4 *hocicándome* testarudo,
5 *batiendo* con zumbido interminable
6 tus obstinadas alas, tus poderosas alas velludas,
7 *arrinconando* esta conciencia, este trozo de conciencia empavorecida
8 *izándola* a empellones tenaces
9 sobre las crestas últimas, ávidas de abismo.

Each new participle introduces a poetic line, further proof that syntactic patterning is closely related in its literary function to the establishing of a metrical unit. This verbal paradigm at the outset appears to signal a poetic continuum. Its function, however, is contrastual and delimiting, for its use in part 2 is to terminate the third stanza with this final line: 31 "*hocicándome, entrechocándome* siempre," as the syntactic duplication of the participle indicates. It recurs in the last stanza as well, in a closural position: 55 "proclamando a los cielos / 56 la gloria, la victoria final / 57 de una razón humana que se extingue." Thus, the constrastual system, into which the context is embedded in the first stanza, is a verbal phrase, 2 *Ahí estás*, plus a participial series: *hocicándome, batiendo, arrinconando,* and *izándola*, all situated in single poetic lines. This pattern, however, does not dominate the entire text, though it sustains a series of verbal substitutions.

Each of the three parts of the text includes a tripartite verbal system. Only in part 1, however, is there an antithetical relation between verbal components: *estás—te alejas—estás*, each verbal component occupying a single poetic line. The first and second verbal paradigms are:

Part 1	Part 2
2 Ahí estás.	22 Sí, ahí estás.
10 Alguna vez te alejas.	32 No me sirven mis manos....
16 Pero ya estás ahí de nuevo.	36 Heme aquí, hoy....

In the first paradigm, the relationship between verb phrases is essentially circular, referring to the presence and then absence and finally presence of the obsession. An alternating section emerges with *Alguna vez te alejas*, in which the participial system is replaced by the *yo* paradigm, 11 *y el alma....* With the recurrence of *Sí, ahí estás* in part 2, together with the direct address to the obsession, 23 *peludo abejarrón*, the expectancy of an alternating or oppositional section is high. The antithetical relation of part 1, however, does not occur in part 2, while in its stead is a progression or linear paradigm, carried out by means of a series of negative verbs, 32 *No me sirven...*, plus a verb referring to resultant condition of the poetic *yo*: 36 *Heme aquí.* This syntactic progression or sequence marks the transition of one psychological state of the first person singular to another. The motif of a release, though temporary, from the obsession is no longer operative in the poem; it is replaced by the motif of the defeat of self, with the attendant figure of synecdoche, a kind of anatomy of helplessness: 32 *No me sirven mis manos ni mis pies,* 34 *no me sirven mis ojos*, and 35 *no me sirven mis pensamientos.* The participial paradigm of stanza 1 comes to a close in line 31, with synonymic duplication (31 *hocicándome, entrechocándome siempre*), the closural function of which indicates a change from the antithetical verb paradigm in part 1 to the linear paradigm in part 2, culminating in a descending movement to the 43 *tumba negra* of the final line.

The tripartite verbal structure in parts 1 and 2 observes parallelism in that each second segment provides a constrastual semantic unit, marked by the absence of the contextual nouns for the obsession. The contrastual unity in part 1, 10 *Alguna vez te alejas*, has a circular pattern, whose system of recurrence hinges on similar positions of modifying types for the nuclear term *alma* of the *yo* paradigm. The nominal group, a noun severed from its adjective by commas (11 "el *alma, súbita*" and 14 "estos *amores* próximos que, mudos,...me interrogan.") precedes a relative-clause modifier (11 "...como oprimido muelle que una mano...relaja" and 14 "que, mudos, ...me interrogan."). The insertion 14 *mudos* draws attention to the similarity of relative-clause modifiers with the two nouns (*alma...que* and *amores...que*). In both instances, the abstract noun is linked to a concrete qualifier. Syntactic similarity, however, breaks down at this point, for the term *alma* appears with a comparison, *como oprimido muelle*, whereas the second noun *amores* is linked to an inserted epithet of personifying weight, *mudos*, plus a synecdoche, 15 *con grandes ojos ignorantes*, also an element of personification.

A series of five nouns constitutes a paradigm for complements of the head noun *alma*, for which *amores* is the last in the sequence. A dual system of modification integrates these nouns into a fixed pattern. The first two nouns (12 *al gozo, a la esperanza trémula*) constitute a syntagma, in which the nominal group stands in contrast to noun modification (noun plus *de* plus noun) for the second pair of nouns (*luz* and *campo*): 13 "a luz *de* Dios, al campo *del* estío."

Syntactic Patterning

Alternating types of nominal modification are operative even on this level of accumulative detail; the pattern of a central alternating segment or "micro-context" comprises four nouns (*gozo, esperanza, luz* and *campo*), flanked by two elaborate modifying systems for *alma* and *amores*. Thus we have a kind of A—B—A arrangement, comparable to the dominant pattern of contextual images and the contrastual tripartite paradigm of verbs.

What characterizes the syntax of the contrastual unit in part 2, 32 *No me sirven...*, is its strict uniformity with respect to nominal modification. Each synecdochic referent to the first person singular, *mis manos, mis pies*, and the final metonym, *mis pensamientos* have relative-clause modification. The nominal complements of each relative-clause verb are unmodified (*la tierra, el aire, la hermosura, mundos*) showing an alternate means of modifying nouns to the contextual system. Each relative-clause verb appears consistently in the past tense, stressing the progression downward from part 1 to part 2 and indicating that the poetic *yo* has lost the battle with the obsession. Thus the ultimate self-destructive irony has its first systematic development here. The constant repetition of the first person singular possessive adjective, *mis*, and the syntactic redundancy of the dative, *me*, further attest to the rigidity of this sequence, unlike the seemingly scattered nature of the noun pattern in part 1.

The components of the contrastual unit in part 1 are not held in ossified, parallelistic structure with those in part 2, despite the semantic recurrence of two terms, *ojos* and *Dios*. While *Dios* remains undistinguished syntactically in part 1, its position as the last noun in part 2, together with the antithetical nature of its association with *mundos*, a mixture of the sacred and the profane, this key noun receives special treatment: 35 "...que coronaron *mundos* a la caza de *Dios*," in itself a relative-clause modifier for *mis pensamientos* (35 "no me sirven mis pensamientos, que coronaron mundos a la caza de Dios"). In part 1, the term *Dios* has a positive context, as one of the multiple aspirations in the soul's escape from the obsession: 12 "salta y se aferra... / 13 a luz de Dios...." In part 2, however, the poetic *yo* does not escape anguish but is overwhelmed by it. The phrase *a la caza de* implies that the mind's desire to attain an ideal is never fulfilled. This "hunting" for God is really a grasping on to the worldly, *mundos*, amounting to a subtle undercutting of the aspirations of the self. This ironic structure in the relative-clause modifier, diminishing the noun it serves, is responsible for closure of the entire poem, "una razón humana que se extingue." Both ironic structures, with a common syntactic base, constitute a weakening of the abstract referent to the *yo*, precisely at the point in the text where the reader would expect an elevation of it. With these terminal antitheses in line 35 (*coronaron mundos a la caza de Dios*) and line 57 (*una razón humana que se extingue*), the external nature of the obsession intersects with internal self-contradiction. The external source of conflict remains positioned on the level of the syntactic context, while the internal source of conflict remains on the level of the syntactic contrast. The first intersection point, as we have shown, 18 *agrio berbiquí mío*, relates to a predominance of image B, the instrumental imagery responsible for closure of the poem. The final referents to the obsession (51 *atizonador* and 52 *hurgón*) also represent intersectings of the two noun paradigms (the contextual obsession and the contrastual *yo*), marking the nexus of internal and external semantic systems in the text.

The common etymological prefix in the first three relative-clause modifiers (*afincaban, arredraban, aprisionaron*) heightens the differentiation of the last element in the series, a variant verb phrase, *que coronaron mundos a la caza de Dios.* Thus even through the verbal system here, the last term, *Dios*, is distinguished from its predecessors. These first three verbs, indicating the aggressive possession of an object, are perhaps more consistent semantically with the obsession rather than with the victim of its attacks, the illusive first person singular, divested of identifying nouns and epithets. Further, the enallage 30 *tu presa*, referring to the first person singular (29 "...te enviscas / 30 en tu presa), was formerly engaged in "imprisoning" beauty (34 "no me sirven mis ojos, que aprisionaron la hermosura"). Once again, the ironic structure in the text appears as a shift in syntactic type: the noun *presa* becomes a verb, *aprisionaron.* Finally, with this shift comes a reversal in roles; the *yo* is no longer an active being but a passive one, a relationship that is indicated with the past participle, *Rebotado de ti*, line 28.

With part 3, the characteristic first-slot position of the contrastual verbal paradigm is noticeably absent. In its stead, we have a dual rhetorical question:

> 47 ¿Quién te arroja o te blande?
> 48 ¿Qué inmensa voluntad de sombra así se obstina
> 49 contra un solo y pequeño (¡y tierno!) punto vivo de los espacios cósmicos?

This non-recurrent relation—an interrogative component (*quién* and *qué*) in the same positional slot as the poetic structure for verbal contrasts—represents a syntactic convergence of the contrastual system with the contextual paradigm. The noun phrase, *voluntad de sombra*, an example of both the noun plus epithet and the noun modification with another noun, refers to the contextual system of the obsession. *Voluntad* is the first abstract term for *obsesión* since the title of the poem itself, providing a circular pattern of nouns that begins and ends with abstractions. The qualifier for *voluntad* (*de sombra*) recalls the descriptive associations with the insect imagery: 25 "sacudes como dudosos diedros *de penumbra* / 26 alas de *pardo luto*," and 38 "infame criatura, en *tiniebla* nacida." The duplicated verb in the first rhetorical question of this contrastual unit ("¿Quién te *arroja* o te *blande*?"), however, points to the instrumental image B. Thus along with syntactic convergence we have a semantic blending of the two oppositional images that control the development of the contextual nominal paradigm. In this manner, the abstracting process of the two dominant types of images into one substantive, *voluntad*, working together with the modifier, *de sombra*, unites both categories for the obsession paradigm at this key terminal point. The abstract noun *voluntad* stresses the essential difference between the active nature of the insect imagery counterposed to the passivity of instrument, for some undefined force lies behind both types of images. In accomplishing this nexus, Alonso obscures and shades the true nature of the obsession; he emphasizes the ironic nature of the syntactic context itself, for we never learn the real cause for the obsession. It is not identified with any one of the images enunciated, but is some unknown force that manifests itself in varying forms. Thus Alonso over-identifies the obsession, in order to create a poetic context, while he subtly uses ironic undercutting as a means for preparing the final closural merger of the *tú* and *yo* nominal paradigms. Both the imagery of insects and the imagery of instrument, despite their structural consistency, are not the real causes of the obsession, but implementations of this *voluntad de sombra* that is never really defined and perhaps never can be.

The function of these ironic contrastual structures then is to open and close the text. Irony, however, is not exclusively a rhetorical figure of antithesis. It also has a specific position in the text and a syntactic environment, the fusion of the obsession paradigm with the paradigm for the poetic *yo*. The significant positioning of nominal referents to the first person singular occurs in the final lines not to exalt the self, but to show impending self-destruction. Thus what began as a syntagma (*agrio berbiquí mío*) on the horizontal axis of position becomes a paradigm of related poetic lines in the final segment of the text, "una razón humana que se extingue." Both syntactic levels, in addition, come to an effective close by the ironic statement that essentially negates what has previously been affirmed: the obsession is not image A or image B but something even more obscurely inscrutable. Further, the liberation of the self from this anguish signifies self-destruction, as Alonso outlines an inner source of conflict in this desiring of finality (50 "No, ya no más, no más, acaba, acaba.") with a contrastual pattern of referents to the poetic *yo*. The result is a carefully balanced text, the syntactic context providing the external "causes" of conflict and its counterpart the contrast, an internal self-contradictory mode.

III. Conclusion

In this conclusion, I propose two objectives: 1) a résumé of the ways in which syntactic patterning accounts for the poetic arrangement of Dámaso Alonso's poem "La obsesión," and 2) a differentiation of this critical model using syntax from Riffaterre's semantic context and contrast. My contention here is that syntax and semantics, word order and meaning, interact and intersect, in constituting linguistically observable mosaics, commonly called structure or arrangement. Syntactic relationships are not dead, ossified components of poetic discourse on which the semantic flesh is strung. Riffaterre, however, states: "Aucune analyse grammaticale d'un poème ne peut nous donner plus que la grammaire du poème" (p. 325). Riffaterre then not only considers that a systematic development of syntactic patterns is irrelevant in poetry, but that it is impossible to analyse them as poetically significant structures. Syntax, however, with its convergences and divergences in underpinning key thematic units is not just one more linguistic feature, along with phonetic patterns, that poetic discourse shares with non-poetic discourse. The problem is then to discover which syntactic formulations play a poetic function in the text.

One must agree with Riffaterre that not all syntactic relationships are poetically or stylistically relevant, for there is a danger of isolating one syntactic type and exaggerating its role in textual cohesion. For this reason, I have introduced the notion of pattern, common to the structuralist methodology as a whole, with applications to syntax. Thus one can view the components of semantics as they are "embedded" into their syntactic environments. The analyzer of poetry can then understand that one semantic component in the text may have varying syntactic environments, which serve to emphasize or de-emphasize the units underscored. When Riffaterre objects to the "semantic permanence" of the image "les chats" as only a symbol for "woman" in other critics of Baudelaire, he does not consider that perhaps the varying contexts in which "les chats" appear might have a syntatic basis, leading to these "new" interpretations. If we reconsider Dámaso Alonso's use of the term *Dios* in "La obsesión," occurring twice on the level of the syntactic contrast, its patterning undergoes a transformation, and with this change comes a differing point of view; *Dios* is not the object of the soul's aspirations but an ironic suggestion of the mind's failure to attain this ideal state of grace. Thus, the critic of literary form can significantly analyze the input of syntactic patterning in the interpretation of semantic complexity.

Syntactic patterning occurs at the service of two oppositional paradigms in "La obsesión:" the obsession paradigm of nominal construction and the paradigm for the poetic *yo*. Yet the obsession paradigm is the contextual system, for with it, the three principal semantic units of the poem can be separated off and described. The *yo* paradigm occurs with the contrastual verbal phrases, in the position of a single poetic line. Part 1 extends from lines 1 to 21, part 2, lines 22 to 43, and part 3, lines 44 to 57. Yet it is on the level of the internal workings of these three parts that syntax plays its most crucial role, for the interrelationships between parts and their own particular meanings become clarified in the mapping out of their arrangement. Each part has the following syntactic pattern:

1. Contrast and context, held in patterned convergence.
2. Contrast, divergence with the context.
3. Context and contrast, held in patterned convergence.

This tripartite system of convergence—divergence—convergence is reflected in the three-fold structure of the poem as a whole and it is the "whole" that is the object of a structuralist analysis of formal components of a literary text.

These subdivisions, however, do not represent the rigid structure of parallelism that grammatical approaches attempt to impose on a text, for these syntactic components of the subdivisions are in a constand state of transformation. Part 1 has a circular pattern in its contrastual system of the verb phrase: *Ahí estás—Alguna vez te alejas—Pero ya estás ahí, de nuevo*. The contextual paradigm of part 1 progresses from one type of image, image A, *moscardón verde*, systematically noticed by critics,[25] to image B, *sordo picón*, alluding to its function as one of structural unity. This nominal syntactic pattern repeats itself in part 2, *peludo abejarrón* and *pequeña lanzadera*, with the crucial exception that its contrastual counterpart abandons the structure of circularity: in its stead is a structure of progression, representing the self's defeat in the face of the onslaught: *Sí, ahí estás, No me sirven mis manos ni mis pies,* and *Heme aquí, hoy, inválido ante ti.* The contextual system in part 2 remains in the same order, with the same relationships in the semantic substitutions for obsession. The contrastual system conserves the same order, but changes the semantic components. Hence, we have a clear example in Dámaso Alonso's poem of the way in which syntactic similarity controls poetic unity, while dissimilarity in the semantic system serves the purpose of differentiating one section of the poetic text from its predecessor. Yet on the level of syntactic detail, each subdivision includes different combinations; for example, in lines 1 to 9, the syntactic convergence (*Ahí estás / moscardón verde*) attracts a non-recurrent verbal system of participial phrases into its sphere, while in the second convergence, lines 16 to 21, abandon this verbal system and elaborate the nominal, contextual paradigm. Thus, syntactic patterning is a tool for examing structural resemblances and differences in order to explain the complex set of relationships responsible for poetic arrangement.

The last part of the text, the third of the series, retains the tripartite structure, though once again any facile kind of parallelism becomes immediately inoperative upon an examination of syntactic convergences and transformations. On the semantic level, image B occurs in the first position, signaling a shift in the pattern that eventually brings about closure for the entire poem. Yet this reordering of semantic units could have been traced without the assistance of syntax. What cannot be traced through semantics is the system of converging syntactic units of the syntactic context with its contrast. In this final section, however, these two dominant syntactic levels combine and fuse, providing a kind of structural knot for what could have been an interminable chain of images referring to the obsession. It is by means of this formal underpinning that the reader comprehends a differentiation in ordering, though the reasons for it, poetic closure, do not become evident until the reading of the poem is completed.

In the first subdivision in part 3, lines 44-46, the duplication of the epithet (*Duro, hiriente*) takes the place of the contrastual verbal system that appeared in that first-slot position in parts 1 and 2. It is for this reason that I have separated the verbal system of contrast from the nominal system of context in the syntactic patterning for "La obsesión," for placing verb and noun on different syntactic levels permits an analysis of their recombinations and reformulations in the development of poetic arrangment. The first indication that the verbal system is oppositional to the nominal system occurs in lines 10 to 15, in which the verb *Alguna vez te alejas* is severed from the nominal obsession paradigm, replaced by the paradigm for the poetic *yo*. These "transformations" distinguish the syntactic approach to style as opposed to the grammatic approach, cataloguing the elements of the system, rather than understanding the relationships between the elements of a system.

The second convergence point in part 3 brings together the two dominant nominal systems, producing an effect of self-defeating irony. In lines 47-49, the interrogatives *Quién* and *Qué* replace the contrastual verbal system, disrupting any possible parallelistic statement regarding this third part. Yet with the introduction of *inmensa voluntad de sombra* for the first time in the text, the nominal paradigm for the obsession occurs. This significant change meets Riffaterre's requirment that the contrastual features responsible for style be "noticeable" in the text. However, the reader can also "notice" the syntactically similar components of this *voluntad de sombra* as a substitute for the obsession. Here, then, we have a conclusive example of the interaction of semantics with syntactic environments, for the shifting syntactic arrangements may serve to emphasize or de-emphasize a particular unit of meaning.

The third convergence point in part 3 remains a startling syntactic pattern, for the final ironic exposé here, "una razón humana que se extingue," has not occurred as an amplified structure previously. This final ironic close of self-defeat is underpinned by the convergence of the two nominal systems, with added weight on referents to the poetic *yo*. Thus the syntactic context in Dámaso Alonso's poem has the distinct function of leading to a contradictory closural point. Each reformulation of the context does not lead us toward attaining knowledge of the obsession. Instead, it leads to an ironic structure, syntactically predictable but semantically contradictory. Thus this contextual system is not a "mere" grammar of the text, for it affects the varying levels of meaning.

With the structural model of syntactic patterning, I have endeavored to avoid some of the pitfalls outlined by Riffaterre for the grammatical approach to literature. The analyzer, in considering all grammatical combinations in the literary work to be equally important for poetic arrangement, runs the risk of viewing the text as a linguistic document and not as an aesthetic system of emphatic and un-emphatic components. The example given by Riffaterre is the masculine—feminine rhyme combination, isolated by Roman Jakobson and Claude Lévi-Strauss as poetically emphatic, while this shift in gender though a linguistically observable opposition, is a necessary feature for French rhyme words in the sonnet (p. 318).

Syntactic patterning permits a focusing on systematic recurrence in the components, formal or semantic, in the text that constitute linguistically observable arrangements. Yet the model also demands an analysis of the position of those arrangements in the text and an examination of their combinatory possibilities of convergence or divergence between the binary levels of the context and the contrast. In this way, one can account for divergences or differences in the pattern. I believe that one of Riffaterre's principal objections to formalism is that it does not take into account any discrepancies from the model: "On les accuse précisément de ce péché: d'ignorer la résistance du texte, autrement dit, de ne pas respecter sa lettre quand il se troube qu'elle contredit leur modèle" (p. 275). An unfortunate result in linguistic analysis is that an over-emphasis on resemblances has often led to a cataloguing of formal arrangements such as nominal groups, parallelism, and phonological correspondences, without a description of the organizational weight of those relationships.[26] With syntactic patterning, however, these arrangements are seen as having poetic and literary value in the text in connection with the contrastual impact they convey, a conclusion not accepted by Riffaterre. The notion of "pattern" implies that one must describe the function of the syntactic bond in the poem, its patterned occurrences, its significant positional aspects, and its semantic combinations. Syntactic patterning then clarifies the ways in which these varying, shifting components constitute the poetic artifact, providing a tool that can account for divergences and discrepancies from the model in considering these "anormalities" as contrastual components of the paradigm.

Syntactic bonds established in the literary work are not gratuitous formulations that poetry shares with non-poetic forms of discourse, for if we remove a semantic component from its syntactic "environment," and place it within a new environment and in a new position in the text, we can significantly alter its interpretation in the poetic construct. Syntactic relationships contribute to the system of marked and unmarked elements of the text, or the emphatic stylistic elements and the non-emphatic contextual elements of Riffaterre's model. This essay then is a plea for further examination of the interaction between word order (syntax) and meaning (semantics) in literature of all genres. The written text has an undeniably fixed word order that remains unalterable by the very nature of its graphic representation on the page. Further studies on syntactic ordering devices and their poetic functions can be carried out with the notion that dominant patterns emerge along a binary axis of the contextual and contrastual systems, in addition to semantic units in the work. It is that intersection of word order and meaning that the structural model of syntactic patterning attempts to clarify.

WILSON COLLEGE

Notes

[1]Dámaso Alonso, *Hijos de la ira: diario íntimo*, ed. Elias L. Rivers (Barcelona: Editorial Labor, 1970). All quotations for this collection are taken from this edition.

[2]Dámaso Alonso, *Poesía española: ensayo de métodos y límites estilísticos* (Madrid: Gredos, 1966), and Dámaso Alonso and Carlos Bousoño, *Seis calas en la expresión literaria española* (Madrid: Gredos, 1970).

[3]Patrick Boyde, *Dante's Style in His Lyric Poetry* (Cambridge: Cambridge University Press, 1971).

[4]Michael Riffaterre, *Essais de stylistique structurale* (Paris: Flammarion, 1971), pp. 65-66.

[5]Roman Jakobson and Claude Lévi-Strauss, "*Les chats* de Baudelaire," *L'Homme*, 2 (1962), 5-21.

[6]Roman Jakobson, "Linguistics and Communication Theory," in *Proceedings of Symposia in Applied Mathematics,* XII (1961), p. 245.

[7]For the term "poetic closure," see Barbara Herrnstein Smith, *Poetic Closure: A Study of How Poems End* (Chicago: University of Chicago Press, 1968).

[8]For this analysis of Garcilaso de la Vega, see Sharon Ghertman, *Petrarch and Garcilaso: A Linguistic Approach to Style* (London: Tamesis Books, 1975), p. 61.

[9]Samuel Levin, *Linguistic Structures in Poetry* (The Hague: Mouton, 1964), p. 29, "In any linguistic event there is convergence of a sort, that is the linguistic sign itself is at the center of a convergence between the relations it contracts with other signs in its syntagm and the correlations it contracts with other signs in its paradigm."

[10]Ghertman, p. 83.

[11]A "displaced antecedent" indicates that the pronoun appears in the poetic text before the noun that it replaces.

[12]Fernando de Rojas, *La Celestina*, ed. Julio Cejador y Frauca, I (Madrid: Clá-

sicos Castellanos, 1968), p. 31.

[13]Dámaso Alonso, *Hijos de la ira, op. cit.*, p. 31.

[14]Miguel Flys, *Tres poemas de Dámaso Alonso (comentario estilístico)* (Madrid: Gredos, 1974), p. 52, "Este hecho demuestra que con poquísimas modificaciones se podía conseguir una métrica regular. *No obstante, el poeta no lo hace.*" (My italics).

[15]Riffaterre, *op. cit.*, p. 48.

[16]Dámaso Alonso, *Hijos de la ira, op. cit.*, pp. 97-99.

[17]J. McH. Sinclair, "Taking a Poem to Pieces," in *Linguistics and Literary Style*, ed. Donald Freeman (New York, 1970), p. 131, calls this relative-clause modifier a "nominal group;" I prefer the syntactic distinction between nominal group (the adjective plus a noun) and relative-clause modifier (noun plus relative pronoun plus verb) that accounts for the linguistic components of each modifier.

[18]Richard A. Lanham, *A Handlist of Rhetorical Terms* (Berkeley and Los Angeles: University of California Press, 1969), p. 67.

[19]Smith, *Poetic Closure, op. cit.*, p. 165, for terminal modification.

[20]Roman Jakobson, "Linguistics and Poetics," in *Style in Language*, ed. Thomas A. Sebeok (Cambridge, Mass.: The M.I.T. Press, 1968), p. 363.

[21]Jakobson, *ibid.*, p. 356, "A distinction has been made in modern logic between two levels of language, 'object language' speaking of objects and 'metalanguage' speaking of language."

[22]Lanham, *op. cit.*, p. 40, "*Enallage*: Substitution of one case, person, gender, number, tense, mood, part of speech, for another."

[23]Lanham, *op. cit.*, p. 86, "*Reductio ad Absurdum*: To disprove a proposition one validly deduces from it a conclusion self-contradictory or contradictory to acknowledged fact."

[24]M.A.K. Halliday, "Descriptive Linguistics in Literary Studies," in *Linguistics and Literary Style, op. cit.,* p. 60, for the term "anaphoric pronoun" as a "recall" pronoun.

[25]Flys, *op. cit.*, p. 47.

[26]Dell H. Hymes, "Phonological Aspects of Styles: Some English Sonnets," in *Style in Language, op. cit.*, p. 129, "A further important limitation is that this approach can take account of stylistic effects that depend on cumulation *but not those that depend on contrast.*" (My italics).

VIII. Psychoanalysis

LUIS DE VARGAS: AN OEDIPAL FIGURE IN *PEPITA JIMENEZ*

Joan Cammarata

Pepita Jiménez, the first extensive novel published by Juan Valera,[1] is the practical elaboration of a type of novel he had described in his essay "De la naturaleza y carácter de la novela" (1860):

> Hay otra clase de novelas en las cuales, examinadas superficialmente, nada sucede que de contar sea. En ellas apenas hay aventuras ni argumento. Sus personajes se enamoran, se casan, se mueren, empobrecen o se hacen ricos, son felices o desgraciados, como los demás del mundo...Suelen ser sus novelas de las que buscan lo ideal dentro del alma, y que podemos llamar psicológicas.[2]

Although Valera's theoretical statements, such as the one just quoted, have led some critics to consider him an idealist, he is a realist, psychologically. His novel has merit because it is objective, that is to say, it respects real psychological conditions. In speaking of the genre novel, Jean Pouillon states, "Le roman, c'est donc de la psychologie...."[3] Apparently Valera, even in his era, was aware of this equation because he effects the realization that the objective of psychology and the objective of his novel are one: the comprehension of human reality.

Of the many scientific disciplines that treat the human condition, psychoanalysis holds the most in common with art. Both seek an understanding of the human spirit by directly observing man's actions and words as manifestations of his innermost needs. In Freud's terminology, psychoanalysis is a procedure for the investigation of mental processes that are almost inaccessible in any other way.[4] Psychoanalytic criticism, which begins with Freud himself, explores the work of art to determine the psychic need from which it arises and the psychological purpose that it fulfills.

As Freud conceived it, psychoanalysis stresses the value of the social function of art, its communication of mind with mind and psyche with psyche. Freud wrote, "The only subject matter of psychoanalysis is the mental processes of human beings and it is only human beings that can be studied."[5] A systematic explication of the human mind is provided by Freud's psychology. Lionel Trilling is of the opinion that Freud's greatest contribution to our understanding of literature does not arise from what he says about literature itself but from what he says about the nature of the human mind.[6] Norman Holland also holds the Freudian opinion that there is no justification for bringing psychoanalysis into literary criticism at all except to relate the work of literature to somebody's mind. There are three basic methods of psychoanalytic criticism, according to Holland, and they proceed from three minds: the author's, a character's and the audience's.[7] In our discussion of Luis de Vargas as an Oedipal figure in *Pepita Jiménez*, we shall refer to these three methods of psychoanalytic criticism.

Our first step, however, is to briefly explicate the nature of the Oedipus myth. The Oedipus of the primitive seasonal myth was originally a phallic vegetation spirit, an offspring of the earth-mother whose son was also her husband.[8] The Greek Oedipus tradition simply represents a reinterpretation of an ancient creation rite; a long tradition is embodied in the Oedipus saga, and Sophocles' version is merely an end-product of that tradition. Sophocles' Oedipus unknowingly killed his father, Laius, the King of Thebes. By guessing the riddle of the Sphinx, Oedipus himself came to assume the throne; as king, he became Jocasta's husband. Thus was fulfilled the oracle that had predicted that Laius' son would kill his father and marry his mother. Having discovered his incestuous relationship to Jocasta, Oedipus put out his eyes and undertook many wanderings until he died in exile.

Throughout the ages writers, especially dramatists, have drawn their material from the Oedipus myth. Its recurrence and re-elaboration in literature evince the perennial fascination of artists with mythological themes and the necessity for each generation to produce its own version of the ancient story. The form that the myth assumes depends on the intentions and capacity of the artist and on the relationship of the author to the thought and the literary conventions of his time. The Oedipus situation has been portrayed in various ways, sometimes directly but more often in a disguised form. Occasionally, as in Sophocles' tragedy, the murder of the father and the incestuous love for the mother actually occur. In certain variations the incestuous desire is recognized but never gratified. Most often, however, surrogates for the figures of the mother and the hostile father appear.[9] Such is the case in *Pepita Jiménez.*

Freud, inspired by Sophocles' drama, designates as an "Oedipal complex"[10] that psychological conflict which is characterized by the child's antagonism toward the parent of the same sex. This conflict is founded in the child's normal attraction to the parent of the opposite sex. Through psychoanalytic criticism we have come to view as an Oedipal figure one who wishes to replace or remove his father and sexually possess his mother—a wish that is universally tabooed. Because Freud made the Oedipus myth a focal point of psychoanalytic criticism, references to it are innumerable and express many contradictory views. Freud interpreted the Oedipus complex to be the result of a conflict between the irrational passions of the child and reality as represented by parents and society. Fromm, on the other hand, regards the Oedipus complex as an expression of a conflict between man's legitimate striving for independence and the social arrangements that frustrate this striving.[11] Thus, the Oedipus myth illustrates Freud's sexual method of myth interpretation and at the same time offers an opportunity for a different approach, one in which not sexual desires but the attitude toward authority is held to be the central theme of the myth.

Returning now to Holland's three perspectives for criticism and their application to Valera's novel, the mind to which the psychoanalytic critic first turns is the author's mind. Freud has stated that in a work of literature where one character seems to stand out, that character must represent the artist himself, as in a dream the central character represents the dreamer himself.[12] If this is so then we may conjecture that Valera himself suffered from an unresolved Oedipal complex. According to Freud, the psychoanalytic method could explain, besides the intimate significance of a work of art, the temperament of the artist as a man.[13] Freud holds that writers possess a heightened sensitivity that enables them to apprehend their own psychic processes more readily than most people can. The dreams that they invent come from the same sources as real dreams and are, therefore, subject to the laws that govern the latter.[14] The artist is able to transform the innate drives and infantile wishes of his unconscious so that their origin in prohibited material is disguised; through artistic techniques he masks his immediate personal experiences. The artist embodies the wish in a conventionally accepted reality with which the audience can identify.

It was a living person who imagined the figure of Luis de Vargas with his behavior and his emotions. The total characterization sprang from Valera's mind and evidently from the innermost depths of that mind. It has been documented that Valera found the theme for *Pepita Jiménez* in an episode that occurred within his family circle. A relative of Valera, Doña Dolores Valera y Viaña, was in love with a young man, Don Felipe Ulloa; they were both poor and did not announce their plans to marry. Dolores' mother, however, arranged for her to marry a rich octogenarian, Don Casimiro Valera. Disappointed, Ulloa joined a seminary, but on a visit to Cabra, where the already widowed Dolores lived, she seduced him and they were married.[15] Stated simply, *Pepita Jiménez* presents the story of the young seminarian Luis de Vargas who, despite his mystical preoccupations, abandons his religious career for the love of the beautiful widow Pepita Jiménez whom his father, Don Pedro de Vargas, intends to marry. It is obvious that the skeleton of the novel's plot and certain details were provided for Valera by this family incident. Nevertheless, a most important ingredient of *Pepita Jiménez* must have originated in Valera's own mind: the love of Luis' father, Don Pedro, for Pepita, i.e., the love of both father and son for the same woman. Without the existence of Don Pedro's love for Pepita, Luis could not be considered an Oedipal figure. The love of an older man for a young girl is a theme found frequently Valera's work. This love always fails as does that of Don Pedro in *Pepita Jiménez*. The persistence of such a theme may be explained in purely autobiographical terms: Valera himself married a girl much younger than he.[16]

Luis de Vargas is a character invented by Valera; he does not retain any traits of his prototype, Don Felipe Ulloa. Luis incorporates the personal sentiments of Valera expressed in terms that could be directly transposed from letters written by Valera in his youth. The impressions of the seminarian returning to his home town after a long absence are those of Valera in 1854 when, upon returning from America, he rests in Cabra.[17] The intellectual qualities demonstrated by Luis are those of his creator. Valera transfers to his character his own ideas, the memories of his former sentiments, and the failure of his illusions. Themes such as youthful ambition and the desire for moral perfection are intimately united to the author's life.[18] Therefore, although this material is transformed by the artist's creative mind, it still carries the unmistakable mark of Valera the man.

Luis de Vargas: An Oedipal Figure

Valera chooses Luis de Vargas to be the center of his novel. The character's behavior is described from within, not as it would appear to an impartial observer but as it appears to the one who realizes it, Luis de Vargas. The psychologically valid portrayal of Luis is largely achieved through the epistolary method;[19] the protagonist's constant examinations of conscience enable the reader, as well as the fictitious reader to whom the letters are addressed, to discern Luis' true feelings despite his logical rationalizations.

Assuming that there must be a correspondence, however disguised, between the feelings a creator describes and those he has personally experienced, Luis de Vargas' Oedipal conflict is presumably the echo of a similar one in Valera himself. But when we look for proof of such a correspondence we meet with a serious obstacle: we know little of Valera's relationship with his father. We do know that Valera's father, impatient with his son's vague literary projects and scattered efforts, urged him to see more clearly the realities of life and his incapacity to cope with them without self-discipline.[20] Valera's father was accustomed to imposing his authoritative opinion on his son. Valera's mother died in 1872.[21] It is quite a coincidence that *Pepita Jiménez* was written the next year, almost as if the death of Valera's mother was necessary so that Valera could write his very personal type of novel. Since there are no data available in Valera's letters about the production of *Pepita Jiménez*,[22] we may only conjecture that the death of Valera's mother had a psychological influence on him. Perhaps her death lifted a self-imposed censure on his frequent theme of illegitimacy. After her death Valera encountered no difficulties in novelistic creation; perhaps the psychic obstacle had disappeared. In addition, *Pepita Jiménez* does symbolically express a return to the mother figure.

We should conclude with regard to this first critical perspective and the analysis of a work of art as an inroad to the author's mind, that the method requires that the critic traverse the path from the finished work back to its conception in search of its sources in the author's psyche. The critic attempts, thus, to discover and demonstrate the mechanisms of mental functioning through an examination of fiction; he endeavors to explore the author's unconscious motivation and intention both of which exist, however, independent of the work itself. Any such investigation of the author's mind is simply impractical, no matter how legitimate it may seem in theory. Freud himself denies the possibility of the psychoanalysis of authors whose history is remote and of those who cannot be interviewed.[23] Therefore, the method of psychoanalytic criticism that focuses on the author's mind must be dismissed, or rather, set aside to be supplemented. Anything said about an author's life truly belongs to biography and not to literary criticism. Most importantly, there is no way of verifying an author's emotional life; thus, we are left with mere speculation.[24]

The second mind available to psychoanalytic critics is that of one or another of the characters. As we have stated, Valera makes Luis de Vargas the central figure in *Pepita Jiménez*. Before we can begin to reveal Luis de Vargas as an Oedipal figure we must make two assumptions on which we shall base our interpretation. First, we must treat Luis de Vargas as a real human being, disregarding the fact that he is a created fictitious conglomeration. Although the character never existed except in the author's imagination, we must assume that he is alive and real, existing in the fictitious reality of the novel. This assumption may be justified by the fact that a work of art attempts to be a representation of people in real life; consequently, the behavior of the fictional character must be subject to the same psychological laws as is our own real-life behavior. Our assumption is further justified by the fact that Valera created his novels so that the behavior of his characters would attain a certain degree of verisimilitude or lifelikeness:

> Yo quiero que la observación de las acciones y pasiones humanas, de la Naturaleza en general, de la sociedad tal como está organizada, de todo lo real, en suma, sea el fundamento de mis ficciones. Yo quiero que todas las criaturas de mi fantasía sean verosímiles, que todos mis personajes sientan, piensen y hablen como los personajes vivos, y que el medio ambiente en que los pongo y la tierra sobre que los sostengo sean aire y tierra de verdad, o parezcan tales, pues es claro que no puedo, ni puede nadie, crear tierra y aire nuevos.[25]

Thus we see that Valera intended that his reader conceive of his characters as real. In treating Luis de Vargas as a real human being we presuppose that he has both a past and a future and, therefore, a childhood which lends itself to Freudian analysis. Luis himself informs us of his earlier life, i.e., his life before the point in time when the novel begins.

The second assumption is two-fold in that we must assume that there is such a thing as an Oedipal complex and that Luis de Vargas is dominated by it. Freud is not justified in concluding that the Oedipus myth confirms his view that unconscious incestuous drives and the resulting hate of the father are to be found in *every* male child.

Luis de Vargas: An Oedipal Figure

Freud based his theory on the sexual nature of a child's rivalry with the parent. Fromm indicates that recent data show that the Freudian Oepidal complex is not universal and that the child's tie to the mother is not essentially sexual. The rivalry between the father and son does not occur in societies where strong patriarchal authority does not exist.[26] In Fromm's opinion Oedipus is a representative of a matriarchal system that has been defeated by the existing patriarchal system. Therefore, the Oedipus myth has to be understood not as the symbol of the incestuous tie between mother and son but as the rebellion of the son against the authority of the father in the patriarchal family. If this is so then the marriage of Oedipus and Jocasta is only a secondary event: a result of the son's victory. As a victor the son takes over the father's place and with it all its privileges, one of which happens to be the possession of his wife.[27]

In considering Luis de Vargas as an Oedipal figure, we should not solely view him as symbolic of the incestuous tie between mother and son; in fact, there is little opportunity for Luis to carry over into maturity his infantile relationship with his mother because she dies when he is very young. Instead we should view Luis as symbolic of the rebellion of the son against the patriarchal authority.

Justin O'Brien, in his book *The Novel of Adolescence in France*, defines the adolescent as follows:

> He is torn between the need of recognizing authority, of conforming and of imitating and the equally insistent need of throwing off authority and establishing his independence through solitude, flight into the world of imagination, or open revolt. From this conflict of impulses, from this disequilibrium, which in some cases may be resolved into some sort of stability at 18 and in others not until after the 21st or even the 25th year, arise uncertainty, spiritual restlessness and often great disillusion.[28]

The similarities between this definition and the behavior of Luis de Vargas are striking. The characterization of Luis as an adolescent is evident; his age is stated several times in the novel:[29] "...tengo ya veintidós años" (10); "Hace pocos días cumplí veintidós años" (29); "...joven de veintidós años" (52). Since Luis has spent the last twelve years of his life in the seclusion of a seminary, he matures rapidly only on his return to his native town. Luis continually admits his lack of knowledge and experience in worldly matters: "¡Conozco tan poco lo que son las mujeres!" (39); "...nada conocía del mundo sino por especulación y teoría" (41); "...por mi poca o ninguna práctica de hablar con mujeres" (53); "Aunque me he criado al lado de mi tío en el Seminario, donde no he visto mujeres..." (121). Luis looks upon the world with the awe and fear that are natural in the adolescent stage.

Besides an awakened sensibility to the world around him, Luis' return home arouses the memories of the circumstances of his birth. There are allusions to Luis' illegitimacy in the first letter; Luis states that he is grateful to his father for having recognized him as a son: "Repito, pues que estoy lleno de gratitud hacia mi padre; él me ha reconocido..." (18); he is bound to his father not by a legal tie but by a tie of nature: "...la fuerza de la sangre, el vínculo de la naturaleza, ese misterioso lazo que nos une, me lleva...a amar a mi padre" (19). Luis never reveals his mother's situation nor why there never was a marriage. We may not even assume that Luis knew his mother because it is probable that she died soon after his birth. The fact that as a child Luis lived in his father's home is indicated by the visit of the five women who had been his nurses. We may infer that Luis' uncle has often spoken to Luis about his illegitimacy and about the goodness of his mother. Luis perceives his mother as an innocent martyr and his references to her are often romanticized: "...¿he sabido perdonarle su conducta con mi pobre madre, víctima de sus liviandades?...ella, que era un ángel de bondad y mansedumbre..." (18); "...perdona lo que mi madre perdonó con generosidad sublime?" (19). Luis' uncle, the Dean, who is instrumental in the formulation of Luis' concept of his father, insinuates that Don Pedro was in some way to blame for the mother's fate.

When speaking of his father, Luis makes reference to his reputation of being a Don Juan and to his scandalous and irreverent behavior:

> Mi padre, a pesar de sus cincuenta y cinco años, está tan bien que puede poner envidia a los más gallardos mozos del lugar. Tiene además el atractivo poderoso irresistible para algunas mujeres, de sus pasadas conquistas, de su celebridad, de haber sido una especia de Don Juan Tenorio. (11)

> ...yo mismo deseo que mi padre, en su edad provecta, venga a mejor vida, olvide y no renueve las agitaciones y pasiones de su mocedad y llegue a una vejez tranquila, dichosa y honrada. (16)

> Como mi padre no es a propósito para hacer vida penitente, éste sería el único modo de que cambiase su vida, tan agitada y tempestuosa hasta aquí y de que viniese a parar a un término, si no ejemplar, ordenado y pacífico...me dijo que él había sido un gran calavera, que había llevado una vida muy mala y que no veía medio de enmendarse.... (23)

Luis de Vargas: An Oedipal Figure

> ...la reputación que tiene de ser por lo común poco respetuoso y bastante profano con las mujeres.... (33)

> ...su lenguaje profano y su chiste irreverente. (55)

> ...de que hable con irreverencia y de burla de las cosas más serias. (56)

Needless to say, having been raised in a religious environment, Luis is not pleased with his father's undesirable behavior: "Yo me aflijo en lo interior de mi alma, pero lo sufro todo" (55). It is only filial obligation that restrains Luis from reprimanding his father for his comportment.

Beneath Luis' critical and resentful attitude toward his father lie conflicting feelings of regard and esteem. This sensibility originates with Luis' gratitude for all his father has done for him despite Luis' illegitimacy. But his persistent disavowal of any animosity toward his father only betrays his efforts to persuade himself through these assertions of paternal admiration:

> Lo examino detenidamente y no hallo un átomo de rencor en mi pecho. Muy al contrario, la gratitud lo llena todo. Mi padre me ha criado con amor;.... Repito pues, que estoy lleno de gratitud hacia mi padre; (18)

> ...me lleva, sin ninguna consideración del deber a amar a mi padre y a reverenciarle. Sería horrible no amarle así y esforzarse por amarle para cumplir con un mandamiento divino. (19).

> ...no soy orgulloso con mi padre;...ser tan agradecido con él por lo poco como por lo mucho.... Está tan afable, tan cariñoso conmigo, que sería imposible no darle gusto en todo. (19)

Since Luis' hostility towards his father is repressed, i.e., concealed from consciousness, there is the development of the opposite sentiment, of an exaggerated regard and respect for his father. The expressions of love and adulation are largely a cover-up for repressed feelings of animosity. Nevertheless, as the novel progresses Luis' resentment of his father is tempered by love, an inchoate feeling that is somewhat evident in the constant repetition of "mi padre" throughout the novel.

There is much evidence in *Pepita Jiménez* that Luis' father, Don Pedro de Vargas, is representative of a patriarchal system. Don Pedro is the patriarch, the ruler, the holder of power and authority in the hierarchical order of the town: "...haré el papel de patriarca" (151). At first Luis knows that his father has an important position in the town, and he soon realizes that it carries with it a great deal of power and esteem: "La dignidad de cacique, que yo creía cosa de broma, es cosa harto seria. Mi padre es el cacique del lugar" (10). Within this patriarchy there is a hierarchical order determined by wealth: "...no hay otros grados que marquen la jerarquía social sino tener más o menos dinero o cosa que valga" (15).

All wealth, power, and authority are passed down from father to son through the male line. Therefore, Luis is an heir to his father's wealth: "...soy un rico heredero" (10). His birthright is obvious even in his demeanor: "Había por último en el porte y continente de D. Luis aquel indescriptible sello de distinción y de hidalguía que parece...privativa calidad y exclusivo privilegio de las familias aristocráticas" (109). In addition to inheriting his father's wealth, Luis is the most likely successor to the position of *cacique*, but his father's probable marriage to Pepita would deprive Luis, were he not a priest, of complete inheritance. Luis' clerical status does not, however, prevent him from contemplating his position as heir: "Si yo tuviera otra condición, preferiría que mi padre se quedase soltero. Hijo único, entonces heredaría todas sus riquezas...nada menos que el cacicato de este lugar" (16). Don Pedro is cognizant of the fact that if he should marry Pepita, Luis might perhaps feel economically insecure. Luis reveals his father's concern for his son's economic well-being: "...mi padre me habló de intereses: me dijo que era muy rico y que me dejaría mejorado, aunque tuviese varios hijos más" (23). However, Luis does not wish to be indebted to his father.

As an Oedipal figure Luis struggles against the patriarchal system. His first attack on the social order, an order based on the powers and privileges of Don Pedro, is his decision to become a priest: this decision is in part an effort to establish his personal independence and freedom from his father; in part the priesthood is also for Luis a means of gaining fame and glory. From the outset of the novel he questions his vocation. He feels that there is a definite connection between his decision to become a priest and his early relationship with his father and his father's mistreatment of his mother:

> En resolución, yo me pregunto a veces: este propósito mío, ¿tendrá por fundamento, en parte, al menos, el carácter de mis relaciones con mi padre? En el fondo de mi corazón, ¿he sabido perdonarle su conducta con mi pobre madre, víctima de sus liviandades? (18)

> ...mi propósito de ser clérigo...¿proviene sólo de mi menosprecio de las cosas del mundo, de una verdadera vocación a la vida religiosa, o proviene también de orgullo, de rencor escondido, de queja, de algo que hay en mí que no perdona lo que mi madre perdonó con generosidad sublime? (19)

Luis de Vargas: An Oedipal Figure

The conflict that is quietly present between Luis and Don Pedro is the product of an authoritarian, patriarchal society. Luis will not allow himself to succumb to the materialistic life of his father but wishes to atone for his illegitimate birth by devoting his life to others.

Freud's theory of the Oedipus complex was in part determined by the rivalry between father and son. We have already seen how Luis negates the possibility of any animosity toward his father. However, this negation could be interpreted instead as a confession of the very feeling that he denies. Luis, having been so very young when his mother died, feels vague longings for the maternal love he never received. He unconsciously begrudges his father the feminine affection of which he was deprived as a child. In the manner in which Luis describes his father's progress in winning Pepita's love, there is evidence that he unconsciously hopes that his father is not successful. First, Luis makes statements that would suggest that Don Pedro is not Pepita's chosen suitor: "Mi padre no está más adelantado...que los demás pretendientes" (15); "...me parece que mi padre no puede lisonjearse todavía de ser muy querido" (26); "...un cariño más filial de lo que mi padre quisiera" (33). Luis does make an effort to persuade himself that he hopes his father will win Pepita: "Oído el señor Vicario, y fiándome en su juicio, yo no puedo menos de desear que mi padre se case con la Pepita" (23). Nevertheless, as Luis becomes more enamoured of Pepita his hopes that his father will not marry her are expressed more openly in wishful thinking against this marriage:

> ¡Pero si no quiere ser mi madrastra! ¡Si no quiere a mi padre! Verdad es que las mujeres son raras; quién sabe si en el fondo de su alma no se siente inclinada ya a querer a mi padre y a casarse con él, si bien, se propone...acabar por darle el plácido sí. ¡Allá veremos! (35)

Luis then disguises his rivalry as concern for his father's happiness. If Pepita were a bad person, then naturally Luis' desire that his father not marry her would be justified:

> Pepita...puede...ser un instrumento del espíritu del mal; puede tener una coquetería irreflexiva e instintiva, más invencible, eficaz y funesta aún que la que procede de premeditación, cálculo y discurso. (39)

Luis finally admits that what he prefers is that Pepita not marry Don Pedro; fantasizing, he expresses a desire for a chaste relationship between himself and Pepita. Though Luis' attitude toward his father varies, the unconscious thought of rivalry does logically culminate in the idea, or rather the wish, that the father disappear from the scene.

For a long while Luis' conscious mind suppresses the awareness of rivalry with his father. Luis resists any identification of his feelings of rivalry with his father. Luis resists any identification of his feelings as indicative of rivalry. He leaves the situation nameless: "...si la mujer a quien mi padre pretende se prendase de mí, ¿no sería espantosa mi situación?" (65). When this repressed mental process becomes conscious, Luis openly manifests his rivalry for the object of affection, Pepita; he is surprised, and almost offended, that his father has not considered him a possible rival: "Lo que sí empieza a sorprenderme es el descuido y plena seguridad de mi padre...que mi padre no tema que, a pesar de mi supuesta santidad, o por mi misma supuesta santidad, no pueda yo enamorar, sin querer, a Pepita" (65). Luis puts up a conscious fight against his impulses as they increase: "...luchaban...el amor de Dios, el respeto a su padre, de quien no quería ser rival, y la vocación, en suma, que sentía por el sacerdocio" (94). The moral precepts which Luis has accepted dictate that he should not act upon his love for Pepita. The suggestion that the love between Pepita and Luis is hopeless because it would be scandalous for the son to become his father's rival is found three times in the novel:

> A nadie le cabía en la cabeza, a nadie le pasaba por la imaginación, que el teólogo, el santo, como llamaban a D. Luis, rivalizase con su padre, y hubiera conseguido lo que no había conseguido el terrible y poderoso D. Pedro de Vargas: enamorar a la linda, elegante, esquiva y zahareña viudita (80).

Vicar to Pepita:

> ¿Estará bien visto que salgamos ahora con que el hijo es rival del padre? ¿No se enojará el padre contra el hijo por amor tuyo? Mira cuán horrible es todo esto, y domínate... (88-89).

Dean's letter to Don Pedro:

> ...resultase tu hijo rival tuyo. Esto sería un escándalo monstruoso... (149).

The rivalry situation is scandalous due to the incestuous implications: Luis is usurping his father's position by loving the same woman his father loves.

Luis' substitution of his father in hs relations with Pepita is expressed in various ways. In order for Luis to succeed his father, he must endeavor to emulate him. Luis has a strong propensity for the imitation of others. As a young man, Luis' uncle acts as his mentor and takes the role of surrogate father. Luis imitates his uncle in his religious vocation and in his exemplary life.[30] When living with his own father, there are occasions when Luis turns to him for guidance. Luis transfers his model from his uncle to his father when he needs to imitate and indentify with his father. For example, Don Pedro is Luis' instructor in horseback riding: "Aquella noche dije a mi padre mi deseo de aprender a montar...me dijo que ya no era V. solo mi maestro, que él también iba a tener el gusto de enseñarme algo" (54). The sexual symbolism of equitation is common; it is significant that Don Pedro is the one who brings Luis through this manhood ritual. Don Pedro is willing to supplement Luis' education with those activities that he learned in his own youth: "...mi padre me está enseñando en casa a jugar el tresillo..., ha querido enseñarme la esgrima, y después, a fumar y a tirar a la pistola y la barra" (59). As an Oedipal figure, Luis replaces his father and naturally imitates him in certain instances. Having been educated by his father, Luis openly substitutes for him with the object of their affection: "...yo le sustituyo en la mesa del tresillo al lado de Pepita" (63).

Luis' demonstrations of manhood find their culmination in his duel with the Conde of Genezahar. In this instance Luis also imitates his father, who as a youth was a "guardia de corps." This duel allows Luis to triumph symbolically over all his rivals: in order for Luis to be an Oedipal figure he must rebel against the patriarch. Through this duel Luis breaks his ties of dependency by defeating the Conde, who represents Luis' father, by displacement. Luis has symbolically taken the step from adolescence to manhood and by vanquishing another has vanquished his father.

It is interesting to note that Luis begins the novel by "confessing" everything to his uncle, his father figure. At the conclusion of the novel Luis "confesses" to Don Pedro, who in turn absolves him. Luis, who deceives both his father and his father figure, transfers his homage to Don Pedro whom he has symbolically overcome.

Freud made us aware of the compelling power of fate in the Oedipus cycle. There is reference made to the element of destiny in the attraction between Luis and Pepita: "Mucho antes de tener conciencia de que la amaba a V., ya la amaba. Se diría que hubo en esto algo de fatídico; que estaba escrito; que era una predestinación" (125). Luis feels that his actions are predetermined and that he is driven by his unalterable fate. He endeavors to avoid temptation but his attraction to Pepita is unremitting.

The magnetism existent between Luis and Pepita consists of dualities. Luis views Pepita as both virtuous and wicked simultaneously:

> ...me parece a menudo que tiene su poco de coquetería, digna de reprobación; pero cuando veo a Pepita después, y la hallo tan natural, tan

fresca y tan sencilla, se me pasa el mal pensamiento e imagino que todo lo hace candorosamente... (30).

...yo no acierto aún a determinar si es un ángel o una refinada coqueta llena de astucia instintiva (40).

Pepita's image is split into two opposing pictures: the inaccessible saint and the sensual creature, the virgin and the wife. This admiration and resentment of Pepita makes Luis at once love and hate her: "Si estoy cerca de ella, la amo; si estoy lejos la odio...La aborrezco y casi la adoro.... Es un amor de odio" (71, 73). Luis' vacillations between love and hate are indicative of an interior struggle between the flesh and the spirit, an eternal dualism:

...pongo en este amor mucho de infernal y de horriblemente ominoso; pero como si tuviese yo dos almas, dos entendimientos, dos voluntades y dos imaginaciones, pronto surge dentro de mí la idea contraria; pronto me niego lo que acabo de afirmar y procuro conciliar locamente los dos amores (73-74).

Luis, a man of religious vocation accustomed to renouncing worldly pleasures, succumbs completely to the invincible enchantment of love.

Luis is a representative of the matriarchal order who perceives the opposition between love and power, between the matriarchy and the patriarchy. As an adolescent who has led a rather sheltered life, women in general are a mystery to Luis. His ignorance of females makes him fear their effect on a man:[31]

¿Cómo entender, si no, que la hermosura de la mujer, obra tan perfecta de Dios, es causa de perdición siempre? ¿Cómo entender tampoco, en sentido general y constante, que la mujer es más amarga que la muerte? ¿Cómo entender que el que toca a una mujer, en toda ocasión y con cualquier pensamiento que sea no saldrá sin mancha? (63)

The mystery that woman presents to Luis assumes an aura of magical enchantment. Luis associates Pepita with a sorceress who has the power to bewitch: "...no hay también un hechizo mundano, no hay algo de magia diabólica..." (40); "...estoy dominado por una maga cuya fascinación es ineluctable" (69); "...la magia, el hechizo de una mujer..." (122). As a passive individual, Luis appears to be overcome by the power of a woman. Feminine eyes exercise the greatest dominion over Luis: "Sus ojos están dotados de una atracción magnética inexplicable. Me atrae, me seduce, y se fijan en ella los míos" (68). The woman possesses the ability to attract and draw a man by her sensual, primordial domination:

Luis de Vargas: An Oedipal Figure

> El mismo imperio que ejerce Pepita sobre un hombre tan descreído como mi padre, sobre una naturaleza tan varonil y poco sentimental, tiene en verdad mucho de raro (40).

> Su espíritu se infunde en mí al punto que la veo y me posee, y me domina, y me humilla (71).

> Don Luis se sintió dominado, seducido, vencido por aquella voluptuosa naturaleza y dudó de sí (111).

The primal power of the woman makes her the vital force around which men converge.

Pepita is the matriarch: she represents the earth mother and all that is sensual, voluptuous, fertile, flourishing, and life-giving on the earth. Pepita symbolizes the nature goddess who is both mother and virgin, as is evidenced in the classical allusions by which Luis refers to her.[32] As a nature goddess, Pepita exudes an inherent naturalness, a oneness with the earth: "...posee una distinción natural que la levanta y separa de cuanto la rodea" (21); "La misma naturaleza, pues, es la que guía y sirve de norma a esta mirada y a estos ojos" (33); "...era una criatura muy a lo natural..." (132). Allusions are made to Pepita's ties with the earth through the special significance given to horses, flowers, and landscape. Pepita handles a horse superbly, as would a woman warrior: "Pepita...apareciendo en un caballo tordo, muy vivo y fogoso, vestida de amazona, y manejando el caballo con destreza y primor notable" (49). Pepita, whose gardens are filled with roses and jasmine, usually appears surrounded by flowers. The figure of Oedipus was always connected with the cult of the earth goddesses, the representatives of the matriarchal religion. In her town Pepita Jiménez receives the worship and devotion of a cult goddess because of her virtuous ways: "El carácter de esta especie de culto que el Vicario rinde a Pepita va sellado, casi se confunde con el ejercicio de mil buenas obras: con las limosnas, el rezo, el culto público y el cuidado de los menesterosos" (37). In a matriarchy all men are equal, all children of mothers and each one a child of mother earth. In Luis' home town where Pepita is the center of all activities, there reigns a principle of equality where competition among men is not stressed: "La vida de aquí tiene cierto encanto. Para quien no sueña con la gloria, para quien nada ambiciona, comprendo que sea muy descansada y dulce vida" (46). Oedipus is the representative of the old principles of matriarchy, those of equality and democracy, in contrast to the patriarchal domination and obedience.

In the Oedipus myth, Oedipus kills Laius in a quarrel, not knowing that the latter was his father. At Thebes, Oedipus solves the riddle of the Sphinx and as a reward is made king. He marries Jocasta, the queen, not knowing that she is his mother. There is no indication in the myth that Oedipus loves Jocasta. The reason he takes her as a wife is that she goes with the throne.[33] Pedro de Vargas is a king in a sense, a *cacique*, a ruler. Luis competes with and symbolically overcomes his father in vanquishing other men. Therefore, when he replaces his father, the old king, he receives the reward that goes along with the kingdom, Pepita. The difference between Oedipus and Luis here lies in Luis' absolute love for Pepita. Just as Oedipus returns to the grove of the goddesses at Colonus to die, so too Luis, the Oedipal figure, returns to and restores the matriarchal order. Luis rebels against the patriarchal system and gives in to the mysterious forces of the earth mother—Pepita:

> Se confesaba indigno de ser sacerdote y se allanaba a ser lego, casado, vulgar, un buen lugareño cualquiera, cuidando de las viñas y los olivos, criando a sus hijos, pues ya los deseaba, y siendo modelo de maridos al lado de su Pepita... No había sabido resistir las asechanzas del amor terrenal... (135, 138).

As Colonus was the sacred spot marked by many altars and shrines to the earth goddess, so too the garden of Pepita and Luis' home has a small shrine to Venus, the goddess whom Lucretius invokes as the creative power of nature in the inscription on this shrine.

When Luis marries Pepita, all in their possession flourishes and blooms; they have a healthy child and everything prospers. As a rebel against the patriarchy, Luis has strength born of his connection with the earth goddesses. The return to the mother means life, nourishment, recovery, health, and salvation. The pagan element in their presumably Christian household is evident: "...tienen ambos [Luis y Pepita] su poquito de paganismo como poesía rústica amoroso-pastoril..." (159). In the return to the rustic, natural, primordial life lies Luis' salvation. The principles of love, unity, and peace reign in the matriarchy, where the aim of life is man's happiness.

We have examined Luis de Vargas as an Oedipal figure by referring at length to the character himself, treating him as a living human being. We shall now turn briefly to the last perspective of psychoanalytic criticism proposed by Norman Holland, the one that takes as its point of departure the mind of the audience or the critic. For Holland this method of analysis, the newest of the three, is distinct inasmuch as it considers, rather than the character's realism or the author's biography, the interrelations between the various parts of a work: the wholeness of plot and characters. In fact there is some similarity between considering the work of art from the mind of the author and from the mind of the audience, because both view the work as a totality; but whereas the first approach seeks to discover underlying aspects of the literary creation in the experience of its author, the last type of analysis may serve uniquely to lay bare the readers' unconscious reaction to the work, the artistic mechanism by which the minds of author, character and audience meet on grounds of human, psychological response independent of logic and of ethical constraints.

The psychoanalytic approach which perceives the work as a whole with respect to the audience's mind, depends on a basic assumption of psychoanalysis: "There are certain patterns in infantile fantasies and drives which we modify in growing up; yet these infantile patterns persist unmodified in the unconscious mind of the adult and from them he derives his emotional reaction to things."[34] The author takes these unconscious desires and presents them to his audience in a disguised form. Instead of inhibiting his unconscious, the author permits it to achieve artistic expression. The emotional response of the audience is a response to the unconscious fantasies and drives with which they identify. For Freud art is "...an activity intended to allay ungratified wishes in the first place in the creative artist himself and subsequently in his audience or spectators."[35] Certain factors in the work of art satisfy the audience's unconscious needs and provide an illusory substitute for things that are forbidden.

The work of art provides an emotional release and enrichment that would not be possible without the relaxation of inhibitions by aesthetic means; the artistry puts the audience into a suggestible condition. The audience then experiences vicariously situations involving someone else and transposes them into subjective reality without completely losing knowledge of the true state of affairs. The audience, in truth, acts the hero vicariously; the hero is a representation of a wish that the audience restrains. The author's intuitive recognition that the audience has experienced the Oedipal feeling helps to stimulate his choice of subject. The wishes expressed in the work of art are those of a whole people instead of an individual writer.

Valera unconsciously projected in *Pepita Jiménez* his own reactivated and formerly repressed Oedipal processes, and his reworking of the Oedipus myth in this novel has an important effect on the audience's mind. In contrast to the Oedipus myth, the hero of *Pepita Jiménez* achieves what is universally forbidden: he removes the father and possesses the mother (or mother substitute) sexually. The audience enjoys the novel and is pleased with the ending because its unconscious wishes, which are forbidden in their original form, are permitted fulfillment in *Pepita Jiménez.* Pedro de Vargas blesses the love of his son for the woman he himself had wished to marry. Luis, the hero who should be punished, instead receives the approbation of his father. The readers have their wish fulfillment while being freed from the fears and qualms they would suffer if they were to do what Luis does. Luis projects a wish that is essentially bad, to replace his father; however, the social order bends to grant this wish. The novel, which might have ended tragically, ends in a marriage as in a festive comedy. The latent unconscious element speaks to the audience so that it is meaningful and finally becomes manifest. The artist uses his ability to take a situation that is potentially offensive and makes it pleasant. The readers derive pleasure from *Pepita Jiménez* because Luis accomplished what they had always wished unconsciously to do. Art is truly the most beneficent substitute.

We have attempted to represent Luis de Vargas as an Oedipal figure through insight gained from the exploration of the minds associated with the novel. Psychoanalytic criticism penetrates the unconscious mental layers to make accessible to our knowledge deep-rooted emotions, fantasies, and impulses. However, the extent to which psychoanalysis can illuminate literature is limited as is any attempt to plumb the human mind. We may say that the scientific validity of psychoanalytic criticism is difficult to prove because there are many variables and differences in interpretation that intervene in any corroborative effort. It is necessary to explore every available mind, and most importantly our own, if we are to formulate any conclusions. And still, having delved into the unconscious, it is apparent that perhaps we did not have the right to do so, that perhaps we are incapable of ever perfectly accomplishing such a delicate, involved undertaking. Valera himself was probably aware of the inaccessibility of the human mind and of the futility of endeavoring to comprehend fully a personalty that is not our own: Luis de Vargas states in referring to Pepita: "¿Cómo penetrar en lo íntimo del corazón, en el secreto escondido de la mente juvenil...Como quiera que sea,...[dejo] a un lado estas investigaciones psicológicas que no tengo derecho a hacer, pues no conozco a Pepita Jiménez..." (14).

COLUMBIA UNIVERSITY

Notes

[1]*Pepita Jiménez*, written in 1873, was first published in serial form in the *Revista de España* from March to May of 1874. It appeared in book form later that year.

[2]Juan Valera, *Obras completas*, II (Madrid: Aguilar, 1961), pp. 191-192.

[3]Jean Pouillon, *Temps et roman* (Paris: Gallimard, 1946), p. 43.

[4]Sigmund Freud, "Psychoanalysis," *Character and Culture*, ed. Philip Rieff (New York: The Crowell-Collier Publishing Company, 1963), p. 230.

[5]Cited by Norman H. Holland, *Psychoanalysis and Shakespeare* (New York: McGraw-Hill Book Company, 1966), p. 5.

[6]Lionel Trilling, "Freud Within and Beyond Culture," *Beyond Culture* (New York: The Viking Press, 1965), pp. 91-92.

[7]Norman H. Holland, "Shakespearean Tragedy and the Three Ways of Psychoanalytic Criticism," *Hudson Review*, XV, 2 (1972), 217.

[8]Patrick Mullahy, *Oedipus: Myth and Complex* (New York: Grove Press, Inc., 1948), p. 203.

[9]This phenomenon of the myth is called duplication or multiplication. See Mullahy, *op. cit.*, p. 89.

[10]The discovery of the Oedipus complex had arisen out of Freud's self-analysis and had been confirmed by his work with his patients. By 1897, he held it to be a universal occurrence of early childhood. See Louis Fraiberg, *Psychoanalysis and American Literary Criticism* (Detroit: Wayne State University Press, 1960), p. 10.

[11]Mullahy *op. cit.*, p. 278.

[12]Holland, "Shakespearean Tragedy and...," p. 218.

[13]Lionel Trilling, *The Liberal Imagination* (New York: The Viking Press, 1950), p. 47.

[14]Fraiberg, *op. cit.*, p. 7.

[15]Manuel Azaña, "Pepita Jiménez," *Ensayos sobre Valera* (Madrid: Alianza Editorial, 1971), p. 216.

[16]Mario Maurín, "Valera y la ficción encadenada," *Mundo Nuevo* XIV (August, 1967), 35.

[17]Azaña, *op. cit.*, p. 218.

[18]Alberto Jiménez, *Juan Valera y la generación de 1868* (Oxford: The Dolphin Book Co. Ltd., 1956), p. 124.

[19]The novel is divided into three parts, the first of which, "Cartas de mi sobrino," consists of fifteen letters sent by Luis over a three-month period to his uncle, the Dean of the Cathedral. The autobiographical contents of the letters provide the basis for further characterization in parts two and three of the novel; "Paralipómenos" describes the amorous encounters of Pepita and Luis through the omniscient narrator and the Dean; "Epílogo, Cartas de mi hermano" reports, through the letters of Don Pedro to his brother, the good fortune of Luis and Pepita in the first four years of their marriage.

[20]Edith Fishtine, *Don Juan Valera, the Critic* (Menasha, Wisconsin: George Banta Publishing Company, 1933), p. 11.

[21]Bernardino de Pantorba, *Juan Valera* (Madrid: Compañía Bibliográfica Española, 1969), p. 50.

[22]Carmen Bravo-Villasante, *Biografía de don Juan Valera* (Barcelona: Editorial Aedos, 1959), p. 195.

[23]Ramón Xirau, *Mito y poesía* (México: Universidad Nacional Autónoma de México, 1973), p. 14.

[24]Holland, "Shakespearean Tragedy and...," p. 219.

[25]Pantorba, *op. cit.*, p. 145.

[26]Mullahy, *op. cit.*, p. 277. In *The Forgotten Language* (New York: Grove Press, Inc., 1951), pp. 205-209, Erich Fromm explains that the roots of the Oedipal conflict go back to man's ancient mythic past in which matriarchal and patriarchal societies were vying for supremacy. Fromm's opinion that Oedipus, a representative of the matriarchal order, attacks a social order founded on the father's power and authority is based on an analysis by J.J. Bachofen in his book *Mutterrecht* (1861). Bachofen affirms that in the beginnings of man's history sexual relations were promiscuous; therefore, only the mother's parenthood was unquestionable; she was the authority and lawgiver. Bachofen found evidence that the religion of the Olympian gods was preceded by a religion in which goddesses, motherlike figures, were the supreme deities. The patriarchal system, which Bachofen assumed defeated women in history, is characterized by monogamy, paternal authority, and the dominant role of men in a hierarchically organized society. In the matriarchal system there reigns the principle of love, unity, and peace; all men, children of Mother Earth, are equal through their ties of blood to the soil.

[27]Mullahy, *op. cit.*, pp. 270-271.

[28]New York: Columbia University Press, 1937, p. 12.

[29]All references or quotations are taken from the text Juan Valera, *Pepita Jiménez* (8th ed.; Buenos Aires: Editorial Losada, 1965). The page where the reference is to be found is placed in parenthesis.

[30]As Luis matures, he looks to the Dean for his model: "El poder de mi fe...se lo debo a la atinada educación, a la santa enseñanza y al buen ejemplo de usted, mi querido tío...usted me ha enseñada a analizar lo que el alma siente...todo lo malo y todo lo bueno, a fin de reprobar lo uno y aspirar a lo otro..." (17).

[31]It should be remembered that the Furies, female spirits of authority, were dreaded and feared in the Oedipus saga.

[32]Robert E. Lott in his book, *Language and Psychology in Pepita Jiménez* (Urbana: University of Illinois Press, 1970), notes that "The references and allusions to saints and to other historical or literary personages are integral parts of the characterizations and plot" (p. 209). Valera uses the classical alluding device to parallel his characters' own situations: Pepita—Phaedra, Ariadne, Diana, Egeria, Circe, Galatea, Beatriz; Luis—Hippolytus, Nimrod, Pygmalion, Dante, St. Edward, St. John Chrysostom, etc.

[33]Fromm, *op. cit.*, p. 218.

[34]Holland, "Shakespearean Tragedy and...," p. 225.

[35]Cited by Holland, *Psychoanalysis and Shakespeare*, p. 7.

IX. Social Realism

NATIVIDAD AS POSITIVE HERO IN *EL LUTO HUMANO*

Sam L. Slick

Since its publication in 1943, José Revueltas' *El luto humano* has continued to provoke polemics in many literary circles. Discussion has centered on a variety of issues from the narrative style to the author's intent. Of central interest to a few critics has been the novel's main character, Natividad. In this study I propose to re-examine the description, characterization, and function of Natividad from a Marxist literary perspective utilizing an aggregate model of the positive hero as a referential point of departure. We shall see that the figure of Natividad, when measured against the aggregate model, approximates with amazing fidelity the traditional positive hero as described by various students of socialist realism.

The methodology employed in this study is based on content analysis which focuses on the specified features of the hero. The approach is "prescriptive" by design. No attempt has been made to incorporate the more recent element of "Neo-Marxist" criticism or the more fashionable "Marxist Humanism." Rather, this study seeks to explain the hero figure of *El luto humano* via an earlier, more orthodox form of socialist realism which was contemporaneous to the publication of the novel.

The Positive Hero in Socialist Realism

The concept of the positive hero involves many complex and elusive issues. For practical purposes, however, it is possible to discern his most salient features and functions. The positive hero has been variously referred to as the New man, the Communist hero, the hero of labor, and the New Soviet man.[1] Regardless of which critical term is employed, however, it points to a specific literary type which is an integral part of socialist realism. The origins of the positive hero can be traced to the great tradition of Russian literature of the nineteenth century. Rufus Mathewson's study clearly establishes the relationship between the heroes of such writers as Dobrolyubov and Chernyshevsky and the heroes of socialist realism.[2] At the same time, however, significant differences between the two types of heroes must be noted. Just as Soviet critics make a distinction between critical realism and socialist realism, so do they insist on the difference between the "superfluous man" of the nineteenth century and the positive hero. The former, although capable of heroic deeds in a decadent society, is totally lacking in a socialist-ideological doctrine. Furthermore, his motivating forces are generally personal and his actions do not exhibit an ultimate purpose. The positive hero, by contrast, is a man whose very life is a symbol of revolutionary activity calculated to achieve a specific end, the triumph and success of a socialist state.

Two types of positive heroes, furthermore, theoretically exist. Mathewson has used the terms "interim man" and "New man." The former is seen as an agent of the revolution either prior to the advent of the socialist state, or during the transitional period to pure Communism. Since the "interim man" is not an end product, but the maker of a new world, he cannot, by definition, be the ideal "New man" which Communism and the future portend. Because José Revueltas' novel and its characters reside in non-socialist Mexico, Natividad, as we shall presently see, must be viewed as an "interim man" who is the Mexican vanguard of a socialist movement.

Interestingly enough, the hero of *El luto humano* is the very essence of hyperbole as defined by Maxim Gorky. The Russian author, generally considered to be the first creator of the true Communist hero, once stated: "Our actual, living hero—the creator of socialist culture—is very much greater and loftier than the heroes of our stories and novels. In literature he should be portrayed as even greater and more lofty. This is dictated not only by life itself but by socialist realism, which must think hypothetically, and hypothesis, conjecture is the sister of hyperbole, exaggeration."[3] Gorky's heroes, noteworthy for their exaggerated zeal and high idealism, remind the reader of Revueltas' treatment of Natividad in *El luto humano*.

The need for a positive hero was apparent from the inception of socialist realism.[4] The notion of the hero, as formulated in the Soviet

Union, was intimately related to the ideological base of the new literature. Lenin's concept of *partiinost*, a somewhat abstract idea which promoted the view of "party spirit" and total dedication to the revolutionary cause, helped secure the development of the new hero. According to Mathewson, it was "from this Leninist-Stalinist complex of ideas [that] there arose an official mode for men, the New Soviet Man, whose image was expected, after 1932, to dominate imaginative literature."[5] The positive hero is, then, like Natividad in *El luto humano*, a politicized being who embodies the principles of Marxism.

While it is not possible to state that the features of the positive hero have remained absolutely constant since his creation, certain traits have usually been present. Abram Tertz, although critical of socialist realism, has contributed greatly to an understanding of the hero for Western readers, by studying the positive hero's most common characteristics. Tertz stresses the sense of purpose with which the hero responds to tasks: "As soon as the literary character becomes fully purposeful and conscious of his purposefulness, he can enter that privileged caste which is universally respected and called 'positive heroes.' This is the Holy of Holies of socialist realism, its cornerstone and main achievement."[6] With respect to the Communist hero's most essential features, Tertz includes such qualities as "ideological conviction, courage, intelligence, will power, patriotism, respect for women, self-sacrifice."[7] These qualities, excluding patriotism, are precisely those of Natividad in *El luto humano*.

The positive hero not only propels a certain ideological perspective, but he also operates as an educative model. As an agent of change, the hero mirrors the historical dialectics of Marxism through his conflicts. His personal struggle, according to the Soviets, marks a movement forward in the march of history toward the inevitable triumph of Communism: "The beauty of the positive hero is revealed not only by his definite ideal qualities but also in the process of their shaping accompanied by inner struggle and the triumph of sound, progressive forces and tendencies over everything that hinders or might hinder their victory."[8] The educative value of the hero, therefore, affords the reader a positive model with which he can readily identify.

As a final reference to the aggregate model of the positive hero, it is worth considering Tertz's observations with respect to the hero's motivation and action: "Hence the amazing precision of all his actions, thoughts, tastes, feelings, and judgments. He firmly knows what is right and what is wrong; he says plainly 'yes' or 'no' and does not confuse black with white. For him there are no inner doubts and hesitations, no unanswerable questions, and no impenetrable secrets."[9]

The aggregate model for the positive hero, therefore, seems to include at least these characteristics: strength, courage, sense of purpose, will power, respect for women, and intelligence. It is clear that the hero of socialist realism is a very special literary type. He is a political creature whose life and struggles symbolize the march and triumph of socialism. Finally, he energizes and actualizes the ideological doctrines of Marxism.

José Revueltas and Socialist Realism

José Revueltas, a self-avowed Marxist and long-time associate of the Partido Comunista Mexicano (PCM), has commented extensively on socialist realism. As a literary theoretician totally conversant with the concept of the positive hero, he has created Party heroes in all but one of his published novels.[10] It is Natividad, however, who represents Revueltas' best example of the positive hero as defined by Soviet literary technicians. *El luto humano*, therefore, occupies a place of particular significance with respect to Marxist criticism in Latin American literature.

Although Revueltas' stature as a Communist intellectual cannot be denied, his literary works, both novels and plays, have been repeatedly attacked by fellow Marxists for failing to correctly subscribe to the tenets of socialist realism. These frequent condemnations have resulted in his expulsion from the PCM and his subsequent renuncition of the strict literary prescriptions of socialist realism. Like many Marxist writers in Latin America who associated themselves with Communist parties, Revueltas was for many years subjected to overt pressures to produce "acceptable" works. The criteria employed to judge his literature had their origin in the Soviet Union and were communicated directly to local Party officials throughout Latin America.

This sort of intellectual colonialmism, as Gabriel Careaga has called it, during the Stalinist period was an important ingredient in Revueltas' relationship to socialist realism: "El colonialismo intelectual al que fueron sometidos los partidos comunistas de casi todo el mundo ocasionó que éstos repitieran los *slogans* de un marxismo envejecido y esclerótico, que negaba asegurando que era un producto pequeño-burgués e imperialista, todo arte que no estuviera dentro de los lineamientos del llamado realismo socialista."[11] Thus, because socialist realism developed in the U.S.S.R. as the only acceptable artistic mode, it was simultaneously promoted as the only viable approach to art for Mexican writers who were members of the PCM. Implicit in the literary prescriptions was the need to create Party heroes. It was in the face of these pressures that José Revueltas wrote *El luto humano* and originated its hero, Natividad. The desire to create a credible positive hero, as wel shall see, was obviously uppermost in the author's mind.

Natividad in *El luto humano*

El luto humano is undoubtedly Revueltas' most famous work. It is a novel of anguish, despair, death, and finally, of hope. In a larger sense, it is an interpretation of Mexico and the Mexican Revolution. While the presence of a well-developed positive hero points to a solid novel of socialist realism, other aspects of *El luto humano* have put in doubt the relative merit of the work as an example of Marxist literature. Although the primary line of narration is simple and easily followed, the structure of the work is considerably more complicated through the use of flashbacks and the fragmentation of chronological time. Elements such as profound psychological probing, explicit sex, overwhelming pessimism, a preoccupation with death, and a suggestion of a pervasive "nothingness" remind the reader of a contemporary existential novel.

Mauricio Peña's review of the work is typical of the modern critic's reaction. Speaking of the characters in *El luto humano* he observes: "Navegan hacia la nada, sin fecha precisa de su pasado y el terror al porvenir los estremece."[12] Peña's observations, like those of many other critics, point to a literary problem associated with *El luto humano* and, to some extent, with Revueltas' earlier novel, *Los muros de agua.* The mexican author seems to present a duality of tendencies in the two novels. On the one hand he constructs Communist heroes who operate within the dialectical framework of socialist realism. At the same time, however, he employs narrative techniques and thematics that appear to be contradictory to the accaptable methods and concerns of socialist realism, particularly those of the Stalinist era. Domingo Miliani has aptly perceived the perplexing issue with respect to *El luto humano* and *Los muros de agua*: "Ambas obras, escritas por un marxista militante, debieron dejar estupefactos a los ideólogos del realismo socialista."[13]

With regard to Miliani's observation, it must be noted that *El luto humano* apparently met with the approval of the PCM and its Marxist literary critics. The novel, therefore, seems to pose an interesting literary question. If *El luto humano* contains serious faults when measured by the criteria of socialist realism, as has been alleged by various critics, why was it not censured by the PCM as were the author's later works, such as *Los días terrenales* and *El cuadrante de la soledad*? Reference to the question involves considerable speculation. It is possible that the PCM was not overly concerned with literary issues during the early 1940's. During the war years the Soviets significantly relaxed their promotion of strict adherence to the principles of socialist realism. Another possibility is that Revueltas' prestige as a writer and an intellectual was so important to the PCM that they were willing to overlook his artistic pecadillos.

Even more likely, however, is that the presence of the positive hero, Natividad, quieted the critics. This last possibility has been suggested by Carlos Eduardo Turón: "Es curioso pensar que los inquisidores que pusieron en entredicho *Los días terrenales*, no se hayan ensañado con *El luto humano*. Probablemente, debido a la pureza que encarna Natividad, el revolucionario verdadero."[14] The analysis that follows supports Turón's observation. The figure of Natividad is, indeed, an effective counterbalance, thus promoting the novel as an example of socialist realism. He is, furthermore, the very key to an interpretation of the work.

The primary line of narration takes place in and around the hut of Ursulo and his wife, Cecilia. The action begins with the death of their daughter, Chonita. Cecilia sends her husband to a nearby village to bring the priest. Ursulo leaves in the midst of a storm and soon becomes lost. He inadvertenly comes upon the house of his mortal enemy, Adán, a paid assassin. After Ursulo explains his visit, the two men go in search of the parish priest.

Cecilia, while waiting for her husband's return, is visited by several acquaintances who come to offer their condolences. The friends, Calixto and his wife, Calixta, and Jerónimo and his wife, Marcela, begin to drink tequila, soon becoming totally inebriated. They gradually forget about the body of Chonita and the raging storm. Finally, Ursulo returns with the priest. While the alcohol continues to blur and alter perceptions, Calixta suddenly disappears into the storm without explanation. She is the first to perish. The remaining men and women slowly begin to realize that they will all die in the flood.

The group begins a desperate attempt at evacuation through the rising waters. Jerónimo, in an alcoholic stupor, dies and is abandoned. The priest dies shortly thereafter, leaving only Ursulo, Cecilia, Calixto and Marcela, who continue to wander disoriented in the water. The four accidentally return to the hut where they take refuge on the roof and wait for death. Three days pass while hungry vultures circle above. At the close of the novel the four characters perish in the raging waters.

More than half of the novel is devoted to scenes which recall previous episodes in the characters' lives. Some of the more important scenes are: Cecilia's love affair with Natividad; the priest's student days in the seminary and his later involvement in the War of the Cristeros; Calixto's participation in the Mexican Revolution; Adán's activities as a paid assassin and his encounters with Natividad; and Natividad's participation in the Revolution and the *huelga*. All of the episodes are interrelated textually. They complement and augment each other to produce a rich, multi-dimensional story of the Revolution and its aftermath.

To project the powerful image of Natividad, Revueltas relies heavily on direct physical description. The author succeeds in greatly enhancing the stature of the positive hero, often by utilizing pairs or a series of adjectives to produce a cumulative effect. In his first encounter with Adán, Natividad is described as "aquel de ojos negros y mirada profunda, fuerte y activa. Adán estremecióse recordando el rostro preciso, noble de Natividad."[15] In another instance, Revueltas describes the captivating effect of the hero upon Ursulo: "Cautivábale Natividad; hubiese querido ser como él: claro, fuerte, activo, leal" (134). These are among the many qualities of the traditional positive hero already discussed.

One notices the special emphasis given to the physical characteristics of Natividad's eyes, face, smile, and forehead. These elements, plus the adjectivization, are calculated to give mystery and beauty to the hero. He is clearly different from all other characters in the work: "Tenía Natividad una sonrisa franca, ancha, magnífica. En su rostro quién sabe qué de atractivo prestábase a la cordialidad inmediata, ya fueran los ojos negros, vivísimos o la frente serena y clara" (176). Movements and appearance combine to indicate superiority. Repeatedly Natividad is viewed as the very picture of control and power.

At times Revueltas uses direct description to portray more abstract qualities of his hero. Through contrasting delineations, Natividad is compared to the suspicious and reticent Adán. Needless to say, it is the hero who is elevated in the comparison: "Adán, menos comunicativo se produjo en términos reservados, reticentes. Natividad, franco y sin esbozos, salpicando su charla de anécdotas" (212). While Revueltas insists on the humanness and humaneness of Natividad, he differentiates these qualities with suggestions of "superhuman" traits which the hero presumably possesses: "La emoción extraña que Adán sentía con respecto a Natividad desde que recibió órdenes de matarlo, estaba determinada en efecto por la fuerza, la honradez, la rotundidad humana característica de Natividad" (204-5).

The presentation and characterization of Natividad come in the form of flashbacks transmitted primarily by three characters: Ursulo, Cecilia and Adán. The first two are present in the main line of the narration, but Adán, who dies at the beginning of the novel, recalls the hero while he himself is the subject of flashbacks. Thus, there are instances when Natividad is presented in an embedded or secondary flashback. Revueltas methodically mentions Natividad at various times in the first part of the work to achieve a gradual but ever-increasing emphasis on his positive hero. The first reference to Natividad occurs when Ursulo accidentally comes upon Adán's house. Ursulo is fully aware of the fact that the assassin has recently accepted an offer of money to kill him. He is apprehensive about asking Adán for assistance. Fearful, Ursulo recalls the past murders attributed to Adán: "en los nombres muertos, sepultados, de Natividad, Valentín, Guadalupe, Gabriel, que Adán había borrado de la tierra" (20). As an agent of death, Adán has an impressive list of victims. The four men mentioned, however, are entirely unknown to the reader at this point in the narrative. Although all four figures are treated to some extent in subsequent chapters, only Natividad ascends to a point of prominence. Five paragraphs later, Ursulo repeats the list of victims, thus suggesting the importance of the men involved.

The next reference to Natividad occurs considerably later in the novel. This time it is Cecilia who recalls the man with whom she was once in love. This relationship serves two purposes. First, it establishes the hero's ability to captivate women, not as a seducer, but as a warm, trustful man. Secondly, the affair between Cecilia and Natividad adds complexity to the novel via Ursulo's jealousy of the hero. The central problem is one of virginity and sexual possession. Stated simply, Ursulo had never overcome the fact of not having been Cecilia's first love. The memory of Cecilia and the hero still haunts him. The narrator tells the reader: "En el fondo Ursulo jamás le perdonaba que no hubiese sido suya desde el principio, y de ahí la permanente impresión de que Cecilia no le pertenecía" (78).

In contrast to Ursulo's memories of the hero are those of Cecilia. As the narration continues, she fondly recalls "la ruda, varonil franqueza con que Natividad le habló siempre, de los cinco o seis breves días que vivieron juntos" (78). It is clear that Cecilia continued to love Natividad long after the hero's death.

Cecilia's memories are confined almost exclusively to her love affair with Natividad. Ursulo, on the other hand, provides a much more complex vision of the hero. Not only do his memories generate from a persistent jealousy, a product of his own inferiority, but they also recall his political involvement with Natividad. Totally captivated by the positive hero's presence, Ursulo had joined him shortly after Natividad's arrival in the region. With the death of the latter, Ursulo had tried to assume the leadership of the workers and the *huelga*. Natividad's assassination had provoked a state of ambivalence in Ursulo: "Al ser Natividad asesinado, sin embargo, en Ursulo se sucedieron emociones muy diversas y contradictorias" (134).

There is ample evidence to suggest that Ursulo, in spite of his participation in the strike, never comprehended the ideals of the positive hero. Rather, he tried to emulate Natividad's positive qualities and goals solely out of admiration and envy. Revueltas describes Ursulo's reactions after the assassination by stating that he experienced "una cierta inconfesada satisfacción, desde luego, y una rabia, un deseo de emular a Natividad y cumplir sus propósitos, sus ideas" (134). But these ideas and their consequences are not fully grasped by Ursulo, as the author suggests: "hasta las consecuencias últimas, por más descabelladas y absurdas que fuesen. De esta manera, al fracasar la huelga, Ursulo se empeñó en seguir por su parte" (134-35).

Ursulo, therefore, is essential to the characterization of the Communist hero. First, he is totally won over to Natividad and his politics by the latter's magnetic personality. Secondly, in an attempt to emulate the positive hero, he strives to continue Natividad's work. Ursulo's behavior underscores the educative power of the hero. More important, however, is the very apparent reality that Ursulo is Natividad's inferior. The author points directly to the problem when he refers to the futile efforts of Ursulo and Calixto as "la transición amarga, ciega, sorda, compleja, contradictoria, hacia algo que aguarda en el porvenir" (299). Revueltas further suggests that Natividad's successors lacked a sense of historical perspective and direction:

"Eran el anhelo informulado, la esperanza confusa que se levanta para interrogar cuál es su camino" (299). This incoherent sense of direction is, of course, in contrast to Natividad's strong sense of purpose which, as a positive hero, he possessed in abundance. In short, the figure of Ursulo serves to put the positive hero in relief by contrasting him with a less able man, thus providing one of the many dimensions of the Communist hero.

Both Cecilia and Ursulo, who are still living during the primary line of narration, provide the most direct link to Natividad, who physically resides in the past. Their memories, often contradictory in nature, are rich in detail and scope, and supply Revueltas with a basis upon which to elaborate the figure of his positive hero. To complete the characterization of Natividad, however, it is Adán who probably offers the best picture of the imposing hero. Adán, the paid assassin, is elected through circumstances to do battle with Natividad. By means of flashbacks the author relates a series of three encounters between the two men. Since each meeting is fragmented within the narrative and juxtaposed with others, it is necessary to reconstruct them in chronological order for purposes of analysis.

The first encounter sets the tone for the subsequent meetings. Adán and Natividad meet by accident on a road one day when the latter first arrives in the region. Natividad is looking for Jerónimo, a leader of the workers in the irrigation project. Adán, by nature a brutal and suspicious man, is disarmed by the warmth and singularity of his new acquaintance: "El primitivo recelo de Adán desvanecióse al punto ante la manifiesta cordialidad del entonces desconocido" (205). The myterious qualities that Natividad exhibits are present from the beginning. Revueltas relies heavily on contrasting techniques to elevate the stature of the positive hero. It is Adán who is affected by the impressive figure of Natividad: "Un gran poder de sugestión había en aquel hombre" (205). The arrival of the hero, completely unknown in the region, is an important event in the narrative. Adán, totally moved by the forceful stranger, is able to recall in minute detail the first meeting: "Afirmaba sus palabras con vigor desconocido, derivando de las más triviales cuestiones aspectos interesantes que, bajo la vulgar apariencia, encerraban un sentido nuevo" (206). Adán's observations with respect to Natividad parallel closely the traits cited by Tertz concerning the positive hero's actions and motivation. Revueltas further elaborates and elevates the figure of Natividad via a suggestive passage in which the hero is associated with a cosmic vision of life: "Para Natividad como que la vida era enormemente rica, fértil, y cualquiera de sus detalles, aún los mínimos, como encerrando un Universo lleno de pasión" (206).

It is clear that the nature of Natividad and his physical appearance are intimidating to Adán. As the narrative proceeds, the author continues to reiterate the disconcerting effect that the hero has upon the assassin: "Era desesperante para Adán el contacto con ese hombre" (246). No effort is spared in the development of Natividad as a positive hero. At one point Adán recalls the almost mystical image of Natividad in the first encounter: "Imposible entender el mundo fuerte, esperanzado de Natividad. Por eso Adán sintió hacia él, desde el primer momento, una suerte de miedo supersticioso y de respeto, impotencia inerme" (246). The hero's superiority clearly produces a state of ambivalence in Adán. While he is certainly attracted to Natividad, he simultaneously fears and hates him.

The second encounter between the two adversaries affords the author an opportunity to raise the hero's image to an almost supernatural state. One important element has changed. Adán is now under contract to assassinate Natividad. Revueltas first establishes the scene through Adán's point of view. Once again the hero's potency is augmented: "Un sentimiento confuso adueñábase de Adán al apercibirse de su importancia efectiva con respecto a un hombre que era poderoso en sí mismo, seguro. Parecía como si se enfrentase a un ser inmortal cuyas razones de vida fueran superiores a la propia vida" (204-5). Of particular note is the word *inmortal.* This is one of the many instances in which the hero assumes almost mythical proportions. This technique of exaggeration, of which Gorky was so fond, is very much a part of Revueltas' hero. Eventually Natividad is associated with the image of Christ.

The second encounter characterizes the positive hero as exuding almost unbelievable confidence as he confronts his adversary. Although Natividad is now aware that Adán has been paid to kill him, the hero appears unmoved: "¿Qué hay, Adán?—sonó la voz robusta y confiada de Natividad" (176). The hero's self-assuredness reaches new heights as, still smiling, he continues, "Nunca podrás matarme —dijo rotundo y sin abandonar su sonrisa" (177). Faced with this exemplary model of self-control and courage, Adán's reaction now borders on the irrational: "Apretó éste los dientes, sin voluntad ni fuerza para agredir. Aún disparando, las balas no podrían tocar a este hombre, y aún tocándolo no le causarían daño alguno, potente como era y confiado" (177). While the modern reader may find more humor than truth in such a wildly exaggerated description of Adán's fear, the meaning of the passage is largely clarified when one understands the intended role of the positive hero in socialist realism.

The ascendency of the hero reaches its highest point in the second encounter. Natividad tells Adán that he can be killed only by treachery or betrayal: "A menos que sea a traición—silbó como para sí" (177). The confrontation prevents Adán from killing the hero. Natividad's confidence appears to utterly paralyze the assassin's will. He is suddenly overcome with strange thoughts and emotions: "Quién sabe por qué, Adán sintió que el razonamiento ese, con ser absurdo y sin lógica, era cierto. No podría matarlo y tan sólo por una serie de causas más allá de la voluntad" (177). Adán draws forth the positive hero's superior nature.

What strikes the reader is the detailed self-analysis and apparent awareness that Adán displays. From a technical standpoint, however, Adán's thoughts seem to serve much more for the development of the hero than to delineate the nature and character of the assassin. In this regard Revueltas employs repetition to state and restate the circumstances and tension of the confrontations, as when Adán declares that "No había podido hacer nada en contra de Natividad" (178), and, on another occasion, "Aquel descubrimiento de que Natividad sólo podría ser muerto a traición, le sacudía el alma de manera profunda" (180). Only when Adán fully comprehends the possibility of killing Natividad through treachery is the former relieved of his anxiety: "Pero al descubrir que existía un medio, y que éste era la acechanza fría y traicionera, su espíritu llenóse de una calma alentadora y plena de afirmación" (180).

The third and final encounter is of short duration and ends with the summary execution of the positive hero. An important element is present in the murder, however, that relates to the characterization of Natividad. Adán succeeds in killing him by ambush at night. The darkness enables Adán to murder his adversary without clearly seeing his physical features. This is essential because Natividad's features are so awesome that his mere visual outline would impede the assassin's work.

In the creation of his positive hero Revueltas has suggested a Christ-like figure to augment the qualitative aspects of Natividad. Through sporadic, but calculated associations, the reader is able to piece together a rather interesting and convincing parallelism. In doing so, it must be remembered that José Revueltas is in no way attempting to promote Catholic doctrine or Christian theology. Rather, this is another means by which the Mexican author expands the prestige of the positive hero through the use of an affirmative and easily recognized symbol. While the use of biblical and religious symbolism might appear to be anomalous to the spirit and intent of socialist realism, it was in fact a technique employed by many Soviet writers, probably through habit, for many years after the formulation of Marxist literary tenets.[16]

Although Revueltas continues to cultivate the use of Christian symbols throughout his novelistic production, certainly the most striking example of the technique is that of Natividad. The name not only suggests the presence and qualities of Christ, but in a symbolic and literal sense, intimates a new birth. Natividad appears one day in the region as if from nowhere. He is totally unknown in the area and seemingly without a previous history. Whereas the other characters' personal histories are explained via flashbacks, Natividad's life prior to the *huelga* is mentioned only once, and then limited to his participation in the Revolution. As a new spirit who is not a product of time or place, he seems to suggest a Messianic figure who has come to bring salvation to the people of the region. Although the author is ambiguous as to the hero's precise reason for arriving, it appears that he is associated with some external force, probably the PCM. In conjunction with the notion of a Christ figure and the powers of redemption, one passage hints at prophecy not unlike the tone of Old Testament prophets like Isiah: "Estaba escrito que Natividad muriera" (260). The promise of suffering and death through treachery points to Adán as a Judas figure who betrays for money. Finally, it is the assassin who reflects upon the "crucifixion" of the positive hero: "Empero, Natividad moriría, atravesado, crucificado" (260).

Not all references to Christ are so obvious. Some are immersed in the action of the narrative. For example, in one episode a wounded soldier is sent to Natividad because "se requería a Natividad para muy otras comisiones . . . como las de curar heridos o enfermos, con yerbas o sangrías" (219). Hence, the hero's ability to cure the sick is presented as a parallel to the healing powers of Christ. Finally, there is a suggestion of immortality brought about via a circular presentation of death. Natividad is a living legend and continues to represent hope and strength in the community. His physical death has in no way diminished the hero as a symbol of life and salvation. Ironically, Adán hints at the idea: "Bien—pensó rigurosamente—ya pasó lo de Natividad, pero es como si Natividad siguiera viviendo" (182).

The relationship between the positive hero and Christ is but one of many narrative devices employed by the author to portray a very special man. The reader is provided with a multitude of descriptions, observations, and scenes which point to the image of a perfect man. Natividad, whose supernatural forces are asserted in all of his undertakings, operates in *El luto humano* as the very model of the positive hero.

Although Revueltas clearly associates Natividad with the spiritual qualities of Christ, the author remains somewhat vague as to the hero's political affiliations. Of the many positive heroes that Revueltas has created throughout his novelistic production, Natividad is the only one who is not clearly established as a member of the Communist Party. Nevertheless, little doubt remains as to Natividad's politics. Samuel O'Neill, for example, indicates that the character is a Communist of exaggerated proportions: "So obvious is Revueltas' attempt to portray Natividad as the Marxist savior of the masses that, at times, his presentation borders on the absurd."[17] While O'Neill's position is essentially correct, it tends to detract from the hero's importance and offers little understanding of the element of exaggeration as an aspect of the characterization process.

Through a reconstruction of episodes it is possible to ascertain the political orientation of the hero. Natividad had come to the region to lead a strike of workers in the government's irrigation project. Local political officials had considered it expedient to remove the leader and thereby end the troublesome labor agitation: "Pero el problema ahí era Natividad, un líder. No se quería de manera alguna que continuara aquella huelga de cinco mil peones, escándalo de la República y hasta tal vez de la Revolución" (204). It is clear, however, that Natividad was not the first Communist agent who had passed through the region. Twice there are references to the "comunistas" (175-6) who had preceded Natividad in his project. The positive hero of *El luto humano* is clearly unique among the various agitators who have worked in the area: "Lo de Natividad, desde luego, fué más grave" (176). As a very special symbol of the Communist point of view, Natividad stands alone among his colleagues. He is, in short, a positive hero in the best tradition.

Revueltas does much to identify his hero with the proletariat. Natividad is a fully politicized character whose political and social philosophy is intimately related to the masses. Adán observes that it is as if "Natividad fuese poderoso y múltiple, hecho de centenares de hombres y de mujeres de casas y voluntades" (247). Not only is the eventual triumph of the proletariat suggested, but its innate power is described in symbolic terms by the narator: "Natividad era un hijo de las masas; en ellas nutría su poderosa fe. Las masas repartían el pan de la Historia y de este pan alimentábase Natividad" (287). The abundance of traditional Marxist references such as the masses, collective farming, red flags, and so forth, point to a clear connection between Natividad and Comunism. Whether he is an actual Party member remains uncertain, since it is never specifically mentioned. This does not, however, diminish his status as a positive hero, since Party membership is not a requisite for this literary type. In any event Natividad must be viewed as a positive hero who operates as a spokesman for Marxist philosophy within the narrative.

The function of Natividad merits considerable attention. Many critics who have dealt with *El luto humano* have tended to stress the novel's many global themes. Elements such as death, revolution, and alienation have been treated at the expense of rigorous character analysis. Thus, the hero's role has been largely neglected, resulting in numerous misinterpretations of the novel. Since *El luto humano*, like so many early works of socialist realism, expresses itself primarily through its positive hero, Natividad must be the pre-eminent concern of all critical analyses relating to this particular novel.

Several critics have properly identified not only the hero, but his central importance to the novel. One such critic, José Agustín, has stressed the singularity of Natividad: "El único personaje de *El luto* que tuvo una razón para vivir es Natividad, pero al ser asesinado por Adán, a traición como se profetizó, el único personaje positivo desaparece."[18] Another critic, Carlos Eduardo Turón, has viewed Natividad as a kind of spokesman for the Mexican Revolution. This idea is somewhat novel since most observers agree that Revueltas is critical of the Revolution. Although the author establishes a certain affinity between his hero and the ideals of the Mexican Revolution, Natividad represents something more. He is clearly the socialist hero who portends a level of political development far more radical and conclusive than that of the Revolution. Nevertheless, Turón's analysis merits consideration: "Mucho tiempo antes de la catástrofe, hubo una vez un hombre puro, un verdadero revolucionario llamado Natividad. Amaba a la Revolución, como si la Revolución fuera una mujer, y su doctrina 'suponía un hombre nuevo y libre'!"[19] Turón's observation must be faulted because he has confused the politics of Revolution with those of the positive hero. That Natividad had at one time supported the goals of the Revolution has no bearing on his subsequent association with the communist movement in Mexico.

Pina Juárez Frausto seems to share some of Turón's views on the association between Natividad and the Revolution. He goes much further, however, by pointing to the hero as the symbol of hope within the novel. This idea is fundamental to any meaningful understanding of Natividad's role as positive hero: "Las huelgas también harán surgir todas las posibilidades de sus hombres y allí deposita el autor su única esperanza de fecundación humana, en la persona de Natividad."[20]

Only one reviewer, Betty Kirk, has assigned the central role of the novel to Natividad.[21] Although she is certainly correct with regard to the hero's importance, she places undue emphasis on the element of tragedy, thereby concluding that Natividad's death is a statement of pessimism. While the tragic is present throughout *El luto*, the ultimate demise of the Communist hero can be perceived in positive terms. As a harbinger of the future, Natividad is the promise of a new world to come.

Octavio Paz appears to have offered the most plausible interpretation. Paz views Natividad as a symbol of the future, the new man, who supplies the necessary note of optimism that agrees in general with a socialist-realist formula. Paz sees Adán and Natividad as counterpoints in the historical process: "Adán, un asesino, que se cree encarnación de la Fatalidad, y Natividad, un líder asesinado, simbolizan, muy religiosamente, el pasado y el futuro de México."[22] Paz's position underscores with great clarity the implicit dialectical process at work in *El luto humano*.

The figure of Natividad does not belong to the primary line of narration, since he had been assassinated long before the flood. In a strict temporal sense, therefore, Natividad belongs to the past and comes to life only via the memories of others. By applying Octavio Paz's observations, it becomes apparent that Revueltas has achieved an interesting juxtaposition of temporal elements that requires comment. First, the symbol of Natividad as the future of Mexico is associated, at least in a physical sense, with a nearly forgotten past. Secondly, it is obvious that the death of the positive hero has not erased the vitality and hope that he represented in the community. His spirit exists in the present and is an educative model for the future.

Natividad is both a man of action and a political creature. To fully grasp the meaning of the character within the larger context of the novel, one must study the rather sparse references to the political motivations of the hero. By doing this the reader gradually perceives Natividad as the dynamic hope of a new age, a socialist world. Adán actually posits the central question at one point in the narrative:

"Adán fijábase en Natividad con intenciones de penetrar hasta lo hondo de su aspiración, de su destino. ¿En qué Revolución creía Natividad y de qué manera? ¿Qué nueva Revolución eran sus palabras, su forma de situar las cosas, su amor? ¿De dónde habían salido?" (245-6). The passage reveals many interesting aspects of the novel and its positive hero. Adán's perspective is a most limited one. Having been made by the Mexican Revolution and having profited from it, he cannot envision an existence beyond it. In a sense, he is a negative force in the historical process, representing the status quo in all its unpleasant aspects. It is obvious that to Revueltas, as to so many Mexican writers, the Revolution did not deliver what it promised. Instead there were "diez años de caos, de desorden, de libertinaje" (155). Natividad had experienced it, vainly trying to find and understand it, only to conclude that "era apenas un desorden y un juego sangriento" (239).

Thus, Natividad's politics go far beyond the Revolution. His is another revolution, more complete, which is the triumph of Communism. The hero, however, is neither appreciated nor understood for what he is, the "interim man," whose time has not yet arrived. His strength and hope are utterly incomprehensible, especially to Adán: "Imposible entender el mundo fuerte y esperanzado de Natividad" (246).

If one considers the state of things portrayed in *El luto humano*, there seems at first to be little hope for the masses: "Mientras persistiera el símbolo trágico de la serpiente y el águila, del veneno y la rapacidad, no habría esperanza" (48). The sad little village that had once known prosperity is now all but dead: "un pueblo en trance de abandonar todo, un pueblo suicida y sordo, que no sólo estaba amenazado de desaparecer sino que él mismo deseaba perderse, morir" (51). No wonder that the inhabitants of this *tierra maldita* resorted to the cheap comfort of *mezcal*, "alcohol bárbaro e impuro, su botella de penas" (34). But it was precisely the ugliness, the state of desperation and oppression which demanded that something be done and that it be radical and far-reaching. It is within this arena of suffering and pessimism, then, that the positive hero does battle with the corrupt forces of a decadent political and economic structure.

Although the strike fails and brings ruin to the region, this is not the conclusion that Revueltas suggests. Rather, it lies in the perceptive words of a simple worker who sees their gains and comforts far beyond limited, immediate advances, as the contributions made to help a sick child: "No somos una sociedad de socorros mutuos sino un sindicato revolucionario. Queremos, no la felicidad de un solo niño, sino la felicidad y la salud de todos los niños del mundo" (249). It was this sense of purpose that Natividad had engendered among his fellow workers. Revueltas offers sufficient indication that *El luto humano* is not meant to be discouraging. In fact, the novel contains the essential seed of optimism, in the person of Natividad, so necessary for a true example of socialist realism. Adán intuitively senses the meaning of the positive hero at the close of the novel: "Hombres como Natividad levantaríanse una mañana sobre la tierra de México, una mañana de sol. Nuevos y con una sonrisa. Entonces ya nadie podría nada en su contra porque ellos serían el entusiasmo y la emoción definitiva" (286). Thus, though failure may be followed by yet more defeats, the future of socialism is assured.

To interpret *El luto humano* as pessimistic, therefore, is to wholly misrepresent the message and the intent of both the work and its positive hero. It indicates, furthermore, a serious misunderstanding of the fusion between hero and doctrine. The political nature of the positive hero is aptly captured when the narrator states that "Natividad anhelaba transformar la tierra y su doctrina suponía un Hombre nuevo y libre sobre una tierra nueva y libre" (298). The present, in spite of floods, hunger, and death, is irrelevant when cast in the shadow of the historical process and the emergence of the new man. History will inevitably lead society to a point of development in which the ideals of Natividad are realized.

El luto humano, then, if not a particularly convincing example of socialist realism during the 1940's, exhibits at least one element of Marxist literature which is totally intact, the positive hero. Revueltas spares no expense in projecting the stature and power of his hero. Via direct physical description, the author imbues his character with beauty, strength, and confidence. Through the process of characterization based on wide-ranging flashbacks, Natividad emerges as a man of courage, superior intelligence, and purpose. His many positive qualities disarm his adversaries while simultaneously inspiring the wretched masses. Finally, he is a totally political creature whose actions and thoughts are clearly meant to be educative. As the reader gradually accumulates enough information to formulate an image of the character, he envisions a very special type of man who engenders all of the essential elements of the positive hero as defined by Soviet theoreticians. Natividad is, in short, an excellent example of the positive hero in the best tradition of socialist realism.

SIMPSON COLLEGE

Notes

[1]This study uses the terms positive hero and Communist hero interchangeably with an emphasis on the former.

[2]Rufus Mathewson, *The Positive Hero in Russian Literature* (New York: Columbia University Press, 1958). Students of socialist realism owe a debt of gratitude to Professor Mathewson for his masterful study of the history and evolution of the positive hero.

[3]Maxim Gorky, "Literary Diversions," rpt. in *Socialist Realism in Literature and Art*, trans. C.V. James (Moscow: Progress Publishers, 1971), p. 45.

[4]Socialist realism had its official beginning in 1934, with the meeting of the First All-Union Congress of Soviet Writers. This convention, in effect, established a working doctrine for the new literature, as well as the concept of the positive hero. All Soviet writers were charged with the search for the new Soviet hero. See Marc Slonim, *Soviet Russian Literature, Writers and Problems* (New York: Oxford University Press, 1964), p. 180.

[5]Mathewson, pp. 274-75.

[6]Abram Tertz, *On Socialist Realism*, trans. George Dennis (New York: Pantheon Books, 1960), p. 48.

[7]*Ibid.*

[8]M. Parkhomenko and A. Myasnikov, "Forward" to *Socialist Realism in Literature and Art*, p. 18.

[9]Tertz, p. 49.

[10]The other novels are: *Los muros de agua* (1941), *Los días terrenales* (1949), *Los motivos de Caín* (1957), and *Los errores* (1964). See Samuel L. Slick, "The Positive Hero in the Novels of José Revueltas," Diss. Iowa, 1974.

[11]Gabriel Careaga, *Los intelectuales y la política en México* (México, D.F.: Editorial Extemporáneos, 1971), p. 39. For further discussion concerning Soviet influence on Marxist writers in Latin America, see Jean Franco, *The Modern Culture of Latin America: Society and Artist* (New York: Frederick A. Praeger, 1967), pp. 142-43.

[12]Mauricio Peña, rev. of *El luto humano*, *Diálogos*, No. 1 (January-February, 1968), 35.

[13]Domingo Miliani, *La realidad mexicana en su novela de hoy* (Caracas: Monte Avila Editores, 1968), p. 56.

[14]Carlos Eduardo Turón, "La iconoclastia de José Revueltas," *Cuadernos Americanos*, 169, No. 2 (March-April, 1970), 115.

[15]José Revueltas, *El luto humano*, 2nd ed. (México, D.F.: Editorial Novaro, 1970), p. 204. All subsequent references are to this edition.

[16]See Robert M. Hankin, "Postwar Soviet Ideology and Literary Scholarship," *Through the Glass of Soviet Literature*, Ernest J. Simmons, ed., p. 252. Hankin cites the case of Akhmatova who used religious symbolism and imagery in much the way Revueltas has in all of his novels. According to Hankin, such techniques were judged as "ill becoming" for artists.

[17]Samuel Joseph O'Neill, "Psychological-Literary Techniques in Representative Novels of Mexico," Diss. Maryland, 1965, p. 58.

[18]José Agustín, "Epílogo de José Agustín," in José Revueltas, *Obra literaria*, II (México: Empresas Editoriales, 1967), p. 637.

[19]Turón, p. 115.

[20]Pina Juárez Frausto, rev. of *El luto humano*, *Rueca* No. 6 (Spring, 1943), 62.

[21]Betty Kirk, rev. of *The Stone Knife, Saturday Review of Literature,* 2 August 1974, p. 14.

[22]Octavio Paz, "Una nueva novela mexicana," *Sur*, No. 105 (1 July 1943), 95.

X. Structuralism

EL JARAMA AND STRUCTURALISM

Betty Jean Craige

From Hamlet's soliloquies through the confessions of Rousseau, the Underground Man, Prufrock, Roquentin, and Jean-Baptiste Clamence, to the solipstistic monologues of Molloy, Malone, and the "Unnamable," modern man has appeared to be journeying steadily inward, seeking the essence of his ever elusive Self and in the quest separating himself from the world. Finally in Auden's words, "each in the cell of himself is almost convinced of his freedom." In philosophy the quest comes to full expression in Existentialism, in which "subjectivity is truth, subjectivity is reality." Here, in this ultimate exaltation of the individual, man is alone, forlorn, suffering anguish from the awesome burden of his freedom. "Existence precedes essence," and life is a continual "becoming" as man "makes himself." The Self is the center of the world. There seems to be no way out.

Yet at the same time that the Self's separation from the world culminates in the first half of the 20th century, modern man begins to turn his eyes away from the labyrinth of mirrors in the center of his consciousness to look out towards the external world once again. In the midst of a philosophical climate in which the artist—Western "alienated" man—was exploring himself for a personal expression of his unique position in a hostile and chaotic universe, a few anthropologists, psychologists, linguists, and scholars of myth, religion, and folklore were exploring the world and finding myths, dreams, and rituals common to all its peoples. In the early decades of the century, Sir James Frazer studied the rituals of primitive cultures all over the globe, preparing the way for Joseph Campbell to organize the data on these myths and then perceive a pattern common to the whole body, the "journey of the hero." Carl Jung, while studying the dreams of his patients and comparing them with myths and folk tales from various societies, discovered that there were common structures to those dreams and myths; and he postulated a body of "archetypes" comprising the "collective unconscious" of all human beings. Meanwhile the Russian folklorist Vladimir Propp was examining one hundred Russian folk tales and finding that they seemed to fall into a structural pattern. Frazer, Jung, and Propp, as well as Saussure, Freud, Eliade, and other comparatists of various fields of knowledge, were all contributing to a new attitude towards human existence, an attitude which focused not on the unique peculiarities of the isolated individual consciousness but rather on the common structure of the mind in human beings everywhere.

The implications of this new vision, now being called "Structuralism," are manifold. On the one hand the Existentialist despair over the impossibility of communication implicit in the abyss between Subject (Self) and Object (Other) fades immediately into irrelevance in the face of the common structure of human minds—that people everywhere dream the same dreams, experience the same desires, speak in the same linguistic patterns. On the other hand, the Existentialist faith in the individual's freedom to "make himself" also fades when the individual is looked at against 600,000 years of human existence. The focus of Structuralist thought is on man's actions; and the recognition of the commonality of human behavior leads to the assumption of a common conceptual system. Consequently, for the Structuralist, the "individual" becomes, in Greimas' word, an "acteur," a character acting out a "role" in society, a role by which he is defined. The Structuralist steps back to examine society as a whole and to analyze the roles enacted again and again, in myths, dreams, rituals, and daily living, in search of the fundamental patterns of human life. What has occurred with Structuralist thinking is a revolution in point of view: instead of seeing the world through a particular subjectivity, as does the Existentialist author, the Structuralist sees man from the perspective of the world. Man becomes an "object" (with an "essence") when seen from this distance, instead of an "existing subject"—and this is the import of Rafael Sánchez Ferlosio's *El Jarama.*

The intention of our study is to analyze the structure of Sánchez Ferlosio's strange novel, *El Jarama* (published in 1955), and then to look at the work in relation to both Existentialism and Structuralism. What is the work about, finally? What are the philosophical implications of its cosmological perspective on human activities?

El Jarama and Structuralism

A recapitulation of the narrative is perhaps in order before our examination of the text. The novel opens with an epigraph from Leonardo da Vinci—"El agua que tocamos en los ríos es la postrera de las que se fueron y la primera de las que vendrán; así el día presente"—and a description, taken from a geography book, of the sources of the Jarama River; the novel closes with a description of the river's mouth. Between these two factual geographical descriptions is an "objective" account of a twelve-hour picnic on the banks of the Jarama: one August Sunday eleven young people, on an outing from Madrid, spend the day enjoying themselves by eating, drinking wine, swimming, and dancing at a "venta" in the country; in the evening one of the group drowns. The local authorities arrive and take charge of the body; and the young people, several of them weeping, get on their bicycles and motorcycles and head towards Madrid.

What is peculiar about *El Jarama*? The "story," that is, the chronological sequence of events is of a Sunday on which a young woman dies after a day of picnicking with her friends. The narrator recounts the events with apparent "objectivity," unrelieved, such that at no point does the reader enter any character's mind, and accordingly at no point does he become emotionally involved in the action he beholds. The narrator neither invests any one event or moment with greater significance than any other, nor reveals greater interest in one event or moment than in another; therefore the reader does not perceive the death as a climax of the novel. Whereas in a tragedy the audience is looking out to the universe through the eyes of the isolated individual, here the audience is looking down at the action of a group of insignificant human beings (insignificant in that the author has not endowed them with any particular significance) from the point of view of the universe. Individuality loses its meaning, and the death of one human being is inconsequential. The river continues to flow, as it has for many thousands of years.

Critics of *El Jarama* have, for the most part, come to the novel with expectations born of reading works in which character development is central to the theme (and character development has been central to the novel since it developed from the romance). In finding that this novel does not fulfill expectations of character development in time, such critics as Sobejano and Castellet have categorized it as a "novela social"[1] whose protagonist is not an individual but rather the particular social class represented by this group of picnicking young people and whose theme is "la trivialidad y total pobreza mental de nuestra sociedad actual" (in the words of Santos Sanz-Villanueva). Yet even this recognition, that the novel's subject is a social group, implies an expectation of the study of human character in a particular situation, *in* society, whether or not the study is of a "colectividad." If one expects in *El Jarama* a vision of the human subjectivity or a subjective vision of the world, both of which have been the concern of the novel since its beginnings, and then encounters an impenetrable façade of superficial chatter from characters whose thoughts and emotions are revealed only in their conversation and action, one may indeed think that the author is portraying a group of non-introspective human beings with the intent of social criticism. For the characters fail to express the human depth which the reader has demanded of them. Even if one expects in *El Jarama* an ostensibly "objective" depiction of human existence, when he looks at the group of young people as a segment of society he is placing the novel in the category of social realism. Accordingly, Sánchez Ferlosio's "realismo objetivista" would appear to be the technique by which the author allows his characters to present their meaningless lives themselves: the "realismo objetivista" would be the instrument of satire. However, the reader seeking knowledge of character—either knowledge of character in isolation or knowledge of character interaction in a particular group—is actually himself generating the social criticism he finds in *El Jarama* by requiring that the novel fulfill his expectations of subjective analysis, communiation between characters, reflection upon the meaning of life, etc., and then defining that failure as the theme of loneliness within the group or the theme of the meaninglessness of lower middle-class life. The characters' superficiality is really a function of the novel's point of view, and not a function of the characters' lives or of their social class.

We might say that an Existentialist's reading of *El Jarama* is one in which the Existentialist's belief in the impossibility of real communication is reinforced in this novel by the relation of the characters to each other and to the reader, and in which the Existentialist's vision of an "absurd universe" is borne out by the death of the girl. The Existentialist reader, by placing himself within the world of these characters, experiences the world as meaningless. A Behaviorist's reading of the novel, although differing from the Existentialist's reading because of its interest in externally observable mannerisms of the characters, is from the same perspective—from within the world of the characters. The Behaviorist reader assumes that the focus of the novel is on the characters, their interaction as members of a group, their speech, their habits, and that the author's purpose is to study the characters through their manifest behavior.

El Jarama and Structuralism

What would be another approach to the novel? While the Existentialist looks at life from the point of view of an individual existing in the world, the Structuralist attempts to stand back and see the pattern of the whole. The Structuralist would not try to enter the characters' subjectivities and despair at that impossibility but would rather look at the *action* of the novel and find in it a portrayal of the pattern of human existence. Instead of viewing the universe from within the human race, the Structuralis views the race from without. And then the tension of the impossibility of communication disappears.

A close examination of *El Jarama* will show that the author's vision is indeed Structuralist. Following the examples set by the Russian Formalists and the more recent Structuralists, we shall first break down the narrative into two levels (using the terms suggested by Todorov): the "story," the chronological sequence of events; and the "discourse," the narrated account of the "story." Normally the discourse will be a transformation of the story, by the discourse's rhythm, by the expansion and contraction of time, according to the narrator's perception and evaluation of significance, by the creation of suspense, by the development of characters, by the arrangement of events to achieve a desired effect—all of which fit Roland Barthes' category of "distortion," the characteristic of narrative whereby "logical time" replaces "real time." In Barthes' analysis, "distortion is a purely logical phenomenon, and, as such, it constantly substitutes meaning for the pure and simple facsimile of narrated events."[2] Barthes calls narrative "a highly synthetic language," because the lineal order of events is disturbed in narrative and because the "units of a sequence may form a whole at the level of this particular sequence, and yet be separated from each other by the insertion of units from other sequences." The difference between the story and the discourse is a function of man's consciousness—both the limitations of his perceptions and the possibilities of his imagination; it is a function of man's desire for meaning.

In *El Jarama*, however, instead of restructuring time according to a climactic rhythm and instead of investing certain events with greater significance than others according to his perception of meaning, the narrator has followed the chronological order of events absolutely, with abstract (i.e., non-human, non-climactic) rhythm and with abstract objectivity. The discourse approaches an identification with the story in proportion to the narrator's withdrawal from the story. As the story does not involve the narrator as a character (an "acteur"), its events are not related to the narrator in any way; therefore, if the discourse parallels its story in rhythm, then the events which constitute it will likewise be unrelated to the narrator and will appear to be presented with "objectivity." For the narrator has refrained from ordering this sequence of events around a human subjectivity. What has happened is that the narrator has recognized that things exist and events take place outside and independent of his subjectivity that have nothing to do with him, and he allows these things and events to continue as such. Robbe-Grillet's well-known article of 1958, "Nature, Humanism, Tragedy," could almost serve as an analysis of the point of view established in *El Jarama*: the French writer says, "But now suppose the eyes of this man rest on things without indulgence, insistently: he sees them, but he refuses to appropriate them, he refuses to maintain any suspect understanding with them; toward them he feels neither agreement nor dissent of any kind...." In the same way the narrator of *El Jarama* has divested himself of the "natural" tendency of the human intellect to order events in relation to human values, which tendency would have made Luci's death the climax of this series of event. As it is, the moment of death is neither longer nor more significant than any other moment, nor does it make significant the time before and after.

The tempo governing the discourse is not "logical time" nor is it "subjective time," in both of which the moment of death would have been expanded; instead, it is an "abstract time" independent of human existence. And the reader, rather than the narrator, generates the suspense by virtue of his desire for meaning and for climactic action. The discourse of the novel, then, is not structurally synthetic, in Barthes' use of the term. In fact, with the exception of the death scene (the significance of which will be discussed later), almost any sequence of events could be eliminated from the novel without harm to the work as a whole; no sequence is structurally dependent on any other sequence.

What is the form of *El Jarama*, then? What is its shape? The structure is diachronic, absolutely: the story unfolds in time, and the discourse unfolds in time with the same rhythm. But instead of giving us the texture of time as an inevitable sequence of cause and effect, which would indicate subjective apprehension of that series of events, the narrator presents a sequence of images accompanied by dialogue, which he does not interpret. No scene or dialogue at the beginning of the novel sets in motion the happenings of the rest of the day (such as the death); no scene or dialogue requires a completion that is not contained within it. In Barthes' terms, there are no "cardinal functions" (consecutive and consequential units, or units which either initiate or resolve an uncertainty). Therefore, the narration develops no internal necessity to its plot.

Such diachrony is conspicuous in *El Jarama* for this absence of cause and effect as necessary links between events, which is, as stated before, a function of the point of view, of the narrator's distance from the action. In an excellent article entitled "Los objetos,"[3] José Berraquero describes how everything is "objectivized" by the narrator in this novel, including the human beings. A consequence of this treatment of character is the static quality we perceive in the novel despite its diachrony. Berraquero says:

> Característica de los objetos es su inmovilidad o, mejor, su estatismo y su inconexión; derivados de su carácter de productos. Los objetos, al no tener autonomía, carecen de la capacidad de moverse y organizarse; los objetos pueden agregarse, acumularse, sumarse, pero no pueden conectarse: formar un continuo. Esta es una de las notas esenciales que los diferencia de los organismos. Estos dos caracteres principales de los objetos: estatismo y discontinuidad, se transmiten a la novela, que expresa lo estático y discontinuo del presente, personificado en los objetos, el lenguaje y la vida de los personajes.
>
> En la novela no hay 'mediación' ni acción verdadera, porque no hay movimiento y continuidad; es una suma de instantes encerrados en sí mismos y convertidos en 'instantáneas' por la observación.

The characters are not developed as human beings existing in time in the process of "becoming," which would necessitate the subjective viewpoint, as in the Existentialist novel. Instead, the characters are presented to us as already complete, as objects, as "essences," as "acteurs," participating in society in their respective roles. For we are outside their subjectivities, and time is mechanical, abstract—not Bergsonian. Thus the novel appears finally to be a series of images and time a series of moments, the composite effect of which is a presentation of a universe in which time flows, human beings are born, live and die—over and over again for millennia—for no reason.

For no reason: an absurd world in which events follow each other in time, for no reason—such is the impression we receive from this cinematographic presentation of an August Sunday. This feeling of meaninglessness issues not from the content of the action and the dialogue (since, as mentioned before, in a Structuralist reading of the text we are not looking at the superficial conversation as an index to character), but rather from the absence of symbolism. Symbolism, which implies a meaningful universe by pointing to significance beyond the concrete, means a simultaneity of meanings, or—in Structuralist terms—a synchrony opposing the diachrony of the unfolding of events in time. Because the human being is a symbolizing animal, by virtue of his consciousness, his language and his literature will be "naturally" symbolic; his narrative will therefore naturally be "distorted" corresponding to his symbolizing capacity. Yet the diachrony of *El Jarama* is uninterrupted by any symbolic or allusive elements which might impede the metonymic rhythm of the discourse by lending multiple meaning to certain events or images. The narrator is "dehumanized" (in Ortega's expression), having divested himself of the tendency to shape the world by the natural rhythms and desires of the human consciousness. In point of view our narrator has aligned himself with the impersonal, mechanical universe whose forces—the flow of the river, the changing of the seasons, the cycle of life—continue independent of man.

It is the inconsequentiality of the individual life that is finally expressed by the form of the novel, and this "message" is the significance of Luci's death. Critics have argued over whether or not there was any reason for its inclusion in the work, with Alborg saying, "Quizá pensó el autor, consciente de la monótona andadura de su libro, que debía otorgar ese regalo a los lectores. Pero casi se nos antoja una concesión. Después de hacer lo más, parece que el novelista debió también negarse esta escapada de última hora y rematar su cuadro con la misma exigente eliminación de lo anecdótico que había sido su norma."[4] For Alborg and others the purpose of *El Jarama* is the depicting of a representative day in the life of ordinary people, a day which "podría multiplicarse por cientos para dar la acabada dimensión biográfica de cada personaje." But this interpretation has as its underlying assumption that *El Jarama* is a "novela social" or "novela conductista," the focus of which is the monotony of these lives. The inference results from the reader's stance; in this case, the reader seems to be looking at the characters from within the novel with the knowledge that some human lives are not as boring as these people's lives appear to be; the reader's logical conclusion is that the novel is a presentation of the daily existence of a particular social class. And most critics of this opinion go on to praise the novel highly for being interesting despite the theme of monotony—so interesting, in fact, that the death of one of the characters is really unnecessary to the novel.

Then why did the author include the death? Perhaps the death is actually central to the meaning of the novel in that the perspective from which the drowning is narrated is a key to the meaning of the work as a whole. The narrator's treatment of the death makes clear the non-Existentialist attitude implicit in the novel's form. In Existentialist thinking, death not only is the defining end-point for the life of the existing individual but also is the nothingness which makes his relationship with the universe "absurd." The individual's process of becoming in the face of his inevitable death is at the heart of Existentialism. The narrator of *El Jarama*, however, recounts the day's events at such a distance that he obviously does not—cannot—look into the meaning of the life of the individual existent who meets his own death. For the Structuralist examining the pattern of human life as a whole, the "individuals" cease to be isolated existents experiencing anguish in a hostile, chaotic, meaningless world and become, instead, elements in the cosmic scheme of events. As such they are not "existents" but rather "essences," not "subjects" but "objects," human beings representative of mankind. Their deaths are a part of their "essences," irrelevant from the viewpoint of the universe, irrelevant against the 600,000 years of human life.

The traditional novel, as it has developed in the past three hundred years, centers on character, with action issuing from character; and the Existentialist novel in the line of *Notes from Underground, Nausea,* and *Malone Dies* focuses entirely on the subjective consciousness of its protagonist almost to the exclusion of action, particularly as faith in a Supreme Being fails, leaving the Self locked within its subjectivity. *El Jarama* reverses this trend, or perhaps we should say, *El Jarama* goes beyond the Existentialist novel, having absorbed certain aspects of the Existentialist vision—such as that of the godless universe. *El Jarama*, a "Structuralist novel," emphasizes action rather than character, and the action of the social group rather than of the individual. Because of the narrative perspective—point of view of the universe—the narrative falls into the monotnous, mechanical rhythm of the "continuous present," for time flows independently of life. To the reader of *El Jarama* the world seems no more meaningful than it did in Existentialist literature, and in some ways bleaker. For not only is Luci's death unexplained but also her life—the life of any "individual"—is inconsequential. In the Structuralist vision free will itself appears irrelevant. The river takes the life of the girl, as time takes all lives, and continues to the sea; nothing that the young people could do would prevent the flow of the river; nothing that man can do will affect the flow of time. Man's existence is inconsequential in a mechanical universe, and this inconsequentiality expressed in the novel's form is the meaning of Sánchez Ferlosio's *El Jarama.*

UNIVERSITY OF GEORGIA

Notes

[1]According to Sobejano (Gonzalo Sobejano, *Novela española de nuestro tiempo* [Madrid: Editorial Prensa Española, 1970], p. 232), "novelas sociales" are "novelas que, artísticamente, hacen intuir y comprender la vida de la colectividad española en estados y conflictos críticos cuya solución urge."

Many critics commenting upon the post-war novel in Spain have characterized it as tending towards "la novela social," the intent of which is to examine critically the injustices of society. Such an intent would logically produce works of social realism, as Castellet has noted:

> De entonces para acá, en estos veinte últimos años, puede resumirse la evolución de la novela española como una progresiva toma de conciencia histórica.... En términos literarios, esta toma progresiva de conciencia se manifiesta en una progresiva volutad de realismo en los novelistas que se traduce en una tímida forma de realismo crítico, primero, para pasar después a un intento de realismo histórico, ya avanzada la década de los cincuenta." (J.M. Castellet, "Veinte años de novela española [1942-1961]," in *Cuadernos Americanos*, enero-febrero, 1963, 290-295.)

And Castellet, like many others (such as José Corrales Egea, J.L. Alborg, M. García-Viñó), puts *El Jarama* into this class of novel: "...aun en aquellas obras en las que la ficción es aparentemente más novelesca, más un producto elaborado de la realidad a través de la imaginación creadora, su inspiración e intención es predominantemente social y política: así, ...en *El Jarama*, de Rafael Sánchez Ferlosio."

Sanz-Villanueva places *El Jarama* in the school of behaviorist novels, or "novelas conductistas," which consist in "un objetivismo extremado en el que se intenta huir de la psicología de los personajes y presentarlos por datos externos de conducta." According to him the basic characteristics of the behaviorist novel are 1) objectivity, 2) predominance of dialogue, 3) condensation of time and the use of the continuous present. "Quizás por influjo del cine, el tiempo se hace presente, condicionado además por una psicología conductista que no puede tomar datos del pasado." (Santos Sanz-Villanueva, *Tendencias de la novela española,* [Madrid: Cuadernos para el diálogo, 1972], p. 72.)

[2]Roland Barthes, "An Introduction to the Structural Analysis of Narrative," *New Literary History*, VI (Winter, 1975), no. 2.

[3]José Berraquero, "Los objetos," *Cuadernos Hispanoamericanos*, 263-264: pp. 561-571.

[4]Juan Luis Alborg, *Hora actual de la novela española* (Madrid: Taurus, 1958), p. 313.

ENTRE EL DINERO Y EL SER: LECTURA DE *EL JUGUETE RABIOSO* DE ROBERTO ARLT

Noé Jitrik

I. Proemio sobre texto y trabajo crítico

1. El secreto del texto

Los riesgos de todo análisis de un texto son dos: el exceso y el defecto. En la primera dirección, el texto es superado, abandonado, predomina una actitud que tiene que ver más con el método que con el objeto sobre el que el método se debería desarrollar; en la segunda, se trata de un más acá, sensación de no haber alcanzado lo esencial aunque lo esencial no sea un "significado" preciso. Tributo a las deficiencias de una práctica, el "trabajo crítico", que todavía carece de lugar en el espacio social. De ahí, seguramente, la fascinación que ejerce sobre el análisis textual el psicoanálisis; ya no es como antaño, cuando al advertir que la literatura manifestaba con más nitidez lo que el discurso psicótico velaba, el psicoanálisis se hacía por fuerza análisis textual; ahora es al revés: el psicoanálisis atrae porque ha logrado borrar, casi, la distancia entre su objeto y la metodología que el objeto necesitaría para hacerse ver, para permitir que se lo conozca; ha convertido en fundamento lo que antes, desde el remanente positivista, podía ser considerado como instrumento, como mero método. Si por otro lado, analizar es determinar todo en un discurso, hasta lo irreductible que lo engendra, y si los textos son discursos, parece natural, indispensable, que lo que trata de conocerlos—hasta lo irreductible que los origina—, o sea el análisis textual, suponga que en el psicoanálisis hallará el camino.

Precisamente, en lo irreductible está el exceso y el defecto. De ahí que, aun aceptando la fascinación psicoanalítica como modelo de una unidad entre teoría y objeto (unidad que se manifiesta en una metodología ya no más eficazmente externa y superpuesta) el análisis textual, el trabajo crítico, deba volver a exigirse en su campo, deba higienizarse de ilusiones sobre lo que desde afuera de los textos podría eliminar la inquietante sensación de excederse o bien la de no llegar.

Creo que ese es el "tema" cuando existe la propuesta de ocuparse de un texto para buscar en él. ¿Buscar qué? En términos generales: su "secreto", lo que lo hace ser junto a otros textos que son porque su secreto es admitido, no desde luego develado: su develamiento—imposible—implicaría de algún modo su cese, el cese de su acción, que es lo que lleva a buscar en él. Pero no hay inquisición en lo "otro" que no sea también inquisición de sí; no hay análisis de un texto que no sea también análisis del análisis, no hay búsqueda de un secreto que no sea búsqueda de lo que permite indagar en el secreto. Se propondría, de este modo, y ante todo, una unidad en la cual dos producciones—la del texto y la de su análisis—mostrarían lo que pueden mostrar de sí.

Pero el secreto de un texto es lo que el texto nunca entregará. Para cubrir esa negativa—que se torna impotencia desde la crítica—nos arrojamos sobre él, lo tapamos desde afuera cubriéndolo, doblemente puesto que el texto viene ya de por sí cubierto; o bien la imposibilidad nos traba, no llegamos a él, recorremos sus bordes acariciando sensualmente lo que además pide una penetración. Estamos, pues, mezclados, pues si lográramos develar su secreto lograríamos establecer la cifra de nuestro análisis, llegaríamos a dos "seres" que por ahora vivimos como no teniendo nada que ver uno con el otro o bien como no pudiendo separarse uno del otro; pero por otro lado el "secreto" es indevelable, lo irreductible frena toda aspiración absoluta. Necesitamos, por lo tanto, saber en qué terreno nos movemos, desde dónde reconocemos lo irreductible, desde dónde postulamos un acercamiento a él.

2. *Ideología, desideologización*

Ya se ha dicho: el texto es un discurso como el discurso psicótico pero no es un discurso psicótico, del mismo modo que no es muchos otros tipos de discurso que recorren la sociedad. Parece tener una especificidad, ocupar un lugar preciso, ser reconocido por lo que efectivamente lo caracteriza y no por analogías. Se trata de definir esa especificidad y, seguramente, aunque no venga acompañada por fórmulas precisas y definitivas, todo acercamiento a la definición procede de una experiencia determinada de la literatura y de la sociedad en la que la literatura se produce. Toda aproximación a la literatura es, pues, ideológica tanto en lo que concierne al texto como en lo que concierne al análisis textual. Ahora bien, como todo en nuestra sociedad es ideológico como proceso, en el proceso, lo es por lo tanto en la "lectura", que es un proceso que se hace cargo de otros procesos, que trata de entenderlos. Por cierto: lo habitual, lo más característico de una ideología en funcionamiento es una lectura con apariencia de no ser ideológica aunque sostenga que quiere leer lo ideológico de los textos que lee. Tanto es ideológica una lectura "espontánea" (porque está dirigida desde el poder) como una lectura "crítica" (porque se constituye con conceptos por cuya índole no se pregunta). Entonces, parece necesario, a fin de entrar con mayor precisión en lo que es lo material del texto, para poder verlo no a través de una nube, proponerse una "desideologización", lo que no debería significar despojarse de "ideología" (lo que por ahora es imposible), ni proponer simplemente sustituciones de una ideología por otra, sino asumir, como propio de los procesos de producción de que se trata, que ante todo la ideología que opera se ponga en evidencia, instaure un circuito entre lo que la determina socialmente hablando y su presencia activa, como marca, en lo que está produciendo. Desideologizar, entonces, significa poner de relieve lo que ciertas ideologías tratan de ocultar de sí mismas; y eso no puede hacerse sino desde ideologías que, sin por eso anularse, son capaces de mostrarse en su operación misma.

Hablar entonces de lo irreductible constituye el primer reconocimiento, el primer paso para que la lectura "desideologizadora" pueda hallar un camino entre el exceso y la falta. El segundo paso consiste en destacar el carácter ideológico de nuestra lectura para lo cual es necesario destacar cuáles son las condiciones que la rigen; si conseguimos hacerlo estaremos, de paso, mostrando las condicones que rigen todas las otras lecturas. Y bien, dichas condiciones son dos: no realizarse como consumo de significados; recuperar activamente, en su gestión misma, la producción de la significación.

3. El "proceso" de producción de la significación

Necesitamos caracterizar brevemente ambas condiciones: 1) entendemos por "significados" ideas, representaciones de lo real, situaciones "fuertemente vividas", poderes personales de "autor" encarnados en personajes o en interpretaciones[1]; es evidente que quitar de la lectura estos núcleos tiene consecuencias ideológicas y prácticas en cuanto esta renuncia se apoya explícitamente en una crítica a la teoría saussuriana del signo, definido como reunión arbitraria de dos existencias separadas, el significante y el significado[2]; 2) entendemos por "producción de la significación" lo específico de una actividad, la escritura, que no se propondría, en su desarrollo, ninguna otra "cosa"; la "significación", como lo que resulta de un trabajo como lo que lo hace inteligible pues amplía, reduce o descubre el "sentido"que tiene el trabajo en la estructuración humana, es precisamente lo que no cesa, lo que desborda los modelos que intentan entenderla, lo que provoca al exceso (que intenta cubrir su acción) lo que no se deja alcanzar y engendra la sensación de defecto. Irreductible, el proceso de producción de significación remite a lo irreductible que hay en toda transformación textual y que perdura en lo que obtiene no rindiéndose en lo que la motiva; la significación, como riqueza en movimiento, sigue vibrando en la lectura y se prolonga después de ella.

Estas condiciones no son paralizantes; al contrario, en tanto conducen a la idea de un "proceso" de cuya materialidad da cuenta la noción de "ideología", precisan no sólo el alcance de la "lectura" sino sus posibilidades y consecuencias; estas condiciones permiten "trabajar" con un texto, advertir en él lo que produce y, más aún, lo que en su producción puede estarlo contradiciendo, lo que puede estar haciendo estallar su ideología y llevarlo a proponer un doble plano por el que, ambiguamente, se desliza: una afirmación en lo que "representa"—y, en consecuencia, un puente tendido a la inteligibilidad en curso, tal como la ideología social lo requiere y una negación en lo que desborda la "representación"—y, en consecuencia, un puente tendido hacia modos de producción sociales que amenazan, en su inminencia, con romper los modos de producción y de comprensión actuales. Traduciendo a lo inmediato, una lectura así condicionada permite hacer algo con un texto, no sólo admirarlo o interpretarlo; permite conocerlo en lo que tiene de singular y en lo que esta singularidad saca de la producción en general y, por otro lado, permite entender la incidencia que puede o podría tener este conocimiento obtenido en el campo más general de las prácticas humanas (sociales).

II. *El juguete rabioso*: texto privilegiado y contradictorio

Sobre este tendido—exigencia que lleva a ver a través de la lectura no tal o cual confirmación teórica sino el texto en su proceso—intentaré buscar en *El juguete rabioso*, texto que me parece privilegiado, espacio en el que se concentran energías contradictorias, conceptos que se destruyen unos a otros y que suscita, precisamente por eso, un dinamismo crítico igualmente comprometido: hasta qué punto una lectura es factible, hasta dónde se pueden satisfacer sus formuladas necesidades de acción.

1. La ideología de la representación

De entrada, *El juguete rabioso* se nos presenta en una dirección: según nos lo dicen otras lecturas, es un texto fuertemente autobiográfico en virtud del cual estaría inscripto en un sistema de producción cuyo núcleo central es la "representación"; en otras palabras, se trata de "realismo", uno de cuyos momentos más coherentes, precisamente, sería la autobiografía, como lo que acorta las distancias entre lo referido y el referente, entre la "enunciación" (como el plano en el que el discurso se especifica en narración) y el "enunciado" (como el plano de aquello que se relata y que es resultado de la "reproducción" de imágenes recogidas antes y fuera de la narración). Si el realismo hace de la "transcripción" su categoría productiva suprema, no habría "transcripción" más apegada, más cercana que la de las imágenes observadas en uno mismo de su propia experiencia.

¿Podemos dar por sentado un concepto de "realismo" que nos viene simplemente por herencia, como algo obvio? Cuestión amplia, como se puede apreciar, que naturalmente no abordaremos ya que quizás sea más propio hablar de textos realistas que de "realismo", etiqueta que intenta categorizar—y reducir en el mismo acto—hechos múltiples.

Pero el problema queda ahí, de alguna manera ejerciendo presión; lo tendremos en cuenta al situar nuestro objeto de análisis e, incluso, los objetivos de nuestro análisis. ¿En qué sentido, por lo tanto, podríamos decir que *El juguete rabioso* es un texto realista? Mi respuesta no hace más que permitir la presunción de que se trata de un texto realista en cuanto su sistema productivo pasa, muy acentuadamente, por la voluntad de "representación" que en este caso llegaría a "transcribir" experiencias no leídas en la exterioridad sino recogidas en sí mismo. Admitiendo la presunción, ¿qué comportamiento tiene el texto *El juguete rabioso* respecto de su sistema de producción? Si todo mecanismo productivo basado en la "transcripción" tiende a que se vea lo "transcripto" y a que permanezca en la sombra su "cómo", en principio *El juguete rabioso* podría estar obedeciendo a esta tendencia, pero, también podría estar proporcionando elementos para determinar lo que aún oculto sigue estando. En el primer caso, habría que trabajar contra lo que el texto quiere— en tanto quiere ocultar—, mientras que en el segundo el texto mismo, violentando lo que le permite hacer el "realismo", se estaría ofreciendo, estaría haciendo indicaciones sobre lo que está oculto en él, sobre su "cómo", sobre las condiciones que determinan su producción, es decir, sobre la "ideología" que, contradictoriamente, le permite escribirse y denunciar la inscripción que tiene su escritura.

¿Qué comenta este texto sobre su propia producción? ¿Cuáles son los elementos de la "ideología" que operan en él y en qué sentido las revela? Mi hipótesis es que aun desde una perspectiva representativo-realista, *El juguete rabioso* saca a la superficie elementos de su ideología poniéndolos por eso en crisis, lo que permite suponer que asume las contradicciones en las que se basa; más aun, sobre esa tensión principal se constituiría su sistema productivo de significación, o sea, lo que hay que buscar y determinar. De este conjunto de líneas que desglosan la hipótesis de trabajo se desprenden dos consecuencias; la primera: el texto nos estaría exigiendo una lectura compleja que, desde cierta teoría, tendría como finalidad poner de relieve el trabajo del inconsciente[3]; la segunda: se nos abre un campo concreto de búsqueda en las fisuras que podemos ver en el intento de "representación"; por ellas podríamos deslizarnos hasta el "texto" y comprender sus contradicciones o, lo que es lo mismo, su actividad, lo que permite reconocerlo como "texto".

2. El camino y el espacio

Para hallar una de esas fisuras no podemos sino operar a partir de una idea de lo que es el texto; para nosotros es ante todo una masa de escritura y, por lo tanto, una cierta materialidad que percibimos en virtud de una organización espacial que se nos ofrece; hay, en consecuencia, una primera imagen gráfica y una base material necesarias para entender una segunda imagen que se constituye a partir de lo que las palabras producen en sus asociaciones y a la que llamaremos "visual". Tanto la primera como la segunda imagen están animadas por cierto ritmo que les es propio, un ritmo producido, específico, que resulta de la ocupación del espacio; en el primer caso el ritmo se manifiesta como espacialización pura, física, en la hoja en blanco; en el segundo es interno, es el fundamento de la espacialización figurada.

Es posible, por lo tanto que haya un punto en el texto en el que ambos planos se reúnan. Ese punto es teórico y su valor no consiste en que provee una cierta cantidad de interpretación sino en los desarrollos analíticos que favorece. De este modo, si la imagen segunda, visual, es la que, en definitiva, centra el efecto de lectura e instaura el circuito literario específico, quizás este relato proporcione imágenes visuales que "signifiquen" procesos de espacialización, imágenes cuya visualidad tenga que ver con la imagen gráfica, esencialmente espacial. Entenderemos que dichas imágenes "tematizan" un proceso que incluye los dos niveles. Una imagen, entonces, encierra una "tematización" en la medida en que establece un nexo entre lo que propone como imagen y lo material que le ha permitido constituirse. Es ahí, a través de la "tematización", que descubrimos una fisura, un lugar para entrar en el texto.

¿Cuál puede ser una "tematización" que satisfaga esta teoría? *El juguete rabioso* nos ofrece una, casi de inmediato, mediante una imagen sin ambigüedad:

> Nada me preocupaba en el camino sino el espacio, terso como una porcelana celeste en el confín azul, con la profundidad de golfo en el cenit, un prodigioso mar alto y quietísimo, donde mis ojos creían ver islotes, puertos de mar, ciudades de mármol ceñidas de bosques verdes...[4]

Imagen privilegiada en primer lugar porque hay una alusión al espacio que se completa con una idea de marcha (camino) que es un cubrimiento del espacio y que, a su vez, requiere de nuevas imágenes para lograr su "realización" como tal; es en este nivel que puede entenderse la acción del ritmo. Además la imagen no es reducida, mera afirmación, sino que articula dos niveles diferenciados; el primero, en cuanto el espacializar es visto como "problema" ("nada me preocupaba en el camino"); el segundo, en cuanto de la "realización"—como producción de tres frases—se desprende un concepto pivotante ("mis ojos creían ver") que da lugar a nuevas frases, también tres; el concepto pivotante supone la imaginación, eminentemente productora, que responde a lo que en un comienzo se abre como dimensión problemática.

Estos términos reaparecen al avanzar en el texto:

> Imaginate los grandes campos, imaginate las ciudades del otro lado del mar...dicen que los que saben bailar el tango se casan con millonarias.

y proponen un desarrollo de su alcance primero; así, la imaginación se presenta como tal, —ya no es un "creer ver"— en forma de verbo, por añadidura en imperativo, formulando su objeto, lo que hay que imaginar, que es claramente espacial (campos, ciudades). Como remate de las operaciones de imaginar, y desprendiéndose del segundo espacio imaginado (las ciudades), se produce un salto en la imagen, bailar el tango, fragmento de la imagen que se completa con la alusión a otro espacio, el del lugar común, a saber "el tango que triunfó en París", un espacio conquistable por excelencia. Resumiendo: imaginar espacios, ocuparlos con los pies haciendo figuras—¿imágenes?—, ocupar el espacio del triunfo y, finalmente, por todo ese circuito, "casarse con millonaria", o sea entrar en el espacio que ocupa el dinero acumulado y ajeno.

El "dinero", que no aparecía en el comienzo, culmina esta breve secuencia, constituye el fundamento de la imaginación del espacio; no es de extrañar, entonces, que se produzca una redistribución, una reconversión en la imagen:

> Calles de comercios defendidos por cortinas metálicas...tras esas puertas había dinero...

Estas tres citas dan forma a un pequeño sistema: espacio problemático, imaginación espacializante, trazado de figuras en el espacio, espacio del lugar común, dinero cuya acumulación genera espacios de concentración—comercios—que, a su vez, organizan calles y, finalmente, dinero oculto tras las cortinas, o sea lo que estando oculto y protegido quizás liga todos los instantes de esta producción espacial. La "tematización" nos descubre una actividad espacializante (en el texto, por cierto) en la que imaginar, en todo lo que desde ahí se desarrolla, lleva a una apropiación doble del espacio: figurada, por medio de imágenes de espacio (grandes campos, ciudades, islotes, calles, tangos bailados, etc.) e ideológica, por medio de un sistema de valor, el dinero, sobre el que descansa la otra y, por lo tanto, fundamento del trabajo textual.

3. Mostrar, caminar: estampa y traslado estructurante

Hay aquí un esbozo de significación que favorece una entrada en el detalle, un ahondamiento en la fisura. A partir del núcleo "dinero como fundamento del trabajo textual" consideramos el trabajo textual desde la perspectiva de la apropiación figurada del espacio en los aspectos de organización y distribución de instantes (lugares) de la secuencia narrativa. Podemos señalar, así, que hay una tendencia a la descripción de lugares presentados como "estampas" (la "feria" especialmente). La estampa sería una imagen, como toda imagen aprehendente y, por lo tanto, apropiatoria. Pero, ¿por qué "estampas"? Pues porque los elementos que describen el lugar están dispuestos para que se vean, por lo que podrían sugerir como visualizables; para la feria; una fila de puestos y enfrente otra, en una los carniceros, en la otra los verduleros, detrás los carros y los tachos de basura. Si en el comienzo fue un "mis ojos creían ver", ahora es un "mostrar" efectivo, un "hacer ver" que ni siquiera necesita decirse. Estamos, pues, en el otro extremo de un desarrollo.

Pero esto no agota la cuestión de la estampa y lo que en su configuración puede significar. La estampa aparece como un intento de traducción: de lo plástico a lo verbal; por eso la descripción que lo anima persigue un "hacer ver" que en el cuadro pintado es un en sí. No ha de ser ésta la menor de las razones que hacen de los lugares el objetivo preferido de las estampas, tan frecuentes en la literatura del siglo pasado y que tienen en Arlt un continuador nada insignificante en tanto fue el sistemático autor de *Aguafuertes porteños y españoles.* De ahí que la "estampa" en *El juguete rabioso* nos abra una doble relación literaria: por un lado paradigmática, en la medida en que se vincula con la literatura española y, fundamentalmente, argentina en su versión costumbrista de la que *El matadero*, de Esteban Echeverría, es un ejemplo eminente[5]: por el otro sintagmática-epocal, en la medida en que a través de lo preponderante de la estampa de la feria, la carnicería, se vincula con Borges, autor del poema "La carnicería", en *Fervor de Buenos Aires*, circa 1925. De todos modos, ambos ejes se cruzan, pues el costumbrismo de Echeverría se centra en la descripción del ambiente en que se faena la carne. Por otro lado, en la relación Borges—*El juguete rabioso* puede destacarse otro elemento en común y es que la estampa "carnicería" viene luego de un recorrer las calles para después "hacer ver". Volveremos en seguida sobre este mecanismo.

Pero la articulación de la "estampa" en *El juguete rabioso* tiene un momento previo que corresponde a una instancia subjetiva del narrador; pareciera que, antes de que empiece una descripción, hay un "disponerse a" declarado, incluso mediante anuncios. ("Aún tengo el cuadro ante los ojos. Se compone de dos filas".) Desde luego que corresponde a la "escritura", ya que la escritura, como conjunto de operaciones, lo hace posible en el ámbito del narrador, pero, además, sirve para entender que el "narrador" se destaca en la narración como moviéndose en un campo propio, no confundible con otros. Y no es todo: el "disponerse a" reaparece en otra esfera: "Me dispuse a leer", define nítidamente una acción del "personaje". El "disponerse a" reúne "narrador" con "personaje", dos capas bien diferenciables ciertamente aunque el relato esté en primera persona pero, en la medida en que caracterizaba al narrador y, por lo tanto, marcaba la "escritura", en función del objeto que persigue el "personaje" caracteriza la "lectura". Existiría, entonces, una unidad entre estas dos esferas; si, además, suponemos que cierta teoría guía la producción de la "escritura", dicha teoría no podría estar ausente en la configuración de la lectura".

"Disponerse a": es evidente que se trata de un emergente de una cadena cuyo primer momento es el espacio. Lo habíamos visto: el texto es un espacio marcado, es una espacialización que reaparece como tal en un nivel segundo, de la imagen visual; en este "lugar" advertimos un "mostrar" (como objeto del "disponerse a") que exige, a su vez, de lugares para mostrar; espacializar entonces es mostrar, describir y, finalmente, escribir. Implícita, oculta en la "representación realista", esta cadena es exhibida como tal en el análisis y, en esta puesta en escena, deja ver lo que va de las imágenes visuales representadas a la escritura como actividad, como materialidad.

Viendo las cosas más de cerca y en el texto mismo diría que no hay nunca un "disponerse a mostrar" que no responda a un movimiento aún anterior, al que hice alusión cuando vinculé la "estampa" con el poema de Borges, "La carnicería"; si es notorio que Borges escribió sus poemas escasamente ultraístas durante su descubrimiento caminado de Buenos Aires, aquí no ocurre otra cosa: hay un caminar que nutre específicamente la peripecia entendida en un sentido clásico; si Silvio Astier no se desplazara no habría nada para describir y/o mostrar. La "feria", como "estampa" que nos ha permitido trabajar, es descubierta por Astier en sus caminatas como vendedor y, por añadidura, vendedor de papel, que sirve, como todos sabemos, no sólo para envolver sino también para escribir.

Un nuevo sistema, con inclusiones en los anteriores, acaba de tomar forma, lo que implica cierta ratificación de los esbozos de significación que se han venido perfilando. Así, si describir exige una "disposición" que el "caminar" prepara y este "caminar" —espacialización primordial—tiene como objeto vender papel, el escribir, que es espacializar sobre el papel que mantiene relaciones de unidad con el leer comó la condición central tanto del escribir como del leer, termina por vincularse con "vender" que, de este modo, aparece como la condición central tanto del escribir como del leer.

Ahora bien, el "caminar" es propio del personaje y, probablemente, se inscribe en cierto tipo de novela, picaresca o de aventuras; aquí, más allá del género que lo autorizaría o exigiría, nos interesa como vinculación entre dos planos, el del personaje y el de la escritura. Por comenzar, el caminar no se reduce al personaje sino que se proyecta en la estructura de la narración como tal, desde el punto de vista de la organización de las peripecias; podríamos así decir que lo narrativamente esencial en *El juguete rabioso* es el "desplazamiento" en cuanto los momentos decisivos, los más dramáticos, coinciden casi siempre con un traslado: ir a la biblioteca para robar, ir hasta la casa huyendo con el robo, ir al mercado con la gran cesta, caminar con la mesa como angarilla por la calle de los cines, ir a Campo de Mayo a pedir trabajo, ir al puerto a suicidarse, caminar para vender papel, dirigirse a la casa del ingeniero para denunciar al Rengo; en cambio, los instantes de reposo se limitan a preparar las acciones, salvo la escena de la pieza de hotel o la conversación con el ingeniero que dan lugar, de todos modos, a grandes decisiones finales: *ir* a suicidarse, *irse* al Sur a trabajar. Los traslados, por consecuencia, son figuras significantes cuyo predominio indica una tendencia o, por lo menos, un objetivo.

Por de pronto, se articulan, puesto que el relato les debe a ellas su carácter, lo específico de su estructura. Y esa articulación pasa a lo formal caracterizando los capítulos que al vincularse indican un desplazamiento en otro nivel; entre uno y otro hay no sólo una sucesión sino también progresión de la historia, un crecimiento que atañe ante todo al personaje pero también, indiscerniblemente, a los significados que están en juego: por un lado, Silvio Astier no es el mismo cuando empieza el relato y cuando termina, de su relación ámorfa con la existencia llega a una conciencia de la vida y, por otro lado, de la identificación con héroes literarios se va pasando a un ámbito de experiencias propias lo mismo que, narrativamente, se pasa de un pintoresquismo ambiental a una intensificación en el ámbito reducido de lo individual.

4. Crecimiento, aprendizaje: búsqueda

Podríamos señalar que este crecimiento es la condición elemental de la "novela de aprendizaje", que concluye con una adquisición. Pero, si en las novelas clásicas el aprendizaje exige un alumno y un maestro, en *El juguete rabioso* esto no es en absoluto necesario, el alumno saca sus propias lecciones desde sus experiencias; el aprendizaje, entonces, se trenza con las experiencias y de ambos planos depende el crecimiento que se registra en todos los niveles. Es muy posible que el "crecimiento", en la medida en que un conjunto de articulaciones del texto tiende a sostenerlo, sea una significación doble; otra vez, porque por un lado se inscribe en lo que la literatura ha hecho con articulaciones similares y, por el otro, deja ver algo particular, lo que va deviniendo un personaje que la asume; podríamos decir que, finalmente, el aspecto del personaje es la forma que va adoptando la significación que se produce.

La inscripción "literaria" nos reduce al aprendizaje; el aspecto del personaje supone una inflexión singular de esa categoría; si unimos otra vez las dos líneas quizás podamos decir que aquí se trata de un crecimiento similar a una búsqueda durante la cual lo que se persigue es una verdad y no sólo un conocimiento. Volveremos sobre este esbozo de conclusión que corresponde, por otra parte, con aspectos explícitos del mensaje que, en apariencia, se formula en los momentos culminantes del relato, a saber, la conversación con el ingeniero, luego de la cual aparece una "decisión". Pero antes quiero destacar que si "caminar" se vinculaba con la "escritura" en la actividad espacializante y si, por otro lado, permitía pensar en la estructura del relato como "desplazamiento" con todo lo que esto implica, "caminar" aparece como sustituto, reemplaza tanto a la "escritura" como a la "estructura" que la escritura produce. El "caminar" es por cierto lo obvio y natural, lo que relaciona y reúne pero no se agota en la intermediación sino que está allí porque la "otra cosa" no puede hacerse presente. Como sustituto, el caminar nos muestra, en un primer nivel, un modelo de actividad metafórica en la medida en que permite acercarse, relacionar, conocer lo que no se ve, permite, en suma, comprender la "significación" como movimiento que puede estarse preparando en la estructura de la cual el caminar aparecería como su forma. Y ese movimiento de la significación consistiría en un ascenso a la verdad que estaría tanto en el texto—escritura y esstructura que se dibujan analíticamente—como en el mensaje—personaje que se da cuenta de algo—.

Otra vez tenemos que hacer un recuento y una evaluación de los términos puestos de relieve: si espacializar liga escribir y leer con vender y, a la vez, con caminar, que esquematiza la búsqueda de la verdad, la "verdad" tiene por lo tanto también que ver con "escribir" y, finalmente, con el dinero que en las primeras aproximaciones se nos mostraba como promesa de recompensa y también como acumulación protegida ("calles de comercios defendidos por cortinas metálicas"). Y si todo esto configura un sistema, podríamos decir que la espacialización —actividad espacializante— que se manifiesta en varios niveles (el de la "representación" del personaje; caminar; el de la "imaginación" representada: bailar, grandes ciudades; el de la "escritura") es posible en un desarrollo del "creer ver" inicial que deviene un "ver", efectivo bajo ciertas condiciones.

5. Ver bajo formas geométricas; el rencor cóncavo

Y, cuando digo "efectivo", me refiero a una canalización del punto de vista que va ordenando la historia y que no consiste solamente en la perspectiva del narrador sino en las operaciones concretas que el narrador ha elegido como las más adecuadas para cumplirse. En ese sentido podríamos decir desde ya que hay un "ver" bajo formas geométricas generalmente metálicas: cubos, rombos, líneas, ángulos, cuadrados, convexidad, cristales por un lado y metales, acero, bronce, portland, vidrio, esmeril por el otro ("Habiendo la punta de los elásticos rasgado la malla, quedaban éstos en el aire como fantásticos tirabuzones y las grampas de las agarraderas habían sido reemplazadas por ligaduras de alambre"). Además hay objetos que sintetizan los dos elementos: mallas, engranajes, espirales, jaula, cerradura, caja, etc. No hay duda de que este predominio ha de tener consecuencias para el análisis. Ante todo, crea un clima de abstraccionismo, aunque la geometría esté en la naturaleza como querían los cubistas y, además, remite a la literatura puesto que las tendencias geométricas—cubismo, futurismo—gravitan en la configuración del ultraísmo argentino, cuyo teórico principal fue, como se recordará, Jorge Luis Borges.

Pero el geometrismo no es sólo una conexión literaria ni su connotación abstracta lo inmoviliza; mantiene vinculaciones internas de tipo semántico como, por ejemplo, que lo que se describe con lenguaje geométrico aparece siempre como lo "real rechazante", o sea aquello de la realidad que aisla lo impenetrable y duro, lo esencialmente separador. El narrador apela a este tipo de imágenes cada vez que, como personaje, toma conciencia de ser víctima de la frialdad implacable de una sociedad que no tiene resquicios, que actúa como una "plancha de metal".[6]

Ahora bien, reuniendo lo literario y lo semántico, podríamos decir que si, proveniente de la literatura, lo geométrico significa en el texto lo real en su cualidad agresiva—que sería la verdad de la realidad ("Mi entendimiento se embotó en un rencor cóncavo")—la literatura aparece como mediador necesario, por un lado para describir una conciencia arrinconada por la realidad, y, por el otro, a través de un "ver" particular, para describir la relación que existe entre dicha conciencia y dicha realidad. Se propone, por lo tanto, un continuo productivo entre literatura y realidad, concepto que permite comprender lo que define a un "personaje", su rasgo esencial, y lo que caracteriza a una realidad que hace comprenderse al personaje: la "separación". En síntesis, personaje aislado, segregado, separado, no *es* otra cosa que un comentario permanente (por medio de imágenes que lo describen) de la separación que marca a la estructura que lo separa.

Pero hay aún otro matiz: las imágenes geométricas indican la perduración o, mejor dicho, la penetración del "futurismo" (vanguardismo) en un proyecto en general realista; por lo tanto, el futurismo *hace* elegir aun aquello que se opone a lo que conscientemente se estaría buscando; hay, en consecuencia, en estas imágenes un nuevo espacio que actúa, un espacio de inconsciente en el que las imágenes toman forma y se abren al análisis. Resumiendo: la literatura, como proveedora en lo inconsciente de cierta fuerza productiva, es lo que permite ver la realidad "tal cual es", como "separación", es lo que permite significarla. Por añadidura, la literatura—como lo veremos—se tematiza, aparece como fuente de situaciones narrativas e implica por ello una verdadera puntuación del relato.

Entre "literatura" y "realidad" se establece un continuo productivo a partir de la literatura; por un lado, eso acerca a la "separación" y, por el otro, permite hacer un dibujo de una "unidad" que no caracterizaría a la realidad, por definición, ni a la literatura en tanto lo que de ella actúa son aspectos parciales, discontinuos (las imágenes futuristas se infiltran pero hay un repudio conciente al arsenal vanguardista); la "unidad" se daría, en cambio, en un lugar intermedio, en lo que permite constituir ese continuo productivo, a saber, en la "escritura" que es el lugar de una acción ligadora. A su vez, la "escritura" de que se trata aquí es la forma de la acción de un sistema en el cual el dinero aparecía como un fundamento. Reaparece, entonces, el dinero, motor de la escritura, motor, igualmente, de la producción social en general. Instancia ideológica, por lo tanto, que permite ser puesta en evidencia mediante el análisis y que define lo que aquí se puede entender por "realidad tal cual es."

III. Robos estructurantes

El dinero está en el fundamento—así como la literatura es una fuente en el inconsciente—pero también está en la superficie, o sea, en la historia: crea las condiciones de las peripecias en cuanto se trata de obtenerlo o de poseerlo y se sueña con las grandes cantidades acumuladas y que podrían cambiar de dueño; en toda esa red quedaría autorizada una estructuración del tipo de las de Claude Brémond: alianza, complicidad, pacto, violación del pacto, etc.[7] Voy a dejar completamente de lado esta perspectiva de análisis para privilegiar las articulaciones que el núcleo "dinero" puede estar produciendo. Así, creo que se puede decir que hay una voluntad de apropiarse del dinero por medio del robo; más aún: tan importante es esta salida que el relato entero está armado globalmente desde el robo y entre dos robos, el de la biblioteca y el de la casa del ingeniero.

1. Vos y tú, Poe y el sainete

Vamos a designarlos como "robo I" y "robo II" respectivamente. Ante todo, hay una diferencia de objeto entre ambos: en I se trata de robar libros, en II, dinero; no obstante, pueden establecerse concomitancias en el sentido de que la biblioteca es asaltada por su doble acumulación de riqueza (algunos libros van a ser "reducidos" a dinero, otros van a ser guardados—traspaso de propiedad de un bien material para llevarlo a un escalón axiológico superior, fuera de venta—que también aparece en la casa del ingeniero: hay un dinero guardado y también libros en anaqueles. Otra diferencia: si en I hay una apropiación de dos valores, en II el dinero deja de importar, lo que hace lo siguiente: algunos libros son reducibles a dinero, otros no y, a la inversa, en la búsqueda de dinero de pronto los libros actúan con más "valores", razón por la cual el dinero puede ser despreciado.

Desde el punto de vista de la organización narrativa hay también paralelismos interesantes: antes de I hay un discurso preparatorio y, hasta cierto punto, su matiz es de justificación, se desprende de él, incluso, cierta filosofía; precediendo a II también hay un discurso preparatorio (explicaciones "técnicas" del Rengo, invitación a la complicidad, etc.) seguido por un soliloquio de "conciencia" que hace de transición hasta llegar al "robo", suplantado por una "delación" luego de la cual hay otro segmento de discurso, de carácter ascético y conclusivo. Dos bloques, por lo tanto, muy diferenciados estilísticamente: en el primero, en tanto se trata de informaciones compartidas por varios, prima una estructura de intercambio (diálogo) que adopta un lenguaje rústico, con abundancia de lunfardismos; en el segundo, mientras se trata de información está presente el lunfardo que deja lugar, al pasarse a la fase ascética, a un lenguaje "elevado" apto para arribar a una "verdad", la que antes mencionamos. Exigencias de la proximidad, despliegue de la lejanía que, a través del lenguaje, manifiestan una "acción" del narrador pero, también, un juego de estructuraciones que tienen su centro en el lenguaje. Veremos este aspecto antes de pasar al del "narrador" y luego a la estuctura en general.

La distinción estilística supone un desdoblamiento de los que estudió Auerbach[8], ante todo social. En la medida en que se trata de un mismo narrador, de una misma voz que enuncia, el desdoblamiento es entre lo inmediato y lo idealizado; en lo inmediato la información predomina y establece una fluencia lingüística sin cortes, en la que la espontaneidad del habla no sufre obstáculo; en lo idealizado son las reglas, en cierto modo la gramática de la lengua, la que hace de intermediario de un mensaje, no hay, o hay poca, información que compartir. Correlativamente, lo inmediato connota el lenguaje de los marginales, de los que aspiran a salir de pobres mientras que lo idealizado, que modifica al protagonista haciéndolo hablar bien, sale del mundo de los ricos y distinguidos, de los habitantes de casas lujosas que, por añadidura, poseen libros valiosos encerrados en anaqueles. Y si sobre el final del robo II surge esta oposición, sus términos se han venido ya manifestando en situaciones en las que el enfrentamiento es entre realidad y sueño, entre miseria y amor, entre suciedad y deseo transformado: encerrado en la apestosa librería en la que un par de personajes grotescos encarnan toda la humillación del mundo, Silvio Astier sueña con una novia que nunca apareció, a la que llama Eleonora y a la que le discierne un "tú" que contrasta vívidamente con los "vos" que caracterizan lo directo en el lenguaje de la Argentina. La zona del "tú" es interna, deseo postergado, pura imagen, la del "vos" es inmediatez, crudeza, representación. Los dos niveles se entretejen, van haciendo el texto, pues la que señalábamos como "verdad" (que no es la verdad del texto sino una verdad moral del personaje) surge como una oportunidad del "tú" que permite olvidar todos los lastres que implican la perduración del "vos". Y más aún, "tú" y "vos", a través de Eleonora y de Don Gaetano que los encarnan, remiten a otros paradigmas que también conviven en choque brutal: Edgar Allan Poe (o Beethoven) y el sainete al que Arlt le debe sin duda todas sus capacidades de observación de lenguajes y de figuras. Correlativamente, los personajes que salen del sainete tienen cuerpo, Eleonora no existe, las posibilidades sexuales que residen en su nombre sufren una brutal sustitución en un homosexual que da el máximo de lo que la realidad puede ofrecer como efectivización del deseo.

No obstante los contrastes que se observan en el plano del significado, lo que efectivamente importa es la nivelación textual de ambos lenguajes entre los cuales se articula una estructura en la que los "valores" se desplazan velozmente y que surge de un inconsciente perfectamente no controlado. Así, si el deseo se posterga en el "tú", nombre de mujer sin cuerpo, es la postergación la que da lugar a la aparición del sustituto: el texto empieza a trabajar. El homosexual, a su vez, remite a otros paradigmas que lo vinculan con Silvio Astier mismo y, por lo tanto, hace de puente entre el vos y el tú; su historia, como ligadora, es la de Astier, pero no como personaje sino como narrador. ¿Cuál es su historia? Pues la de una "iniciación" que se narra, igual que la de Astier, que narra por lo menos tres "iniciaciones". Y si Astier es narrador porque su mundo es de libros que roba o que admira y de los que saca modelos y nombres como Eleonora, el "iniciador" del homosexual era un "profesor" que "sabía de libros una barbaridad" y que se suicidó. Correlativamente, el padre de Astier (un iniciador nato) se suicida y el zapatero, que lo inicia (al robo), le presta libros mientras que el ingeniero (cuyos anaqueles están llenos de libros) le permite ingresar en la verdadera vida. El narrador, entonces, es explicado por un personaje, el homosexual, que, a su vez, surge como haciendo trágico e irrisorio el deseo que marca conflictos de lenguaje y se encarna en ellos, relación con la realidad que el texto maneja en la interioridad de sus relaciones transformadas.

Robo I y robo II establecen también una relación a través del narrador que organiza los respectivos discursos previos. En I, al ser narrador no *el* sino *uno* de los protagonistas, su función es primordialmente descriptiva; en mínimo grado hay fusión entre "yo de la enunciación" y "yo del enunciado"; en cambio, en II, la fusión progresa y la distinción entre los dos "yo" es casi puramente técnica, en verdad la fusión hace que una sola voz ascienda a las conclusiones fundamentales que son las que conciernen al personaje pero también a la narración, en tanto culminación de una estructura. Entre narrador del discurso previo a I y narrador del discurso posterior a II se establece una relación que implica que "el punto de vista", como lo que hace la narración, refleja cambios en la historia y que, por lo tanto, tiene que haber una zona del relato en la que los "cambios" han tenido lugar, se han engendrado. Esa zona es la que está, narrativamente, entre los dos robos y corresponde a los "trabajos".

2. El tercer robo y la censura interferente

Los "trabajos" son tres (la librería, el ejército y la venta de papel) y tienen en común, en principio, que todos son ejercidos pero uno no es obtenido, el del ejército, del que expulsan a Astier por ser "demasiado inteligente"; además, tienen en común que en verdad son formas de robo invertido: el que trabaja es robado. Frente a los robos planeados, activos, los trabajos como robos están marcados por la pasividad. Por otro lado, la "actividad" es tal gracias a un conjunto de rasgos secundarios psicológicos: ir a robar la biblioteca es un vértigo, una borrachera ingenua y eufórica, algo así como la libertad, mientras que robarle al ingeniero viene acompañado por una culpa tan fuerte que frustra la acción. Conjunto de sentimientos, pues, que caracterizan los robos; respecto del I, son de desaprensión acrítica mientras que, respecto del II, engendran una movilización psicológica que transforma al personaje, especialmente la culpa que nace o crece o se manifiesta en el momento en que se intuye, desde la subjetividad, que se cierne una amenaza sobre estructuras sociales en curso; internalizadas, las estructuras intentan permanecer para lo cual se valen de la "culpa", un modo de defenderse. ¿Por qué II hace presente la culpa y no I? Lo que se roba en I son libros—secundariamente lamparillas—que están en situación de acumulación de cultura; en II es dinero en cantidad, acumulado. En ambos casos hay un simulacro de la estructura social, animada por la acumulación capitalista; desde esa perspectiva, y volviendo sobre los objetos robables, libros y dinero son equivalentes e intercambiables. Pero los acumuladores no son los mismos; en un caso, en tanto la biblioteca es pública, el acumulador es el Estado, en el otro es un particular. Diferencia que crece, pues cuando se trata de este particular el lenguaje se "ennoblece" estilísticamente, mientras que para la biblioteca hay una irreverencia, "ambiental" diríamos (el cuidador que llega borracho). Robar al Estado, en consecuencia, no engendra culpa mientras que robar a un particular despierta un abismo de cavilaciones y perplejidades y de sensaciones desbordantes que paralizan para en seguida dar lugar a un cambio psicológico y social profundo. Podría pensarse que atentar contra una biblioteca implica desenmascarar el carácter capitalista (acumulado) de la cultura en curso; más bien, lo que actúa es un cierto anarquismo por el cual el Estado es el primer capitalista y, por lo tanto, robarlo es una obra de bien; por el contrario, robar a un particular es atentar contra la naturaleza misma que no excluiría de sus leyes el derecho a la propiedad. Está excluída, ciertamente, toda posibilidad teórica de un cambio en la función del Estado, negación absoluta a que a pesar de la acumulación cultural o desde ella, el circuito se pueda romper y los libros acumulados sirvan a otros fines. En *El juguete rabioso* robar la biblioteca supone dos cosas: denunciar el valor económico de los libros (en cuanto algunos libros robados van a ser vendidos) y rescatar su valor segundo (en la medida en que Astier se guarda un Baudelaire) sacándolos de la colectividad para privatizarlos.

Los trabajos, también robos, suponen la pasividad, porque están sometidos a la aplicación de normas que incluyen un cierto escalonamiento. Por de pronto, ser mandadero, aprendiz y vendedor, permite abandonar la marginalidad para pasar a lo autorizado, son trabajos tolerados. Además, entre ellos se establece una progresión, un "cursus": ser mandadero está en el comienzo: barrer, hacer nudo, atar un paquete, llevarlo. Cumplida la etapa, se pasa a la siguiente, aprendiz en el ejército, diferencia de grado en el "cursus" aunque desde el punto de vista del trabajo que se hace haya un salto cualitativo. Vendedor, finalmente, aparece como una culminación en tanto al vender mercancía se está vendiendo sentido también, se está uniendo el adentro y el afuera del sistema: intermediario, el vendedor (reproduciendo el sentido del sistema capitalista), se sitúa entre la producción de la mercancía y el consumo, separado de uno y otro, marginal, otra vez, pero autorizado a serlo.[9]

Pero de pronto, se produce una interferencia en el trabajo y en la narración: es la visita al teósofo Timoteo Souza. Hay un cambio de tono, el jovencito humillado se manifiesta como una persona inteligente, un aspirante a un trabajo más en consonancia con su capacidad. Es inútil: es rechazado, otra vez es separado. ¿Desde dónde podemos leer este episodio? Creo que podemos ver allí una doble censura de consecuencias complejas. En la medida en que el personaje trata de dejar de ser mandadero para pretender ser empleado, se hace suponer (a través de lo que en la conciencia del personaje se manifiesta como legítima tentativa) que la transgresión al sistema es posible; pero no, el personaje es frustrado; la censura es de los alcances del sistema puesto que ser empleado es presentado como una superación cuando en realidad es un "esclavo de cuello duro", alguien que trata de ignorar, en su ilusión de no ser proletario, que integra, confirma y oculta el sistema; no obstante, o incluso por la frustración, ser empleado conserva su idealidad, por lo cual el sistema sería injusto porque se niega, no por lo que significa. Autocensura pues, ya que se presenta un paréntesis en la enunciación implacable de lo tolerado, paréntesis que se cierra dejando la impresión de una salvación (falsa) perdida. Por otro lado, la visita a Timoteo Souza reemplaza a un capítulo escrito antes y que no integra el relato. Publicado por el diario *La Opinión* de Buenos Aires en 1973, permite ver que la "visita" estaba también prevista y que era a un poeta barrial; sujeto ridículo, envuelto en un kimono grotesco, casa de patio con malvones, vanagloriándose de sus proezas poéticas, etc. Frente a la posibilidad de enjuiciar, a través de la "visita", a la literatura, se produce la censura y el reemplazo aunque, después de todo, no hay excesiva diferencia entre ese discurso y el que lo reemplazó. El poeta barrial aparecía así fuera de un contexto productivo, lo que implica una condena a una literatura complicada con un sistema "separador" y, de poeta a poeta, el suyo era un símil, no por tácito menos elocuente, del Poe que le permite hablar idealizadamente de Eleonora. En ese capítulo, además, no se solicita un puesto de oficinista sino, a través del modelo que presenta el poeta, algo así como un sitio, una dignidad, un empleo de escritor.

La doble censura se ejerce en relación con el trabajo y lo que del trabajo se desprende: si ligamos las consecuencias de ambas líneas (ocultar el carácter del sistema de producción como tal mediante un salto, suponer que cierta literatura está fuera de realidad y, por lo tanto, de contexto productivo) podemos entender que aquí hay algo relativo al escritor y a su situación en el proceso de producción económica, en el que estaría y no estaría al mismo tiempo: por su ridiculez se pretendería excluirlo y, por lo mismo, en negativo se estaría diciendo que eso no es posible pero que es necesario y deseable. Por consecuencia, el reemplazo del capítulo implica una postergación del problema que sigue ahí, actuando no simbólicamente sino textualmente.

3. La ecuación

Con todos estos elementos se instaura una red dentro de la cual el tema del escritor se presenta ambiguamente como dentro y fuera del circuito económico pero también se pone en evidencia que existen condiciones económicas en la producción literaria. El texto articula y pone en escena el elenco siguiente: dinero, literatura, producción literaria y papel que juega entre el dinero y los libros, lo que nos permite examinar cómo el texto escribe estos núcleos, es decir, los elabora.

Los robos, como hemos visto, ya no son sólo I y II sino también III. Lo común a todos es, por cierto, el "dinero" que todo lo reduce pero que no reduce la actividad textual. Cada robo tiene sus marcas textuales diferenciadas; así, el I provoca al texto en virtud de la "iniciación" que lo acompaña y que se introduce en los otros núcleos haciéndose, por los signos en los que se encarna, verdadero sistema significante. Dejaremos las "marcas textuales" específicas de los otros sectores para detenernos en la "iniciación".

Lo primero que salta a la vista es que no tiene en I un carácter de "caída" psicológico-moral ni sociológico-causal, sino que está estrechamente ligada a la literatura: "Cuando tenía catorce años me inició en los deleites y afanes de la literatura bandoleresca un viejo zapatero andaluz..." Los libros, entonces, son vehículos del robar, lo que se corrobora cuando se forma la bien orientada biblioteca del "Club de los Caballeros de la Medianoche". Hasta aquí bien, pero no son sólo libros los que inician, sino el zapatero a su través; es fácil advertir que, a su vez, el zapatero no aparece descrito de manera costumbrista, pintoresca, en su tarea, sino por algunos pocos rasgos (es cojo y cecea) que lo hacen ver como "tipo" o sea como personaje literario, no "natural"; además, su actividad está sustuída porque, en realidad, más que de zapatos se ocupa de mercar o de alquilar libros; este reemplazo tiene efectos en la descripción ambiental: no se destaca ningún instrumento propio del remendón en su cuchitril sino las decoraciones, puramente librescas, que lo ornan: "Decoraban el frente...las polícromas carátulas de los cuadernillos que narraban las aventuras de Montbars, el Pirata y de Wenongo, el Mohicano". La literatura aparece, por lo tanto, como cubriendo características representables y, al mismo tiempo, en tanto desde ese cubrir ofrece modelos, abre el camino al robo.[10]

La palabra "camino", matizada en la nota precedente, nos devuelve al comienzo cuando "lo que más me preocupaba en el espacio era el camino". Polisemia que se tiende por todos lados, pues no sólo es incógnita sino respuesta diversa; aquí se trata de ocupar un espacio mediante el camino del robo. Si, además, el libro (al sustituir descriptivamente) oculta el trabajo y es el que abre el camino del robo que es siempre de dinero, entre todos estos conceptos se tiende una ecuación o por lo menos un conjunto que nos sitúa en la interioridad del texto:

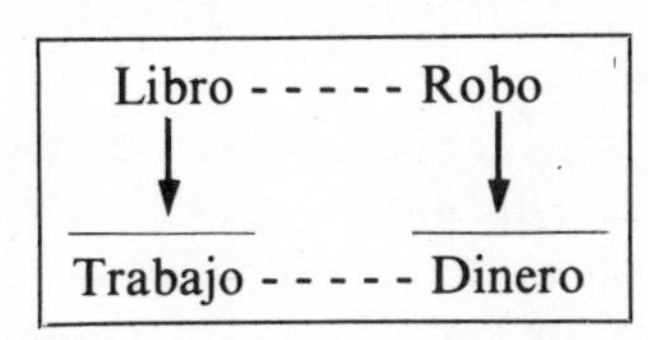

Libro : Trabajo :: Robo : Dinero

Cambiando de lugar los denominadores obtenemos lo siguiente:

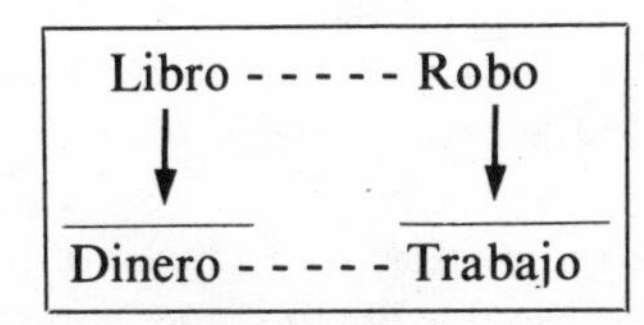

Libro : Dinero :: Robo : Trabajo

o sea, el libro tapa el dinero, el robo tapa el trabajo. Es claro que en el Robo III, o sea la zona intermedia de los trabajos, los términos están invertidos puesto que el "trabajo" ocultaba el "robo" que se hacía del trabajo mismo pero, en todo caso, los "robos" narrados, presentados como acciones bien precisas, tapan el "problema" del "trabajo" en general, que de todos modos no ha sido eliminado por la censura ejercida para postergarlo como problema. Por otra parte, "libros" que tapan el "dinero" es un sistema corriente por el cual la "literatura" pretende deslizarse fuera del campo productivo, de fundamento económico, aquí caracterizado por la acción del "dinero".

4. Libros, valores y lecturas

Esta fórmula es general: corresponde ver en el texto cómo son articulados cada uno de los términos, siempre en relación con los demás. Empezaremos por los libros, cuya presencia es innegable: citados, admirados, robados, acumulados, llevados, vendidos, referenciados, etc., en esta masa de material, parecen encarnarse dos clases de valores muy claros: uno real y otro potencial. En el primer caso porque "valen" tantos o cuantos pesos, en el segundo porque proponen modelos a seguir, esencialmente fácticos, instrumentales diría, tanto porque "inician" como por su tecnicidad, ya sea para robar, ya para "hacer" (electrotecnia o mecánica o electrodinámica).

¿Están articulados ambos "valores"? ¿Existe un punto de contacto entre los dos? Frente a las estanterías de la Biblioteca Pública se producen reflexiones que van en ambos sentidos; por un lado se especula sobre el precio que se puede sacar ("Las Montañas del Oro.—Es un libro agotado. Diez pesos te lo dan en cualquier parte"), por el otro sobre la utilidad ("—Evolución de la Materia, de Lebón. Tiene fotografías. —Me la reservo para mí—dijo Enrique"). Es evidente que en la "biblioteca"—acumulación sacralizada—los dos tipos de valores aparecen mezclados: el robo permite una clasificación y, por lo tanto, tiende a desacralizar, tendencia que se continúa en la "Biblioteca del Club de Caballeros de la Medianoche" ("*Propuesta de Enrique.*—El Club debe contar con una biblioteca de obras científicas para que sus cofrades puedan matar y robar de acuerdo a los más modernos procedimientos industriales"), cuya explícita orientación pone en descubierto uno de dichos valores y, por lo tanto, en los fines, el otro.

Entre esas dos bibliotecas operan otras dos, la del maestro homosexual y la del ingeniero; en la primera, los libros como un en sí, valiosos por una potencialidad no declarada ("Fijate que tenía una biblioteca grande como estas cuatro paredes juntas"), actúan para "iniciar" y, por lo tanto, son revelados en su función; en la segunda, pese a la acumulación ("fijé los ojos en una biblioteca llena de libros") hay una homogeneidad ("Y había alcanzado a leer el título, 'Legislación de Aguas',") que permite pensar en una función precisa propuesta de síntesis pura (Aguas) entre el valor (muchos) y la utilidad (Legislación). Pero de pronto surge un tercer tipo de valor, que se desprende de los dos anteriores: su epicentro es un libro de Baudelaire ("Ché ¿sabés que esto es hermosísimo? Me lo llevo para casa".) Valioso por otra cosa, no por su precio ni por su instrumentalidad, *este* libro inaugura la noción de "lectura" que, como veremos, ocupa un espacio en el relato, tiene que ver con la significación—que prepara y promueve el trabajo textual—y con la circulación extratextual del texto.

El "robo" desacraliza, ante todo, lo que la acumulación sacraliza mezclando. Pero, ¿cómo y por qué lo hace? Pues porque empleando la violencia para apropiarse de los dos primeros valores permite que se ponga en evidencia su operatividad, o sea su verdad social, la verdad de su circulación. Precisamente, ese descubrir aparece como la condición misma del surgimiento del tercer valor ligado a la "lectura" que, sometida a la propiedad violentada, asume las características de una inservible mistificación. En otras palabras, la "belleza" es admisible si se ha declarado lo que la precede y sobre la que descansa, a saber, el valor reducible a dinero y a utilidad. Sin embargo, no cabe duda de que el tercer valor está en el campo de lo excepcional, y como tal, sólo lo vemos como el esbozo de la forma de una lectura que no se ha generalizado todavía; lectura para el futuro, en el presente muy mezclada aún con la necesidad de clasificar en la mezcla sacralizada. Pero, no obstante, en el presente hay lecturas cuya expansividad se nos mostrará como contenida y que, a su vez, serán objeto de una clasificación.

Retomemos: dos tipos de valores son predominantes; el texto los asume con claridad; por ejemplo, en cuanto al monetario, la "venta" que lo traducía como perspectiva de "reducción" (de lo robado) culmina en esa sistematización que es la librería, una vil acumulación que, como imagen, denuncia un aspecto del sentido que tienen los libros en nuestra sociedad; pero el tercer valor está latente, es ineliminable y juega contradictoriamente con el anterior, en suma, actúa; hay aquí una relación que ilumina la paradoja del mandadero que aparece forzado a tener contacto con los libros por su valor monetario y que, para liberar la lectura—de la que está impedido—, trata de incendiar el conjunto.

En cuanto al valor instrumental y/o pedagógico, está encarnado en lo que podríamos entender como "apelaciones a una literatura adecuada" que entrañan por lo general relaciones de complicidad entre personajes: "Tengo una colección de revistas que se llaman 'Alrededor del Mundo' ", es la tarjeta de presentación de Irzubeta para Silvio, primer nivel en el que participar de un campo de referencias común abre posibilidades de acción más complejas; esa participación crece y se consolida a partir de un libro leído por ambos cuyo recuerdo aclara dudas o vence indecisiones: "—Bonnot desde el infierno debe aplaudirnos—dijo Enrique. —Vivan los apaches Lacombe y Valet—exclamé". En ambos casos, y en el campo de los personajes, la complicidad se establece entre desposeídos y no sólo tiende a agruparlos sino que se canaliza en la búsqueda de satisfacción de un deseo común, el deseo de tener dinero. Pero ya sea mediante libros bellos o instructivos, explícito o no el panorama del deseo, la complicidad descansa sobre un código común o un conocimiento previo que, como es de libros, supone lecturas. Quieren tener libros y/o dinero pero lo que ya tienen es, efectivamente, algunas lecturas. Que son las "lecturas" del presente arriba enunciadas y que no son necesariamente implícitas: en el relato se "lee" constantemente.

5. Las lecturas del presente

Puedo registrar tres niveles de lectura:
1. *semántico*: se ha leído *ya* y se invoca lo leído; sobre esa invocación se establece la complicidad.
2. *semiótico*: la lectura va marcando la evolución del relato en la medida en que cada momento importante está acompañado por la mención de una lectura: "Estas noches agradaban a Montparnasse y Thenardier" se dice cuando se asalta la biblioteca; cuando Silvio decide probarse ante los militares se escribe: "Pensé en los héroes de mis lecturas predilectas y en la catadura de Rocambole"; cuando está por traicionar: "En realidad soy un locoide con cierta mezcla de pillo, pero Rocambole no era menos: asesinaba...yo no asesino. Por unos cuantos francos le levantó falso testimonio a 'papá' Nicoló y lo hizo guillotinar". En este sentido la lectura puntúa el relato y, por lo tanto, es la condición—o su emergencia externa— de la espacialización en que el relato consiste. Por otro lado, si el relato es de ciertas experiencias en su desarrollo—puntuado por la lectura—se puede ver algo así como un *canje* entre lectura y experiencia, en una suerte de economización productora del texto que genera tales experiencias.[11] Si, por otro lado, la "traición" es un momento esencial y se calca sobre la que hizo Rocambole, no podemos menos que ratificar que la lectura puntúa o impulsa la narración desde el intercambio pero, además, no podemos dejar de ver que entre el texto leído—Rocambole—y el que se está generando—*El juguete rabioso*—existe una relación tan estrecha que, a nuestro turno, estamos como leyendo dos textos simultáneos. La pregunta que se abre ahora es, ¿qué relación existe entre los dos textos?
3. *productivo*: se puede verificar la existencia de una lectura que tapa la realidad: "...las doncellas, mayores de veintiséis años, y sin novio, se deleitaban en Chateaubriando, languidecían en Lamartine y Cherbuliez...chusma llamaban al almacenero que pretendía cobrar sus habichuelas..." Evasión de la realidad encarnada en las "deudas". Antagonismo irónico pero inservible: esa lectura no borra la realidad ni la entiende, la deja simplemente de lado, pretende ignorarla. ¿Mitificación de la realidad? Más bien se trata de un regreso de la realidad tal como la entendía el naturalismo literario inicial: como carga, como apremio empírico, nada metafísico. Este regreso tiene su pro-

gresión textual: "Cuando cumplí los quince años cierto atardecer mi madre me dijo: —Silvio, es necesario que trabajes. Yo, que leía un libro junto a la mesa, levanté los ojos mirándola con rencor". Es el mismo antagonismo: leer como evasión de una realidad amenazante pero también realidad como "interrupción", como lo que destituye una actividad; de ahí el "rencor", que une y canaliza dos cortes: el de la lectura actual y el de la continuidad infantil, que se refugia en la lectura. Pero el concepto sigue matizándose: "Mi madre cosía en otra habitación y mi hermana preparaba sus lecciones: Me dispuse a leer. Sobre una silla junto al respaldar del lecho, tenía las siguientes obras: 'Virgen y Madre' de Luis de Val, 'Electrotécnica' de Bahía y el 'Anticristo' de Nietzche... Ya cómodamente acostado, observé con displicencia 'Virgen y Madre'...y entonces decidido cogí la 'Electroténica' y me puse a estudiar la teoría del campo magnético giratorio. Leía despacio y con satisfacción". Es una escena en la que hay una distribución: madre trabajando, hermana estudiando, Silvio leyendo; Silvio desecha "Virgen y Madre", réplica escrita de lo que está a su lado (hermana y madre), un folletín (como Rocambole) y se decide por un libro técnico. La realidad (en el momento anterior apremiante, naturalista y culpógena) está puesta aquí al costado, convive con una lectura que no se le opone sino que se integra con ella formando una "escena". Podemos concluir de todo esto que las lecturas anteriores eran un paréntesis a veces cortado brutalmente por la realidad, era una pseudo-actividad que negaba lo principal, el trabajo y, por lo tanto, en antagonismo con él. A su vez, desde la escena, el trabajo empieza a cobrar entidad, por de pronto tiene el aspecto de un drama silencioso o patético que tolera ciertas lecturas. ¿Es legítimo, entonces, rematar todo esto intercambiando los términos cuya convivencia parecía aceptada? O sea, ¿lectura como trabajo? ¿Reaparición del esbozo de la forma de una lectura futura, apta para promover un valor que no es ni monetario ni instrumental?

IV. El sistema económico. Bandera, el oro, la moneda, el travesti

Hay consecuencias de esta clasificación. Retomemos el nivel semiótico para, a continuación, trabajar sobre el productivo.

Habíamos concluído que hay una relación entre Rocambole y *El juguete rabioso*. Lo que hace en un texto Rocambole conduce a

Silvio Astier a hacer algo similar en otro; Silvio ha leído robos imaginados para realizar robos verdaderos, o considerados como tales desde la verosimilitud de la ficción; Rocambole es un cuerpo ya escrito mientras que Astier, aunque escriba, pretende robar, no escribirse. Si hablamos de "experiencias", la de Rocambole, esencialmente falsificada, tiene la virtud de promover una verdadera que, por aparecer como tal en la escritura, a su turno se presentará como falsificada si no nos atenemos para siempre al efecto de verosimilitud, si no consideramos a Astier como "persona" sino como "personaje", si distinguimos entre la "representación" y lo "representado". En plena intertextualidad, la experiencia verdadera toma forma para ratificar el poder de lo escrito, lo que reintegra a *El juguete rabioso* a la esfera en la que Rocambole significa. Por lo tanto, se trata de una verdad que está más allá de la falsificación primera y de la segunda: es la verdad de lo que está escrito y su incidencia en lo que se está escribiendo, la verdad de una materialidad que engendra significación. La literatura, entonces, sería falsificación y verdad al mismo tiempo, sería la escena de un canje entre ambos términos, similar al que se establecía entre "lecturas" y "experiencias"; la litertura, en este trueque, sería falsificación respecto de lo vivido y verdad en su textualidad, en su falsificar.

Es previsible, por lo tanto, que la "falsificación" pueda ser destacada en *El juguete rabioso* como una tematización a la que hemos llegado desde estructuraciones críticas que desdeñan lo aparente; como "tematización", es decir, como acción en la escritura, nos dejará ver nuevos campos que ampliarán aun más el trabajo.

¿Qué es falsificar? Ante todo, es producir, gracias a una habilidad cuyos recursos u operaciones se mantienen secretos, un objeto, aparentemente investido de un valor; el objeto falsificado se introduce en un universo de valores reales y convive con ellos ocupando parte del espacio que ellos legítimamente ocupan; pero el objetivo de la falsificación no es "estar" en esa circulación de valores sino en traducirse por dinero; pero también se trata de obtener poder ya sea porque el dinero lo otorga, ya porque la propiedad de un valor lo otorga. Sea como fuere, falsificar—que supone un mecanismo de producción activa—entraña un riesgo que toma forma en el momento de la lectura del objeto producido y del valor en él impuesto.

En *El juguete rabioso* hay varios momentos montados sobre la falsificación. La progresión, en la que rompemos la linearidad del relato, es la siguiente:

1°) Enrique Irzubeta falsifica la bandera de Nicaragua para ganar

un concurso y su premio. Su objeto, falso, se introduce en un circuito verdadero y al funcionar como si perteneciera a él lo falsea; pero como se le desconfía, ofrece en garantía dos libros "caros", o sea, introduce objetos verdaderos en un circuito falso.
2°) Lucio reaparece en escena, al final del relato, "luciendo en los dedos anillos de oro falso"; por añadidura "era un recio pelafustán disfrazado de dandy", sin contar con que "soy agente de investigaciones", oficio que supone un ocultarse, un no decir quién se es, otra forma de disfrazarse o de falsificarse. Podríamos decir que acumula falsedades para parecer respetable (un valor), ocultando su radical indecencia, es decir su verdad. Silvio, como narrador, hace la lectura correcta.
3°) El Rengo le propone a Silvio instalar en sociedad una fábrica de moneda falsa; si en la primera cita el "valor" debía conseguirse mediante la falsificación y en la segunda tenía un carácter abstracto e institucional, aquí objeto producido y valor a obtener se reúnen en una sola unidad. Esta propuesta desarrolla lo que en el relato de Lucio aparecía todavía como una disociación, fracasada por azar; Lucio cuenta que Irzubeta falsificó un cheque, cobró el dinero y, por un accidente, fue descubierto.
4°) El homosexual con el que se encuentra Silvio usa ropas caras pero está sucio: *es* sucio pero *parece* un señor; además usa medias de mujer, es un "travesti", o sea un falsificador sexual. Otra vez es la lectura de Silvio quien advierte la falsificación que no persigue dinero sino que quiere, a la inversa, hacerse aceptar, pagando dinero desde lo cual podrá recuperar su verdad. En este juego entre sexo y dinero las sustituciones se acumulan y se hacen verdadero canje, vertiginoso: en vez de hacer una propuesta erótica el homosexual deja caer una foto pornográfica; el lance que de todos modos se abre lleva a una conciencia de otra suplantación, la de la homosexualidad por la heterosexualidad ("pasó por mis ojos el semblante de imploración de la niña inmóvil..."); de inmediato, un discurso explicativo e histórico se sobrepone a una situación ("—Ché, ¿quién te enseñó esas porquerías?") y, finalmente, el discurso es sustituído, al callar, por el dinero que queda sobre la mesa y que, en realidad, reemplaza un cuerpo. Complementariamente, hay otro tipo de trabajo que se destaca en el fragmento: en la foto se muestra un faquín innoble, "con gorra de visera de hule"; previamente, Silvio había recordado al "Rocambole con gorra de visera de hule" y, antes aún, reconoció que Dío Fetente usaba una gorra; de la potencia de iniciación de Rocambole, a la impotencia de Dío Fetente (que carece de "visera de hule") y al

faquín fotografiado copulando, todos estos rasgos confluyen como dirigiendo el texto u organizándolo en el sentido de un intercambio que va de lo erótico a lo económico porque lo económico estuvo antes, en la vibración erótica que entrega significantes que unen y se desarrollan.
5°) Silvio aparenta (miente) aceptar el ofrecimiento de asaltar una casa mediante una llave falsa pero, antes de consumar los compromisos, traiciona, o sea que estuvo falsificando sus adhesiones. La "traición", tema que ha hecho reflexionar mucho a la crítica, muestra del "acto gratuito" gideano, inscripción sádica bien definida—en la medida en que viene acompañada por un discurso reflexivo—, podría ser entendida, desde esta perspectiva, como una "falsificación" que, al culminar la serie, propone, como emergente de una acumulación inconsciente, un cambio de signo ("Yo me siento, a pesar de toda mi canallería, superior a usted") que deviene descubrimiento de un valor superior ("...la vida va a ser extraordinariamente linda para mí"), oprimido, oculto, tergiversado.

Resumiendo, la "falsificación" *que dimana de la lectura como puntuación* hace sistema en el texto, constituye, en cierto modo, un modelo del texto mismo, que siendo una falsificación (de lo vivido) implica una verdad (la de su existencia específica). Doble existencia por lo tanto la del texto. Si por un lado "es" ambas cosas, falsificación y verdad, por el otro "transcurre" entre las dos, se produce entre las dos pero, además, el mismo exigente movimiento engendra una nueva pareja dialectizada consistente en un tratar de "hacer creer" en el objeto falsificado y, al mismo tiempo, en incitar a una lectura de la falsificación que restituya una verdad que no puede ser sino la verdad textual. ¿Y en qué consiste la verdad textual de *El juguete rabioso*? Ante todo, consiste en que hay una producción del texto que tiende a la producción de una significación; en parte la estamos viendo: la tematización de la falsificación y su culminación producen un cambio de signo que genera el descubrimiento de un valor superior, la verdad de la vida que desbarata todas las falsificaciones. Revelación, pero, en la medida en que surge de un proceso, producto también de una lectura.

2. Tenés que trabajar: descripción-acumulación

En cuanto a la lectura en el nivel productivo, podríamos señalar que el trabajo, como lo real mismo, tiene una manifestación atenuada pero dramática en la exposición del sitio que ocupa ("Tenés que trabajar... —Lo poco que ha quedado..."). Pero esta exposición no reprime un cierto desarrollo que en la voz del Rengo se hace declaración y resumen de una experiencia concreta: "Si supieras cómo la he 'laburado' Rubio...'Laburé' como un negro". En ese *cómo* parece estar comprimida toda la fuerza negativa que implica el trabajo, es una acumulación de energía que debería dar otro fruto, porque el que aquí se exhibe se diluye en la parodia, otro nivel de la falsificación. De aquí se saca que el trabajo es la fuente de la acumulación porque no hay magia que la realice o que permita apropiarse de ella ("¿Qué hacer, qué podría hacer para triunfar, para tener dinero, mucho dinero?") Estamos frente a una verdad que recorre tenuamente la negatividad con que es presentado en el plano social el trabajo, que hasta ahora era sinónimo de robo (III) pero al revés; nueva visión que permite recuperarlo—aunque sea a través de la parodia—pero más que eso, permite pensar que tiene una presencia en el texto, en tanto hay acumulaciones que exigen ciertas operaciones—trabajo—que las produzcan. Ante todo, dichas operaciones están a cargo del narrador quien para dar cuenta de su intervención emite acumulaciones que funcionan como imágenes. Daremos algunos ejemplos mediante los cuales trataremos de discernir lo que las anima.

a) Escena de la entrega de libros a la "cocotte" francesa. "El piano, niñerías, bronces, floreros, todo lo miraba. De pronto, un delicadísimo perfume anunció su presencia; una puerta lateral se abrió y me encontré ante una mujer de rostro aniñado, liviana melenita encrespada junto a las mejillas y amplio escote. Un velludo batón de color cereza no alcanzaba a cubrir sus pequeñas chinelas blanco y oro". Ante todo, la mirada cuantifica y ordena en bloques numéricamente variados, cuatro, uno, dos articulado con dos, uno con uno con uno con dos; a continuación, el efecto descriptivo—escenificación—surge de una animada yuxtaposición que no elimina toda una red de connotaciones económicas: objetos de valor primero, ofrecimiento de inmediato (anunció, se abrió la puerta, me encontré), adjetivación generosa (delicadísimo, amplio, velludo) después y, finalmente, lo que al realzar todo lo refiere: el oro. Vemos que el trabajo que ha dado lugar a la riqueza descripta reaparece para producir una acumulación positiva en la imagen que proporciona. Deslizamiento, entonces, de un concepto económico real a una economización textual.

b) Cuando está planeando el robo, El Rengo le dice a su particular "cómplice": "Son diez mil mangos...trajo un mazo bárbaro...todos eran colorados." "Diez mil" es, ante todo, una indicación aunque muy connotada, en este caso no por el tipo de moneda (pesos o dólares o libras) sino por una ausencia: el valor del peso en una época determinada; podría ser mucho o poco pero lo que le da carácter de imagen es que todo lo que hace esa cantidad compone un "mazo", es decir un fajo o sea una acumulación en la que prima el color colorado que remite a una referencia extratextual. Billetes en un "mazo", todos iguales y juntitos, engendran un cuerpo de "hojas" que puede suponerse horizontal, apoyado en una mesa o en un estante. Similar impresión, pero vertical, engendra la cita siguiente:

c) "Fijé los ojos en una biblioteca llena de libros". Esta acumulación está ligada a la anterior por la forma y la materia (hojas de papel impreso) aunque no por los símbolos; en la medida en que tanto el "mazo" como la "biblioteca" están en la casa del ingeniero puede pensarse en un intercambio por el cual mediante dinero se ha podido adquirir libros y, como se trata de un intelectual, mediante libros se ha podido conseguir dinero.

En los tres casos, el narrador elige imágenes de acumulación pero, como personaje, toma cierta distancia respecto de ellas: "fijé los ojos", o sea, "leí" lo que esas acumulaciones encierran, traté de entenderlas, traté de pensar en lo que de esas acumulaciones me incluía o me excluía. A la luz de este mecanismo se puede interpretar la escena con la "cocotte": al entregar libros Silvio "ve" una acumulación de objetos pero rechaza el dinero de la propina (se excluye del dinero que, como hemos visto, es lo que relaciona la imagen con su referente y por ello le da sentido a la descripción) aceptando, en cambio, un beso, nítido substituto, pues quien lo da es una cocotte, o sea alguien que cobra por "amar"; si se excluye del dinero como expresión de acumulación directa, se incluye, en cambio, en el mecanismo de sustituciones basado en el dinero, verdadero esquema de una metaforización que nos muestra etapas segundas del trabajo que, en las primeras, sólo se explican por la acumulación de dinero. Las imágenes de acumulación, por lo tanto, canalizan una capacidad metaforizante y ponen en evidencia su índole de trabajo, su presencia como trabajo en el texto.

Pero la realidad textual es tal porque "significa" relaciones que en el interior del texto se producen con la realidad. Por este juego de inclusiones y exclusiones, como lector, Silvio Astier es un espectador de acumulaciones basadas en el trabajo, lo que hace que *su* trabajo aparezca como inútil, incapaz de producirlas. Y, por otro lado, su único trabajo que produce acumulaciones está en las imágenes, sólo se hace cargo de y se enriquece con las sustituciones metaforizadas. Pero debe convivir con lo que lo excluye, en eso consiste, precisamente, su drama; sólo es rico trabajando para contar cómo debe trabajar y cómo ese trabajo no lo recompensa con nada. Y la riqueza que adquiere es dudosa, instantánea, depende de otras lecturas que serán hechas o no, quien puede saberlo.

Ahora bien: socialmente hablando habría dos clases de trabajos, el que sin que se vea o se sepa produce acumulaciones tangibles y visibles y el que, viéndose (el de Silvio), es objeto de robo, tonel de las danaides en el cual es infinitamente imposible lograr una acumulación.

3. Leer, robar, trabajar

Creo que esta tensión en el campo del trabajo constituye un dato básico del "tema" de *El juguete rabioso*, si nos podemos expresar así. Tema inflexionado, matizado, variado en un desarrollo que compromete, naturalmente, la evolución del personaje y su peripecia. En ese sentido, el personaje, que mediante el robo quería eludir un circuito, se ve obligado a entrar en él, con una desesperanza casi absoluta de integrarse en la primera clase, sabiendo que, haga lo que hiciere, se quedará en la segunda, pero pensando que tal vez no sea del todo así (episodio del Colegio Militar, visita a Souza).

Si como narrador "lee" la acumulación que el trabajo produce, como personaje debe trabajar para que su hermana estudie, o sea para que pueda leer: "—Mirá qué botines. Lila para no gastar en libros tiene que ir todos los días a la biblioteca", argumenta la madre. El trabajo se presenta en forma de obligación que, ante todo, pone de relieve desposesiones que incluyen los libros para llegar a los cuales es preciso comprar botines, instrumentos insoslayables que sugieren que para comprar libros se necesita mucho más; el trabajo de Silvio, por lo tanto cubrirá lo elemental, pero a nadie se le ocurre que realizándolo se llegue a un nivel superior. El libro, entonces, estaría en el pináculo de lo que se puede comprar, su existencia aparece determinada por una compleja red de leyes de cambio y en ellos, en su ser material, se depositan innumerables alienaciones que provienen del sistema productivo en general. El libro, entonces, es un bien de cambio, un objeto acumulable que descansa sobre el robo del trabajo, inaccesible a su lectura, es decir a su acumulación segunda, de palabras.

Y si trabajar es una imposición, leer ("—Silvio, es necesario que trabajes. / Yo que leía un libro junto a la mesa, levanté los ojos mirándola con rencor") es una transgresión, lo mismo que robar. ¿Transgresiones a qué? Pues al trabajo esclavo que reclama su vigencia absoluta, que engendra leyes para permitirle la perduración, que se hace realidad moral: leer cuando se debe trabajar, robar en lugar de trabajar para tener, qué enormes y censurables "escapes" de la realidad. Leer y robar aparecen, de este modo, como actos expropiatorios de valores acumulados; en el primer caso, de "sentidos", en el segundo, de plus valía. Por otro lado, "leer", en el triunfo de la calidad potencial del libro como instrumento, sólo es posible robando libros que enseñan a robar porque si se quiere leer para otra cosa, en otra dimensión—ya sea para estudiar, ya sea por placer ("me dispuse a...")—no hay más remedio que trabajar, lo que indica que verdaderamente no se podrá leer nunca. En este sentido, la noción de "lectura" aparece aquí como entre paréntesis, suspendida en su ejercicio y, por eso, menos clara que la del "robo", del cual hemos visto que desacraliza y rompe la homogeneidad del sistema y de su tendencia a la acumulación como su signo más preciso. En otras palabras, el robo pone en descubierto el sistema de producción que está oculto en el dinero así como en los libros acumulados. Estamos, creo, frente a una "significación", entendida como una zona de contacto entre lo que el texto organiza y lo que pertenece a lo extratextual, pero es una "significación" porque a nuestra vez la leemos en la producción textual, no porque se trate de "incitar al robo" mediante situaciones dramáticas, o se condene a la imposibilidad de la lectura. Destacar este carácter de la significación deja ver la planificación estructural del conflicto entre todos los términos, lo que a su vez permite comprender, por lo menos, que si bien señalar las contradicciones o escribirlas no las resuelve, vale más hacerlo que dejarlas en su acción pura; y hacerlo sirve para mostrar las condiciones de producción de un texto y la vinculación que se establece entre ellas y el sistema de producción en general. Dicho de otro modo, actuar dentro de estas pautas nos deposita en el terreno ideológico concreto.

En este punto conviene recordar que habíamos partido de una *ecuación*, cuyos términos hemos tratado de verificar en sus desarrollos textuales. Considerados ya "robo", "libros" y "trabajo", nos queda por examinar el último, el "dinero", que ya nos motivó varias veces.

4. No hable de dinero, mamá: el intercambio

Ante todo, el "dinero" no debe ser mencionado, es como el inoportuno visitante, la motivación que bien puede aceptarse pero irrita tener que hacerlo. En cambio no hay censura para su designación directa en la zona del sueño ("Soñar que había heredado setenta millones"). El dinero, pues, se dice (si eso es posible) en el inconciente, se presenta allí como lo que verdaderamente se busca, como el fundamento de todo deseo. En ese sentido, es un símil del deseo mismo en tanto decirlo es un "quererlo", deseo que hace marchar pero que, en la vigilia, no debe enunciarse. En este juego entre vigilia y sueño, el dinero aparece como un "eros" activo pero reprimido en la sociedad capitalista del cual es la verdad pero disfrazada por otras "motivaciones": triunfar, ser reconocido, amar.

En todo caso, y puesto que de deseo se trata, vale la pena considerar cómo juega en el terreno específicamente sexual esta dialéctica entre lo que hace marchar y su represión: no es ninguna revelación que la energía social ordena la energía sexual. Ante todo, lo que salta a la vista es que hay una idealización del deseo sexual: la niña, objeto de adoración lejana, inviste un nombre también lejano (Eleonora), es puro atributo, casi la religiosidad. El deseo, entonces, está reprimido, transformado y remitido. Por otro lado, cuando parece asumirse ("Y aunque el deseo de mujer me surge lentamente...") se remite también a la ilusión ("imagino qué sensaciones cundirían en mi organismo...") que tiene su espacio en lo figurado ("Como lo he visto en los cromos de los libros viciosos.") El cuerpo desaparece en lo idealizado o en lo imaginario, del mismo modo que el dinero inmencionable y, cuando por fin se presenta como lo concreto, lo hace con la crudeza de la homosexualidad a la cual de todos modos se reprime con el mismo escándalo con que se hace callar a la madre cuando habla de dinero. Pero no se puede evitar que el homosexual, al desaparecer (ausentar su cuerpo), deje en cambio dos billetes de cinco pesos como reemplazo.

Por otro lado, la sexualidad idealizada aparece connotada lingüísticamente (relación indicada entre el "tú" y el "vos"), como omisión de la iniciación (que como lo hemos visto forma sistema en el relato: iniciación al robo, a la vida, a la lectura, etc.) y en lo económico: "Elevados edificios de fachadas hermosas y vitriales cubiertos de amplios cortinados. Pasamos junto a un balcón iluminado. Un adolescente y una niña conversaban en la penumbra; de la sala anaranjada partía la melodía de un piano. Todo el corazón se me empequeñeció de envidia y de congoja. Pensé en que yo nunca sería como ellos...nunca viviría en una casa hermosa y tendría una novia de la aristocracia...". Es evidente, sexo y dinero por abajo haciendo trepidar, reemplazos vertiginosos que caracterizan el texto y, más aún, constituyen seguramente su principal clave constructiva.

Pero los reemplazos son formas del intercambio que entra en la escritura y la anima; si, como ya lo hemos señalado, los libros forman parte del sistema de producción y son producidos por él, no es difícil resumir señalando que este texto está escrito según un modelo económico en el cual la noción de "intercambio" juega un papel fundamental. Ahora bien, hemos visto que el "intercambio" tiene raíz económica pues es el "dinero" su motor, su inconciente productor: desde el punto de vista textual podemos tratar de ver cómo opera, o sea, cuáles son los conceptos productivos intermedios de los que necesita para producir, puesto que "intercambio" no designa sino una generalidad, que, aunque sirve para circunscribir un campo ideológico, necesita especificarse. Podríamos decir que en este texto esos conceptos son básicamente dos, el de "interés" y el de "apropiaciones y préstamos". Entre ambos la escritura se extiende y, desde ambos, toman forma ciertas modulaciones que sólo por el análisis dejan ver su inscripción económica.

5. *El "interés" del suspenso y la chapa esmaltada*

El concepto de "interés" puede ligarse a la estructura del folletín, —sobre todo a su "suspenso"—al cual se alude profusamente: "novelas por entregas", "me devoraban las entregas". Ricardo Piglia entiende que "El folletín es la expresión límite y el modelo de esta escritura financiada. El texto mismo es un mercado donde el relato circula y en cada entrega crece el interés. Este aplazamiento que decide a la vez el estilo y la técnica se funda en el suspenso, crédito que hace de la anécdota, la mercancía siempre postergada que el lector recién logra tener al final. Economía literaria que convierte al lector en un cliente endeudado; se vive la ilusión de que una cierta necesidad enlaza al texto y su lectura".[12] ¿Cuáles son las técnicas para lograr el suspenso?: la más evidente es la del "corte" en un momento culminante, lo que supone un "hacer culminar" que se convertirá en postergación. El suspenso aparece, entonces, como un efecto logrado, pero si lo restringiéramos a situaciones aisladas no veríamos su acción en la articulación total; en ese sentido "hacer culminar" se vincula, como efecto, con el "desarrollo y crecimiento" que parecía caracterizar el relato desde lo que sale de su distribución en capítulos. Por otro lado, el suspenso también está en lo particular, tematizado por la situación narrativa privilegiada: vender papel, cuya incidencia en el "caminar, ver y describir" ya destacamos. Vender o no, entregar o no, crea una espectativa análoga al suspenso. Es claro que también lo hay en el "robar con peligro de ser descubierto" pero importa más la situación del vender porque, al ser de papel, remite al folletín como forma que sale, históricamente, del diario y está marcado por algo esencial del diario que es su periodicidad cortada. El papel liga todos los términos, funciona como un espacio concentrador y revelador de movimientos aparentemente inconexos pero en realidad vinculados.

Las "apropiaciones" y los "préstamos", a su vez, se recortan sobre una elemental "intertextualidad" que se presenta aquí bajo la forma de una dinámica de relaciones verbales; dicho de otro modo, para escribir este relato el escritor se apropió o pidió en préstamo a la literatura diversos elementos, en distintos niveles, que, transformados mínimamente, entraron en su propia producción. Por ejemplo, ciertos personajes presentados como estereotipos cuya fuente puede ser, además del reconocimiento externo, los "cromos" a que se alude y que dan una idea de inmovilidad inspiradora, inmovilidad ciertamente: la "cocotte" francesa, el zapatero andaluz; no son personajes construídos sino presentados como figuras fijas y universales que la literatura proporciona. Podríamos añadir al librero, al Rengo y a Dío Fetente, provenientes del sainete y aun a Eleonora, cuya fuente es sin duda Edgar Allan Poe. A través del nombre "Eleonora", Arlt se vincula con Macedonio Fernández quien, en su *Museo de la novela de la eterna*, teoriza, desde el personaje Eleonora tomado en préstamo a Poe, sobre los personajes de "otras novelas" que intervienen en la suya.

En cuanto a personajes, también podemos añadir los solamente "invocados" y cuya fuente es literaria: ante todo Rocambole, pero también Lacombe, Bonnot, Valet y otros que funcionan como términos de comparación, como, en gran medida, modelos que sirven para escribir el desarrollo de personajes cuyo proceso se intenta designar.

En el nivel de ciertas expresiones los préstamos son evidentes y declarados y sirven siempre para ilustrar una situación: frases como "struggle for life", "Los trabajos y los días" (título de un capítulo), "de todo hay en la viña del señor", "Binomio de Newton", remiten a lecturas en curso y a veces son lugares comunes que aparecen en el texto entrecomillados, lo que indica que se trata de un uso y, por lo tanto, su carácter operatorio e intermediario.

Donde más se puede observar este mecanismo de apropiaciones y préstamos es en el terreno del vocabulario en el cual se registran palabras que, evidentemente, no son de uso corriente en la Argentina de 1925 y que refuerzan el énfasis; al mismo tiempo, dichas palabras provienen de lecturas. Algunos ejemplos: zarandaja, yacija, mercar, cofrades, doncellas, gentecilla, quisquillosidad, donaire, churrigueresca, regañones, bigardón, chirigota, barragana, etc... Ahora bien, estas apropiaciones se complementan con un movimiento inverso de ofrecimiento de palabras, de términos propios no leídos, atesorados por una experiencia vital: son las palabras del lunfardo que, empleadas con toda propiedad y espontaneidad, son como presentadas al público mediante entrecomillados: "cana", "te la voglio dire", "bondi", "reló", "jetra", "yuta", "cachan", "biaba", "laburado", "minga", etc., etc. Estas palabras están como en vidriera en virtud, precisamente, de las comillas que actúan como cartelitos anunciadores. El texto, pues, funciona como una plaza pública en la cual hay un activo intercambio verbal, por un lado se pide, por el otro se ofrece; podemos entender el pedido como adquisición, aunque prefiero considerarlo como "préstamo y/o apropiación", según los casos; podemos entender, por otro lado, el ofrecimiento, no tanto como una ambigua y avergonzada declaración de propiedad lingüística (como ocurre en las obras de Gálvez y aun de Payró, que se plantea el problema en su primera novela, *Nosotros*) sino como significación bifurcada: en un sentido, revela la acción del "intercambio" en la producción del texto; en el otro, asume dos fuentes culturales cuyo resumen es el texto y trata de situarse en la problemática de las relaciones entre la escritura (de donde se toma en préstamo) y la voz (en donde se experimenta el lunfardo) en busca de una síntesis entre lo universal (la escritura) y lo nacional (la voz) de nuestra cultura.

La comillas, entonces, llaman la atención, ofrecen. Esta capacidad de indicación aparece directamente en el texto, como indicación pura, en el momento del ingreso a la biblioteca: "Clavado al marco de madera de la puerta, había una chapa esmaltada cuyos caracteres rezaban: 'Biblioteca'". Desde el punto de vista de la narración la mención a la chapa es irrelevante o bien un detalle "objetivista", por decirlo de algún modo; más aún, la palabra biblioteca podía, sin que cambiara su función, haber sido puesta en mayúsculas o en bastardilla; la presencia de comillas, en cambio, nos permite vincular la chapa con la presentación de palabras lunfardas y, con ello, ratificar que se trata de llamar, a través del mismo elemento empleado en dos niveles textuales diferentes, se trata de atraer.

Otra forma de llamar es mediante el cencerro en la puerta de la librería, llamar para ofrecer y entablar un intercambio que aquí aparece como compra. Si es Silvio el que ve la chapa, el que, como narrador, entrecomilla lunfardismos, el que toca el cencerro, el que es arrastrado al mercado a comprar comida, Silvio aparece cruzado por un intercambio cuyas leyes no sólo lo determinan como personaje sino determinan su acción de narrador y, por lo tanto, la escritura. En cuanto personaje, en este marco se explica el intento de suicidio si lo entendemos como un llamado destinado a reiniciar o a iniciar un trueque afectivo o moral, encarnación requerida, forzada, del circuito de compra y venta manejado por otros, en el que los otros se mueven con comodidad y del que, infernalmente, el personaje aparece excluído.

V. Intercambio y metáfora: el "ser"

Ahora bien, este intercambio, como movimiento transaccional, puede constituir la esencia misma de la metáfora que, en última instancia, es la escena—y el conflicto que en ella se exhibe—de una vinculación entre términos. Metaforizar, entonces, es intercambiar y, simultáneamente, producir un valor que puede no ser más que la pura expresividad pero que, aun así, tiene el aspecto de una entidad, no es meramente una reunión o una adición. Quizás esto explique, por lo tanto, cierta tendencia al empleo de metáforas con las consecuencias que de aquí se sacan: "Conocía más nombres y virtudes de caballos que una beata santos del martirologio". Por cierto: si ésta es una metáfora se sitúa en un primer nivel, en el de la simple comparación que al progresar puede generar variantes como ésta, "Y más y más me embelesaba la cúpula celeste, cuando más viles eran los parajes donde traficaba", que tiene alcances de proporción.[13] Demos por aceptado que en el texto se apela a metáforas, pensemos que sería bueno registrar los momentos en que aparecen, supongamos que podríamos llegar a clasificarlas en cuanto a lo que interviene en ellas para constituirlas: en todos los casos llegaríamos a la conclusión de que en la metáfora el "intercambio productivo" tiene una manifestación sutilizada pero concreta y que se liga, además, con una práctica en curso, defendida "teóricamente", el ultraísmo. Por añadidura, la metáfora es "propiedad" del ultraísmo, tal como se puede leer en el artículo publicado por Borges en *Nosotros* en 1922. Pero si la metáfora es del ultraísmo, eso quiere decir que Arlt la toma en préstamo, o mejor dicho, se apropia de ella. ¿Ofrece algo en cambio? Pues su "lunfardo": nuevo nivel del intercambio que acaso tenga como consecuencia limitar ciertos virulentos antagonismos supuestamente ideológicos entre Boedo y Florida pero, más que eso, producir núcleos temáticos que encarnan espacios intercambiados y de intercambio: el arrabal y la carnicería. Borges descubría, con el poder de las metáforas, el arrabal sobre el cual compuso un poema titulado "La carnicería"; *El juguete rabioso* tiene como ámbito final y dramático el arrabal y, en él, la feria (lugar de transacciones) en la que se destacan los carniceros; por otra parte, cuando el Rengo ("...contaba historias de arrabal...") quiere escapar, es perseguido por el hijo de la portera, un "carnicero de oficio". El intercambio, finalmente, produce o explica tantos niveles que se van engendrando unos a otros que podríamos señalar, otra vez, y ya definitivamente, que constituye la condición de esta escritura que es, por eso, una escritura esencialmente económica.

Pero una vez que se llega a la metáfora—cuya actividad es tan grande—se presenta el problema de la generalidad posible de su acción ya que por ella transcurre la escritura, aunque sea parcialmente, así como transcurre la producción lingüística misma. ¿Tiene la metáfora, como encarnación del "intercambio", un carácter productivo? O, en otros términos, se trataría de pensar si la relación productora que ya habíamos señalado para *El juguete rabioso*—libros, robos, dinero, lectura—tiene un alcance metafórico. Retomando los términos principales de esa ecuación recordemos que la literatura, o los libros, al puntear la narración, tiene como función "generar" ciertos actos de los personajes y, por lo tanto, ciertos núcleos narrativos; en esa disposición, si los actos o núcleos son lo que "se va a escribir", la literatura es lo conocido (primer nivel de lectura: lo *ya* leído que permite la complicidad) y, por lo tanto, primer miembro de una proposición metafórica; correlativamente, el robo y la lectura constituyen el medio o el puente para llegar a otros valores, dinero, poder o verdad: el "cómo hacer" aprendido o enseñado pero sabido se relaciona con un valor a obtener, relativamente conocido en tanto su goce o su posesión estaban muy postergados. Lo mismo podría decirse de lo que es el objetivo final del texto que es el reconocimiento—postergado—de un "ser": toda la escritura tiende a ello pero ese "ser" es lo que se quiere conocer, toda la angustia tematizada alude a la imprecisión de sus perfiles y todo el "desarrollo y crecimiento" deberían culminar en una revelación que no deja de producirse. Lo que no puede dejar de verse es que se trata de alcanzar la revelación acerca del "ser", hay un "deseo" que para satisfacerse metaforiza pues actúa sobre sus energías conocidas, sobre su fuerza, para alcanzar lo que todavía no se conoce. Deseo (asimilable a la fuerza productiva del dinero) de algo, pero también "deseo metaforizante" que rige una escritura que trata de "conocer" y, sobre todo, que trata de conocerse en la medida en que no intenta disimular la ideología que la rige.

Se trata de conocer un "ser"; esa búsqueda sale de un adentro, se refracta sobre un exterior social y tiende lazos ambiguos entre ambas esferas; la ambigüedad es fuente de angustia: de ahí el carácter "existencialista" del relato desde un punto de vista filosófico externo. Pero también la búsqueda del "ser" se revierte sobre el texto y reclama formulaciones, expresiones que parecen hacerse cargo de esa finalidad y que, reunidas, crean un ámbito favorable a esa idea. Así "muchachos inteligentes" aparecen como "señalados", en otro lugar se desconfía de los "señalados por Dios", se trata de "inventar", de seguir el ejemplo de los "héroes", de gozar de "la belleza con que los poetas estremecieron al mundo", se hace una lista de héroes, poetas, maestros y personajes tales como Edison, Napoleón, Baudelaire, Rocambole; en fin, hay todo un conjunto de llamados, de advertencias o de señales que pueden entenderse en el sentido de una aspiración que tiene, ciertamente, su grito, su reclamo ("saldría yo de mi ínfima condición social, podría convertirme algún día en un señor..."). Y si esto implica un reconocimiento, el texto nos aclara su sentido: "¿Qué hacer para triunfar, para tener dinero, mucho dinero?".

A la luz de este sistema de datos y de su culminación, el deseo de ser aparece en contraste con la miseria actual, los datos son como proyecciones valorativas, realzatorias y el valor superior parece ser el dinero, que es lo que otorga todo lo demás aparte de que, como objeto de búsqueda, pueda identificarse con el "ser" mismo. Pero son entidades de naturaleza diferente; lo que da relieve al dinero y hace comprensible su fuerza es su acumulación, mientras que el "ser" parece definirse por una necesidad de expansión de algo que está reprimido. Ese "ser" es, por lo tanto, una "hipótesis real que aún carece de forma", la cual sería dada por un acto de liberación que ahora sí restituiría un continuo entre el adentro y el afuera; posiblemente la traición sea ese acto liberatorio pues permite descubrir finalmente la alegría, la vida y la posibilidad de un trabajo verdadero en un ámbito de aire puro.

De todos modos, el "ser como hipótesis real" tiene su campo analógico en el texto en el tópico de los inventos que, igualmente, no llegan a ser aunque están ahí ("...lo que le falta a usted es la base, discipline el pensamiento...y entonces podrá tener éxito en sus iniciativas"). Si llegar al "ser" constituye el espacio de la realización individual, imaginada y proyectada, entre ella y el invento, en el que imaginar conduce a un descubrimiento, se tiende un lazo, algo en común, el espacio imaginario. Inventar, de este modo, se opone al trabajo alineado, a ese trabajo que es objeto de un robo, en tanto imaginar libera una fuerza que es la misma que alienta en ese "ser" que espera su revelación. Ahora bien, en la medida en que el invento no llega a tomar forma, ser a su vez, se sitúa de retorno en la fantasía y en el sueño, en lo imaginario puro—no en la imagincación como fuerza—que se desliga de este modo de la realidad: la hipótesis real se separa en hipótesis y en realidad. Y si la búsqueda del ser tenía su homólogo en los inventos, la relación entre lo imaginario y lo real que canaliza tanto la búsquda del ser como los inventos tiene su homólogo en el plano de la tematización erótica: niñas posibles que derivan en homosexual rechazado, masturbación como lo único que liga fantasía con goce real.

Todas las dicotomías (hipótesis/real) se resuelven con un corte, la traición que invierte el esquema; la traición es aquello que, proveniente de lo más real, mata la omnipotencia del personaje (en tanto lo lleve a definirse por algo, la moral social) y, con ella, la fantasía pero, simultáneamente, le permite descubrir en sí una fuerza residente que no se podía expandir: "en mí hay una gran alegría", declaración que contrasta con los socorridos sentimientos de frustración, tristeza, pesimismo, autodestrucción, etc., permanentemente enunciados. Hay un cambio: algo, una fuerza, salida de lo real—tan vindicado durante todo el relato—asume la fisonomía del "ser" que lo real mismo impedía que se manifestara o desarrollara. A partir de esa profunda decisión, la perspectiva se trastorna: el dinero, que era lo que se buscaba, por lo menos, la "motivación" del ser si no su determinación absoluta, no es el ser, que surge como algo análogo a la alegría, tapada durante el relato precisamente por la insistente presencia del dinero.

¿Salida espiritualista del esquema económico? Al contrario: el dinero, que es lo que confiere su acción a lo que entendemos como valor de cambio referido a la mercancía y tapa su valor de uso, tapa la alegría, que es el "valor de uso del ser". Y si este análisis nos permite reconsiderar el papel que juega el "dinero" es evidente que eso nos faculta para reconsiderar otros elementos de la ecuación principal al efecto de comprender más aspectos textuales que, ya debe estar bien claro, intentamos incorporar al modelo que estamos armando. Por ejemplo, los libros que, vividos como mercancía, ostentan su valor de cambio y ocultan su valor de uso, que es lo que hay que rescatar (ese rescate es el objeto, seguramente, de la "lectura como trabajo", lectura futura en la que es superada la "reducción" monetaria o instrumental por la que circulan). El rescate que como obligación o responsabilidad se inscribiría en la conciencia da sentido al ya mencionado intento de incendiar la librería, episodio que cierra la primera parte (final del capítulo II) y que, dando lugar a un corte narrativo ("Y fue el último día que trabajé allí"), supone un recomienzo (capítulo III) y la perduración del sistema con su contraparte que es la perduración de la búsqueda de restitución de un valor.

Estos cambios de signo apuntan a una nueva aparición, ligada a una cierta teoría literaria, la del realismo crítico, tal como la expone Lukács; se trata de la recuperación del héroe problemático, a cuyo desarrollo asistimos durante el relato. Recuperación contradictoria porque el sistema que lo condujo a la "degradación" es el mismo que lo recupera, el sistema queda indemne y también es recuperado, puesto que muestra finalmente un valor que en su propio desarrollo él mismo se ocultaba.

Todo esto ocurre en el campo de los "valores" e indica la supervivencia de cierta ideología de lo "posible" o, por lo menos, de una ideología que descubre tensiones contradictorias en el seno del sistema. Podría decirse que también la literatura se recupera a partir de esta recuperación: sistema que funciona como productor de acumulación negativa, mercancía que hay que violentar para descubrir, la literatura se da vuelta al mostrar que ha sido capaz de producir la recuperación del personaje: deja de ser una institución sin un lugar preciso en la sociedad para devenir una fuerza productora. Y si para recuperarse, asumiendo la contradicción, el personaje ha tenido que atravesar la jungla del capitalismo, todas las dificultades de una producción alienada, la literatura se muestra bajo una luz similar: la fuerza propia, residente, atraviesa la jungla de las leyes de la escritura determinada por el capitalismo que culminan en la idea, noción, sentimiento, convicción del libro como objeto de consumo, como bien acumulable y reservado.

EL COLEGIO DE MEXICO

Notas

[1]Cf. Macedonio Fernández, *Museo de la novela de la eterna* (Buenos Aires: Centro Editor de América Latina, 1967).

[2]Cf. Jacques Derrida, *L'écriture et la différence* (Paris: Seuil, 1969).

[3]Una posible teoría de la lectura podría articularse sobre la existencia empírica de tres niveles, fácilmente reconocibles: literal, indicial y crítica. Tres tipos de acercamiento vividos quizás como separados y que habría que tender a unir. Esta unión no podría entenderse sino a partir del "efecto" que cada nivel produce: el primero es de "inconsciente" en la medida en que por su intermedio se establecería una relación directa con la escritura, lo que estaría creando un campo de recepción no mediatizado (relativamente, por cierto, más bien, obstruído) por "sistemas". El segundo es de "preconsciente" en cuanto se percibirían ciertas "formaciones" intermedias, necesitadas de ser pensadas en niveles superiores; el tercero es de "consciente" en cuanto se percibiría el proceso de producción entero y su relación con un inconsciente productivo. Cf. Jean Joseph Goux, "La réduction du matériel", en *Economie et Symbolique* (Paris: Seuil, 1973).

[4]Roberto Arlt, *El juguete rabioso* (Buenos Aires: Claridad, 1926). Todas las referencias al texto son de esta edición.

[5]Cf. Noé Jitrik, "Forma y significación en *El Matadero*", en *El fuego de la especie* (Buenos Aires: Siglo XXI, 1972). Echeverría ilustra el mencionado intento de traducción: "Y aquí sería menester la paleta del pintor para describir esta escena".

[6]Cf. Oscar Massota, "La plancha de metal", en *Sexo y traición en la obra de Roberto Arlt* (Buenos Aires: Jorge Alvarez Editor, 1962).

[7]Cf. Claude Brémond, "La logique des possibles narratifs", en *Communications No. 8*, Paris, 1965.

[8]Cf. Erich Auerbach, *Mimesis* (México: Fondo de Cultura Económica, 1949).

[9]El "cursus" no quita a los trabajos su carácter de robo, del que es siempre víctima el que trabaja, que, por añadidura, es un menor. Esto permite evocar un telón de fondo extratextual, a saber, la reglamentación del trabajo de mujeres y menores a cargo de los parlamentarios socialistas y mediante la cual se intentaba paliar lo que de todos modos ya no se podía evitar; por detrás, se puede escuchar la queja reformista que supone que el trabajo robado no puede impedirse pero deben atenuarse sus efectos hasta donde se pueda.

[10]Imposible dejar de tener en cuenta las asociaciones que propuso Josefina Ludmer (*Curso de literatura iberoamericana* [Buenos Aires: Tekne, 1973]): el zapatero, cojo, inicia al robo en general y su discurso precede el robo I; en el discurso previo a II, hay un Rengo que se "crió entre las patas de los caballos", lo cual recuerda que el Cojo tenía el "pie redondo como casco de mula". Además, si la zapatería (como amasijo literario) inicia al robo, en la estancia del ingeniero (con anaqueles llenos de libros) hay una iniciación a la vida y al trabajo. Por último, si Astier "se devora las entregas" (de los folletines prestados por el Cojo), en la inminencia de su otra iniciación "entrega" (delata), con lo cual se cierra un ciclo caracterizado por un caminar anómalo (cojera) y se abre un nuevo camino (al sur, a trabajar).

[11]Cf. Ricardo Piglia, "Literatura y propiedad en la obra de Roberto Arlt", en *La Opinión*, Buenos Aires, 1° de abril, 1974.

[12]*Ibid.*

[13]Cf. Luis J. Prieto, "Signe articulé et signe proportionnel", en *Etudes de Linguistique et de sémiologie générale* (Genève-Paris: Librairie Droz, 1975). La relación

de proporción puede ser codificada del modo siguiente: A es a B como C es a D; o sea, simbólicamente: A : B :: C : D.

JORGE LUIS BORGES' "LA INTRUSA:" THE AWAKENING OF LOVE AND CONSCIOUSNESS/THE SACRIFICE OF LOVE AND CONSCIOUSNESS

Gary D. Keller

Karen S. Van Hooft

In 1966, Borges' short story "La intrusa," currently collected in *El informe de Brodie*, first appeared in the sixth printing of the third edition of El Aleph.[1] In publishing this story, the author renewed his production in a genre he had abandoned for over a decade, and in so doing he surprised his readers with a tale quite unlike the majority of his best known works. Heretofore "La intrusa" has not been studied systematically by critics or scholars, although it has received some attention in two general studies on Borges.[2] The purpose of this paper is twofold: first, using "La intrusa" as a case in point, to indicate the continuity of Borges' new fiction with his earlier work, and second, to point out significant innovations in Borges' later production. With respect to "La intrusa," the implacable outcome of the story does *not* depend on the familiar devices of magic, the exotic, or game-playing, but instead on a psychologically authentic succession of grave actions and enhanced self- and other-awareness.

Borges himself has commented on "La intrusa," and his statements are particularly revealing. He explains this story as an attempt on his part to consciously break with his previous production. For example, in one of the many interviews in which Borges has discussed the story he states that he judges it to be the best he has ever written.[3] He appreciates it even more than "El Sur," which he used to consider his best story, because it is "simpler."[4] In his preface to *El informe de Brodie*, his collection of recent stories headed by "La intrusa," he explains that by simpler he does not mean that his new stories are really simple, but rather that they are "cuentos directos" (straightforward stories).[5] He states that his inspiration to write them came in part from a rereading of some of Kipling's early stories: "The brevity and straightforwardness of the young Kipling tempted me, since I had always written very involved and many-faceted narratives."[6] Other reasons given by Borges for his new direction are that his older narratives—the type of story found in the collections *Ficciones* and *El Aleph*—were "becoming rather mechanical, and that people expect that kind of thing from me . . . And another reason, that may be a reather malicious one, is that there are quite a few people all over the world who are writing that kind of story and there's no reason why I should go on doing it . . ."[7] We shall see, however, that in spite of the author's professed lack of interest in stories about mistaken identity, mazes, mirrors, etc., some of the elements typical of his earlier works do manage to creep into "La intrusa."

In addition, Borges notes that his intent, in writing "La intrusa," was to write ". . . an inevitable story so that the end shouldn't come as a surprise."[8] He goes on to explain that the story can be read as a trick story, and that if read in this way the reader will know what is going to happen after a page or so. But in itself, this insertion of clues is not crucial to the structuring of the story. Borges' aim is to present the actions and situations in such a way as to make any other outcome impossible. The inclusion of clues characteristically functions to reinforce the narrative structure by means of symbols. We shall see in our examination of the story that Borges indeed does manage to create a narrative that is marked by an implacably fatalistic yet psychologically adequate outcome. "La intrusa" illustrates a quality which becomes more and more evident in contemporary fiction. The advent of modern psychological theories of personality, particularly psychoanalytic, Jungian, and Adlerian theories, which are heavily concerned witht the symbolizing capacities of the mind, has led to a fiction where the literary symbol is closely associated with the psychological explanation of the literary protagonist. In "La intrusa," literary symbol characteristically functions as *pormenor*, a prophetic or foreshadowing device. Freud discusses acts as psychologically overdetermined; Borges in "La intrusa" strategically plants symbols which not only take on literary resonances (*pormenores*, overtones and undertones) but which at the same time function as a sort of psychological roadmap that permits us to plot the behavioral progression of the two brothers.

Borges, then, is embarked on a new direction. Interestingly, in adopting this direction he returns to the ambience of his very early work: that of the slums on the outskirst of Buenos Aires at the turn of the century. The main characters of "La intrusa" are hoodlums (*compadritos*) similar to the characters of "Hombre de la esquina rosada" (*Historia universal de la infamia*), his earliest story. Nevertheless, "La intrusa," for Borges, is significantly different from the early tale, for in the latter the local color—picturesque details and episodes, the use of Argentinisms, and so on—was overdone, used for its own sake, rather than for any compelling thematic or structural reasons, and this "spoiled the story."[9] Borges now considers local color to be mainly useful in creating a realistic tone. Thus he preferred to have "La intrusa" take place in the past, at the end of the last century. This permitted him the freedom of "intuiting" the characters of his story, and having them talk as he imagined they must have talked. Borges avoids contemporary subjects because they somehow encourage the critics to look for mistakes (i.e., such people do not speak like that).[10]

The plot of "La intrusa" is basically very simple. Two brothers, the Nelsons, or as they are known in Turdera, the Nilsens (note the mistaken name by which they are known), become involved in an unusual love-triangle. The situation begins when the older brother, Cristián, brings a woman, Juliana Burgos, to live with him. Eduardo, the younger brother, falls in love with her and the two end up sharing her. Unable to tolerate their growing jealousy and quarrels with each other, they decide to get rid of "the intruder" by selling her to the madam of a brothel. This solution fails, however, for both visit Juliana on the sly. They bring her back to live with them, but are unable to control their exasperation. Finally, one Sunday, Cristián kills Juliana and informs Eduardo in the course of a trip made ostensibly to deliver some hides. They dump her body in a field.

Certain aspects of the plot are not particularly new to Borges, for, as has been mentioned, his fascination with hoodlums was seen in his first story, and "infamous" characters have populated his fictional pieces since that time. The theme of rivalry and the cult of physical courage are also familiar to Borges' readers. However, the overt indication of both misogyny and a homosexual love between the brothers is unique to this story. The misogyny of "La intrusa" is interesting not so much for what it may reveal about Borges or about latent themes in his earlier work, but because of its function in the story, which we shall analyze.

Borges has denied that he intended any homosexual implications in "La intrusa." The hint for the story, he says, came from a conversation with don Nicolás Paredes, in which the latter remarked that the sentimental *compadritos* of tango lyrics were not expressing realistic feelings. According to Borges, Paredes stated that "Any man who thinks five minutes straight about a woman is no man—he's a queer."[11] Borges continues: "Love among such people was obviously ruled out; I knew that their real passion would be friendship. . . . I made them brothers for the sake of likelihood, and of course, to avoid unsavory implications."[12]

In spite of these disclaimers, the implication of a homosexual relationship is definitely present in the story, for aside from the content itself, the Biblical epigraph which heads the story (2 Reyes, I, 26) gives the clue: "I am distressed for you, my brother Jonathan; very pleasant have you been to me, your love to me was wonderful, passing the love of women" (2 Samuel 1:26, Revised Standard Version). It should be noted that in the original Spanish story Borges merely cites the chapter and verse but not the content of the epigraph; in the English translation, which Norman Thomas di Giovanni prepared in collaboration with Borges himself, the content is briefly cited (". . . passing the love of women").[13] The epigraph, then, is a clue to the entire story, for it foreshadows the eventual outcome: the love between the two brothers will survive the challenge posed by the intruder. Moreover, the most important thing suggested by the epigraph is that this story is somehow a repetition of a previous one: Cristián and Eduardo are acting out a situation that has occured before. Borges' allusion to the Bible, then, serves the purpose of suggesting the idea of "eternal return," a prominent motif throughout his production. We shall see how other Biblical and religious allusions function in the story to support this idea.

Borges begins the narration with a characteristic statement concerning the sources of his story. Here they are not literary, as is so frequently the case in Borges (although, as seen previously, the epigraph suggests a literary [Biblical] antecedent). Instead, the story is one he has allegedly heard on two different occasions: it belongs to the oral tradition. Although it is said that Eduardo originally told the tale at Cristián's wake, Borges immediately states his disbelief of this ("lo cual es improbable")[14] and to support his claim he adds several significant details in the course of the narrative. After the brothers begin sharing Juliana, "Cristián solía alzar la voz y Eduardo callaba" (18); Eduardo fights with Juan Iberra because the latter has made a remark about the strange relationship; after Cristián has killed Juliana the two brothers are linked in a pact to forget her; and indeed, Eduardo never speaks during the entire story. (Borges has commented that he purposely had only Cristián speak in order to make it clear that this character is behind all of the facts of the story—it is Cristián who makes the important decisions.)[15] Eduardo's silence, his reticence about public commentary, and the agreement to forget Juliana may thus be seen to support Borges' statement that it is unlikely that Eduardo told the tale.

Borges goes on to state his reasons for writing the story: he sees in it a "breve y trágico cristal" (15) of the character of the hoodlums who lived on the outskirts at that time. The word *cristal* is particularly significant, for it can be understood in several ways. One possibility is that of seeing it as meaning "crystal," the transparent (i.e., clear) stone; another is that of seeing it as the chemical crystal, formed by the solidification of an element (note that *se cifra* means "is summarized" or "is condensed"); and a third is to understand *cristal* as mirror. It is interesting to note that the last meaning was chosen by Norman Thomas di Giovanni (and the author) for the translation. This idea is consonant with the use of the Biblical epigraph suggesting repetition, for the mirror in Borges does not present a simple reflection of reality, but is instead a multiplier or repeater of the world. The author has written of mirrors as "una duplicación o multiplicación espectral de la realidad" and as "pantomima cósmica"; he has also expressed his fear that sometimes they may "divergir de la realidad."[16] In other words, Borges would seem to want the reader to grasp the idea that his characters are not so much individuals as they are prototypes (condensations) and repetitions of an element of humanity.

Borges concludes his introduction by stating that he will tell the story "con probidad" (15), but then he warns us that he will probably give in to the writer's temptation to emphasize or add certain details. What the author is saying here is that this raw "crystal" (if we see it as a stone) will be endowed with numerous facets and polished until it become gem-like as it passes from the oral tradition to the printed page; the "mirror" will reflect a multi-faceted reality just as the polished faces of a gem reflect their surroundings.

Borges proceeds to tell us the story. Several observations may be made at this point to clarify what is to follow. The love-triangle composed of the two brothers and Juliana is not a typical one by any means: Juliana is certainly not described as being a *femme fatale*, nor as a person particuarly capable of simultaneously attracting the affections of two men. Borges does not indicate why she should arouse the brother's passions. This poses a fundamental question of why the two fall in love with her in the first place. In addition, we are told little about what the brothers think and feel about the situation; we are not permitted inside their heads. Borges has always rejected the techniques employed by other writers to depict their characters' thoughts, and in speaking of his new "straightforward stories" he confirms his belief that the reader should know the characters by their words and deed rather than by being told what they are thinking. Borges further admits that there is a hidden psychology behind his stories. If this were not so, he claims, the characters would be mere puppets.[17]

In "La intrusa" this hidden psychology is revealed in a series of successive stages (or levels) of consciousness. These stages are the result of specific actions by the protagonists: each major action in the story leads inevitably to an intolerable new level of awareness which itself must be remedied by another action. Ultimately, the succession of actions leading to increments in awareness leading to more implacable actions culminates in the brutal (albeit highly pondered and pre-meditated) murder, or rather, sacrifice, of Juliana. These stages have been schematized in the chart (found on the following pages): Levels of Consciousness in "La intrusa": The Stages of Self-Awareness.

The title of the story presages the gradual emergence of self-awareness in the brothers. On the narrative surface, Juliana is the intruder, and around her physical presence revolve a series of interpersonal events which become more and more extreme in terms of bizarreness and brutality. On a deeper level, however, Juliana comes to serve as a catalyst and a foil for a more profound intrusion—the emergence of a conscious awareness of fraternal love, an awareness which is intolerable to the brothers. Juliana's physical demeanor and behavior are presented in such a way as to make it apparent that the brothers' love for her is primarily an unconscious projection of their love for each other.

Juliana is described as being a woman who "bastaba que alguien la mirara para que se sonriera" (17). In taking her in, Cristián "gained

LEVELS OF CONSCIOUSNESS IN “LA INTRUSA”: THE STAGES OF SELF—AWARENESS

Stage	Narrative Indicators of Stage	Dilemma	Narrative Solution to Dilemma: Leads to Next Stage
ʾthers live as an unconscious, are, undifferentiated unit.	“hombro a hombro pelearon” “Eran dueños de una carreta y una yunta de bueyes.” “Fueron troperos” “los Nilsen defendían su soledad” “Los Nilsen eran calaveras” “sus episodios amorosos habían sido entonces de zaguán” “Malquistarse con uno era contar con dos enemigos.”	Need to test their fraternal love by putting it on trial. Need by Cristián (older brother) to pass from adolescence to an adult, lasting, heterosexual relationship.	Cristián brings Juliana into their home.
II. Pre-conscious awareness of love. Eduardo is aware that he physically wants Juliana. Both Eduardo and Cristián are aware that they are disturbed with each other. Culmination of stage comes when Cristián realizes Eduardo’s want for Juliana. Collective consciousness on the part of the *barrio* of the love triangle between Eduardo, Cristián and Juliana.	“[Eduardo] llevó a la casa una muchacha...y a los pocos días la echó.” “[Eduardo] se emborrachaba” “[Educardo] no se daba con nadie” “El barrio, que tal vez lo supo antes que él, previó con alevosa alegría la rivalidad latente de los hermanos.” [Cristián]: “Ahí la tenés a la Juliana; si la querés, usala.”	Cristián faced with his brother Eduardo’s increasing sullenness and hostility.	Cristián permits Eduardo to share Juliana, thus putting an end to the pre-conscious (latent) rivalry between the brothers.

III. Brothers become conscious of being humbled or humiliated by their feelings. They do not understand these emotions as love, they unconsciously fight over Juliana and spy on each other.	"encontraban razones para no estar de acuerdo" "Discutían la venta de unos cueros, pero lo que discutían era otra cosa." "Sin saberlo, estaban celándose." "estaban enamorados. Esto, de algún modo, los humillaba."	How to deal with their constant fighting and spying on each other.	They sell Juliana to a brothel and divide the proceeds.
IV. Brothers commit "adultery" on each other, leading them to realize they must take Juliana back. They are now aware that they each need her and that she imperils their relationship. Thus, they are now aware that they need each other.	"Caín andaba ahí, pero el cariño entre los Nilsen era muy grande." "prefirieron desahogar su exasperación con ajenos"	How to preserve their fraternal love and way of life.	They kill Juliana.
V. The brothers are aware that their love for each other is foremost in their lives.	"Se abrazaron." "Ahora les ataba otro vínculo."	To eliminate the discord that arose with the awareness of fraternal love and to ensure that additional trials of that love do not recur.	They treat Juliana's murder as a sacrifice to their own "higher" love. They forget her, and in so doing, return to a secure, unselfconscious, undifferentiated life.

a servant" (17), although it is also true that he was in the habit of festooning her with trinkets and of showing her off at neighborhood parties. The night when Cristián offers Juliana to Eduardo, he leaves, saying goodbye to his brother but not to Juliana, "que era una cosa" (18). Once they have begun to share her, they begin to quarrel, ostensibly over "la venta de unos cueros" (18), but unconsciously over her ("otra cosa"). Juliana attends to both brothers' needs with "sumisión bestial" (19), although she can not hide her preference for Eduardo, who did not reject Cristián's proposal to share her, but who did not originally suggest the idea. Juliana, then, is presented as a passive object who goes along with the situation, and we are told very little about her reaction to it. (Juliana's preference for Eduardo, which Borges informs us of in a brief descriptive paragraph, is qualified by the phrase "sin duda" in the earliest versions of "La intrusa," and by the word "probably" in the English translation, but it is not qualified by such a phrase in *El informe de Brodie* [19]).[18]

In the latter part of the story, Juliana's presence is even more muted. She is taken to be sold to the madam of a brothel almost as if she were livestock, without protest and in complete silence. When she is subsequently repurchased for a few coins, we are again not made aware of her reactions and feelings. Concerning her renewed life with the brothers, all we know is that the brothers occasionally take out their exasperation on "ajenos" such as "un desconocido," "los perros," and Juliana herself (21). Her death is a fitting capstone in this process of fading physical presence. We do not even learn how she is murdered ("sacrificed"); all that we know is that Cristián kills her and that she is left in a field for the scavengers.

Paradoxically, the author's artful neglect in describing Juliana's human reactions to her fate, and the association of her with an object, hides, a stranger, and the dogs, serves to clarify the brothers' relationship to her. By emphasizing her muteness and blankness, Borges highlights her role as a mere vessel or perhaps mirror: she is the recipient of the projected fraternal love which the brothers are unable to face, yet which, ultimately, they must come to grips with, since it is continually reflected in her presence. If Juliana had been treated as a "full" character with a normal repertoire of emotions and interpersonal reactions, the reader might have been misled into believing that the story deals with the awakening of heterosexual love between her and the brothers.

However, it is not Borges' aim to portray a "normal" love-triangle in which the woman serves as the *femme fatale* who, by dint of her magnetic personality (or whatever), draws out love from two autonomous individuals. Juliana is not an enchantress, and the Nilsens are not autonomous: they are brothers, tightly bound to each other by their common way of life and their habit of joining together against adversaries. Juliana, then, serves as a vessel or mirror, and as a catalyst, for the interactions between her and the brothers lead the latter to a previously unattained self-understanding. As a result, the strong misogyny in the author's treatment of Juliana, in spite of its brutality, does serve a definite purpose in the story. It makes it impossible for the reader to conclude that love is won by Juliana by means of her physical attractiveness or her ability to influence the minds or wills of the brothers. We must conclude that the love the brothers feel for her is fundamentally the projected love that they feel for each other.

We have suggested that the development of self-awareness occurs in a series of stages, each new one precipitated by a specific action. In examining these stages we shall see how Borges controls events in such a way as to make each successive stage the inevitable result of the preceding one.

The first stage, which is actually outside the story proper, is the stage in which the brothers live as an undifferentiated unit and are completely unaware of their feelings for each other. We are introduced to the brothers in a descriptive paragraph picturing their life before (and we may suppose, after) the intrusion represented by Juliana. We learn that they keep to themselves, engage in a variety of occupations (they are drovers, horse thieves, and occasional gamblers), and that one of their extravagances is getting dressed up for the Saturday-night brawl. It is possible that at least one of them has killed a man. The paragraph is full of singular details, such as the mention of the family Bible, in which a parish priest once caught a glimpse of names and dates—a sort of lost family chronicle. The suggestion is that this story is a continuation of that lost chronicle, and that the brothers are somehow destined to play out the missing roles. In the physical description of Cristián and Eduardo and their house we note that they have red hair, and that one of the patios has red tiles. We also note that they probably had Danish or Irish ancestors. The preferences for the color red and for North Europeans are familiar Borgesian features. Finally, the author mentions that "Eran dueños de una carreta y una yunta de bueyes" (17). In traditional imagery the cart represents death, or life's inexorable movement toward death: the yoke of oxen is a detail which reinforces the brothers' unity:

"Hombro a hombro pelearon una vez a la policía" (16). Both the cart and the yoke of oxen reappear at crucial moments in the story. This stage presents a double dilemma. Briefly, the brothers appear to be unconsciously functioning like a married couple and appear to put their love on trial. Similarly, Cristián, the older brother, appears to be attempting to leave behind the adolescent sort of existence that he shares with his brother and establish an adult, heterosexual relationship. (These initial motivations for becoming involved with Juliana are analyzed in more depth below.)

The need to resolve this double dilemma leads to the first significant action of the story: Cristián brings Juliana to live with him. Eduardo at first accompanies them when they go out, but then he mysteriously leaves on a trip. On his return he brings a girl with him, someone he has picked up along the way, but he gets rid of her in a couple of days. His behavior becomes sullen and withdrawn, and he takes to drinking by himself. Borges states that "Estaba enamorado de la mujer de Cristián" (18). He goes on to note that "El barrio, que tal vez lo supo antes que él, previó con alevosa alegría la rivalidad latente de los hermanos" (18). This is the second stage in the process of emerging consciousness in the story. It is a conscious awareness on Eduardo's part that he physically wants Juliana, an awareness evidenced by his behavior; but he is aware of nothing deeper. On the other hand, the *barrio* is aware that something more significant is occurring: the *barrio* foresees that the brothers will become rivals for Juliana. With "alevosa alegría," it sets the relationship into a conventional mold, that of the popular *milonga* (the Argentine counterpart of the Mexican *corrido*), where two *compadritos* fight to the death on the street while the *femme fatale* looks on. This expectation about the result of the rivalry, and the "alevosa alegría," reappear later in the story when Juan Iberra congratulates Eduardo on "ese primor que se había agenciado" (19). We should also note that Borges has written a poem entitled "Milonga de dos hermanos," in which the elder of two brothers (named Juan Iberra!) kills the younger because he is annoyed that the latter has killed more men than he: "Es la historia de Caín / Que sigue matando a Abel."[19] Juan Iberra, then, in both the story and the poem, represents the popular expectation about rivalry, one which does not result in "La intrusa" even though "Caín andaba por ahí" (20).

Cristián shares in the awareness with Eduardo that the latter wants Juliana, and this leads to the second important action: Cristián gives Juliana to Eduardo. The purpose of this action is to resolve the dilemma presented by the knowledge of stage two—two men wanting to physically possess the same woman—but it results in a new stage of awareness. This third stage is the brothers' consciousness of a new feeling, that of *la humillación* (being humbled or humiliated), and the awareness of the deteriorating relationship between them.

Borges tells us that "los dos estaban enamorados" (19), and that "Sin saberlo, estaban celándose" (19). He makes it very clear, however, that the brothers are not aware of being in love, for Juliana's presence is not even acknowledged: "Entre ellos, los hermanos no pronunciaban el nombre de Juliana, ni siquiera para llamarla..." (18). Borges' observation that "lo que discutían era otra cosa" (18) does not indicate that Cristián and Eduardo perceive what they are unconsciously fighting over. The reader, however, understands that they are fighting over Juliana, or perhaps the sale of Juliana, a foreshadowing of what is to come. Moreoever, the author flatly states that they are "watching each other" (*celándose*) without knowing it; he also explains that this type of man never admits, not even to himself, that a woman matters to him. The use of *celándose* suggests that what the brothers are experiencing is jealousy: each brother wants Juliana for himself. But since the jealousy is not consciously accepted, as indeed Juliana's very presence is not acknowledged, the brothers' feelings manifest themselves as anger over (apparently) unrelated matters, such as "la venta de unos cueros" (18).

It is explicitly stated, nevertheless, that the brothers are conscious of two things: the fact that they are quarreling, and the feelings of anger and *humillación*. These reactions are new to the brothers, and their appearance at this stage indicates important changes in their awareness. First, they are no longer consistently behaving as if they were one person ("Hombro a hombro pelearon una vez..."); they are instead behaving as individuals with conflicting interests. It might be suggested that at this point they are beginning to realize for the first time that they are in fact *not* one person, but rather two people between whom a special relationship exists. This realization comes about as a result of the deterioration of their former camaraderie and the emotions provoked by the breakdown (anger, humiliation). The ambiguity of Borges' statement that "los dos estaban enamorados" (he does not say with whom) strengthens the reader's understanding that they are not conscious of being in love with Juliana, and fosters the suspicion in the reader that they are "in love" with each other.

The culmination of this stage, facilitated by Juan Iberra's malicious reference to Eduardo's nice set-up, is the realization by the brothers that Juliana is the cause of their conflict and, ultimately, of their jealousy. Juan Iberra's congratulatory reference causes the previously unidentified quarrels and emotions to become associated with Juliana's physical presence—in other words, their reactions become attached to her because she is forced upon Eduardo's consciousness. And interestingly, Eduardo's immediate response is to let Iberra have it, because, Borges states, "Nadie, delante de él, iba a hacer burla de Cristián" (19). The author tells us that Eduardo is reacting here in defense of his other half, the one he most deeply loves; he is thereby recognizing his special relationship to his brother.

The realization that Juliana is the cause of their conflict leads to a sequence of actions by the brothers. First, they sell Juliana to the madam of a brothel, thereby ridding themselves of her discord-producing presence. Cristián collects the money, by which we are to understand that he has made the deal to sell her, and later they divide the money equally, perhaps as a way of continuing to "share" her. After the sale they try to return to their former camaraderie, their "vida de hombres entre hombres" (20). But this solution fails, because it leads to the bizarre situation of the brothers cheating on each other by sneaking off to see Juliana. In a sense, since they have achieved insights into their own relationship, they are committing adultery. The initial action—selling Juliana—causes them to believe for a while that they are "saved." This feeling is another indication of the major changes in their emotional life caused by Juliana's intrusion.

The second action in the sequence is the result of the discovery of their "adultery": they decide to bring Juliana back to live with them. They go back to "lo que ya se ha dicho" (20), and Borges indicates that their feeling of being saved gives way to one of exasperation. But, because of their new awareness of their own special relationship, they now can no longer take out these feelings on each other, so they "prefer" to "desahogar su exasperación con ajenos" (21). *Ajenos*, we remember, includes Juliana. *Prefer* is the key word here, for it indicates a further step in the achieving of complete *awareness* of their situation. The brothers now realize *why* they have had to take Juliana back: in the first place, because they each want her (each wants to preserve his relationship with her), and most importantly, because they must preserve their relationship with each other by eliminating the adultery. In other words, in this fourth stage, they are now aware that they each need her, that she is somehow precious to them, *and* that this need of her is a threat to their relationship. Juliana represents a peril, but is precisely because of this peril that they become completely conscious of their own precious relationship and the fact that they cannot have her and each other at the same time.

This new stage is one of exasperation and pain. It is the exasperation which arises from their awareness of their dependence on Juliana; it is also the pain of complete consciousness. Juliana has brought the intrusion of self-awareness into their callous, insensitive lives. The intolerable nature of the awareness leads to a new action: killing Juliana. Borges refers to it as a sacrifice ("la mujer tristemente sacrificada" [21]), and indeed the brothers, in killing Juliana, have sacrificed their love for her in order to preserve the more compelling love for each other which her presence has goaded into consciousness.

Although it is Cristián who actually kills Juliana, he shares the burden of the sacrifice with Eduardo. The murder/sacrifice becomes one more link between them. In this fifth stage, they are bound by "la obligación de olvidarla" (21). Since Juliana is the factor that has caused the intrusion of awareness, and since that awareness is attached to her physical person, elimiating her leads to the elimination of the intolerable consciousness of loving each other.

As a result of this final action, the brothers revert to the unconsciousness (*olvido*) which characterized their psychological life prior to Juliana's intrusion. Nevertheless, it is a secure lack of consciousness (and self-consciousness as well—the brothers become once again an undifferentiated unit, at least until the death of Cristián) because their love and loyalty has been tried and found true. This reversion to *olvido*, implicit in the ending of the story, actually occurs outside it. However, the fact that the story is eventually told means that at some point it and the awareness it brought return to consciousness again. Cristián's death signals that the pact of forgetfulness has been broken. Who actually tells the story is not really important, in spite of Borges' opening statement about Eduardo. (The details must, however, have come from one of the brothers, for we are given no clue that the *barrio* ever progressed beyond its perception of the affair as a traditional love-triangle.) What *is* important is that the story *was* told, which means that something was learned from it. It is thus a tragic story and a hopeful one; in this sense it may be said to have the status of a moral tale. Through his recounting of the attainment of self-awareness by two hoodlums, Borges achieves a story of agonizing consciousness, one gained not by a member of the cultured elite, as we might expect, but by members of the lowest stratum of society.

This analysis of the story raises some interesting questions. Why do the brothers fall in love with Juliana in the first place? Why does Cristián take her in, thereby causing the trial of the love between him and Eduardo? Why should the brothers endure the progressively more agonizing awareness Juliana brings—why did Cristián not throw her out at the first sign of conflict?

A double answer may be given to these questions. When the brothers are first presented to us, they are functioning almost like a married couple. In the past, we are told, they have been united when facing exterior intrusions (the police, etc.). It is logically or psychologically plausible that at some point they would face an *interior* intrusion, a test of their relationship (love); such tests are a frequent theme when the protagonists are a married couple. Cristián's initial action, bringing Juliana into their home, may therefore be seen as an (unconscious) attempt to provide such a test. From another perspective, their life is presented to us as a sort of adolescent existence: they are like teenage buddies who engage in brawls, drinking bouts, and amorous escapades with prostitutes. It is logical that the older brother would eventually attempt to leave this adolescent state in order to attain heterosexual maturity, and indeed Cristián tries to do so by bringing in Juliana. When this attempt ultimately fails, the brothers revert to chumship. Juliana's intrusion, then, serves as a catalyst in the psychological development of the brothers; she remains as long as is necessary for this development to take place. Once the pain she causes becomes intolerable, she is sacrificed.

The inevitability of the story's outcome should be clear from the preceding description of the successive actions and stages of consciousness in the attaining of awareness by Cristián and Eduardo. The first action, bringing Juliana to live with them, is seen as a logical or at least plausible consequence of their life-style. The awareness they achieve as a result necessitates their selling her in an attempt to be rid of the intruding presence which has brought them discord. Bringing Juliana back is made inevitable because of the awareness achieved by the discovery of their "adultery" (i.e., that they need her), and the last action, killing her, is the result of the complete awareness of the primary importance of their own relationship. Finally, the return to forgetfulness is the consequence of the brothers' need to push their awareness back into their unconscious.

Several details in the story contribute to the author's development of his narrative. We have seen that the "silent" Biblical epigraph presages the outcome of the story. Similar references, such as to the worn family Bible, and the allusion to the story of Cain and Abel, support the idea that somehow this story is a repetition or continuation of previous ones. In addition, these elements and others such as Juliana's crucifix and rosary, the reference to feeling "saved," the "temptation" of the brothers to cheat on each other, the killing of Juliana on a Sunday, and the name Cristián, all contribute to giving the story strong religious overtones (the *pormenores* which Borges admits adding or emphasizing in his rendition of this popular tale). These overtones facilitate the reader's acceptance of the brothers' atrocious crime as being a sacrifice. Another set of reappearing elements, the "carreta" and "yunta de bueyes," function symbolically in the story. The cart (death) reappears at the point when Juliana is first "disposed of" (taken to the brothel) by the brothers, and it may be seen as a clue to her eventual death. We may also assume, even though the cart is not mentioned, that her body is taken away in the cart at the end, for Cristián has yoked the oxen. The yoke may be seen to represent the brothers' closeness ("lo unidos que fueron" [17]), and its reappearance at the end of the story, along with their embrace, reinforces the fact of their return to unconscious unity. In a sense it is the fate of these brothers to be "yoked" to each other like oxen—they are melded. And just as oxen are altered studs, the brothers are not permitted entry into the mature heterosexuality of the adult world.

We have previously seen several elements in "La intrusa" which remind us of the early Borges. Other aspects of this continuity are seen in the author's use of language and in his use of stylistic devices. Familiar Borgesian language appears at several points in the story. Jaime Alazraki, in *La prosa narrativa de Jorge Luis Borges*, has described in detail two of the author's most notable stylistic traits: his distinctive use of adjectives, and his use of the literary figures of contiguity—metonymy and synecdoche.[20] A few examples from "La intrusa" will suffice to show the persistence of these characteristics in Borges' current prose.

A first type of adjective found in Borges is the metonymic adjective. In this type, the qualifier does not express a physical quality of the noun it modifies but rather the emotional or behavioral reaction produced by the noun: it substitutes the effect for the cause. Examples of this in "La intrusa" are: "alcohol pendenciero" (16)—a phrase used previously by Borges—,[21] "azarosa crónica" (16), "apodo forajido" (17), "duro suburbio" (19), and "infame solución" (20). An example of metonymy in a non-adjectival situation is seen in "ultrajaba las decencias del arrabal" (18). Here, the moral term *decencias* substitutes for the people who are outraged by the brothers' sharing of Juliana. A second type of adjectivization is the use of oxymoron, where the quality expressed by the adjective "contradicts" the noun it modifies: examples are "alevosa alegría" and "monstruoso amor" (20). A third type is what Alazraki calls "bivalent"; in this case, one adjective presents a physical quality of the noun and the other a moral quality. Example of this are: "breve y trágico cristal," "larga noche perdida" (15), and "silencioso y tedioso viaje" (19). Finally, the most obvious example of synecdoche (the part for the whole) is Borges' use of *cueros* when Juliana is figuratively being referred to. In the first instance, the brothers are arguing ostensibly over the sale of some hides, but they are really arguing over Juliana (or perhaps the sale of Juliana). And the second occurence is at the end when Cristián tells Eduardo that they have to deliver some hides. It turns out that the "hides" are really Juliana's body.

Other characteristics of Borges' typical style are also visible in "La intrusa." Ronald Christ has noted that the author's familiar paratactic style—the use of abrupt transitions, the deletion of intervening sentences, which Borges advocated as far back as his Ultraist stage—is developed in an exaggerated manner in "La intrusa."[22] And Carter Wheelock has identified two devices of the "early" Borges which are very obvious in the new story: the feigning of small uncertainties, and telling a story as if he did not fully understand it.[23] The first device is seen in the uncertainty about who told the story, and in statements like "no sé que negocio" (17), "nadie sabrá los pormenores" (18), "de algún modo" (19), "creo," "parece que," and "tal vez." The second device, telling the story as if he did not fully understand it, is seen in "en ella se cifra, si no me engaño. . ." (15). By using these devices Borges constantly emphasizes his initial claim that he heard the story, and he disguises the activity of creating it, thereby making a case for his objectivity in telling the tale.

All of these stylistic features, particularly the adjectivization, are notably less profuse in "La intrusa" than in earlier stories. There are two possible reasons for this. A first is that Borges is consciously avoiding stylistic complexity, in accordance with his new profession of faith in the "straightforward story." A second, perhaps more plausible reason is that because of his blindness and the necessity of dictating his stories, he is unable to maintain the verbal tension previously attained.

A final aspect to be briefly examined involves the relationship of "La intrusa" to other stories in *El informe de Brodie*. A parallelism is to be noted in the religious overtones of "La intrusa" and the meaning of several of the other stories. The most obviously religious story is "El evangelio según Marcos." This tale presents the idea of being saved by killing one's redeemer.[24] Espinosa is evidently a Christ-figure; his reading of the Gospel to the Gutres has opened their minds to a new truth. Their understanding of this truth causes them to "sacrifice" him in order to be saved or redeemed. This is clearly similar to "La intrusa," where the murder of Juliana is a sacrifice which "saves" the brothers; in both stories the person who has been responsible for bringing the truth (or consciousness) is sacrificed. In "El indigno" the religious overtones have to do with Fischbein's betrayal of Ferrari; Wheelock has aptly noted that this act recalls the betrayal of Christ, thereby suggesting again the idea of "eternal return." In addition, Wheelock thinks that the story also involves the idea that the betrayal has somehow saved the traitor.[25]

Another parallelism is seen in the numerous stories of the collection that deal with rivalry. The importance of several of the rivalries is that they give meaning to the lives of the rivals. In "La intrusa" we have seen that the rivalry over Juliana plays an important role in the brothers' eventual understanding of the meaning of their own relationship. In "El duelo" the two artists, Clara Glencairn and Marta Pizarro, paint *against* each other and *for* each other, and when one dies, the other's life loses its meaning. In "El otro duelo" the rivals, Manuel Cardoso and Carmen Silveira, come to blows on several occasions, but avoid killing each other, because "Quizá sus pobres vidas rudimentarias no poseían otro bien que su odio y por eso lo fueron acumulando" (103).

In conclusion, we have seen that "La intrusa," while definitely a "new" story for Borges, contains many elements reminiscent of the early Borges, and involves a number of his lifelong literary preoccupations. The newness of the story (and of the others in *Brodie*) is seen in the more straightforward manner of telling the story, and in the nature of the plots themselves, which rely more on "real life" situations and characters than the earlier stories did. It is the *events* of "La intrusa" which serve as causal factors in the working out of this "inevitable" story; the psychological verities it presents depend on the chance (or better here—predestined) happenings of life rather than on intellectual games or tricks. Magical elements, such as the Aleph, the Zahir, the cryptic inscription of "La muerte y la brújula" (*Ficciones*), and unusual mental powers, such as Funes' memory, play no part in "La intrusa." Nevertheless, in spite of Borges' new manner in telling his story, some of the major motifs and themes (the idea of eternal return, the idea that the brothers' destiny has already been written), are echoes of his previous work.

Borges has said that, for him, "La intrusa" is not a nightmare story, like "La muerte y la brújula," but rather a story in which things are awful but somehow real and very sad.[26] We have tried to show that as a story of emerging awareness it is also, in spite of its tragic outcome, a hopeful story, and a psychologically plausible one.

Pascal has stated that "Man is only a reed, the frailest thing in nature; but he is a thinking reed." Borges' "La intrusa" supports the verity of this statement by extending the attainment of other-awareness and self-awareness that it implies to the lowest stratum of society.

YORK COLLEGE OF
THE CITY UNIVERSITY OF NEW YORK

NEW YORK UNIVERSITY

Notes

[1]Jorge Luis Borges, *The Aleph and Other Stories, 1933-1969* (New York: Bantam Books, 1971), p. 210. This "Bibliographical Note" contains information about a first, private printing of "La intrusa."

[2]See Ronald Christ, *The Narrow Act: Borges' Art of Allusion* (New York: New York University Press, 1969), and Carter Wheelock, "Borges' New Prose," *TriQuarterly 25: Prose for Borges* (Fall, 1972), 403-440.

[3]Richard Burgin, *Conversations with Jorge Luis Borges* (New York: Avon, 1970), p. 63.

[4]*Ibid.*

[5]Jorge Luis Borges, *El informe de Brodie* (Buenos Aires: Emecé Editores, 1970), p. 7.

[6]Borges, *The Aleph and Other Stories*, p. 202.

[7]Burgin, *op. cit.*, p. 145.

[8]*Ibid.*, p. 63.

[9]*Ibid.*, p. 64.

[10]César Fernández Moreno, "Harto de los laberintos," *Mundo Nuevo* 18 (dic., 1967), 24-25.

[11]Borges, *The Aleph and Other Stories*, p. 203.

[12]*Ibid.*

[13]*Ibid.*, p. 103.

[14]Jorge Luis Borges, "La intrusa," *El informe de Brodie* (Buenos Aires: Emecé Editores, 1970), p. 15. Subsequent quotations from "La intrusa" (and from other stories in *El informe de Brodie*) will be from this edition, and the page references will appear in the text.

[15]Burgin, *op. cit.*, p. 64.

[16]Jorge Luis Borges, "Los espejos velados," *El hacedor* (Buenos Aires: Emecé Editores, 1960), p. 15.

[17]Ronald Christ, "Jorge Luis Borges, An Interview," *Paris Review* 40 (Winter-Spring, 1967), 160.

[18]Jorge Luis Borges, *El Aleph* (Madrid: Alianza/Emecé, 1971), p. 178. *The Aleph and Other Stories*, p. 106.

[19]Jorge Luis Borges, "Milonga de dos hermanos," *Selected Poems, 1923-1967* (New York: Delta, 1973), pp. 224, 226.

[20]Jaime Alazraki, *La obra narrativa de Jorge Luis Borges* (Madrid: Editorial Gredos, 1968). See the second part of the book, which deals with Borges' style; specifically, Chapter IV (pp. 172-199) on adjectivization, and V (pp. 200-225) on figures of contiguity.

[21]Borges, *El Aleph*, p. 35.

[22]Christ, *The Narrow Act*, p. 182.

[23]Wheelock, *op. cit.*, p. 421.

[24]*Ibid.*, p. 413.

[25]*Ibid.*, p. 412.

[26]Burgin, *op. cit.*, p. 65.

THE "WRITERLY" IN *TRES TRISTES TIGRES*

Sharon Magnarelli

> . . . il n'y a jamais eu que de l'écriture
> . . . ce qui ouvre le sens et le language,
> c'est cette écriture comme disparition
> de la présence naturelle
>
> —Jacques Derrida[1]

To date the critics of Guillermo Cabrera Infante's *Tres tristes tigres* have focused, and not without reason, on the oral qualities of the novel. The persuasiveness of their arguments and analyses have encouraged us to look no further.[2] As a starting point for continued study and interpretation of this text, I propose an examination of the novel in relation to Roland Barthes' work, especially the theories expounded in *S/Z*.[3] Barthes defines the "writerly" in that work as that which can be written or re-written today and contrasts it to the "readerly" (*lisible*) or that which can only be read. Thus, the writerly and the readerly stand in opposition as do production and consumption. The readerly can only be consumed and absorbed, whereas the writerly places the reader in the active position of producing (writing) as he reads. Barthes, of course, suggests that it is the very position (and necessity) of an active reader which separates "modern" literature from classical. I would expand Barthes' definition by noting that the writerly implies a certain cognizance on the part of the consumer/producer (the reader of the "modern" novel) of the act of writing (whether this be a conscious awareness or not) and implies a certain explanation within the text of the various ways in which the text might be re-written or approached. Thus, it seems to me that by its nature and definition, the writerly implies the very theme of writing, which in turn elicits the topics of time, sex, and the narrative first person. Let us examine, then, these topics and those aspects of *Tres tristes tigres* which emphasize the written qualities of the novel and make us "writers" as we read.

A study of the writerly must begin with a consideration of the various narrators, since, as I hope to show, the majority of them are writers themselves. *Tres tristes tigres* is a compendium of at least fourteen different first-person narrators:

1) the *I* of the prologue, the master of ceremonies at the Tropicana night club
2) the *I* of the opening section who tells about her friend, Aurelita, seems to be Laura, and apparently also narrates the sections labelled "Primera," etc.
3) the *I* of Delia Doce, who writes to her former *amiguita* about Cuba Venegas
4) the *I* of Magdalena Cruz, who describes the severance scene between herself and another woman[4]
5) the *I* of Beba (Arabella Longoria de Suárez de Dámera), who speaks by telephone to her friend, Livia Roz (who also was Laura's roommate)
6) the *I* of Códac, a newspaper photographer, who narrates the following sections: "Ella cantaba boleros," "Rompecabezas," and "Algunas revelaciones"
7) the *I* of Silvestre, a writer, who narrates the short section which begins on page 36, and also "Bachata"[5]
8) the *I* of Cué, a writer turned actor, who narrates the short section beginning on page 53 and "La casa de los espejos"
9) the *I* of Ribaut (Ribot, Eribó), a musician (*bongosero*), who worked in Solaún's publicity agency and narrates the short section beginning on page 46, as well as the section entitled "Seseribó"
10) the *I* of Mr. Campbell, who narrates "Los visitantes"
11) the *I* of Mrs. Campbell, who narrates the corrections of "Los visitantes"
12) the *I* of GCI which appears in the "Advertencia" and in a letter to Silvestre on page 438
13) the *I* of Bustrófedon which, although hidden, narrates the various renditions of the story of Trotsky's death
14) the *I* of the epilogue

The "Writerly" in *Tres tristes tigres*

To a greater or lesser extent each of these *I*'s leads us to the writerly aspects of the text; the first person, rightly or wrongly, inevitably becomes confused and intermingled with the *I* of the author and, in turn, with the *I* of the reader (or re-writer). The writerly characteristics of the first person in this novel become apparent as we examine the function of the narrative *I*. Traditionally, the written *I* has provided unity to the literary text; it has exercised a centralizing pull on what might otherwise be disjointed episodes. But in *Tres tristes tigres* the first-person pronoun simultaneously provides both a type of unity (in that the whole novel is first person and all is told through the *I*) and denies that unity in as much as the *I* becomes the sign (or name, as Barthes would have it) for fourteen different characters. Thus, the center around which the fictional world revolves becomes fragmented, as indeed, are the memoirs of the characters and the reader's perception of the novelistic world. This fragmentation of the *I* underlines the ambiguity and the anonymity inherent to the work. Barthes, as well as Emile Benveniste, has suggested that the *I* must always be anonymous.[6] To this extent, then, the *I* becomes an indicator of the writerly in as much as it forces the reader into activity by forcing him to name, to distinguish among the *I*'s, and to try to separate the group of semes applicable to each of those *I*'s.[7]

The very presence of so many different *I*'s and the fact that we are consistently unsure of the speakers' identities and reliability force us to focus not on that which is said (not on the *énoncé*) but rather on the act of saying it (the *énonciation*).[8] Although Roman Jakobson has seen the *I* as a shifter, that which points to both the message and the code,[9] without a knowledge of the speaker, we are unable to judge the validity (within the fiction) of the *énoncé*, and thus, we turn our attention to the act of discourse itself, since, in the absence of center, everything tends to become discourse.[10] It is the very act of narrating (and, in turn, the act of re-writing) which is important. As Silvestre comments to himself after a story he has just told Cué: "No entendió. No podría entender. No comprendió que no era una fábula ética, *que lo contaba por contar*, por comunicar un recuerdo nítido, que era un ejercicio en nostalgia. Sin rencor al pasado. No podía comprender" (437, my emphasis). Thus, as Silvestre suggests, the novel encompasses the act of telling of and for its own sake and becomes an exercise in nostalgia—an attempt to recover that which is past, just as the active reader embarks on an exercise in nostalgia as he tries to re-write or re-capture.

The writerly is also implicit in *Tres tristes tigres* insofar as the first person locates itself in the gap between writing and speech. This contradictory position can be seen best by examining the first persons of the prologue and the epilogue. Both of these sections are oral in outward appearances; the prologue presents a master of ceremonies in the Tropicana night club as he introduces the guests (who are the secondary characters we encounter again in the course of the novel), while the epilogue is apparently composed of the idle prattle of an insane woman in the park. Insofar as the symbol, the sign, must always betray the spoken word, the resulting pages are unfaithful to an oral tradition in much the same way a translation is false to its original (cf. the final word of "Bachata"—*tradittori*). Additionally, the first person in these two sections establishes the problematic contrast between written and spoken language. In speech, the *I* refers to a specific person each time that it is uttered, and thus, it has a specific referent. In the prologue and the epilogue, the object of reference, on the contrary, is intangible and ephemeral; the referent is but a group of semes, and in the case of the epilogue, we do not even know to which group of words the *I* refers (that is, which character is represented by the *I* here). In speech, the *I* also necessarily refers to the moment the phrase is uttered. But, in the novel, the moment of discourse is in a constant state of flux; it would be difficult, if not impossible, to decide if the moment of discourse should be considered as the moment of writing, the moment of reading, or the fictive moment of the event.

More importantly, the *I*'s in both the epilogue and the prologue become non-oral voices and emphasize the writerly to the extent that each *I* becomes the voice of the section itself; each *I* is the very dramatization of a literary device. Thus, the main character of the prologue is the literary device of that same prologue which is given a voice, which is animated, and which speaks to us. But, this voice obviously speaks to us through the medium of the written word, which is the only means available to it (prologues and epilogues belong to written genres, not oral ones). Thus, the *I* of the prologue does what every prologue must do—it introduces the characters to come, begins the "translation" of the author's message or desires into the language of the written sign, and announces the "show" to follow. It also welcomes the reader to the "aire acondicionado" of the domed interior of the Tropicana, or, in a symbolic sense, to the closed and artificially-created atmosphere of the novel. Later, the *I* of the epilogue returns to the topic of air, by seeking pure, natural air (that outside the novel?) and complaining of having a *derrière* stuck in her face undoubtedly in reference to the end of the book which the epilogue must always face. Thus, we encounter in the epilogue and the prologue a metaphor for the novel itself—that is, the Tropicana night club with all its false glitter, false air, false characters, and its show. Not only is this very word ("show") used in reference to the novel, but the term always implies a visual presentation, which is exactly what the text is—the group of written symbols we see, plus all the other eccentric typographical errors and distortions.

In this respect, the *I*'s of the prologue and the epilogue emphasize the writerly as they become the prologue and the epilogue themselves speaking to us. What seems to be an oral presentation is also, in the final analysis, a free license, the liberation of the written text. It is clear, then, that the epilogue and the prologue epitomize the plurality of the entire novel; the apparently oral presentation points to the writerly, and the superficially idle prattle (in both cases much of what is said seems gratuitous at first glance) becomes meaningful. The epilogue, of course, cannot be comprehended until the reader "rewrites" it by mentally adding punctuation and capitalization. Significantly, too, the epilogue terminates with the words "ya no se puede más" which, although selected by the censor,[11] seem to reflect the general tendency of the text to press the notion of speech in literature to its ultimate (and inevitable) consequences.

The prologue and the epilogue, of course, are not the only parts of the novel which evoke the themes of writing. The very design of the novel as well as its various devices and games also suggest an emphasis on the written word. First, the novel tells several stories simultaneously, and as is well known, the oral tradition cannot know alterance, the telling of two or more stories simultaneously (see *Littérature et signification*, p. 7). Also, the novel centers around the sections on Trotsky. Although these sections pretend to be oral in that they are supposedly tape-recorded and merely transposed by Códac, we must recognize two facts: 1) the original texts which these sections satirize are supposedly written, not oral, texts; 2) there is no formal attempt to be oral—their stylistic devices connote writing, not speech.[12] The theme of these sections concerns different approaches to writing and style, as well as the "perversion" of reality which writing effects. We can undoubtedly assume that Códac's written transcription distorts the "original" recording as much as Bustrófedon's re-creations distort the original texts, which are, after all, parodies of "non-existent" originals (the story of Trotsky's death as it might have been written by the five Cuban writers). Thus, these sections become a series of symbols, removed (and thus causing distortion) at least three times from the origin, from "reality" (our text is a transcription of a tape which is a re-creation and parody of the original texts which ought to represent a re-creation of "reality" but which ultimately are non-existent). In this section the discourse seems to suggest that, as Jacques Derrida has noted, "Le texte n'est pas pensable dans la forme, originaire ou modifiée, de la présence. Le texte inconscient est déjà tissé de traces pures, de différences où s'unissent le sens et la force, texte nulle part présent, constitué d'archives qui sont *toujours déjà* des transcriptions. Des estampes originaires. Tout commence par la reproduction. Toujours déjà, c'est-à-dire dépôts d'un sens qui n'a jamais été présent."[13] Clearly, then, these sections imply the very act of writing and their oral quality can only be understood as a sort of origin (non-existent or otherwise) which demands a re-writing or re-creating.

The writerliness of the text is also evidenced by the fact that the novel is obviously literature based on other literature.[14] In this text the literary basis becomes overt in the constant references to and parodies of other works. Faulkner, Hemingway, Mann, Melville, Lorca, Eliot, and Pound are just a few of the many authors criticized, parodied, or lauded within the text.

The theme of writing is continued in the letters from Delia Doce and GCI.[15] Both are presented directly as writing, and because of the spelling errors in the former, they can never be divorced from their written form; their epistolary structure insists on and cannot be separated from the act of writing and might be seen as a parody of the epistolary novel itself. Although the letters must function as an alternative to oral confrontation, they communicate because of the written word and do not exist in an oral form prior to their formation in writing. Like the epilogue, the demand a re-writing (the correction of spelling errors, punctuation, etc.) before they can be comprehended.

Some of the games in the "Rompecabezas" section, like the mirror pages and the diagrams, as well as the black page inserted between pages 60 and 61 and the blank pages (260-263), are devices that obviously belong to writing. They have no relationship to the oral language and can never be repeated or imitated in speech. The mirror page depends upon the printed word, and, in contrast to a tape recorder played in reverse, such pages cannot be pronounced. Nor can the Sterne-like games, which force us as readers to turn back the pages, be repeated in a spoken language, which is totally contingent on its linear progression. Many of the other games also depend upon the visual aspects, thus, on writing. For example, the following sentence loses the impact of its imagery if it is considered only orally and not visually: "De Silvestre Servidor (dinastía C'in'E)" (322). And, in spite of the fact that within the fiction Bustrófedon never "wrote" a word, even he sought his words from a dictionary and in their written form: ". . . se preocupaba, mucho, de las palabras *como si estuvieran siempre escritas* y nadie las dijera nunca, nada más que él y entonces no eran palabras sino letras y anagramas y juegos con dibujos" (359, my emphasis). In addition, it is significant to bear in mind that even the name, Bustrófedon, refers to an ancient form of writing. All of these features of the novel persist in reminding us that we are dealing with a piece of literature, a written text that does not and cannot faithfully represent oral speech any more than one can see the light of the candle after it has been extinguished (one of the novel's epigraphs).

Perhaps, then, the writerliness of *Tres tristes tigres* is most apparent in the dramatization of this inherent and necessary struggle between speech and writing. It seems obvious that writing must always attempt to capture speech and, to some degree, must always fail. Thus, our references to the inability of the novel to capture speech are not meant in a pejorative sense for the very obvious reason that no novel can truly contain speech. Furthermore, it appears that one of the principal functions of the text is to dramatize this inherent and necessary struggle between the two. This failure to which the novel is doomed is suggested in "Bachata" when Silvestre compares one's position in life to that of the protagonist of *The Magic Mountain*: "Ese momento es como una alegoría de la vida. Uno entra en ella con la prepotencia de la joven inmaculada concepción de la vida pura, sana y al poco tiempo comprueba que es también otro enfermo, que todas las porquerías me manchan, que está podrido de vivir" (302). Thus, while the text *may* begin with the intention to represent an oral performance, the difficulty of such representation is soon acknowledged, and the tension between the two dominates as soon as it is recognized that the text is necessarily "contaminated" by the very act of writing.

I would suggest that perhaps the tendency among critics to emphasize the oral quality of the novel has arisen from a most literal confrontation with and acceptance of the "advertencia" which states, "El libro está escrito en cubano. Es decir, escrito en los diferentes dialectos del español que se hablan en Cuba y la escritura no es más que un intento de atrapar la voz humana al vuelo como aquel que dice." What has not been stressed, however, is that the "advertencia" is signed by GCI, the very same *literary character* who appears on page 439 and who, within the fiction, *writes* the letter and the "advertencia," but who never "speaks." In this respect, GCI becomes one more literary character, no more nor less reliable than the others. Cabrera Infante, on the other hand, has stated in an interview: "creo o quiero que estén aquí lo que habla el guagüero y lo que escribe el escritor—o viceversa."[16] What seems to be an insistent predominance of the spoken word might equally well be seen as an accentuation of the tension between speech and writing and as a demystification of our traditional belief in the ability of the written word to signify and somehow reflect the spoken word. Those elements of the novel which have been seen as references to the oral quality of the language (that is, those elements which seem to be a direct effort to transcribe speech) might also be seen as a formal attempt to distinguish among the written styles of the various narrators. It is through these small, written peculiarities that the reader is eventually able to identify most of the *I*'s. As Silvestre notes: "díganme cómo hablo y les diré quien soy" (294-295).[17] It is also noted at one point in the text that people (and characters?) do not endure, but styles of art do: "pensé en la Estrella y su revolución musical y en esta continuacion de su estilo que es algo que dura más que una persona y que una voz . . . " (287). Obviously, this is the principle applied in the sections on Trotsky; the revolutionist and the individual authors have died or will die, but their styles survive and can be imitated. Thus, in spite of the fact that the novel demonstrates the failure of the written word to replace, to substitute, or to become the spoken word, it does represent one of the most successful attempts yet to give written language the "freedom" that spoken language has long been assumed to have.

Ultimately, then, the text seems to approach literature in the style of Derrida who recognizes that writing is not secondary to speech and that speech cannot be transposed into writing. Thus, all that remains is the "supplement." Perhaps it is the very "supplement" which is the consumer/producer's contribution to the text. Is not our own rewriting (active reading) of the text the supplement?

As I have suggested, the writerly is directly related to the first person and to the theme of time. Nothing can be written without an acute awareness of the *I* and its uniqueness (or lack of it), and no verbal production can ensue without a prior, implicit establishment of temporal correlations and differentiations. Furthermore, to write the *I* is to signify oneself as an object with a destiny and therefore to give a meaning to time (see *S/Z*, p. 74). On a fictitious level, each character in this novel is clearly aware of time in that each is evoking a past (perhaps in an attempt to see the evolution of which Barthes speaks) and in effect creating that past. This modification of the past, which becomes a product of the writerly and the re-writing, is most clearly obvious in the section entitled "Oncena," when the narrator recognizes that she is no longer sure if the past events she is reporting happened to her or to her friend or if they even happened: "ya no sé si me pasó a mí o se le pasó a mi amiguita o si lo inventé yo misma. Aunque estoy segura que no lo inventé" (447). The main problem for each first person in this novel is his inability to accurately remember the past, which inevitably must be affected by the present and by the very act of narration. As Silvestre notes, "nos fractura la ventana del presente con un recuerdo ladrón" (306). The past and the present are symbolized by the windshield which Silvestre describes as two similar, but separate, layers of glass: "No sé si saben ustedes los del otro lado de la página, que el cristal de los autos, el del parabrisas, está formado por dos láminas hialianas de idéntico grosor divididas por una hoja plástica invisible. La ventana no pierde su calidad diáfana pese a cierta opacidad de la celulosa" (344). Likewise, the novelistic world and the "real" world, the *I* of the character and the *I* of the true author, while apparently similar, are separated by an opacity of the word which protects one world from the other. We must recognize, of course, that this "protection" is more theoretical than practical since the "real" world and the literary world constantly contaminate one another. Nevertheless, the relationship between the two is similar to the relationships between speech and writing and between past and present. Obviously, this problem of remembering and the problem of incorporating the "real" world into the novelistic world are problems of language (and problems which demand that the reader become "writer"); the predicament of the narrators also results from the belief in the simplicity of an origin which can somehow be captured by the word (a myth repeatedly discussed by Derrida in *De la grammatologie*).

In this respect there is a close relationship between these pasts which the narrators are trying to recapture and the oral language which the text seems to be striving to re-present through the medium of the characters. Just as each of the characters distorts and, in his efforts to re-create, creates a new past which is unfaithful to the old, so the text disfigures speech in an attempt to transpose it into written language (again, as indicated by the final word of "Bachata"—*tradittori*). Neither the past nor speech can be arrested and re-presented, for like the flame of the candle, they are moving, inconstant, and already preterite, while the written word is static like the memory of the flame or like the photograph: "curioso cómo una foto transforma la realidad cuando más exactamente la fija" (343). The written word cannot capture the movement: "no hay carrera en realidad, Silvestre. No hay más que inercia" (342). Any endeavor to re-create, to transcribe, or to translate the past or speech is inevitably destined to a certain degree of failure. Language, then, fails to communicate and fails to re-present, as shown by the caracters' persistent necessity to explain what they mean and by the misunderstandings emanating from the words.

Just as the first-person pronoun might be seen as a "writerly" reaction to time (since it strives to pinpoint evolution), in *Tres tristes tigres* the journey, psychological or physical, becomes an attempt to conquer time. In turn, the passage of time and space and the effort to capture them become one: "los tres eran una sola cosa, la carrera, el espacio y el objeto del viaje . . . porque el cuerpo había desaparecido y él, Cué, *era* la velocidad" (299). Cué's main purpose in racing his convertible all over Havana is to somehow capture time and space and to eliminate the disjunction between past, present, and future; the voyage is an endeavor to grasp that "body" which, like speech, has already disappeared. As Cué says, "la velocidad transforma el tiempo en el espacio" (324). The voyage becomes a means of imposing order which, like art, is "otro intento de imponer la luz del orden a la tinieblas del caos" (334). It is not insignificant to note here that Cué, who had been a writer, considered himself incapable of writing because he had no sense of history (implying time) and thus turned to speed to transform time into space in the same way that writing strives to change time into space. We might see all writers as the rabbits of *Alice in Wonderland*: "los conejos que hablan y miran el reloj y organizan y mandan en todo. Los conejos de este tiempo" (350). Ultimately, however, it is left to the reader to find the order within the chaos in this novel.

The spoken word which the text tries to capture exemplifies time in two additional ways. First, speech is composed of a certain temporal element: the seconds or parts of a second necessary for pronunciation. Those seconds represent the temporal "life" of the word before it "dies" in the air. Writing possesses an eternal aspect insofar as the written words do not "die,"[18] and to this extent they lack temporality, or at least they lack the ephemeral quality of speech. As Roland Barthes has noted:

> Ce qui oppose l'écriture à la parole, c'est que la première *paraît* toujours symbolique, introversée, tournée ostensiblement du côté d'un versant secret du langage, tandis que la seconde n'est qu'une durée de signes vides dont le mouvement seul est significatif. Toute la parole se tient dans cette usure des mots, dans cette écume toujours emportée plus loin, et il n'y a de parole que là où le langage fonctionne avec évidence comme une voration qui n'enlèverait que la point mobile des mots . . . (see *Le Degré zéro*, p. 18).

Secondly, speech patterns, which change more quickly than written, literary conventions, can be much more indicative of a specific era, a specific point in time, than can a literary language. And finally, as we noted earlier, the moment of discourse referred to by the *I* is much more difficult to define in writing than in speech.

The writerly in this novel is indubitably latent in the sexual deviations and fantasies. From the opening chapter, sex, like the novel, is presented as a "show" (*una función*), and the *I* becomes a voyeur and a self-manipulator who tells about others to avoid telling about himself.[19] The prime example of this is the first section when the little girls (or perhaps little girl, since we are never quite sure if Aurelita exists or if she is just one of those make-believe playmates that children frequently invent, a type of alter-ego) are apparently involved in some type of sexual, self-stimulatory activity while at the same time they receive visual excitement by watching Petra and her boyfriend. They later tell the story of Petra and her boyfriend in order not to have to admit what they themselves were doing, "lo que no dijimos nunca a nadie" (23). Their subsequent articulation and magnification of the tale, in addition to furnishing them with a substitute for their previous self-stimulatory activities, also provides their audience with stimulation.[20] Silvestre calls it "masturhablarme" (362). Thus, both the narrator and audience become voyeurs, simultaneously providing each other with a stimulus and a gratification. In a similar fashion, Códac describes Alex Bayer as "un Narciso que dejaba caer sus palabras en el estanque de la conversación y se oía complacido en las ondas sonoras que creaba. ¿Fué su voz lo que le hizo homosexual? ¿O al revés?" (82). Alex, like all the narrators, enjoys watching himself create a desirable self-image. All the characters become spectators of themselves, and clearly, the written word provides the best medium (mirror) for self-observation. At the same time, however, in this novel the voyeurism and stimulation are often centered around a third party, the other who is spoken of, and thus, the focus is diverted from the *I* and from its lack of innocence. In a similar manner the consumer/producer projects himself into these written words and watches them reflect back, but the pseudo-innocence is preserved, and all the guilt revolves around that other.

This type of activity suggests that the *he*, like the *we*, epitomizes the writerliness of the text and that the *he* is used each time as a means of diverting too much attention, too much guilt, from the *I*.[21] Thus, although the use of the *I* is an overt exercise in self-manipulation, the *he* becomes an indirect form of self-gratification and, because it diverts attention from the self, must always be suspect. Derrida may be correct when he says, "l'écriture est cet oubli de soi, cette extériorisation, le contraire de la mémoire interiorisante" (*Grammatologie*, p. 39), but, in this novel, the exteriorizaion and the oblivion of the self are only surface illusions. Thus, the character, as a fictitious writer, like the reader, becomes "un espectador tibio" (354) since he writes about the other when his real interest lies in the self.

Ultimately, the writerliness and the theme of writing in *Tres tristes tigres* is underscored by a strong and consistent tension between absence and presence. First, there is the obvious tension between the spoken and the written word; the written word is always present (in a material way) while there is a constant thrust to convert the spoken word into a presence. Nevertheless, the spoken word is and must always be an absence in the work of literature. Secondly, there is an implicit *dédoublement* each time the *I* is employed. This *dédoublement* represents a break between the present *I* that is the narrator-writer, and the past *I*, which must always be fictitious to a greater or lesser extent. On one level this *I* designates a narrator-writer and thus a presence, while on another level it points to an absence since it becomes an implicit *he* as soon as it divides itself (see Benveniste, p. 228). In this sense, the *I* becomes a symbol of the tension insofar as it marks both the presence of the *I*, the narrator, and the absence of the *he* (both the implicit *he'* of the narrator's past self and the explicit *he"* of the other characters). This tension becomes even stronger due to the fact that many of the *he*'s eventually become *I*'s, narrators; in the course of the novel, many of the absent figures become present. Thus, as Todorov suggests, "absence et présence se designent l'une l'autre" (*Littérature et signification*, p. 22).

This particular novel (like most) establishes another absence also—the implicit *you*, which, while always suggested, is never there. Kristeva notes that this *you* is always implicit in discourse: "Le sujet de la narration, par l'acte même de la narration, s'addresse à un autre, et c'est par rapport à cet autre que la narration se structure."[22] Since in this novel the *you* is an absence, we must recognize that the novel structures itself, ironically, around an absence. (Of course, the novel also structures itself around an absence in that the core of the book is Bustrófedon's narration, and he, too, is always an absence while his narration is merely a transcription.) It would not be absurd to suggest that the "re-writing" impulse is a product of this absence and an attempt to create a presence to fill the void.

In *Tres tristes tigres* the writing itself has become the absence which Barthes has noted in most modern literature, and we are left with only the possibility of re-writing. The first person dominates the novel and implicates the absence insofar as the narrator talks about a past self which no longer exists (even on a fictitious level) and insofar as the narrator which speaks at any individual moment emphasizes the absence of all those other *I*'s which are potential in the novel, those which could be narrating at any given moment, but which are silent and thus absent. As each first person pronoun appears, it underscores not only its own immediate, though temporary pseudo-presence, but also its absence throughout the other sections of the novel. For example, GCI's brief appearance in the final section merely draws our attention to his previous absence and causes us to wonder why he was not present or at least apparent earlier in the text. His sudden presence leads us to suspect that he was really there all along, that he was the ventriloquist spoken of by Cué and Silvestre—"¿Quién será mi ventrílocuo?" (326) Kristeva explains this sensation of absence by noting that at the very origin of narration, at the very moment when the author appears, we encounter death, the experience of nothingness (p. 82). This experience of nothingness and death can be explained by the fact that as soon as GCI appears as a part of the written text he becomes a character, and thus, metaphorically, the "real" person dies.

The "death" of the person is implicit in the writerly and inevitable in the act of re-writing. Although Kristeva refers to the author of the novel as the subject when she diagrams the discursive process, the progression through the zero point occurs fourteen times in *Tres tristes tigres* and is dramatized within the fiction of the novel in the character of Arsenio Cué, whose transformation resembles that of the true subject of the discourse. We first encounter Cué on pages 53 and 60 as he visits a businessman in search of a job. At this point the narration is in the first person, but we have no idea who the subject is since Arsenio has only been mentioned once before this point. The chapter ends with a black page, which has been omitted from some editions, and the apparent death of Cué. At this point Cué ceases to be a writer and becomes the actor we encounter later in the novel. As the text progresses, other characters speak of the actor, Cué, and refer to him as *he*, and then his own narration begins again on page 137. Thus, Arsenio, the writer, has passed through Kristeva's zero point and then through a *he* in order to become a named *I* (which is no longer a writer in much the same way as the subject-author passes through the zero point to become an actor-character). It is important to note that it is not until page 423 that we discover that the episode ending with the black page was narrated by Cué, and thus, it is not until almost the end of the book that this episode becomes significant; in a similar manner, it is not until nearly the end of the novel that GCI re-appears. When Arsenio says, "Sí, morí aquel día. En realidad yo soy mi fantasma" (423), he means it figuratively in many ways: he died in the sense that he gave up his old way of life and career as a writer to become an actor; he died in the sense of passing through the metaphorical death or absence Kristeva speaks of; and he is a *fantasma* in the sense that any literary character must necessarily be a shadow, a group of words.

The first person in *Tres tristes tigres* functions in conjunction with other elements of the novel to underline the written nature of the text, to establish the themes of writing, the written word, and the literary device, and to underscore the non-coincidence (but necessarily futile attempt at approximation) of speech and writing. Most of the *I*'s, by evoking the moment of discourse, imply an act of writing as much as speaking. This writing, however, by directing itself to an absent *you*, becomes another form of masturbation, and the confusion between speech and writing becomes what Derrida has called "promiscuité dangereuse, néfaste complicité entre le reflet et le reflété qui se laisse narcissiquement séduire" (*Grammatologie*, p. 54). Additionally, the first person emphasizes the theme of time, and, by depriving the novel of a center, yields the emphasis on the "writerliness." In the words of Cué, "Hay quienes ven la vida lógica y ordenada, otros la sabemos absurda y confusa. El arte (como la religión o como la ciencia o como la filosofía) es otro intento de imponer la luz del orden a la tinieblas del caos. Feliz tú, Silvestre, que puedes o crees que puedes hacerlo por el verbo" (334). Thus, the discourse of each of the fourteen first-person narrators becomes a futile attempt to impose order and light on the choatic world. Even the master of ceremonies wants light—"¡luz! ¡luz! ¡LUZ!" (18), and even the apparent chaos of Bustrófedon's "writing" is an effort to make sense out of the world of words, an attempt to transform words into objects to be manipulated at will. Thus, it is left to the reader to rewrite and find signification in the novel or to re-create his own subjects to be manipulated. The very writerliness of the novel demands the plurality of the text.

ALBERTUS MAGNUS COLLEGE

Notes

[1]Jacques Derrida, *De la grammatologie* (Paris: Minuit, 1967), p. 228.

[2]See Emir Rodríguez Monegal, "Estructura y significación de *Tres tristes tigres*," *Sur*, No. 320 (septiembre-octubre, 1969), 38-51; A. Bensoussan, "*Trois tristes tigres*," *Les Langues Modernes*, 64 (juillet-août, 1970), 81-82; Julio Matas, "Orden y visión de *Tres tristes tigres*," *Revista Iberoamericana*, 40 (enero, marzo, 1974), 87-104; Raymond D. Souza, "Language vs. Structure in the Contemporary Spanish American Novel," *Hispania*, 52 (December, 1969), 833-39; Nicolás Rosa, "Cabrera Infante: Una patología del lenguaje," *Crítica y significación* (Buenos Aires: Galerna, 1970), pp. 175-224; and José Schraibman, "Cabrera Infante, tras la búsqueda del lenguaje," *Insula*, 25 (septiembre, 1970), 1, 5, and 16.

[3](Paris: Seuil, 1970); all subsequent page numbers will refer to this edition. It must be noted that the term, "writerly," of course, does not belong to Barthes at all; the term which he has employed is *scriptible*. The term, "writerly," comes from the translator of *S/Z*, Richard Miller (New York: Hill, 1974). Another term of Barthes and his translator which we will be using frequently is "plurality." Barthes defines as plural that text which provides more than one equally plausible interpretation.

[4]Although this "other woman" has been seen by come critics as Magdalena's mother, she specifically states, "por finés que yo no soy tu madre." There is also some suggestion that the rift described here results in Magdalena's going to live with the businessman, where we find her when Cué seeks a job.

[5]Guillermo Cabrera Infante, *Tres tristes tigres* (Barcelona: Seix Barral, 1971). All page references are from this edition.

[6]Emile Benveniste in *Problèmes de linguistique générale* (Paris: Gallimard, 1966), states that there is no object identifiable as *I*—each *I* has its own referent and corresponds to a unique individual each time (p. 252). Roland Barthes in *Le Degré Zéro de*

de l'écriture (Paris: Seuil, 1972) notes that "'je'... est encore la forme la plus fidèle de l'anonymat" (p. 30).

[7]Barthes defines the character as a group of identical semes which are repeatedly associated with the same proper noun: "Lorque des sèmes identiques traversent à plusiers reprise le même Nom propre et semblent s'y fixer, il naît un personnage. Le personnage est donc un produit combinatoire: la combinaison est relativement stable (marquée par le retour des sèmes) et plus ou moins complexe (comportant des traits plus ou moins congruents, plus ou moins contradictoires) . . ." (p. 74).

[8]Tzvetan Todorov suggests that the *énonciation* always predominates over the *énoncé*: see *Littérature et signification* (Paris: Larousse, 1967), p. 20. We might also compare this predominance of the *énonciation* to his remarks on fantastic literature, which again necessarily focuses on the *énonciation* because of the instability of the *énoncé;* see *Introduction à la littérature fantastique* (Paris: Seuil, 1970).

[9]See Roman Jakobson, "Shifters, Verbal Categories, and the Russian Verb," *Selected Writings*, II (The Hague: Mouton, 1971), 130-47.

[10]See Jacques Derrida, "La structure, le signe et le jeu dans le discourse des sciences humaines," *L'écriture et la différence* (Paris: Seuil, 1967), p. 411.

[11]See Rita Guibert's conversation with Cabrera Infante in *Seven Voices* (New York: Alfred A. Knopf, 1973), p. 417.

[12]At this point it should be noted that the tape-recording maintains an intermediary position between speech and writing. Its semi-permanent nature relates it to writing, while its oral nature associates it with speech.

[13]Jacques Derrida, "Freud et la scène de l'écriture," *L'écriture et la différence*, p. 314.

[14]Todorov notes "la littérature se crée à partir de la littérature, non à partir de la réalité, que celle-ci soit matérielle ou psychique" (*Introduction à la littérature fantastique*, pp. 14-15).

[15]In *Littérature et signification*, Todorov sees the letter as the intermediary point between silence, non-contact, and the word or immediate presence (p. 32).

[16]"Las fuentes de la narración," *Mundo Nuevo*, No. 25 (julio, 1968), 45.

[17]Unfortunately, we use the verb,"to speak," in reference to a character who never utters a sound but merely discourses in writing.

[18]Cabrera Infante himself notes, "el lenguaje es una suerte de eternidad verbal." Of course, he uses the word "lenguage" here in the sense of the French word *langue*, as opposed to *parole*. See "Fuentes de la narración," p. 43.

[19]Rodríguez Monegal suggests, "Hablan, citan, inventan para no hablar realmente" (*op. cit.*, p. 48).

[20]"Tanta palabra termina por parecer lo que Cabrera Infante quiera que parezca: pura masturbación" (Rodríguez Monegal, p. 48).

[21]See Benveniste (pp. 234-35), who sees *he* as absence and *we* as a means of blurring too sharp assertion of the *I*.

[22]*Le texte du roman* (Paris: Mouton, 1970), p. 82.

SOBRE LA ESTRUCTURA NARRATIVA DE *EL CRITICON* DE GRACIAN

Isabel C. Tarán

La estructura externa de *El criticón* está claramente establecida:

Parte I: En la primavera de la niñez y en el estío de la juventud (1651)

Parte II: En el otoño de la varonil edad (1653)

Parte III: En el invierno de la vejez (1657)

Las dos primeras partes tienen trece crisis cada una, mientras que la tercera tiene solamente doce. Cada una de las partes tiene la censura correspondiente; en la segunda consta además una "censura crítica" y en la tercera una "aprobación", a las que se agregan las dedicatorias del autor a Don Pablo de Parada, a Don Juan de Austria y a Don Lorenzo Francés de Urritigoyti, respectivamente. Finalmente, la Parte I incluye una página titulada "A quien leyere" y la Parte III otra titulada "Al que leyere". Tal la organización externa de esta "filosofía cortesana".[1]

Una lectura atenta del texto revela un complejo sistema interno que se pone en evidencia al desentrañar la organización temporal y espacial del material narrativo. Al nivel más elemental, la disposición de este material narrativo funciona de acuerdo con una cronología que sigue el proceso de las edades del hombre, acentuadas por la asociación con las estaciones del año, un *topos* muy conocido. La cronología de los hechos progresa de modo lineal, en un encadenamiento lógico, aunque con numerosas y significativas suspensiones y digresiones. La organización espacial es, por el contrario, circular. Comienza la Parte I en la isla de Santa Helena, de donde Andrenio y Critilo pasan a Europa, y al cabo de su peregrinaje por España,

Francia e Italia, cruzan nuevamente el mar para terminar su viaje en la Isla de la Inmortalidad. Se cumple así el ciclo isla-mar-tierra-mar-isla. En esta presentación se tratan de considerar sólo dos aspectos de la técnica narrativa de Gracián en *El Criticón*: a) el papel del narrador, y b) la relación entre las consideraciones iniciales de cada crisi y la trama principal.

Al considerar el papel del narrador en la obra es necesario establecer *a priori* que el "yo" narrador de la ficción narrativa es un ente distinto del autor. Baltasar Gracián, autor de *El Criticón*, permanece fuera del mundo de la ficción, y, salvando el tiempo y la distancia, comparte su nivel de realidad con el lector. El narrador de *El Criticón* está dentro del marco de la ficción narrativa y aun cuando no participa de la acción, es el primer personaje (a veces invisible y otras no) de lo narrado. Este narrador es, en efecto, el personaje a través de quien, por su relación con el narratario, se establece la relación entre el mundo "irreal" de la ficción narrativa y el mundo "real" del lector, o sea, entre el plano de la realidad interna de la narración y el plano interpretativo del lector. El "yo" narrador salva la distancia entre la "irrealidad" de la ficción y la "realidad" del lector, directa o indirectamente.

Tanto la organización espacial como la temporal están determinadas por el papel del narrador. Como señala Mario Vargas Llosa, el punto de vista espacial lo constituye la relación entre el espacio del narrador y el espacio de lo narrado, entre los lugares que ambos ocupan, mientras que el punto de vista temporal lo constituye la relación que existe entre el tiempo desde el que se narra y el tiempo narrado, y está determinado por el tiempo verbal usado por el narrador.[2]

En *El Criticón* el narrador es parte de la realidad ficticia en tanto que interviene con observaciones, comentarios, epítetos y el uso de la primera persona (singular y plural), pero la mayoría del relato está hecho en tercera persona, lo que da al narrador el carácter omnisciente del narrador épico. O sea, el narrador comparte su espacio con el espacio de lo narrado y al mismo tiempo se sustrae de ese espacio al asumir su papel omnisciente: este ir y venir entre los dos espacios vitales le hace factible convertirse en el puente entre lo narrado y el lector. Pero es necesario aclarar que este lector es el "tú" a quien se dirige el narrador, no el lector anónimo de *El Criticón*, de modo que se puede establecer la ecuación:

autor — | narrador — lo narrado — narratario | — lector

en la cual "narrador-narratario" establecen dentro de la ficción narrativa la relación equivalente a la de "autor-lector" en la realidad.[3]

Este esquema modifica el planteamiento que establece Wolfgang Kayser al referirse a la actitud narrativa: "La elección de un narrador ficticio en las narraciones enmarcadas es simplemente una intensificación de la situación inicial de todas las narraciones, es decir, de aquel trío formado por el narrador, la materia narrada y el público. Se da en todas las obras narrativas. La relación del narrador con el público y con la materia (objetividad) se denomina *actitud narrativa*". Agrega Kayser: "Puede decirse que en las novelas, narraciones, novelas cortas, etc., el narrador se encuentra en el mismo plano que el público"[4] y menciona el apóstrofe "querido lector" y procedimientos técnicos tales como digresiones y diálogos con el lector como métodos usados para salvar distancias y acercarse a éste. Lo que es pertinente mencionar aquí es que el narrador dirige sus apóstrofes, digresiones y comentarios al narratario presente dentro del marco de la ficción narrativa. Lo que permite establecer la relación entre lo narrado y el lector es la identificación de éste con el narratario. Esta identificación se refuerza en *El Criticón* por medio de otro procedimiento: la relación que existe entre lo ocurrido en los relatos intercalados ("ficción" dentro de la "realidad" de la ficción narrativa) y los personajes de la acción principal es paralela a la que existe entre lo que ocurre dentro de la ficción narrativa y la realidad.

De modo que la ecuación establecida por Kayser

materia narrada — narrador — público

puede modificarse para incluir dos términos más, que permiten clarificar y ampliar las dimensiones del análisis y de las relaciones entre los términos:

autor — narrador — lo narrado — narratario — lector

Además, esta ecuación modifica la premisa de Kayser según la cual el narrador y el público se encuentran en el mismo plano: narrador y narratario se encuentran en el mismo plano, y es a través de la identificación que el lector establece con el narratario como el lector establece su relación con el narrador.

Por lo que atañe al punto de vista temporal, el narrador tiene una visión total, omnisciente, de lo narrado: el tiempo verbal que domina la narración es el tiempo característico de la épica, el pretérito, alternando el imperfecto ("hería", *C*, I, i, 11.8) y el indefinido ("Pareció", *C*, I, i, 11.10). Esta forma de narrar los acontecimientos de la historia implica que lo que se narra está pasado y concluído, lo cual encaja perfectamente con la esencia de la actitud épica: la representación y exposición del objeto, de los hechos.

Los ejemplos que siguen ilustran la técnica en la cual el narrador se dirige al narratario: "Esta filosofía cortesana, el curso de tu vida en un discurso, te presento hoy" (*C*, I, "A quien leyere"); "Muchos borrones toparás, si lo quisieres acertar...que suelo yo decir" (*C*, III, "Al que leyere"). Los ejemplos en los que el narrador incluye al narratario en su mismo plano son numerosos y abundan al comienzo y, sobre todo, al final de las crisis, al invitarle a encontrar el desenlace del episodio en cuestión en la crisi siguiente, v.g., "para nuestra acostumbrada vulgaridad" (*C*, I, ii, 19.24); "En qué parte, y lo que en él les sucedió, nos lo ofrece referir la crisi siguiente" (*C*, I, iv, 57.35); "hallábanse ya nuestros peregrinos del vivir" (*C*, II, i, 23.6); "Pero dejémoslos, si te parece, para la siguiente crisi," (*C*, III, viii, 218.17).

Una vez establecido que el narrador es el primer personaje de la trama, se hace imprescindible establecer cuál es su punto de vista, ya que éste condicionará la actitud del narrador y el tono de la obra. En la narración épica, donde el autor presenta un mundo completo, el narrador es omnisciente y hace la relación sin inter-actuar con los personajes de la trama. Pero es fuerza puntualizar que esta falta de interacción entre el narrador y los otros personajes no afecta para nada la interacción entre el narrador y el lector, ya que, como se señala, el intermediario a través de quien se establece la relación afectiva entre el lector y el mundo interior de la ficción narrativa es el narratario. El carácter omnisciente del narrador no impide su posición de observador, y es precisamente el punto de vista de observador lo que le permite hacer los comentarios sobre personajes y situaciones que lo ponen en contacto con el lector.

Esta posición del narrador como intermediario va evolucionando a través de las épocas: al narrador omnisciente típico de la actitud épica, (v.g., la *Odisea*) sigue el narrador-observador que hace comentarios sobre lo narrado (v.g., Heliodoro, *Historia etiópica de los amores de Teágenes y Cariclea*) y, en *El Criticón*, el narrador-observador intermediario entre el mundo "irreal" de la narración y el mundo "real" del lector.

El mundo coherente, íntegro, no escindido, de la épica, hace que no sea necesaria la función intermediaria del narrador: así como en la "realidad irreal" de la ficción no hay escisión entre los personajes y su cosmos, tampoco hay escisión entre el mundo representado en la ficción y el oyente del relato; en ambos casos es un mundo completo, íntegro, coherente. Es interesante notar que las interpretaciones alegóricas de los poemas homéricos comenzaron precisamente con la desintegración de la coherencia del mundo épico representado en ellos y continuaron con vigor hasta el siglo XVIII, mientras que el lector moderno ve en ellos un mundo mitológico y, por tanto, "eterno".

La presencia del narrador es más obvia, y su función de observador adquiere ya una mayor dimensión en la obra de Heliodoro. En primer lugar, la última frase de la obra entera (al final del Libro X y último), revela que "Este fin vino a tener la *Historia etiópica de Teágenes y Cariclea*, que compuso un hombre feniciano de la ciudad de Emesa, del linaje de Sol, hijo de Teodosio, llamado Heliodoro".[5] Este truco literario del autor, además de hacer honor a la tradición literaria del manuscrito hallado o del cuento repetido, descubre el afán de realzar el papel del narrador. En efecto, mientras en la *Odisea* el narrador omnisciente no interfiere en la narración, en la *Historia* el narrador interviene con comentarios y observaciones; por ejemplo, al relatar que Cariclea no se altera al ver aparecer a los salteadores, comenta "porque es muy grande la fuerza de un amor perfecto y verdadero, que no hay cosa adversa o próspera que le suceda, que le turbe y haga apartar de tener todo su intento en la cosa amada" (*Historia*, I, 17); "(porque es maravillosamente viva...amada)" (*Historia*, VII, 256); "(porque los que así están puestos en extremo peligro, todas las cosas que suceden, piensan que son dañosas, y de todas se recatan y recelan)" (*Historia*, IX, 339). Además de estos comentarios, a través de los cuales el narrador hace llegar al lector, aunque indirectamente, su opinión, recurre a otra técnica, más directa, para hacer sentir su presencia: "y vierades" (*Historia*, I, 21); "Y bástenos a nosotros" (*Historia*, IX, 346), constituyen instancias en las que implica al lector, ya sea dirigiéndose a él directamente, en el primer caso, o envolviéndolo en el "nosotros" del segundo. Otra variante utilizada para inyectarse en el texto es la de utilizar la primera persona singular: "según creo" (*Historia*, II, 87); "y no sé si se hubiera dejado persuadir" (*Historia*, V, 190); "como yo pienso" (*Historia*, IX, 346); "Suficientemente me parece" (*Historia*, X, 372).

La importancia del narrador en *El Criticón* es mucho mayor que en la *Odisea* o en la *Historia*; su presencia se hace sentir con mucho más peso; su actuación es mucho más compleja y su función mucho más variada. Ya se ha mencionado que en *El Criticón* el narrador es, además, observador e intermediario; o sea, narra la acción que sustenta el relato, hace observaciones y comentarios sobre los personajes y las acciones que narra, pasando juicio sobre ambos, y actúa como intermediario para romper la barrera que existe entre "ficción" y "realidad".

Como en la épica, el narrador en *El Criticón* es omnisciente: no interactúa con los personajes de la trama, pero tiene conocimiento de todas sus acciones, pensamientos y sentimientos, v.g., "Salió, al fin, tan dichoso como contento, y ya libre, metióse en camino para la corte de la deseada Artemia a consultarle el rescate de su amigo, que llevaba más atravesado en su corazón cuanto más dél se apartaba" (*C*, I, viii, 118. 23-27). Pero donde más se destaca la naturaleza omnisciente del narrador es en la visión total del universo que presenta en su ficción narrativa.

Es pertinente señalar el modo y ejemplos de las intervenciones del narrador en *El Criticón*. En primer lugar, tal como se dan en la *Historia*, están los comentarios y observaciones intercalados, v.g., "(pues todo es burla y todo juego)" (*C*, I, viii, 124.27-28); "que por eso se llamó moneda a monendo, porque todo lo persuade y recaba y a todos convence" (*C*, II, iii, 86.4-6); "(que no es otra cosa la vida humana que una milicia a la malicia)" (*C*, II, ix, 201.22-24); "No hay error sin autor, ni necedad sin padrino, y de la mayor el más apasionado: cuantas son las cabezas tantos son los caprichos, que no las llamo ya sentencias" (*C*, III, 21.3-5). En segundo lugar, tal como se da en la *Historia*, pero aquí mucho más abundantemente, el narrador implica al lector dirigiéndose directamente a él, v.g., "el curso de tu vida en un discurso, te presento hoy, lector juicioso" (*C*, I, "A quien leyere", 7.2-3); "léelo en la crisi siguiente" (*C*, I, ix, 150. 22-23); "Muchos borrones toparás, si lo quisieres acertar: hay de todos uno. Para su enmienda te dejo..." (*C*, III, "Al que leyere", 19.11-12); "si te parece" (*C*, III, viii, 218.17). Otra manera de implicar al lector es a través del uso de la primera persona plural, v.g., "Imprimió para ello en nuestros ánimos...nos suspenden las cosas...andamos mendigando...Díganoslo él mismo" (*C*, I, iii, 28.4-29.9); "nos lo diga" (*C*, I, viii, 132.11); "a nuestros dos peregrinos del mundo" (*C*, II, ii, 46.2); "demos una vista a Critilo" (*C*, III, i, 39.25-26); "nuestros dos fugitivos peregrinos" (*C*, III, iv, 95.7). El uso de la primera persona plural está a veces dirigido al lector y otras veces puede implicar un "nosotros" que abarque a toda la raza humana; en ambos casos incluye al narratario y al narrador en un mismo grupo. Además de dirigirse al narratario y de envolverlo en el incluyente "nosotros", el narrador irrumpe en la narración con su "yo" en primera persona, v.g., "si me escuchas" (*C*, I, vi, 93.23); "un monstruo: digo, muchos" (*C*, I, vii, 96.30); "que como digo se descubría" (*C*, II, ii, 46.23-24);

"no digo ya" (*C*, II, x, 216.11); "Mas yo" (*C*, III, ii, 44.16); "digo" (*C*, III, vi, 147.15).

El carácter omnisciente del narrador y su presencia se manifiestan gracias a otra técnica, la de las prospecciones y las retrospecciones. Según Tzvetan Todorov[6] la prospección ocurre cuando el narrador o el personaje en cuestión hablan del futuro pero en el momento en que hablan ese futuro pertenece ya al pasado; o sea, que hablan después de la experiencia. La retrospección, por su parte, es lo que aparece como pasado en el presente de la narración. Resumiendo, en la retrospección, el hecho en cuestión está en el pasado en el momento de ser mencionado por el narrador o por el personaje; en la prospección, el hecho está en el pasado en el momento narrativo (presente de la ficción narrativa) del narrador, pero está en el futuro en el momento narrado (pasado) por el narrador. Tanto una como la otra, retrospección o prospección, pueden ser a) del narrador, b) de los personajes. Por lo que concierne al narrador, es obvio que el poder de conocer el futuro y el pasado, además del presente, fuera y por encima de los personajes, refuerza su carácter omnisciente. Esta omnisciencia no atañe sólo a la visión totalizante que tiene, sino que se extiende al deliberado y explícito control del material narrativo. Es pertinente dar un ejemplo. Al final de la crisi vii de la Parte I, leemos: "No cesaba Critilo de pensar en su remedio, pero el extraordinario modo como lo consiguió diremos adelante, entretanto que se da noticia de las maravillas de la celebrada Artemia" (*C*, I, vii, 114.30-33). La prospección aquí es del narrador y consiste en anticipar que Critilo logra rescatar a Andrenio de la corte de Falimundo, hecho que se relata en la crisi siguiente. O sea, el rescate es un acontecimiento futuro respecto al momento narrado, y a su vez ambos, acontecimiento futuro y momento narrado, están en el pasado con referencia al momento narrativo presente del narrador:

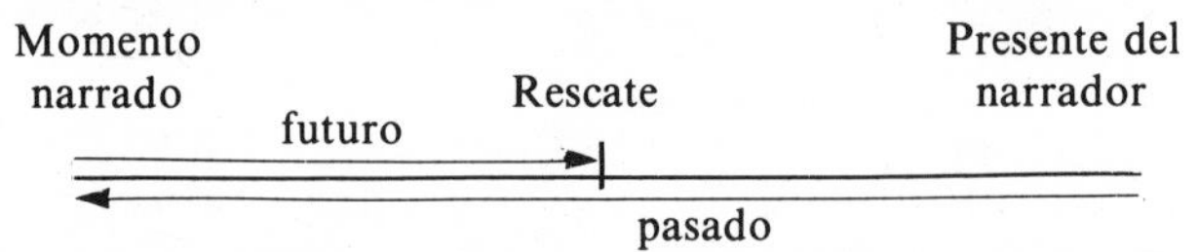

Otros casos de prospección aparecen en otras crisis: "El raro modo con que triunfó de tan vil canalla, el bien ejecutado ardid con que se libró de aquel ejército villano, léelo en la crisi siguiente" (*C*, I, ix, 150.20-22); "Cómo la consiguieron, contará la otra crisi." (*C*, II, iii, 91.16). Lo que importa en estos casos es que se menciona específicamente que los personajes "triunfan", "se libran" y "consiguen" su objetivo, o sea, no se dice simplemente que en una crisi posterior se relatará lo que ocurrió, sino que se anticipa y revela el resultado de la acción. Esta mención específica en el texto es lo que distingue la prospección de lo que Todorov llama "amorce": la deducción o inferencia que el lector pudiere hacer, a falta de una mención específica. "Anticipación" llama Kayser al rasgo estilístico propio de la épica, que se manifiesta como "síntoma de la 'omnisciencia'" y opina que con esta técnica "no se hace más que levantar un poco el velo, y sólo por un lado. El resultado de esto es precisamente un aumento de la expectación ante el 'cómo' del desarrollo y los caminos de la acción". Señala Kayser que "la función más importante de las anticipaciones es, sin embargo, dar un sentido vivo de la unidad y armonía del mundo poético" y que "una función secundaria de la anticipación es...la de contribuir también a la confirmación de los hechos narrados."[7] El "cómo" del desarrollo y la función que un truco literario en particular cumple dentro de un texto, son elementos primordiales en el sistema estético de Gracián y juegan un papel decisivo en la composición de *El Criticón*. Hay, además, otro resultado: el narrador controla el punto de vista moral del lector hacia los episodios que están por venir. Así, le inclina a considerarlos tal y como los ve él; dirige así la apreciación del lector, privándole de la duda y condicionando su juicio ético.

Se han mencionado ya los comentarios y observaciones del narrador a través de todo el relato, pero es pertinente distinguir entre los que intercala aquí y allá en el texto y los extensos comentarios, o largas tiradas reflexivas, que hace al comienzo de las crisis.

En un agudo análisis de la estructura del *Guzmán de Alfarache*, Francisco Rico propone

> ...añadir, pues, otra primordial pareja de términos complementarios opuestos por el vértice: digressiones/ingressiones... Ambas vienen a equilibrarse en frecuencia, pero en tipicidad y pertinencia la balanza se inclina hacia las segundas, como mejor reflejo de la estructura esencial del *Guzmán de Alfarache*, "de la definición a lo definido", del concepto al suceso.[8]

Procede Rico a poner en evidencia la función que cumplen en la obra de Mateo Alemán, ejemplificando cómo lo anticipado en la "ingression" se metamorfosea en el material narrativo que le sigue, y justifica, por tanto, que "los principios...dan de sí un resplandor que nos descubre de muy lejos con indicios naturales lo por venir".[9] La ingresión constituye, por tanto, uno de los medios de que se vale el narrador para poner de manifiesto su actitud dentro del marco de la ficción narrativa.

Incumbe ahora indagar la existencia de una relación estructural y/o temática entre estas ingresiones (alegorías, fábulas, *exempla*, cuentos, reflexiones, tanto en el caso del *Guzmán de Alfarache* como en el caso de *El Criticón*) y la trama principal a medida que ésta continúa desarrollándose en cada crisi. Y de existir esta relación en *El Criticón*, ¿de qué manera se establece? Una lectura atenta del texto provee una respuesta afirmativa para la suposición, basada en el análisis de las respuestas a la pregunta.

Con muy pocas excepciones (v.g., I, i; III, iv) el principio de cada crisi contiene una alegoría, una fábula, un *exemplum*, un cuento o un comentario o reflexión, ya sea del narrador o de uno de los personajes. El narrador expone la relación estructural y temática entre esta "ingresión" y la ficción narrativa que le sigue por medio de frases conectivas explícitas, discriminando cuidadosamente entre su intervención (en cuyo caso usa la fórmula impersonal) y la de los personajes (en cuyo caso señala explícitamente quien "habla"); "De esta común necedad [ignorancia de sí mismo] pareció excepción Andrenio cuando así respondió a la curiosa Artemia" (*C*, I, ix, 133.17-18); "Cuánta verdad fuese ésta, presto lo experimentaron Critilo y Andrenio" (*C*, II, x, 216.3-4); "El desempeño de esta verdad será después de haber referido" (*C*, III, ii, 45.20-21), constituyen ejemplos de frases conectivas entre reflexiones o comentarios del narrador y la trama principal de las crisis en las que se encuentran.

"Esto les contaba Egenio a sus dos camaradas" (*C*, I, xii, 213.26); "Este crítico suceso les iba contando el noticioso Argos... 'Aquí, en este puesto—decía—por eso me he acordado'" (*C*, II, ii, 46.1-5); "Sobre esta tan llana verdad venía echando el contrapunto de un singular desengaño el Cortesano discreto con nuestros dos peregrinos de Roma" (*C*, III, xi, 263.32-34), constituyen ejemplos de frases conectivas entre reflexiones o relatos de diferentes personajes y la trama principal de las crisis en las cuales están incluídas. Queda así explícitamente establecida la relación estructural, sin quedar siquiera librada a la inferencia obvia que llegare a establecer el lector.

En cuanto a la relación temática, a poco de leer queda en evidencia que las ingresiones sintetizan el tema que la trama de la crisi desarrolla e ilustra. Así, la reflexión sobre la necesidad del hombre de conocerse a sí mismo anticipa la disquisición sobre la anatomía moral del hombre que tiene lugar entre Artemia, Critilo y Andrenio (*C*, I, ix); el cuento y la reflexión del hombre alado sobre la utilidad de los libros y la inmortalidad que estos confieren a sus autores anticipa el escrutinio de la biblioteca en el palacio de Sofisbella (*C*, II, iv); el cuento y la reflexión del narrador sobre la inútil búsqueda del Contento por parte del curioso-necio anticipa la inútil búsqueda de Felisinda por parte de Critilo y Andrenio (*C*, III, ix).

Es interesante destacar aquí que este aspecto de la técnica narrativa de *El Criticón* refuerza su conexión con la novela de tipo bizantino, el *Persiles y Sigismunda* de Cervantes. A título de corroboración, basten dos ejemplos típicos del *Persiles*: el comentario del narrador sobre la relación entre la historia, la poesía y la pintura es seguido de "Esta verdad nos la muestra bien Bartolomé" (*Persiles*, III, xiv, 139.11-12); una reflexión sobre la ira desemboca en "Esto nos lo dará a entender la hermosa Ruperta" (*Persiles*, III, xvii, 162.9-10).[10] Así, el *Persiles* y *El Criticón* comparten un aspecto de técnica narrativa mediante la cual la generalización que supone la ingresión se liga estructural y temáticamente con la trama principal de la ficción narrativa mediante explícitas frases conectivas.

Además, el uso de las ingresiones como punto de partida para el desarrollo del tema en cada crisi establece un sistema en el cual la ingresión constituye el comentario generalizador y el resto de la crisi constituye la glosa particularizada de esa generalización. El péndulo va así de lo general a lo particular, método didáctico de larga y prestigiosa tradición no ajena en absoluto a Gracián. La formulación del precepto (generalización) es seguida así de la aplicación pragmática de la doctrina expuesta (particularización), corroborándose así en la experiencia la exposición teórica. Al mismo tiempo, las ingresiones constituyen la síntesis de lo que se ilustra en cada crisi, cumpliendo así con uno de los objetivos de la técnica de la alegoría: la generalización de la experiencia.

En estas largas reflexiones iniciales el narrador revela una actitud, elemento esencial para la eventual interpretación del texto. La importancia de la actitud del narrador para la interpretación del texto la subraya e ilustra Gonzalo Sobejano en su agudo análisis del capítulo XVI de *La Regenta* de Clarín.[11] La actitud fundamental del narrador de *El Criticón* es de desengaño, actitud que corre paralela al proceso vital de Critilo y Andrenio y que constituye desde el principio el objetivo específico de la obra. Vemos así que actitud y tema, lo que Sobejano llama "contenido", están indisolublemente ligados. Los largos comentarios o reflexiones del narrador al principio de las crisis son otro de los medios de que éste se vale para hacer sentir su presencia dentro del marco de la narración. Así, la actitud de desengaño se manifiesta claramente en observaciones como "Pero aquí es donde el hombre más se desbarata, pues, más bruto que las bestias, degenerando de sí mismo, hace fin del deleite" (*C*, I, x, 151.11-13); "Mas es tan imposible el cesar los males, el acabarse los escándalos en el mundo mientras haya hombres, como el parar los ríos" (*C*, II, ix, 201.17-19); "abrió los ojos para ver que andaba ciego y conocer su vulgar engaño y aun el de todos los mortales, que desde que nacen van en busca del Contento" (*C*, III, ix, 220.1-3).

En la eventual interpretación del texto estos comentarios y observaciones del narrador revelan una actitud que en el caso de *El Criticón* se pueden relacionar con la de Baltasar Gracián, autor. Estas intervenciones del narrador implican una intervención moral del autor en el texto, en la ficción narrativa, y conlleva un conglomerado sólido de juicios valorativos que apuntan a la función didáctica de la obra.

YORK COLLEGE OF THE
CITY UNIVERSITY OF NEW YORK

Notas

[1]Baltasar Gracián, *El Criticón*. Edición, introducción y notas de Evaristo Correa Calderón (Madrid: Espasa-Calpe, 1971), 3 vols. Parte I, "A quien leyere", pág. 7. En adelante, las citas del texto se darán por esta edición y en el siguiente orden: *C*, la parte en números romanos, la crisi en números romanos en minúscula, página y línea(s).

[2]Mario Vargas Llosa, *García Márquez, historia de un deicidio* (Barcelona: Barral Editores, 1971), págs. 538 y 545.

[3]"Narrataire" llama G. Genette al destinatario del mensaje verbal del narrador en *Figures III* (Paris: Editions du Seuil, 1972), págs. 265-267. Véase también Gerald Prince, "Introduction à l'étude du narrataire", *Poétique*, 14 (1973), 178-196.

[4]Wolfgang Kayser, *Interpretación y análisis de la obra literaria*. Versión española de María D. Mouton y V. García Yebra. 4a. ed. rev. (Madrid: Gredos, 1968), págs. 265-266.

[5]Heliodoro, *Historia etiópica de los amores de Teágenes y Cariclea*. Traducida en romance por Fernando de Mena. Edición y prólogo de Francisco López Estrada (Madrid: Real Academia Española, 1954), pág. 426. En adelante, las citas de esta obra se darán en el texto por esta edición de acuerdo con el siguiente orden: *Historia*, el Libro en números romanos, la página.

[6]En el otoño de 1972 Tzvetan Todorov dictó dos cursos en el Departamento de Francés de New York University en Nueva York. Los conceptos que se le atribuyen aquí derivan de notas personales tomadas durante la asistencia a estas conferencias.

[7]Kayser, *Interpretación*, págs. 267 y 268.

[8]Francisco Rico, "Estructuras y reflejos de estructuras en el *Guzmán de Alfarache*", *MLN*, 82 (1967), 175.

[9]Mateo Alemán, *Guzmán de Alfarache* en *La novela picaresca española.* Edición, introducción y notas de Francisco Rico (Barcelona: Planeta, 1966), pág. 482.

[10]Miguel de Cervantes, *Los trabajos de Persiles y Sigismunda.* Edición de Rodolfo Schevill y Adolfo Bonilla (Madrid: Imprenta de Bernardo Rodríguez, 1914).

[11]Gonzalo Sobejano, "La inadaptada (Leopoldo Alas: 'La Regenta', capítulo XVI)", en Emilio Alarcos et al., *El comentario de textos.* 2a. ed. (Madrid: Castalia, 1973), págs. 126-166, particularmente las págs. 131 y 146.